勁草法律実務シリーズ

消費者行政法

安全・取引・表示・個人情報保護分野
における執行の実務

大島義則・森大樹・杉田育子・
関口岳史・辻畑泰喬 [編著]

はしがき

　本書は，消費者行政法に基づく法執行の実務に焦点を当てた，日本初の消費者行政法の概説書である．

　本書は，まず第1章において「消費者行政法」の総論的説明を行った上で，消費者行政法における重要な4分野——安全法（第2章），取引法（第3章），表示法（第4章），個人情報保護法（第5章）を取り上げて概説している．特に，消費者行政法分野において，いかに行政庁が法執行を行っているのか，また行政庁による法執行を受けた企業・個人はどのように対応し争っていくことができるのか，ということを意識しながら，解説を行っている．そのため，主要な想定読者は，①消費者行政法規に基づき法執行を受け得る企業の法務担当者や個人事業主，②法執行担当者となる消費者庁職員，地方公務員等，③消費者行政法に関する紛争を取り扱う弁護士，消費生活相談員等の専門家，④消費者行政法を学ぼうとする法学部生，法科大学院，一般の方々となろう．

　本書の最大の特徴は，消費者庁において勤務経験を有する法曹有資格者が執筆担当となっている点にある．他省庁に比べて消費者庁は任期付き公務員として弁護士を任用する人数が多く，消費者庁のプロパー職員として弁護士を迎え入れることも多くなってきている．消費者庁において勤務経験を有する法曹有資格者集団には，消費者行政法に関する膨大な知識やノウハウが蓄積されつつある．この知識やノウハウを，書籍の形で一般の方に解放することが必要であると考え，製作したのが本書である．ただし，本書は各所属を離れた個人が自らの責任において執筆したものであって，消費者庁や各所属法律事務所の見解を述べるものではないので，この点はご留意願いたい．

　本書の成り立ちについて説明しておきたい．編者の大島義則は消費者庁在任中，当時の消費者庁幹部の発案もあって，消費者庁に関係する法曹有資格者にお声がけさせていただき，消費者庁法曹会（会長：加納克利弁護士，副

会長：黒木理恵弁護士，幹事：大島義則弁護士）の立ち上げに走り回った経験を有する．現時点では消費者庁法曹会は消費者庁における勤務経験を有する法曹有資格者や消費者庁関係者との懇親を深める活動をしているだけであるが，消費者庁法曹会メンバーで何か有益な活動ができないかと思い，編者の大島が本書の企画を勁草書房編集者の山田政弘氏に持ち込んだところ，出版の運びとなった．企画がある程度固まった時点で，編者の大島が消費者庁法曹会メンバーのうち個人的に親しい方に声をかけ各章編者になってもらった．その後，各章編者において，各執筆担当者になってくれる方を探してもらった．その結果として，豊富な実務経験を有する専門家が執筆担当者になった，と考えている．

　本書出版にあたっては，勁草書房の方々に大変お世話になった．なかでも編集担当者の山田政弘氏には，企画から校正作業に至るまで多大なご尽力をいただいた．また一人一人お名前を挙げることは紙面の関係上できないが，平素よりご指導いただいている消費者庁関係者，消費者庁法曹会メンバー，弁護士の方々には大変感謝をしている．ここで，改めて，心から感謝を申し上げたい．

　平成28年7月

　　　　　　　　　編者　大島義則，森大樹，杉田育子，関口岳史，辻畑泰喬
　　　　　　　　　　　　　　　　（はしがき文責　大島義則）

目　次

第 1 章　消費者行政法

Ⅰ　消費者行政法とは何か ……………………………………… 2
Ⅱ　消費者庁と消費者行政法 …………………………………… 4
　1　消費者行政の小史 ………………………………………… 4
　2　消費者行政法の対象分野
　　　──安全，表示，取引，個人情報保護 ……………………… 7
Ⅲ　行政作用法に対するインパクト …………………………… 8
　1　消費者行政の調査・執行の実務 ………………………… 8
　2　事件の端緒──事故情報の消費者庁への集約 …………… 9
　3　行政調査 ………………………………………………… 14
　4　行政指導──特に公表との関係 ………………………… 16
　5　多様な行政手法 ………………………………………… 18
Ⅳ　行政救済法に対するインパクト ………………………… 24
　1　消費者行政法と行政救済法 …………………………… 24
　2　処分性論──勧告の制度設計との関係 ………………… 25
　3　原告適格論──消費者の利益との関係 ………………… 28
Ⅴ　行政組織法に対するインパクト ………………………… 31
　1　行政組織法における分担管理原則 …………………… 31
　2　分担管理原則の変容 …………………………………… 31
Ⅵ　本書の対象分野
　　　──安全，取引，表示，個人情報保護分野における調査・執行 ……… 33

第2章　安全法分野における調査・執行

　　本章の概要 …………………………………………………………… 36
Ⅰ　消費者安全法 ……………………………………………………… 37
　1　消費者安全法の概要 ……………………………………………… 37
　2　消費者事故等に関する情報の集約・消費者への注意喚起
　　　（消安12条～14条，38条）…………………………………… 38
　3　措置要求（消安39条）…………………………………………… 51
　4　事業者に対する勧告・措置命令，譲渡禁止，回収命令等
　　　（消安40条～42条）――すき間事案への対応 ………………… 53
Ⅱ　消費者安全調査委員会 …………………………………………… 62
　1　消費者安全調査委員会とは ……………………………………… 62
　2　設立の経緯 ………………………………………………………… 62
　3　調査委員会の目的・役割 ………………………………………… 63
　4　組織等 ……………………………………………………………… 65
　5　調査委員会による事故調査 ……………………………………… 68
Ⅲ　消費生活用製品安全法における製品事故情報の報告・
　　公表制度 …………………………………………………………… 82
　1　製品事故情報報告・公表制度の趣旨・目的等 ………………… 82
　2　消費生活用製品安全法の適用範囲等 …………………………… 82
　3　重大製品事故に関する報告・公表制度 ………………………… 86
　4　製品事故（非重大製品事故）に関する報告・公表制度 ……… 104

第3章　取引法分野における調査・執行

　　本章の概要 …………………………………………………………… 112
Ⅰ　特定商取引法の規制内容 ………………………………………… 113
　1　特定商取引法の規制対象となる取引類型 ……………………… 113
　2　特定商取引法の規制内容（概要）……………………………… 115
Ⅱ　事件の端緒 ………………………………………………………… 116

  1 主務大臣に対する申出（特商60条1項）……………………… 116
  2 公益通報 ………………………………………………………… 118
  3 消費生活センターからの情報提供 …………………………… 118
  4 職権探知（PIO-NET での探知等） …………………………… 119
  5 都道府県知事からの要請等 …………………………………… 119
  6 消費者安全法による情報通知 ………………………………… 120
 Ⅲ 調査および行政処分の主体 ……………………………………… 124
  1 消費者庁長官 …………………………………………………… 124
  2 都道府県知事 …………………………………………………… 124
  3 経済産業局長 …………………………………………………… 125
 Ⅳ 調査段階 …………………………………………………………… 127
  1 事実上の調査 …………………………………………………… 127
  2 法律上の調査（立入検査，報告徴収（特商66条）） ………… 127
 Ⅴ 行政処分の事前手続 ……………………………………………… 133
  1 手続の概要 ……………………………………………………… 133
  2 不利益処分 ……………………………………………………… 133
 Ⅵ 行政処分 …………………………………………………………… 139
  1 指示，業務停止命令 …………………………………………… 139
  2 指示 ……………………………………………………………… 139
  3 業務停止命令 …………………………………………………… 141
  ※ 第三者情報の公表の事例 ……………………………………… 142
 Ⅶ 行政指導 …………………………………………………………… 148
  1 行政処分にならない場合 ……………………………………… 148
  2 行政指導とは …………………………………………………… 148
  3 行政指導の手続 ………………………………………………… 149
  4 行政指導の公表 ………………………………………………… 150
 Ⅷ 争い方 ……………………………………………………………… 151
  1 不服申立て ……………………………………………………… 151
  2 取消訴訟 ………………………………………………………… 153
  3 国家賠償請求 …………………………………………………… 153

Ⅸ　特定商取引法の執行における課題 ………………………… 157
　　1　行政庁の執行状況 ……………………………………………… 157
　　2　執行上の問題 …………………………………………………… 158
　　3　その他の問題 …………………………………………………… 162

第4章　表示法分野における調査・執行

　本章の概要 ……………………………………………………………… 166
　Ⅰ　景品表示法 ……………………………………………………… 168
　　1　表示規制 ………………………………………………………… 169
　　2　景品規制 ………………………………………………………… 179
　　3　事業者が講ずべき景品類の提供および表示の管理上の措置 … 195
　　4　景品表示法における執行 ……………………………………… 206
　Ⅱ　家庭用品品質表示法 …………………………………………… 233
　　1　目的 ……………………………………………………………… 233
　　2　家庭用品品質表示法の法体系 ………………………………… 233
　　3　家庭用品品質表示法の規制対象 ……………………………… 234
　　4　家庭用品品質表示法の規制概要 ……………………………… 236
　　5　家庭用品品質表示法における執行 …………………………… 239
　Ⅲ　食品表示法 ……………………………………………………… 244
　　1　食品表示法策定の経緯 ………………………………………… 244
　　2　規制の内容 ……………………………………………………… 244
　　3　食品関連事業者等の義務 ……………………………………… 246
　　4　執行の流れ ……………………………………………………… 246
　　5　立入検査等 ……………………………………………………… 254
　　6　差止請求（食表11条） ………………………………………… 256
　　7　申出制度（食表12条） ………………………………………… 258
　Ⅳ　健康増進法（誇大表示等の禁止を中心に） ………………… 261
　　1　目的 ……………………………………………………………… 261
　　2　誇大表示等の規制の概要（景品表示法との比較） ………… 261

3　健康増進法における執行 ………………………………………… 265

第5章　個人情報保護分野における調査・執行

　本章の概要 ……………………………………………………………… 272
Ⅰ　改正前個人情報保護法の執行制度等 ……………………………… 274
　　1　法制度の全体像 ………………………………………………… 274
　　2　執行実績 ………………………………………………………… 276
　　3　主務大臣制の課題 ……………………………………………… 280
　　4　行政機関等における個人情報の取扱いの監督等 …………… 282
Ⅱ　個人情報保護法に基づく執行事案等 ……………………………… 286
　　1　総論 ……………………………………………………………… 286
　　2　具体的な執行事案等 …………………………………………… 287
Ⅲ　改正個人情報保護法の執行制度 …………………………………… 314
　　1　法制度の全体像 ………………………………………………… 314
　　2　執行制度 ………………………………………………………… 323
Ⅳ　諸外国の執行制度 …………………………………………………… 351
　　1　諸外国における執行制度 ……………………………………… 351
　　2　越境執行協力 …………………………………………………… 362
Ⅴ　今後の課題 …………………………………………………………… 372
　　1　行政機関等への監督・執行権限 ……………………………… 372
　　2　課徴金制度 ……………………………………………………… 380

・判例索引 ………………………………………………………………… 387
・編者・執筆者一覧 ……………………………………………………… 388

細 目 次

第1章　消費者行政法

Ⅰ　消費者行政法とは何か …………………………………………… 2
　　　図表1-1　消費者法の中の消費者行政法 ………………………… 2
　　　図表1-2　行政法の中における消費者行政法 …………………… 3
Ⅱ　消費者庁と消費者行政法 ………………………………………… 4
　1　消費者行政の小史 ……………………………………………… 4
　　(1) 1950〜60年代：消費者問題の出現 ………………………… 4
　　(2) 1968年〜：消費者保護基本法の制定と業法規制 ………… 5
　　(3) 2000年〜：民事ルールの活用 ……………………………… 5
　　(4) 2004年〜：消費者基本法の制定 …………………………… 5
　　　図表1-3　「消費者の権利」と基本的施策との関係 …………… 6
　　(5) 2009年〜：消費者庁設立と消費者行政の一元化 ………… 6
　2　消費者行政法の対象分野──安全，表示，取引，個人情報保護 … 7
Ⅲ　行政作用法に対するインパクト ………………………………… 8
　1　消費者行政の調査・執行の実務 ……………………………… 8
　　　図表1-4　消費者行政法の調査・執行の流れ ………………… 8
　2　事件の端緒──事故情報の消費者庁への集約 ……………… 9
　　(1) PIO-NET …………………………………………………… 9
　　　図表1-5　PIO-NETの概要 ……………………………………… 9
　　(2) 事故情報データバンク ……………………………………… 10
　　　図表1-6　事故情報データバンクの概要 ……………………… 11
　　(3) 医療機関ネットワーク事業 ………………………………… 10
　　　図表1-7　医療機関ネットワーク事業　概要図 ……………… 12
　　(4) 公益通報者保護法に基づく公益通報 ……………………… 12

		図表1-8　通報先と保護要件 ………………………………………… 13
	3	行政調査 …………………………………………………………………… 14
		図表1-9　行政調査の種類および手法 ……………………………… 14
	4	行政指導――特に公表との関係 ………………………………………… 16
	5	多様な行政手法 …………………………………………………………… 18
		(1) 既存の行政処分手法を用いた消費者被害の回復 ………………… 18
		(2) 消費者被害回復のための新たな手法 ……………………………… 19
		図表1-10　「消費者の財産被害に係る行政手法研究会」取りまとめ報告書の概要 ……………………………………………………………… 20
		(3) 民の力を借りた行政手法 …………………………………………… 22
		図表1-11　消費者法領域における公私協働の事例 ………………… 23
		図表1-12　消費者法領域における自主規制・共同規制の事例 …… 24

Ⅳ　行政救済法に対するインパクト ……………………………………… 24
1 消費者行政法と行政救済法 …………………………………………… 24
2 処分性論――勧告の制度設計との関係 ……………………………… 25
　(1) 消費者安全法における勧告の処分性 ……………………………… 25
　(2) 東京都消費生活条例の勧告 ………………………………………… 27
　(3) 消費者行政法における勧告の手法 ………………………………… 27
3 原告適格論――消費者の利益との関係 ……………………………… 28
　(1) 一般消費者の原告適格 ……………………………………………… 28
　(2) 原告適格論を克服するためのさまざまな提案 …………………… 30

Ⅴ　行政組織法に対するインパクト ……………………………………… 31
1 行政組織法における分担管理原則 …………………………………… 31
2 分担管理原則の変容 …………………………………………………… 31

Ⅵ　本書の対象分野
　――安全，取引，表示，個人情報保護分野における調査・執行 ……… 33

第2章　安全法分野における調査・執行

本章の概要 ………………………………………………………………………… 36

Ⅰ　**消費者安全法** ………………………………………………………………… 37

1　消費者安全法の概要 …………………………………………………… 37
2　消費者事故等に関する情報の集約・消費者への注意喚起
　　（消安12条〜14条，38条）……………………………………………… 38
　（1）生命・身体事案 ……………………………………………………… 38
　　（A）生命身体事故等の情報の集約・分析等 ………………………… 39
　　　　図表2-1　生命身体事故等の情報の流れ ……………………… 40
　　（B）消費者への注意喚起等 …………………………………………… 41
　（2）財産事案 ……………………………………………………………… 42
　　（A）財産事案とは ……………………………………………………… 42
　　　　図表2-2　財産事案概要 ………………………………………… 44
　　（B）財産事案に関する情報の一元的な集約 ………………………… 46
　　　　図表2-3　通知の方法 …………………………………………… 47
　　（C）資料の提出要求 …………………………………………………… 48
　　（D）報告徴収・立入調査 ……………………………………………… 48
　　　　図表2-4　身分証・表面 ………………………………………… 49
　　（E）消費者への注意喚起等 …………………………………………… 50
　　　（a）注意喚起（消安38条1項）…………………………………… 50
　　　（b）関係行政機関への情報提供（消安38条2項）……………… 51
3　措置要求（消安39条）…………………………………………………… 51
4　事業者に対する勧告・措置命令，譲渡禁止，回収命令等
　　（消安40条〜42条）——すき間事案への対応 ………………………… 53
　（1）概要 …………………………………………………………………… 53
　（2）生命・身体事案 ……………………………………………………… 54
　　（A）勧告 ………………………………………………………………… 54
　　（B）措置命令 …………………………………………………………… 54
　　（C）譲渡等の禁止・制限 ……………………………………………… 55
　　（D）回収等命令 ………………………………………………………… 55
　　（E）消費者委員会による建議 ………………………………………… 56
　（3）財産事案 ……………………………………………………………… 56
　　（A）勧告 ………………………………………………………………… 56
　　　（a）要件 …………………………………………………………… 56

	(b) 効果 ··	57
	(B) 措置命令 ··	58
(4)	法的性質・争い方 ···	58
	(A) 勧告 ··	58
	(B) 措置命令 ··	61
	(C) 譲渡等の禁止・制限 ··	61
	(D) 回収等命令 ··	61
	図表2-5 消費者安全法上の措置の可否 ························	60
	図表2-6 消費者安全法上の措置 ·······························	61

Ⅱ 消費者安全調査委員会 ··· 62

1 消費者安全調査委員会とは ··· 62
2 設立の経緯 ·· 62
3 調査委員会の目的・役割 ··· 63
(1) 総論 ·· 63
(2) 事故調査と責任追及 ·· 63
(3) 原因究明と施策実施 ·· 64

4 組織等 ·· 65
(1) 調査委員会の設置 ·· 65
(2) 委員等 ·· 65
　(A) 委員，臨時委員，専門委員 ··· 65
　(B) 任期，義務等 ··· 66
(3) 組織 ·· 66
(4) 会議運営 ·· 67

5 調査委員会による事故調査 ·· 68
(1) 事故等原因調査等の流れ ··· 68
　図表2-7 消費者安全調査委員会における事故等原因調査等の流れ ············· 69
(2) 事故情報の入手 ··· 68
　(A) 消費者庁の事故情報 ·· 68
　(B) 事故等原因調査等の申出制度（消安28条） ····················· 68
　　(a) 趣旨 ··· 68
　　(b) 制度概要 ·· 69

（c）実際の運用 …………………………………………………… 70
　　　（d）申出に対する調査委員会の判断等についての審査請求の可否 ………… 70
　（3）事故等原因調査等の対象の選定 …………………………………… 71
　　（A）事故等原因調査等の対象 ………………………………………… 71
　　（B）調査対象の選定 …………………………………………………… 71
　　（C）選定結果の公表 …………………………………………………… 72
　（4）事故等原因調査等の実施 …………………………………………… 73
　　（A）実施方法 …………………………………………………………… 73
　　（B）事故等原因調査等 ………………………………………………… 73
　　（C）事故等原因調査（「自ら調査」）…………………………………… 73
　　　（a）調査委員会の調査権限 ………………………………………… 73
　　　（b）調査等の委託 …………………………………………………… 74
　　（D）他の行政機関等による調査等の結果の評価（「評価」）………… 75
　　　（a）評価 ……………………………………………………………… 75
　　　（b）評価の結果 ……………………………………………………… 75
　（5）事故等原因調査等の結果の公表 …………………………………… 76
　　（A）自ら調査の結果 …………………………………………………… 76
　　　（a）原因関係者からの意見聴取（消安30条）……………………… 76
　　　（b）事故調査報告書の公表 ………………………………………… 76
　　　（c）経過報告 ………………………………………………………… 77
　　（B）評価の結果 ………………………………………………………… 77
　　（C）事故等原因調査等の結果に関する諸問題 ……………………… 77
　　　（a）刑事・民事手続への利用 ……………………………………… 77
　　　　（ア）事故調査報告書等 ………………………………………… 77
　　　　（イ）事故等原因調査等を通じて得られた情報等 …………… 78
　　　（b）調査委員会による情報の公表 ………………………………… 78
　　　（c）報告書等についての審査請求の可否 ………………………… 79
　（6）事故等の発生・拡大防止等のための提言 ………………………… 80
　　（A）内閣総理大臣に対する勧告 ……………………………………… 80
　　（B）内閣総理大臣および関係行政機関の長に対する意見具申 …… 81

Ⅲ 消費生活用製品安全法における製品事故情報の報告・公表制度 ……………… 82

1 製品事故情報報告・公表制度の趣旨・目的等 ……………… 82
2 消費生活用製品安全法の適用範囲等 ……………… 82
　(1) 消費生活用製品とは ……………… 82
　　　図表2−8　消費生活用製品の適用除外製品 ……………… 83
　(2) 重大製品事故・製品事故とは ……………… 84
　　(A) 製品事故とは ……………… 84
　　(B) 重大製品事故とは ……………… 85
　　　図表2−9　重大製品事故の要件（危害の程度） ……………… 85
3 重大製品事故に関する報告・公表制度 ……………… 86
　(1) 重大製品事故に関する事故報告義務 ……………… 86
　　(A) 報告義務の概要 ……………… 86
　　(B) 報告義務の主体 ……………… 86
　　(C) 報告の様式等 ……………… 87
　　　図表2−10　報告書（様式第1） ……………… 89
　　　図表2−11　平成21年通達別添（参考資料） ……………… 91
　　(D) 報告の方法 ……………… 88
　　(E) 報告期限 ……………… 93
　(2) 重大製品事故に関する事故公表制度 ……………… 93
　　(A) 事故情報の公表（第一報）の方法 ……………… 93
　　　図表2−12　重大製品事故の公表までのフロー図 ……………… 94
　　　図表2−13　消費生活用製品事故に係る公表（サンプル） ……………… 98
　　(B) 技術的調査・原因分析 ……………… 96
　　(C) 調査後の事故情報公表 ……………… 96
　　(D) 事故情報の公表に不服のある事業者がとるべき手段（争い方） ……………… 97
　　　(a) 事前差止め ……………… 100
　　　(b) 損害回復 ……………… 100
　　　　(ア) 取消訴訟の可否 ……………… 100
　　　　(イ) 国家賠償請求訴訟の可否 ……………… 101
　　　　(ウ) 補償請求の可否 ……………… 101

細目次　xiii

（3）行政調査（報告の徴収・立入検査・提出命令）……………… 101
　　（4）体制整備命令 ……………………………………………………… 103
　　（5）刑事罰 ……………………………………………………………… 103
　　（6）その他 ……………………………………………………………… 103
　　　（A）主務大臣（所管省庁）への通知 …………………………… 103
　　　（B）技術的調査・原因分析等 …………………………………… 104
　4　製品事故（非重大製品事故）に関する報告・公表制度 …………… 104
　　（1）製品事故（非重大製品事故）に関する事故報告制度 ………… 104
　　　（A）報告制度の概要 ……………………………………………… 104
　　　（B）報告すべき主体（各事業者の責任・責務） ……………… 105
　　　　　図表2-14　消費生活用製品安全法における各事業者の責任・責務 ……… 106
　　　（C）報告の様式等 ………………………………………………… 105
　　　（D）報告すべき事故の判断基準 ………………………………… 106
　　　（E）報告期限 ……………………………………………………… 107
　　（2）製品事故（非重大製品事故）に関する事故公表制度 ………… 107
　　　（A）公表の方法 …………………………………………………… 107
　　　　　図表2-15　NITEによる四半期ごとの個別事故情報の公表（サンプル）…… 108
　　　　　図表2-16　NITEによる調査終了案件の公表（サンプル）……………… 108
　　　（B）事故情報の公表に不服のある事業者がとるべき手段（争い方）…… 109

第3章　取引法分野における調査・執行

　本章の概要 ……………………………………………………………… 112
Ⅰ　特定商取引法の規制内容 …………………………………………… 113
　1　特定商取引法の規制対象となる取引類型 ……………………… 113
　　（1）訪問販売（特定商取引法第2章第2節）………………………… 113
　　（2）電話勧誘販売（特定商取引法第2章第4節）…………………… 113
　　（3）通信販売（特定商取引法第2章第3節）………………………… 113
　　（4）特定継続的役務提供（特定商取引法第4章）………………… 114
　　（5）連鎖販売取引（特定商取引法第3章）………………………… 114
　　（6）業務提供誘引販売（特定商取引法第5章）…………………… 114

(7) 訪問購入（特定商取引法第5章の2） ················· 114
　2 特定商取引法の規制内容（概要） ····················· 115
　　(1) 民事ルール ····································· 115
　　(2) 行政ルール ····································· 115
　　(3) 刑事ルール ····································· 115
II 事件の端緒 ·· 116
　1 主務大臣に対する申出（特商60条1項） ················ 116
　　(1) 申出制度 ······································· 116
　　(2) 指定法人による申出しようとする者に対する指導・助言 ········· 117
　　(3) 具体的手続 ····································· 118
　2 公益通報 ·· 118
　3 消費生活センターからの情報提供 ····················· 118
　4 職権探知（PIO-NET での探知等） ···················· 119
　5 都道府県知事からの要請等 ··························· 119
　　(1) 都道府県知事からの法執行等の要請（特商68条，特商令19条）······ 119
　　(2) 都道府県との情報共有 ··························· 120
　6 消費者安全法による情報通知 ························· 120
　　(1) 消費者安全法12条 ······························· 120
　　(2) 消費者事故等と特定商取引法との関係 ············· 121
　　　(A) 消費者安全法施行令および消費者安全法施行規則の条文上
　　　　　特定商取引法の条文が明示されるもの ·················· 121
　　　(B) 消費者安全法施行令および消費者安全法施行規則の条文では
　　　　　特定商取引法の条文が明示されないもの ················ 121
　　　(C) まとめ ······································· 123
　　(3) 消費者安全法12条4項によるみなし通知 ············ 123
III 調査および行政処分の主体 ····························· 124
　1 消費者庁長官 ·· 124
　2 都道府県知事 ·· 124
　3 経済産業局長 ·· 125
IV 調査段階 ·· 127
　1 事実上の調査 ·· 127

2　法律上の調査（立入検査，報告徴収（特商66条））……………… 127
　　　(1) 報告徴収，物件（資料）提出命令および立入検査 ……………… 127
　　　(2) 調査の対象者 …………………………………………………………… 128
　　　　(A) 対象者についての概要 ……………………………………………… 128
　　　　　(a) 販売業者等 ………………………………………………………… 128
　　　　　(b) 密接関係者 ………………………………………………………… 128
　　　　　　図表3-1　密接関係者に報告徴収を求めることができる事項 ……… 128
　　　　　(c) 販売業者等と取引する者 ………………………………………… 129
　　　　　(d) インターネット・サービス・プロバイダー等 ………………… 130
　　　　(B) 調査の対象者の解釈が問題となるもの ………………………… 130
　　　　(C) 対象者が拒否した場合 …………………………………………… 131
　　　(3) 合理的根拠を示す資料の提出命令 ………………………………… 131
　　　　(A) 法律の規定 ………………………………………………………… 131
　　　　(B) 趣旨 ………………………………………………………………… 132
　　　　(C) 罰則 ………………………………………………………………… 132

V　行政処分の事前手続 …………………………………………………… 133
　1　手続の概要 ……………………………………………………………… 133
　2　不利益処分 ……………………………………………………………… 133
　　(1) 不利益処分とは ……………………………………………………… 133
　　(2) 処分の基準の設定 …………………………………………………… 134
　　　(A) 行政手続法における処分の基準の設定 ………………………… 134
　　　(B) 特定商取引法における処分基準の設定 ………………………… 134
　　　(C) 参考判例 …………………………………………………………… 135
　　(3) 特定商取引法における意見陳述の機会の保障
　　　　（弁明の機会の付与）………………………………………………… 135
　　　(A) 弁明の機会の付与手続による場合 ……………………………… 135
　　　(B) 弁明の機会の付与の趣旨 ………………………………………… 136
　　　(C) 弁明手続の内容 …………………………………………………… 136
　　　(D) 参考判例 …………………………………………………………… 137

Ⅵ　行政処分 ………………………………………………………………… 139
　1　指示，業務停止命令 …………………………………………………… 139

  2 指示（特商7条，14条1項・2項，22条，38条1項～4項，46条，56条1項・2項，58条の12） ································· 139
   (1) 指示の要件 ·· 139
   (2) 指示の内容 ·· 139
   (3) 指示の公表 ·· 140
  3 業務停止命令（特商8条1項，15条1項・2項，23条1項，39条1項～4項，47条1項，57条1項・2項，58条の13第1項） ······························ 141
   (1) 業務停止命令の要件 ·· 141
   (2) 業務停止命令の内容 ·· 141
   (3) 業務停止命令の公表 ·· 142
  ※ 第三者情報の公表の事例 ·· 142
     図表3-2 指示または業務停止命令の対象となる行為（概要）一覧 ········· 144
Ⅶ 行政指導 ·· 148
 1 行政処分にならない場合 ·· 148
 2 行政指導とは ·· 148
 3 行政指導の手続 ·· 149
 4 行政指導の公表 ·· 150
Ⅷ 争い方 ·· 151
 1 不服申立て ·· 151
  (1) 総論 ··· 151
   (A) 行政不服審査法に基づく不服申立て ······················· 151
   (B) 手続 ·· 152
  (2) 各論 ··· 153
   (A) 行政指導に対して ·· 153
   (B) 公表に対して ··· 153
   (C) 指示または業務停止命令に対して ························· 153
 2 取消訴訟 ·· 153
  (1) 総論 ··· 153
   (A) 行政事件訴訟法に基づく行政処分の取消訴訟 ·········· 153
   (B) 手続 ·· 154
  (2) 各論 ··· 154

細目次 xvii

          (A) 行政指導に対して ……………………………………………… 154
          (B) 公表に対して ………………………………………………… 154
          (C) 指示または業務停止命令に対して ………………………… 155
     3 国家賠償請求 …………………………………………………………… 155
       (1) 総論 ………………………………………………………………… 155
          (A) 国家賠償法に基づく国家賠償請求 ………………………… 155
          (B) 手続 …………………………………………………………… 155
       (2) 各論 ………………………………………………………………… 156
          (A) 行政指導に対して ……………………………………………… 156
          (B) 公表に対して ………………………………………………… 156
          (C) 指示または業務停止命令に対して ………………………… 156
  IX 特定商取引法の執行における課題 ……………………………………… 157
     1 行政庁の執行状況 ……………………………………………………… 157
          図表3−3　特定商取引法違反に基づく処分件数の推移（2015年5月13日時点）
          ……………………………………………………………………… 157
     2 執行上の問題 …………………………………………………………… 158
       (1) 執行主体の問題 …………………………………………………… 158
       (2) 執行対象事業者の問題 …………………………………………… 159
          (A) 勧誘者の行為を訪問販売事業者の行為として行った処分 ……… 160
          (B) 複数の事業者に対する処分 ………………………………… 160
             (a) 処分対象事業者と密接不過分の関係にある事業者に対する対処 …… 160
             (b) 一つのグループが別の名称を使用して同一手口で営業していたもの ‥ 161
     3 その他の問題 …………………………………………………………… 162
       (1) 住所地等所在の問題 ……………………………………………… 162
       (2) 立入検査の拒否 …………………………………………………… 162
       (3) 行政処分に協力した消費者保護の問題 ………………………… 163
       (4) 所在地が不明な事業者に対する処分 …………………………… 163

第4章　表示法分野における調査・執行

  本章の概要 ………………………………………………………………… 166

図表4-1　消費者庁が所管あるいは共管する主な表示法の概要 ……… 167

I　景品表示法 …………………………………………………………… 168
図表4-2　景品表示法の概要 …………………… 168
1　表示規制 ……………………………………………………………… 169
(1) 概略 ………………………………………………………………… 169
(2) 「事業者」および「表示」とは ………………………………… 169
　(A) 「事業者」 …………………………………………………… 169
　(B) 「内閣総理大臣が指定するもの」 ………………………… 170
(3) 優良誤認表示の概要 …………………………………………… 171
　(A) 「著しく」の意義 …………………………………………… 171
　(B) 「商品又は役務の品質，規格その他の内容」の意義 …… 172
　(C) 「実際のものよりも……優良」の意義 ………………… 172
(4) 有利誤認表示の概要 …………………………………………… 173
　(A) 「価格」に関する有利誤認表示 …………………………… 173
　　(a) 実際の販売価格よりも安い価格を表示する場合 ……… 174
　　(b) 不当な二重価格表示 ……………………………………… 175
　　　(ア) 同一ではない商品の価格を比較対照価格に用いて表示を行う場合 ………………………………………………………………… 175
　　　(イ) 比較対照価格に用いる価格について実際と異なる表示やあいまいな表示を行う場合 …………………………………………… 176
　(B) 「その他の取引条件」に関する有利誤認表示 …………… 177
(5) 指定告示に係る不当表示 ……………………………………… 177
2　景品規制 ……………………………………………………………… 179
(1) 景品規制の仕組みおよび景品規制に違反したときの効果 …… 179
図表4-3　法令等の構造 …………………… 180
(2) 景品類該当性 …………………………………………………… 180
　(A) 法令等の定め ………………………………………………… 180
　　(a) 景品表示法 ………………………………………………… 180
　　(b) 定義告示 …………………………………………………… 180
　　(c) 定義告示運用基準 ………………………………………… 181
　(B) 景品類該当要件 ……………………………………………… 181

        (a) 顧客誘引性 …………………………………………………… 181
        (b) 事業者 ………………………………………………………… 182
        (c)「自己の供給する商品又は役務の取引」…………………… 182
        (d) 取引付随性 …………………………………………………… 183
        (e) 経済上の利益 ………………………………………………… 183
        (f) 定義告示1項各号該当性 …………………………………… 184
     (C) 景品類に該当しないもの（1項ただし書）………………………… 184
  (3) 景品類の提供に関する制限・禁止 ……………………………………… 184
     (A) 法令等の定め ………………………………………………………… 185
        (a) 景品表示法 …………………………………………………… 185
        (b) 告示 …………………………………………………………… 185
        (c) 運用基準 ……………………………………………………… 186
     (B) 懸賞制限告示による景品規制 ……………………………………… 186
        (a) 懸賞の意義（1項）…………………………………………… 186
        (b) 懸賞による景品類の最高額および総額の制限 …………… 187
           図表4－4　懸賞による景品類の最高額および総額の制限 …… 187
           （ア）最高額の制限（2項）…………………………………… 187
           図表4－5　取引の価額 …………………………………………… 188
           （イ）総額の制限（3項）…………………………………… 188
           （ウ）共同懸賞の場合（4項）……………………………… 189
        (c) 全面禁止される懸賞方法（5項）──カード合わせの禁止 ……… 189
           （ア）カード合わせが禁止された趣旨 …………………… 190
           （イ）符票の意義 …………………………………………… 190
           （ウ）カード合わせに当たるかが問題となる類型 ……… 190
        (d) いわゆる「コンプガチャ」とカード合わせ規制 ………… 191
           図表4－6　コンプガチャの概念図 …………………………… 191
           （ア）「コンプガチャ」規制の経緯 ………………………… 191
           （イ）「コンプガチャ」のカード合わせ該当性 …………… 192
              （ⅰ）インターネット上の取引における景品規制 …… 192
              （ⅱ）景品類該当性 ……………………………………… 192
              （ⅲ）カード合わせ該当性 ……………………………… 193

　　　　(C) 総付制限告示による景品規制 ………………………………… 193
　　　　　(a) 規制対象 ……………………………………………………… 193
　　　　　(b) 規制内容 ……………………………………………………… 194
　　　　　　図表4－7　懸賞によらない景品類の最高額の制限 ……………… 194
　　　　　(c) 適用除外 ……………………………………………………… 194
　3　事業者が講ずべき景品類の提供および表示の管理上の措置 ……… 195
　　(1) 改正の経緯および概要 ……………………………………………… 195
　　(2) 事業者が講ずべき景品類の提供および表示の管理上の措置についての指針 …………………………………………………………………… 196
　　　(A) 指針の構成 ………………………………………………………… 196
　　　(B) 基本的な考え方 …………………………………………………… 197
　　　　(a) 措置を講じることが求められる事業者 ……………………… 197
　　　　(b) 事業者が講ずべき措置の規模や業態等による相違 ………… 197
　　　(C) 事業者が講ずべき表示等の管理上の措置の内容 ……………… 198
　　　　(a) 景品表示法の考え方の周知・啓発 …………………………… 199
　　　　(b) 法令遵守の方針等の明確化 …………………………………… 200
　　　　(c) 表示等に関する情報の確認 …………………………………… 200
　　　　(d) 表示等に関する情報の共有 …………………………………… 201
　　　　(e) 表示等を管理するための担当者等を定めること …………… 202
　　　　(g) 表示等の根拠となる情報を事後的に確認するために必要な措置をとること ……………………………………………………………… 203
　　　　(h) 不当な表示等が明らかになった場合における迅速かつ適切な対応 …… 203
　　(3) 必要な措置に関する執行の流れ …………………………………… 204
　　　(A) 概略 ………………………………………………………………… 204
　　　　　図表4－8　景品表示法26条1項に規定する措置に関する執行の流れ（イメージ）
　　　　　　　　………………………………………………………………… 204
　　　(B) 指導および助言（景表27条）…………………………………… 205
　　　(C) 勧告，公表（景表28条）………………………………………… 205
　　　(D) 争う手段 …………………………………………………………… 205
　4　景品表示法における執行 ……………………………………………… 206
　　(1) 措置命令 ……………………………………………………………… 206

細目次　xxi

（A）措置命令の要件（不実証広告規制含む）……………………… 206
　　　　（a）一般的要件 ……………………………………………………… 206
　　　　（b）措置命令における不実証広告規制 …………………………… 207
　　　　　（ア）趣旨 ………………………………………………………… 207
　　　　　（イ）措置命令における不実証広告規制の手続の流れ ……… 208
　　　　　　図表4－9　措置命令における不実証広告規制の手続の流れ ……… 208
　　　　　（ウ）合理的な根拠の判断基準 ………………………………… 209
　　　（B）措置命令の内容 …………………………………………………… 211
　（2）課徴金納付命令 ………………………………………………………… 211
　　　（A）課徴金納付命令に関する各要件の趣旨および内容等 ………… 212
　　　　（a）課徴金対象行為 ………………………………………………… 212
　　　　　（ア）課徴金対象行為の内容 …………………………………… 212
　　　　　（イ）課徴金納付命令との関係における不実証広告規制 …… 212
　　　　（b）課徴金額の算定 ………………………………………………… 213
　　　　　（ア）課徴金対象期間 …………………………………………… 213
　　　　　（イ）「課徴金対象行為に係る商品又は役務」………………… 215
　　　　　（ウ）「政令で定める方法により算定した売上額」…………… 216
　　　　（c）「相当の注意を怠つた者でないと認められる」か否か …… 217
　　　　　（ア）概要 ………………………………………………………… 217
　　　　　（イ）「課徴金対象行為をした期間を通じて」………………… 218
　　　　　（ウ）立証責任 …………………………………………………… 219
　　　　（d）規模基準 ………………………………………………………… 219
　　　　（e）除斥期間 ………………………………………………………… 220
　　　　（f）課徴金対象行為に該当する事実の報告による課徴金額の減額 ……… 220
　　　　　（ア）概要 ………………………………………………………… 220
　　　　　（イ）具体例 ……………………………………………………… 221
　　　　（g）返金措置の実施による課徴金額の減額等 …………………… 221
　　　　　（ア）手続の概要 ………………………………………………… 221
　　　　　　（ⅰ）実施予定返金措置計画の提出，内閣総理大臣（消費者庁長官）
　　　　　　　　による認定 ………………………………………………… 222
　　　　　　（ⅱ）返金措置の実施等 ……………………………………… 223

　　　　　（ⅲ）認定実施予定返金措置計画の実施結果の報告，計画適合性が
　　　　　　　認められる場合の課徴金金額の減額等 ……………………………… 224
　　　（イ）返金措置の基本的な考え方 ……………………………………………… 225
　　　　　（ⅰ）「課徴金対象期間において当該商品又は役務の取引を行つた一般
　　　　　　　消費者であつて政令で定めるところにより特定されているもの」
　　　　　　　……………………………………………………………………………… 225
　　　　　（ⅱ）「申出があつた場合」 …………………………………………………… 226
　　　　　（ⅲ）「当該申出をした一般消費者の取引に係る商品又は役務の政令で
　　　　　　　定める方法により算定した購入額」 …………………………………… 227
　　　　　（ⅳ）「百分の三を乗じて得た額以上の金銭を交付する措置」 ………… 227
　　（B）課徴金納付命令に関する手続 ……………………………………………… 228
　　　　（a）事前手続 ……………………………………………………………………… 228
　　　　（b）賦課手続 ……………………………………………………………………… 228
　　　　（c）不服申立手続 ………………………………………………………………… 229
　　（C）課徴金納付命令の効果等 …………………………………………………… 229
　（3）過大景品の提供または不当表示に対しての執行の流れ ……………… 230
　　（A）執行機関 …………………………………………………………………………… 230
　　　　（a）消費者庁長官（内閣総理大臣からの委任（景表33条1項）） ………… 230
　　　　（b）公正取引委員会（景表33条2項，景表令15条） …………………………… 230
　　　　（c）事業所管大臣および金融庁長官（景表33条3項，景表令17条） ……… 230
　　　　（d）都道府県知事（景表33条11項，景表令23条） …………………………… 230
　　　　　　　図表4-10　景品表示法違反の事件処理手続 ………………………… 231
　（4）争う手段 …………………………………………………………………………… 231

Ⅱ　家庭用品品質表示法 ……………………………………………………………… 233

1　目的 ……………………………………………………………………………………… 233
2　家庭用品品質表示法の法体系 …………………………………………………… 233
　　　　　　　図表4-11　家庭用品品質表示法の法体系 …………………………… 234
3　家庭用品品質表示法の規制対象 ………………………………………………… 234
　（1）家庭用品とは …………………………………………………………………… 234
　（2）義務を履行すべき者 …………………………………………………………… 235
4　家庭用品品質表示法の規制概要 ………………………………………………… 236

(1) 繊維製品品質表示規程 ･･････････････････････････････････････ 237
　　　　(A) 対象品目（家表令別表一で規定されるもの） ･･････････････ 237
　　　　(B) 表示事項 ･･ 237
　　　　(C) 付記事項 ･･ 237
　　　(2) 合成樹脂加工品品質表示規程 ････････････････････････････････ 237
　　　　(A) 対象品目（家表令別表二で規定されるもの） ･･････････････ 237
　　　　(B) 表示事項 ･･ 238
　　　　(C) 付記事項 ･･ 238
　　　(3) 電気機械器具品質表示規程 ･･････････････････････････････････ 238
　　　　(A) 対象品目（家表令別表三で規定されるもの） ･･････････････ 238
　　　　(B) 表示事項 ･･ 238
　　　　(C) 付記事項 ･･ 238
　　　(4) 雑貨工業品品質表示規程 ････････････････････････････････････ 239
　　　　(A) 対象品目（家表令別表四で規定されるもの） ･･････････････ 239
　　　　(B) 表示事項 ･･ 239
　　　　(C) 付記事項 ･･ 239
　　5　家庭用品品質表示法における執行 ･･･････････････････････････････ 239
　　　(1) 調査 ･･ 239
　　　(2) 措置の内容 ･･ 240
　　　　(A) 指示（公表） ･･ 240
　　　　(B) 命令 ･･ 241
　　　(3) 執行機関 ･･ 242
　　　　(A) 消費者庁長官（内閣総理大臣からの委任（家表23条1項）） ･･･ 242
　　　　(B) 経済産業大臣 ･･ 242
　　　　(C) 経済産業局長（経済産業省からの委任（家表23条2項）） ･･････ 242
　　　　(D) 都道府県知事（家表24条1項，家表令4条1項・2項） ･･････････ 242
　　　　(E) 市長（家表24条2項，家表令4条3項・4項） ･･････････････････ 242
　　　　　図表4-12　家庭用品品質表示法の執行体制イメージ ･････････････ 243
　　　　　図表4-13　家庭用品品質表示と景品表示法における表示規制の相違 ･････ 243
Ⅲ　食品表示法 ･･ 244
　1　食品表示法策定の経緯 ･･ 244

2　規制の内容 …………………………………………………………… 244
　3　食品関連事業者等の義務 …………………………………………… 246
　4　執行の流れ …………………………………………………………… 246
　　(1)　食品表示法に基づく執行の枠組み ……………………………… 246
　　　　図表4－14　食品表示法における執行の仕組み ……………………… 247
　　(2)　指示およびそれに従う旨の命令 ………………………………… 248
　　(3)　食品表示法6条8項の命令 ……………………………………… 249
　　　(A)　回収等命令 ……………………………………………………… 249
　　　(B)　業務停止命令 …………………………………………………… 250
　　　(C)　命令違反に対する罰則 ………………………………………… 251
　　(4)　直罰 ………………………………………………………………… 251
　　　(A)　食品を摂取する際の安全性に重要な影響を及ぼす事項に関する
　　　　　表示違反に対する直罰 ………………………………………… 251
　　　(B)　原産地表示違反に対する直罰 ………………………………… 252
　　(5)　その他の罰則 ……………………………………………………… 252
　　　(A)　立入検査等の拒否等に対する罰則 …………………………… 252
　　　(B)　法人罰 …………………………………………………………… 253
　　　(C)　独立行政法人農林水産消費安全技術センターの役員に対する罰則
　　　　　　　　　　　　　　　　　　　　　　　　　　　　………… 254
　5　立入検査等 …………………………………………………………… 254
　　(1)　立入検査（食表8条）……………………………………………… 254
　　(2)　センターによる立入検査等 ……………………………………… 255
　6　差止請求（食表11条）……………………………………………… 256
　　(1)　差止請求制度の必要性 …………………………………………… 256
　　(2)　差止請求の対象行為 ……………………………………………… 257
　　(3)　差止請求の内容 …………………………………………………… 258
　7　申出制度（食表12条）……………………………………………… 258
　　(1)　制度概要 …………………………………………………………… 258
　　(2)　申出の手続 ………………………………………………………… 259
　　(3)　申出に対する対応 ………………………………………………… 260

Ⅳ　健康増進法（誇大表示等の禁止を中心に）……………………… 261

1　目的 …………………………………………………………………………… 261
2　誇大表示等の規制の概要（景品表示法との比較） ………………… 261
　(1)　規制の適用を受ける者 ……………………………………………… 262
　(2)　規制の適用を受ける表示の対象物 ………………………………… 263
　(3)　規制の適用を受ける表示の範囲 …………………………………… 263
　(4)　違反行為（誇大表示等）の要件 …………………………………… 263
　　　図表4－15　健康増進法と景品表示法の規制概要の異同 ……… 264
　　(A)「著しく」……………………………………………………………… 264
　　(B)「事実に相違する」…………………………………………………… 265
　　(C)「人を誤認させる」…………………………………………………… 265
3　健康増進法における執行 ……………………………………………… 265
　(1)　調査 …………………………………………………………………… 265
　(2)　措置 …………………………………………………………………… 266
　　　図表4－16　健康増進法31条に関する執行の流れ（イメージ） ……… 269
　(3)　執行の主体 …………………………………………………………… 268
　　(A)　消費者庁長官 ……………………………………………………… 268
　　(B)　地方厚生局長（消費者庁長官が健康増進法35条4項および
　　　　健康増進法施行令8条に基づき委任）………………………… 269
　　(C)　都道府県知事等 …………………………………………………… 269
　　　図表4－17　健康増進法における権限委譲の内容 ……………… 270

第5章　個人情報保護分野における調査・執行

本章の概要 …………………………………………………………………… 272
I　改正前個人情報保護法の執行制度等 ………………………… 274
1　法制度の全体像 ………………………………………………………… 274
　(1)　法的義務の適用対象 ………………………………………………… 274
　　　図表5－1　個人情報保護法の体系図 ……………………………… 275
　(2)　執行制度 ……………………………………………………………… 275
2　執行実績 ………………………………………………………………… 276
　(1)　全体の執行実績 ……………………………………………………… 276

	図表5−2　主務大臣による権限行使の制限 ································· 276
	(2) 主務大臣別の執行実績 ·· 277
	図表5−3　主務大臣別執行実績（平成17年度～平成26年度）················ 278
	(3) 執行原因となった義務規定 ·· 279
	図表5−4　執行原因となった義務規定（平成17年度～平成26年度）········ 279

3　主務大臣制の課題 ··· 280
  (1) 主務大臣制 ·· 280
  (2) 課題 ··· 280
  (3) 法改正 ·· 282
4　行政機関等における個人情報の取扱いの監督等 ····················· 282
  (1) 国の行政機関 ·· 284
  (2) 独立行政法人等 ··· 284
  (3) 地方公共団体等 ··· 285

Ⅱ　個人情報保護法に基づく執行事案等 ································ 286

1　総論 ··· 286
2　具体的な執行事案等 ··· 287
  (1) 株式会社ソニー・コンピュータエンタテインメント
      （2011（平成23）年4月）··· 287
    (A) 事案の概要 ··· 287
        図表5−5　SCEおよび米国関連会社の関係図 ···················· 288
    (B) 執行等の経過 ·· 288
      (a) 経済産業大臣による報告の徴収 ······························ 288
      (b) 経済産業大臣による「指導」 ································· 289
      (c) 利用者への対応 ··· 291
      (d) 諸外国等における調査・執行等 ······························ 291
    (C) 改正法の議論への影響 ·· 292
  (2) 株式会社ベネッセコーポレーション（2014（平成26）年7月）······· 293
    (A) 事案の概要 ··· 293
    (B) 執行等の経過 ·· 294
      (a) BCへの執行等 ·· 294
      (b) 名簿屋への執行等 ··· 296

　　　　（C）改正法の議論への影響 …………………………………………… 297
　　（3）カルチュア・コンビニエンスクラブ株式会社
　　　　（2012（平成24）年11月以降）………………………………………… 298
　　　　（A）事案の概要 ………………………………………………………… 298
　　　　（B）執行等の経過 ……………………………………………………… 300
　　　　　（a）適格消費者団体からの質問および申入れ ……………………… 300
　　　　　（b）経済産業分野ガイドラインの改正 ……………………………… 302
　　　　　（c）CCC の対応 ……………………………………………………… 303
　　　　（D）改正法の議論への影響 …………………………………………… 304
　　（4）東日本旅客鉄道株式会社（2013（平成25）年6月）………………… 305
　　　　（A）事案の概要 ………………………………………………………… 305
　　　　　図表5−6　日立製作所へのデータ提供の流れ ……………………… 306
　　　　（B）執行等の経過 ……………………………………………………… 308
　　　　（C）改正法の議論への影響 …………………………………………… 311
　　　　　図表5−7　規制改革計画（平成25年6月14日）のうち匿名化情報の取扱いに
　　　　　　　　　　関する項目 ………………………………………………… 312
Ⅲ　改正個人情報保護法の執行制度 ……………………………………………… 314
　1　法制度の全体像 ……………………………………………………………… 314
　　（1）法改正の趣旨 …………………………………………………………… 314
　　（2）法改正の検討経緯 ……………………………………………………… 315
　　（3）改正個人情報保護法の成立 …………………………………………… 316
　　（4）法の義務対象の拡大 …………………………………………………… 317
　　（5）「個人情報」の概念 …………………………………………………… 317
　　（6）個人情報取扱事業者等の義務 ………………………………………… 318
　　　　（A）個人情報取扱事業者の義務（匿名加工情報に係る義務を除く）…… 318
　　　　　図表5−8　個人情報取扱事業者の義務一覧（新旧条文対照）……… 319
　　　　（B）匿名加工情報に係る個人情報取扱事業者等の義務 …………… 320
　　　　　図表5−9　①「個人情報取扱事業者」の義務 …………………… 320
　　　　　図表5−10　②「匿名加工情報取扱事業者」の義務 ……………… 320
　　　　　図表5−11　事例概要図 ……………………………………………… 320
　　（7）認定個人情報保護団体制度 …………………………………………… 321

　　　　図表5−12　認定個人情報保護団体の義務 ………………………………… 321
　(8) 法の適用範囲 ……………………………………………………………… 322
　　　　図表5−13　域外適用される規定 ……………………………………… 322
2　執行制度 ………………………………………………………………………… 323
　(1) 個人情報保護委員会の体制整備 ………………………………………… 323
　　(A) 監督対象 ……………………………………………………………… 323
　　　　図表5−14　個人情報保護委員会の監督対象 ……………………… 324
　　(B) 三条委員会 …………………………………………………………… 324
　　(C) 所掌事務 ……………………………………………………………… 325
　　(D) 組織等 ………………………………………………………………… 326
　　(E) 任期等 ………………………………………………………………… 327
　　(F) 専門委員 ……………………………………………………………… 328
　　(G) 政治運動等の禁止 …………………………………………………… 328
　　(H) 秘密保持義務 ………………………………………………………… 328
　　(I) 給与 …………………………………………………………………… 329
　　(J) 規則の制定 …………………………………………………………… 329
　(2) 職権行使の独立性，身分保障 …………………………………………… 330
　　(A) 職権行使の独立性 …………………………………………………… 330
　　(B) 身分保障 ……………………………………………………………… 330
　(3) 個人情報保護委員会の執行権限 ………………………………………… 331
　　(A) 報告の徴収，資料提出要求，立入検査（新個40条） …………… 331
　　　(a) 権限内容 …………………………………………………………… 331
　　　　図表5−15　「報告の徴収」「資料提出要求」「立入検査」の対象規定 ……… 332
　　　(b) 具体例 ……………………………………………………………… 332
　　　(c) 立入検査に係る規定 ……………………………………………… 332
　　　(d) 罰則 ………………………………………………………………… 333
　　(B) 指導，助言（新個41条） …………………………………………… 333
　　　(a) 権限内容 …………………………………………………………… 333
　　　　図表5−16　「指導」「助言」の対象規定 …………………………… 334
　　　(b) 具体例 ……………………………………………………………… 334
　　　(c) 処分性 ……………………………………………………………… 335

細目次　xxix

```
      (C) 勧告（新個42条1項） ································································ 335
        (a) 権限内容 ····································································· 335
        (b) 具体例 ······································································· 335
          図表5-17　「勧告」の対象規定 ················································· 336
        (c) 処分性 ······································································· 337
      (D) 命令（新個42条2項，3項） ························································ 337
        (a) 権限内容 ····································································· 337
          図表5-18　「緊急命令」の対象規定 ············································· 338
          図表5-19　個人情報保護委員会による執行の流れ ································· 338
        (b) 具体例 ······································································· 338
        (c) 罰則 ········································································· 339
        (d) 処分性 ······································································· 339
  (4) 執行権限行使に対する企業対応 ······························································ 339
    (A) 調査協力等 ································································· 339
    (B) 社内調査と報告 ····························································· 340
    (C) 消費者対応 ································································· 341
  (5) 権限行使の制限 ··························································· 342
          図表5-20　適用除外を受ける事業者 ············································· 343
  (6) 事業所管大臣等への権限の委任 ··············································· 343
          図表5-21　権限の委任 ························································· 345
  (7) 地方公共団体への権限の委任 ················································· 345
  (8) 事業所管大臣の請求 ························································· 346
    (A) 事業所管大臣 ······························································· 346
    (B) 事業所管大臣の請求 ························································· 346
  (9) 外国執行当局への情報提供 ··················································· 347
    (A) 情報提供 ··································································· 348
    (B) 個人情報保護委員会の同意 ··················································· 348
    (C) 法務大臣等の確認 ··························································· 349
  (10) 認定個人情報保護団体に対する執行権限 ······································· 349
    (A) 報告の徴収 ································································· 349
    (B) 命令 ······································································· 349
```

（11）検討条項 ………………………………………………………… 350
Ⅳ　諸外国の執行制度 …………………………………………………………… 351
　1　諸外国における執行制度 ………………………………………………… 351
　　（1）EU …………………………………………………………………… 351
　　　（A）概要 ……………………………………………………………… 351
　　　　（a）EUデータ保護指令下の現在の体制 ………………………… 351
　　　　（b）EU一般データ保護規則下の体制 …………………………… 352
　　　（B）執行例 …………………………………………………………… 353
　　　　（a）ソニー・コンピューター・エンタテインメント個人情報漏えい事件
　　　　　 ……………………………………………………………………… 353
　　　　（b）グーグル社プライバシーポリシー事件 ……………………… 354
　　　（C）越境移転と法執行 ……………………………………………… 355
　　　　（a）EUにおける越境移転制限 …………………………………… 355
　　　　（b）十分性認定における第三国の法執行状況 …………………… 356
　　　　（c）BCR（拘束的企業準則）と執行 ……………………………… 356
　　（2）アメリカ …………………………………………………………… 357
　　　（A）概要 ……………………………………………………………… 357
　　　（B）FTCによる法執行手続 ………………………………………… 357
　　　　（a）執行手続の概要 ………………………………………………… 357
　　　　（b）セーフハーバー違反の執行 …………………………………… 358
　　　　　図表5-22　米国のパーソナルデータ保護に関する制度 ……… 359
　　　　（c）EU-USセーフハーバーに関する欧州司法裁判所の判断 …… 360
　　　　（d）EU-USプライバシー・シールド ……………………………… 361
　2　越境執行協力 ……………………………………………………………… 362
　　（1）越境執行協力枠組みの背景 ……………………………………… 362
　　（2）多国間越境執行協力枠組み ……………………………………… 363
　　　（A）CPEA（越境プライバシー執行協定）………………………… 363
　　　　　図表5-23　APEC・CPEAの仕組み ……………………………… 365
　　　（B）CBPR（Cross border Privacy Rules）……………………… 365
　　　（C）GPEN（グローバルプライバシー執行ネットワーク）……… 366

（D）データ保護プライバシーコミッショナー国際会議における
　　　　　執行協力合意 ……………………………………………………… 367
　（3）二国間執行協力 ……………………………………………………… 368
　　　（A）諸外国における二国間執行協力のあり方 ……………………… 368
　　　（B）日本の個人情報保護法改正（外国執行当局への情報提供）……… 368
　（4）執行機関間の情報共有 ……………………………………………… 369
　　　（A）ICDPPC（データ保護プライバシーコミッショナー国際会議）… 369
　　　（B）APPA（アジア太平洋プライバシー執行機関）………………… 370

Ⅴ　今後の課題 ……………………………………………………………… 372
1　行政機関等への監督・執行権限 ………………………………………… 372
　（1）問題意識 ……………………………………………………………… 372
　（2）現行法における個人情報の取扱いの監督・執行権限 …………… 372
　　　（A）個人情報保護法における主務大臣制 ………………………… 372
　　　（B）行政機関個人情報保護法と独立行政法人等個人情報保護法 …… 373
　　　（C）各自治体の個人情報保護条例 …………………………………… 373
　（3）実務上の不都合 ……………………………………………………… 374
　　　（A）分野横断的な取扱いにおける監督・執行の不統一 ………… 374
　　　（B）欧州委員会十分性認定への対応 ………………………………… 374
　（4）番号利用法による特定個人情報の監督・執行権限 ……………… 375
　（5）改正個人情報保護法による民間事業者に対する監督・執行権限 … 376
　　　（A）主務大臣制から個人情報保護委員会への監督・執行権限の移譲
　　　　　…………………………………………………………………… 376
　　　（B）改正法附則における検討事項 …………………………………… 377
　　　（C）総務省・行政機関等が保有するパーソナルデータに関する
　　　　　研究会 ……………………………………………………………… 377
　　　（D）行政機関個人情報保護法等改正法案 …………………………… 377
　　　　　　図表5-24　行政機関等個人情報保護法改正後の個人情報保護委員会の
　　　　　　　　　　　監督・執行権限（想定）…………………………… 378
　（6）今後の課題 …………………………………………………………… 378
　　　（A）分野横断的な取扱いにおける監督・執行の不統一との関係 …… 378
　　　（B）欧州委員会十分性認定への対応との関係 ……………………… 379

（C）結語 …………………………………………………… 380
２　課徴金制度 …………………………………………………… 380
　（１）課徴金制度の概要 ………………………………………… 380
　（２）個人情報保護法違反に対する課徴金制度導入の必要性 …… 381
　　　（A）間接罰方式の限界 …………………………………… 381
　　　（B）国際的整合性 ………………………………………… 382
　　　（C）消費者保護の観点からの必要性（景品表示法との類似性） ……… 383
　（３）諸外国の制度 ……………………………………………… 384
　　　（A）フランス ……………………………………………… 384
　　　（B）イギリス ……………………………………………… 384
　　　（C）EU …………………………………………………… 384
　（４）課徴金制度導入にあたっての課題 ……………………… 385
　　　（A）課徴金賦課の対象行為 ……………………………… 385
　　　（B）主観的要件 …………………………………………… 386
　　　（C）算定式 ………………………………………………… 386

・判例索引 ………………………………………………………… 387
・編者・執筆者一覧 ……………………………………………… 388

凡　例

【法律】	※　本文中／条文引用
家庭用品品質表示法	家庭用品品質表示法／家表
家庭用品品質表示法施行令	家庭用品品質表示法施行令／家表令
公益通報者保護法	公益通報者保護法／公益
個人情報の保護に関する法律（平成27年改正前）	改正前個人情報保護法／旧個
個人情報の保護に関する法律施行令	改正前個人情報保護法施行令／旧個令
個人情報の保護に関する法律（平成27年改正後）	改正個人情報保護法／新個
行政機関の保有する情報の公開に関する法律	情報公開法／情開
行政機関の保有する個人情報の保護に関する法律	行政機関個人情報保護法／行個
独立行政法人等の保有する個人情報の保護に関する法律	独立行政法人等個人情報保護法／独個
消費者安全法	消費者安全法／消安
消費者安全法施行令	消費者安全法施行令／消安令
消費者安全法施行規則	消費者安全法施行規則／消安規
消費者基本法	消費者基本法／消基
消費者契約法	消費者契約法／消契
消費生活用製品安全法	消費生活用製品安全法／消製安
消費生活用製品安全法施行令	消費生活用製品安全法施行令／消製安令
消費者庁及び消費者委員会設置法	消費者庁及び消費者委員会設置法／設置法

食品表示法	食品表示法／食表
特定商取引に関する法律	特定商取引法／特商
特定商取引に関する法律施行令	特定商取引法施行令／特商令
特定商取引に関する法律施行規則	特定商取引法施行規則／特商規
不当景品類及び不当表示防止法	景品表示法／景表
不当景品類及び不当表示防止法施行例	景品表示法施行例／景表令
不当景品類及び不当表示防止法施行規則	景品表示法施行規則／景表規
行政事件訴訟法	行政事件訴訟法／行訴
行政手続法	行政手続法／行手
行政不服審査法	行政不服審査法／行審

【文献】

真渕・景表法	真渕博編著『景品表示法〔第4版〕』（商事法務，2015年）
個保法の解説	園部逸夫編『個人情報保護法の解説〔改訂版〕』（ぎょうせい，2005年）
宇賀・行政法Ⅰ	宇賀克也『行政法概説Ⅰ　行政法総論〔第5版〕』（有斐閣，2013年）
コンメ行政法Ⅱ	室井力＝芝池義一＝浜川清編『コンメンタール行政法Ⅱ　行政事件訴訟法・国家賠償法〔第2版〕』（日本評論社，2006年）
実務的研究	司法研修所編『改訂　行政事件訴訟の一般的問題に関する実務的研究』（法曹会，2000年）

条解行訴法	南博方ほか編『条解　行政事件訴訟法〔第4版〕』（弘文堂，2014年）
逐条行手法	IMA＝行政管理研究センター『逐条解説行政手続法〔27年改訂版〕』（ぎょうせい，2015年）
逐条景表法	黒田岳士＝加納克利＝松本博明『逐条解説　平成26年11月改正景品表示法——課徴金制度の解説』（商事法務，2015年）
逐条消安法	消費者庁消費者政策課・消費者制度課・地方協力課・消費者安全課編『逐条解説　消費者安全法〔第2版〕』（商事法務，2013年）
逐条消契法	消費者庁消費者制度課編『逐条解説　消費者契約法〔第2版補訂版〕』（商事法務，2015年）
特商法解説	消費者庁取引対策課＝経済産業省商務流通保安グループ消費経済企画室編『特定商取引に関する法律の解説〔平成24年版〕』（商事法務，2014年）

第 1 章

消費者行政法

I 消費者行政法とは何か

　消費者の権利・利益を保護するという政策目的を達成するために，民事法，行政法，刑事法の各目的達成手段が存在する．そのため，「消費者法」という法領域は民事法，行政法，刑事法の複合的な性格を帯びている．本書の取り扱う「消費者行政法」は，「消費者法」のうち行政法との関わりを取り扱う分野である（図表1-1）．

図表1-1　消費者法の中の消費者行政法

　消費者法の法領域では具体的問題とその解決を模索する問題志向的アプローチ[1]が採用されてきたため消費者法の体系的・原理的な議論の蓄積は少ないが，消費者法の問題志向的アプローチの必要性は消費者法の体系的・原理的な議論を否定するものではない[2]．近年では，消費者行政法を租税法，環境法等と同様に，行政法理論における主要参照領域[3]（固有の政策目的をもった重要な個別行政法分野）と位置付ける可能性が示唆されており[4]，固有の法分野

1　問題志向的アプローチを提唱するものとして，北川善太郎『消費者法のシステム』3〜4頁（岩波書店，1980年）．
2　宮澤俊昭「消費者法と公私協働」千葉恵美子＝長谷部由起子＝鈴木將文編『集団的消費者利益の実現と法の役割』485〜486頁（商事法務，2014年）．
3　行政法理論における主要参照領域論に関する近年の包括的な研究として，原田大樹『行政法学と主要参照領域』（東京大学出版会，2015年）．

として消費者行政法が論じられることも多くなってきている⁵（行政法の中における消費者行政法の位置付けについて図表1-2参照）.

とりわけ消費者行政の司令塔である消費者庁が2009（平成21）年に誕生したことにより，行政法総論（行政作用法，行政救済法，行政組織法）に対する大きな理論的・実践的なインパクトが発生している．本章では，消費者庁設立に至るまでの小史（Ⅱ）を概説した上で，消費者行政法と行政法理論（行政作用法，行政救済法，行政組織法）の関係性（Ⅲ～Ⅴ）整理する．

図表1-2　行政法の中における消費者行政法

4　中川丈久「消費者——消費者法は行政法理論の参照領域たりうるか」『公法研究』75号188～190頁.
5　例えば，米丸恒治「消費者保護と行政法システムの課題」『現代消費者法』1号79頁，中川丈久「消費者被害の回復——行政法の役割」『現代消費者法』8号34頁等.

II　消費者庁と消費者行政法

1　消費者行政の小史

（1）1950～60年代：消費者問題の出現

　日本における消費者法の起源は，1950～60年代頃に遡る．第二次世界大戦後の急速な経済発展により豊かな消費生活を享受しうるようになったが，同時に消費過程において消費者問題が顕在化するようになった．この消費者問題の顕在化現象に対応して，消費者を保護する個別行政法の制定と行政体制の整備が進展することになる．すなわち，1960（昭和35）年には牛の絵のラベルを表示しつつ安価な鯨肉等の缶詰を販売したニセ牛缶事件が発生し，これに対応するため1962（昭和37）年に景品表示法が制定されるなど個別的な消費者保護法がいくつか制定された．1963（昭和38）年に農林省消費経済課，1964（昭和39）年に通商産業省消費経済課，1965（昭和40）年に経済企画庁国民生活局が設置されるなど，行政組織の整備も進展した．

　1961（昭和36）年に経済企画庁に設置された「国民生活向上対策審議会」は，1963（昭和38）年6月15日付けで「消費者保護に関する答申（生審第10号）」を出した．この答申は「消費者の権利」として，①商品およびサービスが通常の社会人が一般に期待するような品質内容をもっており，かつ安全性や衛生の面などで消費者に不当に不利益を与えるものであってはならないこと，②商品およびサービスの価格その他の取引条件が自由かつ公平な競争によってもたらされたものであること，③商品およびサービスの品質・内容および価格その他の取引条件に関する表示・広告についてそれが虚偽誇大なものでなく，かつそれにより必要な正しい知識をもちうるものであることの三つが存在することを指摘した．これは日本の消費者行政法における安全分野，取引分野，表示分野の三大分野を形成する土壌になっているものと考え

られる．しかし，1968年以前の段階では，消費者保護のための消費者行政は，法律上，明示的に位置付けられてはいなかった．

（2）1968年〜：消費者保護基本法の制定と業法規制

1968（昭和43）年の消費者保護基本法の制定により，日本において初めて消費者行政の役割が明確に位置付けられることになる．同法は，国，地方公共団体および事業者の責務並びに消費者の役割を明らかにするとともに，「消費者の利益の擁護及び増進に関する対策の総合的推進を図り，もつて国民の消費生活の安定及び向上を確保すること」を目的とする法律である．もっとも，消費者保護基本法では，消費者は「権利の主体」ではなく行政に「保護される客体」として位置付けられた．そのため，消費者の権利・利益は，主に各監督官庁が縦割りで事業者に対する行政規制（業法規制）を行うことを通じて，反射的に保護されるにとどまった．

（3）2000年〜：民事ルールの活用

1986（昭和61）年から1990年代初頭までのバブル経済の下では，業法規制を通じたいわゆる護送船団方式による産業の保護育成が行われていたが，その後バブル経済が崩壊し，業法による事前規制型社会から事後チェック型の社会へと政策全体が転換していくことになる．消費者法分野でも監督官庁による縦割りの業法について規制緩和が進められ，消費者，事業者双方の自己責任が強調されるようになった．これに伴い消費者と事業者の情報力・交渉力の格差に鑑みて2000（平成12）年に消費者契約法が制定された．

消費者契約法は民法の特別法であって，消費者と事業者との「消費者契約」に包括的に適用される民事ルールである．これ以降，国は，消費者保護政策を実現するためのツールとして，業法による行政法的手法のみならず，民事的手法も活用していくことになる．

（4）2004年〜：消費者基本法の制定

規制緩和等の消費者を取り巻く社会情勢の大きな変化を踏まえ，2004（平成16）年には36年ぶりに消費者保護基本法が改正され，消費者基本法が成立

した．消費者基本法は，消費者を「保護の客体」から「権利の主体」へと転換するとともに，①安全の確保，②選択の機会の確保，③必要な情報の提供，④教育の機会の確保，⑤意見の反映，⑥被害の救済の六つの消費者の権利を明示的に定めた．各消費者の権利は，次表のような基本的施策により実現される（図表1-3）．もっとも，消費者基本法制定の段階では，一元的な消費者行政による消費者の権利・利益の保護については規定されなかった．

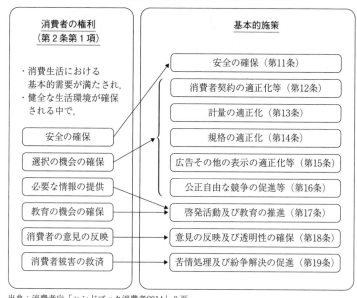

図表1-3 「消費者の権利」と基本的施策との関係

出典：消費者庁「ハンドブック消費者2014」8頁
〈http://www.caa.go.jp/adjustments/pdf/2014handbook.pdf〉

（5）2009年～：消費者庁設立と消費者行政の一元化

2007（平成19）年の食品偽装事件，こんにゃく入りゼリーによる窒息死事故事件，2008（平成20）年の中国製の農薬入り冷凍ギョウザ事件，事故米穀不正規流通問題等の深刻な消費者問題の発生を背景として，2009（平成21）年9月1日，消費者庁設置関連三法（消費者庁及び消費者委員会設置法，消費者庁及び消費者委員会設置法の施行に伴う関係法律の整備に関する法律，

消費者安全法）が施行され，消費者行政を一元的に担う組織として消費者庁が設置された．

2　消費者行政法の対象分野——安全，表示，取引，個人情報保護

　各監督官庁には消費者保護に資する業法は残っているものの，「消費者に身近な問題を取り扱う法律」（平成20年6月27日付け閣議決定「消費者行政推進基本計画」）に関する29本の法律が関係府庁から消費者庁に移管され，または共管となった．これらの法律は，①景品表示法等の「表示」分野，②特定商取引法等の「取引」分野，③消費者安全法等の「安全」分野，④それ以外の消費・生活に関する個人情報保護法や公益通報者保護法等の分野に分類することができる．[6] 本書では，この分類に従って，表示法，取引法，安全法，その他の法律のうち重要な個人情報保護法について解説を加える（本書第2章〜5章）．

　なお，2016（平成28）年1月1日付で，法改正により個人情報保護法に係る所掌事務は個人情報保護委員会に移管されたが，消費者の権利保護との関係でなお重要な分野であるので本書の対象に含めることとする．

---

[6] 内閣官房消費者行政一元化準備室「消費者庁関連三法の概要」『ジュリスト』1382号13〜15頁．

Ⅲ 行政作用法に対するインパクト

1 消費者行政の調査・執行の実務

消費者行政法の調査・執行は，基本的に図1-4のフローで行われる．

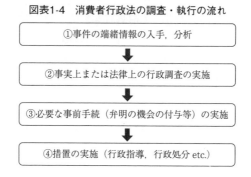

図表1-4 消費者行政法の調査・執行の流れ
①事件の端緒情報の入手，分析
②事実上または法律上の行政調査の実施
③必要な事前手続（弁明の機会の付与等）の実施
④措置の実施（行政指導，行政処分 etc.）

　上記のフローは行政庁による法執行一般にみられるものであって特に目新しいものではないが，消費者行政法では，消費者被害の発生・拡大の防止という政策目的を実現するために①～④までの手続を迅速かつ効果的に実施することが求められており，そのための消費者行政法特有の制度設計が必要とされる．[7] 以下では消費者行政法において，特に目立った行政作用法（行政の作用に関する法）の特徴をあげる．

---

[7] この観点から消費者行政法における行政手法を広く検討したものとして，消費者の財産被害に係る行政手法研究会「行政による経済的不利益賦課制度及び財産の隠匿・散逸防止策について」（平成25年6月）〈http://www.caa.go.jp/planning/pdf/gyousei-torimatome_1.pdf〉.

2　事件の端緒——事故情報の消費者庁への集約

消費者行政法に特徴的な事件の端緒としては，以下の各制度が挙げられる[8]．これらの仕組みを通じて，事故情報が消費者庁に集約されることになる．

（1）PIO-NET

PIO-NET（Practical Living Information Online Network System）とは，国民生活センターと全国の消費生活センターをネットワークで結び，消費者から消費生活センターに寄せられる消費生活に関する苦情相談情報（消費生活相談情報）の収集を行っているシステムである[9]（図表1-5）．各自治体は消費者生活センターを設置し，消費生活相談員による消費者からの相談を受

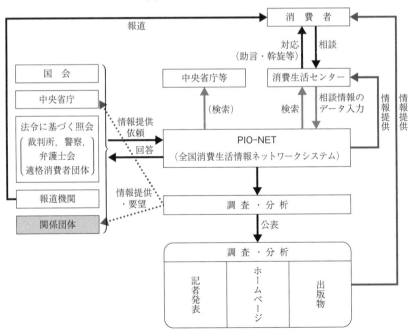

図表1-5　PIO-NETの概要

出典：国民生活センターウェブサイト〈http://www.kokusen.go.jp/pionet/〉

け付けており，このような消費生活相談情報を PIO-NET に集積している．PIO-NET は，1984（昭和59）年に8か所の消費生活センターから始まったが，現在では全国に拡がっている．

（2）事故情報データバンク

事故情報データバンクとは，消費者庁，関係行政機関，関係地方公共団体，国民生活センター，消費者その他の関係者が，オンライン処理の方法により，消費生活において生じた事故等（消費者の生命または身体に被害を生じさせる事故または当該事故が発生するおそれのある事態に限る）に関する情報を蓄積・活用する消費者庁および国民生活センターが共同して管理運営するシステムである（図表1-6）．2010（平成22）年4月1日から運用が開始された「事故情報データバンクシステム」〈http://www.jikojoho.go.jp/ai_national/〉では，インターネット上において一般国民も事故情報を閲覧・検索できるようになっている．

事故情報データバンクは，消費者安全法において要求されている関係機関の消費者庁に対する通知手段（消安12条4項）であるとともに，消費生活に関わる事故に関する情報を国民に対して開示する手段（（参議院）消費者庁設置法案，消費者庁設置法の施行に伴う関係法律の整備に関する法律案及び消費者安全法案に対する附帯決議十五）である．

（3）医療機関ネットワーク事業

医療機関ネットワーク事業は，2010（平成22）年12月より消費者庁と国民生活センターの共同事業として実施されているものであり，消費生活において生命・身体に被害を生ずる事故に遭い医療機関を利用した被害者からの事

---

8 中川丈久が「消費者安全法において消費者事故等を消費者庁に通知することは，行政法でいう情報の届出義務とは異なるものであり，これを表現する講学上の言葉はない」と指摘するように，これらの情報収集システムを行政法において表現する言葉はなく，行政法理論における新たな現象といえよう．中川丈久「消費者行政――消費者庁の設置と今後の法制展開」『ジュリスト』1414号58頁．

9 独立行政法人国民生活センターウェブサイト〈http://www.kokusen.go.jp/pionet/〉．2015年5月7日アクセス）．

図表1-6 事故情報データバンクの概要

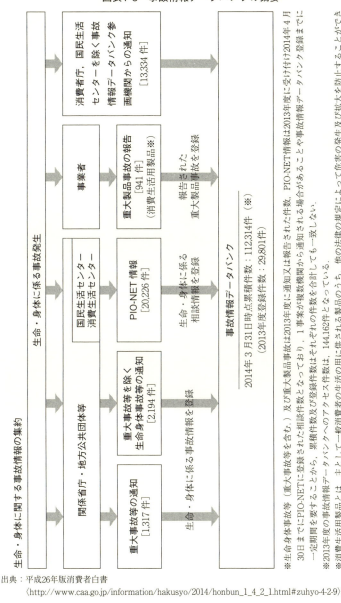

出典：平成26年版消費者白書
〈http://www.caa.go.jp/information/hakusyo/2014/honbun_1_4_2_1.html#zuhyo-4-2-9〉

Ⅲ 行政作用法に対するインパクト

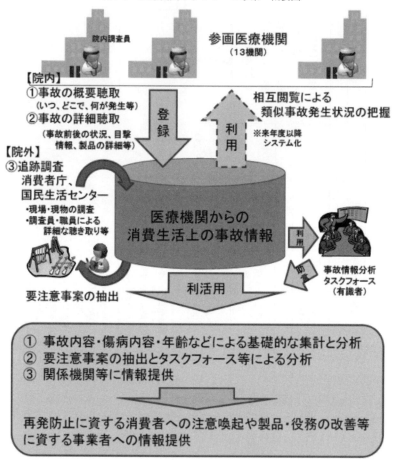

図1-7 医療機関ネットワーク事業 概要図

※なお，2015（平成27）年10月現在で参画医療機関は30機関にまで増えている．
出典：消費者庁ウェブサイト〈http://www.caa.go.jp/safety/pdf/110916kouhyou_1.pdf〉

故の情報を収集するものである（図1-7）．主として，同種・類似の再発事故を防止するための情報収集手段である．

（4）公益通報者保護法に基づく公益通報

　消費者行政法領域では公益通報（内部通報）に基づき事業者の不祥事が発覚することが多く，公益通報者保護法に基づく公益通報は（消費者行政法だ

けで用いられる手法ではないものの）消費者行政法の法執行の事件の端緒の一つの特徴である（なお，公益通報者保護法の所管は消費者庁とされている）．

公益通報者保護法は「公益通報者の保護を図るとともに，国民の生命，身体，財産その他の利益の保護にかかわる法令の規定の遵守を図り，もって国民生活の安定及び社会経済の健全な発展に資すること」を目的とする法律である．

公益通報者保護法により保護対象となる「公益通報」とは，①労働者（公務員を含む）が，②不正の目的でなく，③労務提供先または当該労務提供先の事業に従事する場合におけるその役員，従業員，代理人その他の者について，④「通報対象事実」が生じ，またはまさに生じようとしている旨を，⑤所定の通報先に「通報」することをいう（公益2条1項）．通報先に応じて，図表1-8のとおり保護要件（公益3条）が定められている．

図1-8 通報先と保護要件

通報先	保護要件
①事業者内部	通報対象事実が生じ，またはまさに生じようとしていると思料する場合
②通報対象事実について処分または勧告等をする権限を有する行政機関	通報対象事実が生じ，またはまさに生じようとしていると信ずるに足りる相当の理由がある場合
③事業者外部（その者に対し当該通報対象事実を通報することがその発生またはこれによる被害の拡大を防止するために必要であると認められる者） ex. 報道機関，消費者団体，事業者団体，労働組合	通報対象事実が生じ，またはまさに生じようとしていると信ずるに足りる相当の理由があり，かつ，次のいずれかに該当する場合 ①事業者内部（労務提供先等）または行政機関に公益通報をすれば解雇その他不利益な取扱いを受けると信ずるに足りる相当の理由がある場合 ②事業者内部（労務提供先等）に公益通報をすれば当該通報対象事実に係る証拠が隠滅され，偽造され，または変造されるおそれがあると信ずるに足りる相当の理由がある場合 ③労務提供先から事業者内部（労務提供先等）又は行政機関に公益通報をしないことを正当な理由がなく要求された場合 ④書面（電子メール等含む）により事業者内部（労務提供先等）に公益通報をした日から20日を経過しても，当該通報対象事実について，当該労務提供先等から調査を行う旨の通知がない場合または当該労務提供先等が正当な理由がなくて調査を行わない場合 ⑤個人の生命または身体に危害が発生し，または発生する急迫した危険があると信ずるに足りる相当の理由がある場合

保護要件に該当する公益通報であれば，公益通報を理由とする解雇無効（公益3条），労働者派遣契約の解除の無効（公益4条），不利益取扱いの禁止（公益5条）の効果が発生する．

また行政機関に対する公益通報に関しては，「公益通報者から第三条第二号に定める公益通報をされた行政機関は，必要な調査を行い，当該公益通報に係る通報対象事実があると認めるときは，法令に基づく措置その他適当な措置をとらなければならない」（公益10条1項）とされており，公益通報者保護法に基づく公益通報は重要な事件の端緒として機能する．公益通報者保護法の対象となる「通報対象事実」には特定商取引法等の消費者利益を擁護するための法律が多数含まれており，消費者行政法の事件の端緒として重要な役割を担っている．

3　行政調査

行政調査とは行政機関が行政目的を達成するために行う情報収集活動をいう．行政調査は，以下の六つの種類に分類することができる[10]．

既存の行政調査論の枠内では，図表1-9の第4類型の行政調査（調査を相手方が拒んだときは，当該事実関係が存在するものとみなすもの）と組み

図表1-9　行政調査の種類および手法

No	行政調査の種類	例
1	法的拘束力を欠いており，相手方が調査に応ずるか否かを任意に決定できる	消費者安全法　第14条第1項（資料の提供要求等） 　内閣総理大臣は，前条第一項の規定による情報の集約及び分析並びにその結果の取りまとめを行うため必要があると認めるときは，関係行政機関の長，関係地方公共団体の長，国民生活センターの長その他の関係者に対し，資料の提供，意見の表明，消費者事故等の原因の究明のために必要な調査，分析又は検査の実施その他必要な協力を求めることができる．
2	相手方に調査に応ずる義務があることは法定されているが，直接的にも間接的にもそれを強制する仕組みがない	食品衛生法　第59条第2項 1　都道府県知事等は，原因調査上必要があると認めるときは，食品，添加物，器具又は容器包装に起因し，又は起因すると疑われる疾病で死亡した者の死体を遺族の同意を得て解剖に付することができる． 2　前項の場合において，その死体を解剖しなければ原因が判明せず，その結果公衆衛生に重大な危害を及ぼすおそれがあると認めるときは，遺族の同意を得ないでも，これに通知した上で，その死体を解剖に付することができる．

3	調査を拒否すると給付が拒否される仕組みが取られている	生活保護法　第28条第1項，第4項（調査及び検診） 1　保護の実施機関は，保護の決定又は実施のため必要があるときは，要保護者の資産状況，健康状態その他の事項を調査するために，要保護者について，当該職員に，その居住の場所に立ち入り，これらの事項を調査させ，又は当該要保護者に対して，保護の実施機関の指定する医師若しくは歯科医師の検診を受けるべき旨を命ずることができる． 4　保護の実施機関は，要保護者が第一項の規定による立入調査を拒み，妨げ，若しくは忌避し，又は医師若しくは歯科医師の検診を受けるべき旨の命令に従わないときは，保護の開始若しくは変更の申請を却下し，又は保護の変更，停止若しくは廃止をすることができる．
4	調査を相手方が拒んだときは，当該事実関係が存在するものとみなす	不当景品類及び不当表示防止法　第7条第2項（不当な表示の禁止） 2　内閣総理大臣は，事業者がした表示が前項第一号に該当するか否かを判断するため必要があると認めるときは，当該表示をした事業者に対し，期間を定めて，当該表示の裏付けとなる合理的な根拠を示す資料の提出を求めることができる．この場合において，当該事業者が当該資料を提出しないときは，第六条の規定の適用については，当該表示は同号に該当する表示とみなす．
5	調査拒否に対して罰則を設けて罰則の威嚇により間接的に調査受託を強制する（間接強制）	消費者安全法　第22条（報告，立入調査等） 　内閣総理大臣は，この法律の施行に必要な限度において，事業者に対し，必要な報告を求め，その職員に，当該事業者の事務所，事業所その他その事業を行う場所に立ち入り，必要な調査若しくは質問をさせ，又は調査に必要な限度において当該事業者の供給する物品を集取させることができる．ただし，物品を集取させるときは，時価によってその対価を支払わなければならない． 2　前項の規定により立入調査，質問又は集取をする職員は，その身分を示す証明書を携帯し，関係者の請求があるときは，これを提示しなければならない． 3　第一項の規定による権限は，犯罪捜査のために認められたものと解釈してはならない． 消費者安全法　第29条 　第二十二条第一項の規定による報告をせず，若しくは虚偽の報告をし，又は同項の規定による立入調査若しくは集取を拒み，妨げ，若しくは忌避し，若しくは質問に対して答弁をせず，若しくは虚偽の答弁をした者は，五十万円以下の罰金に処する．
6	実力を行使して相手方の抵抗を排し調査を行うことが認められている（直接強制）	児童虐待の防止等に関する法律　第9条の3（臨検，捜索等） 　都道府県知事は，第八条の二第一項の保護者又は第九条第一項の児童の保護者が前条第一項の規定による出頭の求めに応じない場合において，児童虐待が行われている疑いがあるときは，当該児童の安全の確認を行い又はその安全を確保するため，児童の福祉に関する事務に従事する職員をして，当該児童の住所又は居所の所在地を管轄する地方裁判所，家庭裁判所又は簡易裁判所の裁判官があらかじめ発する許可状により，当該児童の住所若しくは居所に臨検させ，又は当該児童を捜索させることができる．

出典：第7回 事故調査機関の在り方に関する検討会「資料6 行政調査の種類及び手法」
〈http://www.caa.go.jp/safety/pdf/110120kentoukai_8.pdf〉．条文数について現行法に修正．

合わせて「資料提出要求」を制度設計することが消費者行政法では広く行われている，という特徴がある．一定の期間内に事業者から合理的な根拠を示す資料の提出がない場合に，一定の事実関係が存在することをみなす制度である（景表7条2項，特商6条の2等）．これらの行政調査は簡易・迅速な行政処分を行うために実効性の高いものであるが，他方で，処分を受ける事業者の適正手続保障も十分に図る必要がある．2015（平成27）年2月27日に消費者庁が窓ガラス用フィルムの省エネルギー効果に係る表示に関して，景品表示法4条2項に基づき合理的な根拠を示す資料の提出を求めたところ，表示を裏付ける合理的根拠が示されなかったとして措置命令を行った事例において，事業者側から処分取消訴訟および国家賠償請求訴訟が提起されている．今後の消費者行政法分野における行政調査の設計論に影響を与え得る訴訟といえよう．

　伝統的な行政調査論の枠内で説明が難しいものとして，消費者事故調査委員会による調査がある（詳細は第2章II参照）．具体的な法執行ではなく，消費者事故の再発防止を目的とする調査をどのように行政法理論の中に位置付けていくかが課題となろう．

4　行政指導──特に公表との関係

　消費者庁の任務の一つとして，消費者の生命・身体に対する被害の発生・拡大の防止を図るための積極的な情報の公表がある．行政機関による公表は行政指導に該当するため基本的には法律の根拠は不要と考えられており，その事前手続についても明確な規律が存在しない．しかし，仮に情報提供目的の公表であったとしても，特定の事業者等に対する不利益をもたらし，または制裁的な機能を営むこともあるため，行政指導としての公表の実体的，手続的な規律を検討する必要がある．

　消費者事故情報公表の法的論点に関する研究会「消費者事故情報公表の法的論点の整理」（平成21年9月28日）〈http://www.caa.go.jp/safety/pdf/

10　学説では，宇賀・行政法 I 147頁以下が行政調査をこの六つの種類に分類している．

091117kouhyou_3.pdf〉は，消費者庁の行う消費者事故に関する情報公表のあり方について，その法的論点を整理している．同整理は，①公表の対象，②公表の時期，③公表される情報の内容，④公表の手続，⑤賠償・損失補償，⑥情報の伝達，⑦その他の留意点の観点から，詳細に消費者庁による公表のあり方を整理している．なお，同整理を補足するものとして，「消費者事故情報公表の法的論点（役務分野に係る生命・身体被害事案に関する事故情報の特性を踏まえた留意点について）」（平成22年4月30日）〈http://www.caa.go.jp/safety/pdf/100430kouhyou_2.pdf〉がとりまとめられており，現在は生命身体事故等に係る消費者事故情報等の公表に関する基本要領（平成25年10月31日改訂）に基づく公表活動が行われている．

　行政庁は情報提供活動を行うかどうかを判断する際，O157をめぐる情報提供活動について国家賠償責任が問われた各裁判例（東京地判平成13・5・30判時1762号6頁，東京高判平成15・5・21判時1835号77頁，大阪地判平成14・3・15判時1783号97頁，大阪高判平成16・2・19訟月53巻2号541頁）を踏まえて，公表の目的，方法，結果等の観点から不法行為を構成しないか，という観点から消極的な検討をするにとどまることが多かったように思われる．しかし，消費者事故情報の公表の文脈では，政府や消費者庁の説明責任の観点から明文の規定がなくても積極的な情報公開が要求されることがある．情報公開法5条は個人識別情報，法人等に不利益な情報等の適用除外に該当するものを除き原則として行政文書を開示する義務を定めている．さらに同法は適用除外に該当したとしても「人の生命，健康，生活又は財産」保護のための情報公開を要請しており（情開5条1号ロ，2号柱書），公益上の理由による裁量的開示（情開7条）の余地も認めている．このような情報公開法の精神に基づき政府の説明責任を解釈すれば，より積極的な情報提供活動を行うべき義務が消費者庁にはあるといえよう．前掲「消費者事故情報公表の法的論点（役務分野に係る生命・身体被害事案に関する事故情報の特性を踏まえた留意点について）」は不法行為を構成するかという消極的側面だけではなく，消費者事故情報に係る積極的な情報公開の指針を整理したものであり，行政法理論における公表をめぐる議論に影響を与えるものと考えられる．

5　多様な行政手法

（1）既存の行政処分手法を用いた消費者被害の回復

　消費者行政法の分野で特有の行政処分は多様なものが考えうる．古典的には行政法は将来の事前予防，事前規制の手法を取り扱うものであるが，消費者行政法の領域では，将来の消費者被害の防止を超えて，過去の消費者被害の回復を行うことができないか，という観点から新たな行政手法が模索されている[11]．既存の行政処分の手法を用いて消費者被害の回復手法として指示（措置命令）の活用が考えられる．例えば，特定商取引法7条1項では，訪問販売に関する一定の違法・不当な行為が行われた場合に，「必要な措置をとるべきことを指示することができる」と規定されているが，「必要な措置」の内容に関しては明確な規定はない．「必要な措置」の内容としては不備のある交付書面について記載を徹底させること，不当行為を行った勧誘員を勧誘行為に従事させないことなどの，将来の消費者被害防止を目的とするものが典型例である（特商法解説83頁）．もっとも現在の運用では，将来の消費者被害を防止するためではなく，過去の違反行為の是正措置を通じた消費者被害回復を目的とする指示処分の活用が行われている[12]．例えば，消費者庁長官から権限委任を受けた近畿経済産業局長が実施した平成27年4月28日付けの訪問販売業者に対する業務停止命令および指示では，6か月の業務停止命令に加えて，過去に訪問販売により売買契約を締結した消費者に対して，過去に訪問販売の際に告げた勧誘文言について「合理的根拠はない」旨を通知させ，その結果を近畿経済産業局長まで報告させる義務を課している．このように指示処分の内容を工夫することで，過去の消費者被害回復の機能をも

11　中川・前掲注（5）34頁以下は，行政法的手法を①許認可制度，届出制度と②エンフォースメント手法に分類し，②をさらに（A）措置命令，排除措置命令，中止命令等の違反是正型の行政処分，（B）営業停止，販売停止，取引停止等の違反予防型の行政処分，（C）課徴金型の行政処分，（D）没収型の行政処分に便宜上分け，消費者被害回復のためにこれらの各手法の活用可能性を検討している．

12　中川・前掲注（5）42頁．

たせることが実務では行われている．

（2）消費者被害回復のための新たな手法

　消費者庁長官の研究会との位置付けである「消費者の財産被害に係る行政手法研究会」では，図表1-10のような新たな行政手法の可能性が検討されている．

　図表1-10で提示された行政手法のうち，多数消費者被害の発生を防止する手法として，近年では課徴金制度が注目されている．違法行為を防止することを目的に事業者に対して金銭的不利益を課す課徴金制度は，独占禁止法，金融商品取引法，公認会計士法で導入事例があるが，消費者行政法の分野では導入事例がなかった．しかし，2013（平成25）年，ホテル，百貨店，レストラン等における食品表示等の偽装問題が発覚し，景品表示法において課徴金導入の改正が行われることとなった（景品表示法における課徴金制度の詳細については，第4章Ⅰ4（2）参照）．

　既存の課徴金制度が導入されている法律では，競争秩序や証券市場の公正といった取引秩序の維持という目的を達成するため課徴金が活用されていたが，景品表示法は，消費者庁に移管され，公正な競争の確保を目的とする競争法体系から，一般消費者による自主的かつ合理的な選択の確保を目的とする消費者法体系へと変わった（設置法3条，景表1条）．これを踏まえ，景品表示法の課徴金制度の制度趣旨は，消費者庁の任務の一つである消費者の自主的かつ合理的な選択の確保のために，それを阻害するおそれのある不当表示を実効的に抑止するための措置と位置付けられることとなった[13]．

　景品表示法以外にも，特定商取引法違反の不当勧誘事案や消費者安全法の「多数消費者財産被害事態」（消安2条8項）に該当するような事案における課徴金制度の導入可能性も示唆されており，現時点では課徴金導入のための立法事実が不足しているために導入には至っていないが[14]，今後，大きな社会

---

[13] 消費者の財産被害に係る行政手法研究会・前掲注（7）7～8頁，消費者委員会「不当景品類及び不当表示防止法上の不当表示規制の実効性を確保するための課徴金制度の導入等の違反行為に対する措置の在り方について（答申）」（平成26年6月10日）〈http://www.cao.go.jp/consumer/iinkaikouhyou/2014/20140610_toshin.pdf〉3頁，逐条景表法4，6項）．

図表1-10 「消費者の財産被害に係る行政手法研究会」取りまとめ報告書の概要

＜行政による早期対応について＞

いったん財産被害が発生 → 事業存続意思がない事業者の場合、

- 端緒情報の早期把握
  ・相談員から直接通知を受ける情報検討ネットワークの活用等

⇒

- 端緒情報の迅速な分析
  ・事案の性質を分析して判断

＜被害発生を防止するための方法＞

本研究会で検討された手法・制度	制度の概要	参考となる制度
賦課金制度	行政庁が事業者に対して違反行為抑止のために必要な賦課金の納付を命じる制度	・以下の法律の課徴金制度 　- 独占禁止法 　- 金融商品取引法 　- 公認会計士法 ・平成20年景品表示法改正法案の課徴金制度 ※閣議決定・国会提出後、廃案 　（消費者庁への移管後、被害者救済制度の総合的検討と併せて検討することとされた）

＜事業者の財産を保全するための方法＞

本研究会で検討された手法・制度	制度の概要	参考となる制度
供託命令制度	消費者庁が、消費者に発生した被害額を認定し、事業者に対して相当額の供託を命じる制度	・現行の供託命令制度 　- 銀行法第26条 　- 保険業法第132条 　等の保管供託 ・暴対法への導入が検討されていた供託命令制度
消費者庁による破産手続開始申立て	消費者庁が破産手続開始申立てを行う制度	金融機関等の更生手続の特例等に関する法律

＜消費者の被害を救済するための方法＞

本研究会で検討された手法・制度	制度の概要	参考となる制度
行政が直接消費者の被害救済を図るための手法・制度	行政庁が事業者に対して被害金額の返還等を命じる制度（消費者安全法による債務の履行を勧告・命令）	「債務の履行拒否」に対する特商法に基づく指示
	行政庁が裁判所に対して、次の命令を申し立てる制度 ・事業者の行為の差止め ・（場合によっては）財産の保全 ・事業者に対する被害回復又は違法な収益の吐き出し	米国の制度 差止め、資産凍結命令と合わせた以下の申立て ・被害回復、利益吐き出し

消費者庁において、

⇒ 必要な分野についての制度設計を検討
・被害の状況や執行状況を十分に踏まえる
・具体的な法的手当てを念頭に置く

検討の成果を踏まえ ⇒

以下について更なる検討
・消費者被害の防止・救済の目的等
・課題解決により実現が可能な手法

出典：消費者庁ウェブサイト〈http://www.caa.go.jp/planning/pdf/gyousei-gaiyou_1.pdf〉

被害の回復が困難な場合が多い → 行政において、早期の拡大防止、また再発防止が極めて重要

・資料の速やかな収集
・資料提出命令の根拠規定を置くことも考えられる

・措置の迅速な決定
・説明要求に応じない場合の勧告・命令
　　　　　　　　　　（安全法第40条）等

制度の意義	課題
・消費者に財産被害を発生させた事業者から、経済的利得を剥奪 ↓ 事業者のやり得が生じることを防止 ↓ 事業者のインセンティブ喪失 ↓ 財産被害の発生・拡大を防止	（不当表示事案） ・他の制度・法律との関係 　- 違法・不当な行為の抑止を目的とする他の手法（直罰規定や業務停止命令等の新設）との関連を考慮して、より有効な手段であるか ・制度の在り方 　- 対象事案をどのように絞り込むか（累犯は少数） 　- 合理的な賦課金額をどう算定するか〔平成20年法案においては、売上額の3％、対象は売上額1億円以上〕 　- 配分が困難（被害者、被害額の特定が困難） 　- 民事上の請求権とどう調整するか（弁済した額を控除するか等） 　- 現体制下では、現行法の措置命令の執行に影響を与え得る（事件処理の長期化、調査の負担増による処理件数の減少 等） （不当表示事案以外） ・特商法への導入については、相談件数が減少するなど必要性に乏しい ・消費者安全法上の「多数消費者財産被害事態」への導入については、執行状況を一定期間検証する必要
・消費者及び消費者庁 　- 事業者における保全すべき財産を特定する必要がない ・消費者 　- 民事保全のように担保を立てる必要がない	・監督官庁ではない消費者庁が供託命令を出せるのか、出せるとしたらその根拠は何か（現行の供託命令制度は監督官庁によるもの） ・実効性の確保 　- 供託命令違反の場合に罰則を科することができるか（罰則を設けている他の法令は監督官庁が存在） 　- 悪質な事業者に対して実効性があるか ・供託させる金額の調査・認定方法　等
・事業者の財産隠匿・散逸を防止 ・消費者の被害回復が図られる ・（二次的には）社会にとって有害な事業活動を停止させることができる	・消費者庁が事業者の生殺与奪を決めることが適切か ・金融監督庁を除き、他の業所管庁が破産手続開始申立権を有していないこととのバランスをどう考えるか ・調査権限・調査体制の検討が必要 ・事業者の財産の状況や他の優先債権の関係で、必ずしも被害救済に結びつかないおそれ
・結果的に原状回復（被害回復）と事実上同じような効果を生じ得る	・対象事案が限定される（多数消費者財産被害事態、かつすき間事案） ・その場合、実効性があるのか　等
・被害者への返還が可能 ・裁判所において手続を行うことにより手続保障を図ることができる	・行政が個別の授権なく公益の代表として申し立てるのか ・被害回復命令の申立てにつき、行政がどのように被害額を特定して申し立てるか ・違法収益吐き出し命令の申立てにつき、行政がどのように違法収益の範囲や額を認定・立証するか

成に有効な手法等　その上で

具体的な手法・制度の検討
・導入すべきものの検討を深める

優先順位が高いものから早期に必要な法整備が着実に進められることを期待

問題が生じて立法事実が蓄積されれば理論的にはその導入可能性はある．この場合，消費者行政法体系における固有の課徴金制度の正当化根拠および制度設計が探究されることになると考えられる．

（3）民の力を借りた行政手法

消費者行政法の大きな特徴として，政府による直接的規制・執行のほかにも，公的部門と私的部門の双方の力を用いた多様な行政手法論が提案・実現されていることが挙げられる．

第1に，公法と私法の協働関係に着目する公私協働論の潮流がある．現在の立法実務では公法は私法に介入しないという広い意味での公私峻別論が影響力をもっているが[15]，消費者行政法の領域では公法と私法の協働関係がみられる[16]．例えば，図表1-11のような公私協働の現象が生じてきている．

第2に，消費者行政法領域では行政処分等の伝統的な行政の行為形式論だけでなく私的主体による自主規制や公私共同の共同規制による新たな政策手段が着目されている[17]．例えば，図表1-12のような自主規制や共同規制の事例が存在する．

---

14 消費者の財産被害に係る行政手法研究会・前掲注（7）10〜11頁．
15 これを指摘するものとして，中川・前掲注（4）195〜196頁．
16 行政法学や民法学における「公私協働」の意味も論者により多様な用いられ方がされるが（宮澤・前掲注（2）478頁以下），本書では公法と私法が何らかの形で協働している現象を広く取り上げることとする．消費者法領域における公私協働論については，そのほか，大橋洋一「新世紀の行政法理論」同『都市空間制御の法理論』333頁（有斐閣，2008年），中川・前掲注（8）55頁等．
17 行政の行為形式論と自主規制の類似性について原田大樹『自主規制の公法学的研究』（有斐閣，2007年）239頁．事業者に対する規制類型について行政規制，民事規制，刑事規制，自主規制の4タイプがあることを指摘するものとして松本恒雄「規制緩和と消費者法の課題——消費者取引における自己決定と自己責任」田中誠二先生追悼論文集刊行会編『企業の社会的役割と商事法』（経済法令研究会，1995年）706〜710頁．なお原田も松本も純粋な民間のみによる自主規制を考察対象としているのではなく，公私共同による規制も「自主規制」の枠内で考察を加えている．呼称の問題にすぎないが，国家規制と自主規制の二分論ではなく国家規制と自主規制の組み合わせによって描かれる多様な共同規制という規制類型を認知し分析したほうが適切な規律の制度設計をしやすいと考えられるため（この点を指摘するものとして曽我部真裕「メディア法における共同規制について」大石眞ほか編『各国憲法の差異と接点』（成文堂，2010年）658頁），本稿では政府の法的関与のない民間による純粋な「自主規制」と公私共同の「共同規制」を分けて記述することとする．共同規制論については，生貝直人『情報社会と共同規制』（勁草書房，2011年）も参照．

図表1-11　消費者法領域における公私協働の事例

①公私の消費者事故情報を集約する情報システム
◇PIO-NET
◇事故情報データバンク
◇医療機関ネットワーク

②行政組織による私的紛争の解決
◇国民生活センターの紛争解決委員会によるADR（裁判外紛争解決手続）
◇消費生活センターによるADR

③私的部門による消費者利益（公益）の擁護
◇適格消費者団体による事業者に対する差止請求権（消契12条，景表30条，特商58条の18〜24，食表11条）
◇消費者裁判手続特例法に基づく集団的被害回復裁判手続

④同一目的達成のための行政規制と民事規制の併存
◇特定商取引法6条1項に基づく不実告知の禁止規定が主務大臣による指示・業務停止命令の根拠条文（同法7条，8条）になると同時に契約申込み又は承諾の意思表示の取消しの根拠条文（同法9条の3）
◇個人情報保護法における行政上の措置（報告徴収，助言，勧告・命令．新個人情報保護法40〜42条）と保有個人データに係る私法上の開示・訂正等・利用停止等請求権（同法28〜30条）の併存

　消費者行政法において公私協働論や自主規制・共同規制論が活発な理由としては，消費者行政法特有のいくつかの事情が考えられる．政府による法執行の人員・予算上の制約から僅少かつ広範囲な消費者被害に政府による直接規制だけで対応することは困難であること（政府による直接規制の限界），業界の特性に応じた具体的かつ詳細なルールを定めるには事業者や事業者団体の専門的知識・経験を活用したほうが有効であること（専門性）等である．他方で，政府による直接規制と機能的に等価な規制を公私協働による民事的規制，自主規制または共同規制により実現する場合に，法律による行政の原理等の公法原理を潜脱することにならないか等の十分な検証が求められる．[18]

18　（本稿でいう共同規制を含む）自主規制の制度設計準則として原田は，権利・自由の観点，民主政の観点，経済合理性の観点から検討を行っている．原田・前掲注（17）250頁以下．

図表1-12 消費者法領域における自主規制・共同規制の事例

①（政府関与のない）自主規制
◇事業者又は事業者団体による安全基準，モデル約款等の設定
◇日本弁護士連合会等の組織によるモデル契約書の公表（ex. 介護保険サービス契約のモデル案）

②行政指導を通じた共同規制
◇行政指導を背景とする公益財団法人日本エステティック研究財団のエステティックサロンの標準契約書約款。
◇2012（平成24）年，消費者庁の行政指導を背景とするソーシャルゲームプラットフォーム連絡協議会によるコンプリートガチャの自主的な全廃。

③法規に基づく共同規制
◇消費者基本法に基づく事業者及び事業者団体の自主規制ルール等作成の努力義務（5条，6条）
◇景品表示法に基づく公正競争規約（31条）：公正取引協議会は公正競争規約の解釈，規約違反の有無の調査，規約違反行為に対する警告等の措置等の自主規制を実施するが，公正競争規約そのものについては消費者庁長官及び公正取引委員会の認定という政府の介入を行っている．また事実上，公正競争規約違反について景品表示法による法執行が行われ，公正競争規約を遵守していれば景品表示法違反とならないという機能がある。

参考：松本・前掲注17

Ⅳ 行政救済法に対するインパクト

1 消費者行政法と行政救済法

　行政救済法とは行政活動によって私人の権利利益が侵害された場合の救済制度に関する法である．行政救済法では，行政不服審査法等による行政上の不服申立制度，行政訴訟，民事訴訟，損害賠償法（国家賠償法等），損失保障（憲法29条3項）の問題が取り扱われている．
　消費者行政法の分野では，行政救済法における重要論点についていくつかの実務的な動きが存在するので，以下ではそのうち重要と考えられるものを取り上げる．

2 処分性論——勧告の制度設計との関係

(1) 消費者安全法における勧告の処分性

　消費者行政法の分野では，「勧告」と呼ばれる行政手法が積極的に活用される傾向にある．例えば，消費者安全法は，重大生命身体被害の発生・拡大防止のために事業者に対して「必要な点検，修理，改造，安全な使用方法の表示，役務の提供の方法の改善その他の必要な措置をとるべき旨を勧告することができる」と定め（消安40条1項），多数消費者財産被害事態による被害の発生または拡大防止のために「消費者の財産上の利益を侵害することとなる不当な取引の取りやめその他の必要な措置をとるべき旨を勧告することができる」と定めている（消安40条4項）．これらの勧告は，事業者の法的応諾義務を課すものではなく，事業者の権利・義務を直接制限するものではないので，行政手続法の「不利益処分」（行手2条4号）ではなく「行政指導」（行手2条6号）に該当すると考えるのが立法者意思である[19]．その結果として，勧告は行政事件訴訟法3条2項の「処分」ではなく，取消訴訟その他の抗告訴訟で争うことができない，と考えるのが立法者意思であると推定される．

　しかし，勧告（消安40条1項または4項）→勧告違反→勧告に係る措置命令（消安40条2項または5項）→措置命令違反→罰則（消安52条）という消費者安全法の法的な仕組みを踏まえると，立法者意思と異なり，勧告（消安40条1項または4項）そのものの処分性が裁判所により肯定される可能性も否定し得ない．消費者安全法の勧告の処分性を肯定するロジックとしては以下の二つがありうる．

　第1に，行政指導たる勧告の処分性を例外的に肯定した病院開設中止勧告事件（最判平成17・7・15民集59巻6号1661頁）とのアナロジーで，消費者安全法の勧告の処分性を認める見解がありうる．病院開設中止勧告事件では，

19　逐条消安法218〜219頁．

旧医療法30条の7の規定に基づく病院開設中止の勧告について，勧告に従わないと「相当程度の確実さ」をもって病院を開設しても保険医療機関の指定を受けることができなくなる結果となり，国民皆保険制度が採用されている日本では保険医療機関の指定を受けることができない場合「実際上病院の開設自体を断念」することになることから勧告の処分性が肯定された．勧告不服従が勧告に係る措置命令の要件の一部を構成しており（消安40条2項または5項），措置命令違反が罰則の構成要件となっている（消安52条）という法的仕組みからすれば，勧告段階において勧告以降の各行政処分および罰則が「相当程度の確実さ」で予測され，「病院の開設自体の断念」と同等の重大な不利益があると考えるならば，病院開設中止勧告事件と同様に，消費者安全法の勧告の処分性が肯定されることになろう．もっとも，立法者はこのように勧告の処分性が肯定されてしまうリスクを回避するために，勧告制度と命令制度の法的仕組みを作り込んでいると考えられる．すなわち，措置命令は被害発生・拡大の防止のために「特に必要がある」と認められる場合に限り（消安40条2項または5項），消費者委員会の意見聴取を経て実施されるものであり（消安40条7項），実体的要件および手続的要件の双方で，勧告と措置命令の制度的な離隔措置をとっている．そのため勧告不服従があったとしても，常に措置命令がとられるわけではない．[20] 消費者安全法の勧告を病院開設中止勧告事件とのアナロジーで考える場合には，これらの諸点を考慮する必要があろう．

　第2に，処分性のリーディングケースである大田区ゴミ処理場事件（最判昭和39・10・29民集18巻8号1809頁）の処分性の定式──「公権力の主体たる国または公共団体が行う行為のうち，その行為によって，直接国民の権利義務を形成しまたはその範囲を確定することが法律上認められているもの」に照らして，勧告の処分性を肯定する見解がありうる．勧告不服従が勧告に係る措置命令の要件の一部を構成しており（消安40条2項または5項），措置命令違反が罰則の構成要件となっている（消安52条）という消費者安全法の法的仕組みからすると，仮に措置命令の段階で要件の加重や効果裁量が認

---

[20] 逐条消安法224頁．

められていたとしても，「直接国民の権利義務を形成しまたはその範囲を確定することが法律上認められている」と判断される可能性もある[21]．他方で，勧告と措置命令の制度的な離隔措置が十分であると判断されるのであれば，立法者意思のとおり処分性は否定されることになろう．

（2）東京都消費生活条例の勧告

本書では主として消費者庁所管法令を扱うが，地方自治体レベルの消費者行政法でも同様に勧告の処分性は問題になっている．例えば，東京都消費生活条例の勧告制度を創設する際も，勧告の処分性は議論された．

同条例では，勧告（東京都消費生活条例12条，23条，48条）→公表（同50条）→禁止命令（同51条1項1号）→過料（同54条）という法的な仕組みが採用されている．この勧告について，正面から処分性を認めるようなタイプの勧告がありうることも示唆されたが，最終的に立法者意思としては行政指導であって処分性がないものと整理された．ただし，裁判所により勧告の法的な仕組みを踏まえて処分性が肯定される可能性も否定し得ない[22]．

また，同条例の勧告を行う際には意見陳述の機会の付与（同49条）をするという手続保障規定がおかれた点も注目に値する．

（3）消費者行政法における勧告の手法

伝統的な行政法では，「勧告」は「行政指導」の法的性質を有するものであって，処分性はなく，行政手続法上も「不利益処分」（行手第3章）ではなく「行政指導」（行手第4章）の規律に従うものとイメージされていた．しかし，消費者行政法の分野でソフトな行政手法としての「勧告」が多用されるようになったことで，勧告をめぐる制度設計論，解釈論は深化をみせている．

第1に，伝統的行政法学では考えられていなかったが，勧告制度を設計す

---

21 介護保険法上の勧告について，処分性の定式の枠内で処分性を肯定する可能性を示唆するものとして橋本博之『行政法解釈の基礎——「仕組み」から解く』（日本評論社，2013年）74頁．
22 橋本・前掲注（21）84頁．

る際に正面から処分性を認める可能性が示唆された．処分性を正面から認める勧告制度を創設する際には，行政手続法における「不利益処分」に係る手続的規律，行政不服審査法および行政事件訴訟法による教示義務，出訴期間の制約，違法性承継の否定，取消訴訟の効力などの法的仕組みが付着してくることの妥当性を検討する必要が出てくる．[23]

第2に，立法者意思として処分性を認めない形で勧告制度を設計したとしても，勧告の法的仕組みを踏まえて裁判所が勧告の処分性を認めてしまう可能性がある．この場合には，裁判所がいわば事後的に勧告の法的仕組み——行政手続法における「不利益処分」に係る手続的規律，行政不服審査法および行政事件訴訟法による教示義務，出訴期間の制約，違法性承継の否定，取消訴訟の効力などを作り変えることが許容されるのか等の点に留意する必要がある．[24]

第3に，処分性がないタイプの勧告制度についても，東京都消費生活条例のように公表制度と組み合わせるのか，意見聴取手続等の手続保障規定を設けるか等の制度設計の方法について十分に検討する必要がある．

消費者行政法分野の勧告制度の議論の蓄積は，行政法の立法論，解釈論双方に対する影響を与えうるものであるといえよう．

3　原告適格論——消費者の利益との関係

（1）一般消費者の原告適格

消費者行政法は行政事件訴訟における第三者の原告適格論に対しても，一定の影響を与える．行政事件訴訟法9条1項は「法律上の利益を有する者」に限り取消訴訟の原告適格を認めている．そして，2004（平成16）年行政事

---

[23] 訴訟上の取扱いとしてのみ処分性を認める形式的行政処分論が提唱されているが，現在の法律実務では，処分性の肯定と同時にこれらの制度が同時に付着してくるものと考えられている．
[24] 病院開設中止勧告事件における勧告について，解釈論による法的仕組みの事後的修正の問題性を指摘するものとして，橋本博之『行政判例と仕組み解釈』25〜28頁（弘文堂，2009年）．

件訴訟法改正により同条には2項で解釈指針の条項が追加されたことで，原告適格の範囲は拡大された．しかし，処分の名宛人ではない第三者たる一般消費者の原告適格は，同改正後も認められにくいものと指摘されている．

　すなわち，2004（平成16）年改正後においても，行政事件訴訟法9条1項の「法律上の利益を有する者」とは，「当該処分により自己の権利若しくは法律上保護された利益を侵害され，又は必然的に侵害されるおそれのある者をいうのであり，当該処分を定めた行政法規が，不特定多数者の具体的利益を専ら一般的公益の中に吸収解消させるにとどめず，それが帰属する個々人の個別的利益としてもこれを保護すべきものとする趣旨を含むと解される場合には，このような利益もここにいう法律上保護された利益に当たり，当該処分によりこれを侵害され又は必然的に侵害されるおそれのある者は，当該処分の取消訴訟における原告適格を有するものというべきである」と解されている（小田急高架下訴訟・最大判平成17・12・7民集59巻10号2645頁）．この原告適格の定式によれば，個々の消費者に原告適格が肯定されるためには「個々人の個別的利益」が存在することが要求されるが，一般消費者の利益についてはこの個別的利益該当性が否定されてきた．

　主婦連ジュース不当表示事件（最判昭和53・3・14民集32巻2号211頁）は「景表法の規定により一般消費者が受ける利益は，公正取引委員会による同法の適正な運用によつて実現されるべき公益の保護を通じ国民一般が共通してもつにいたる抽象的，平均的，一般的な利益，換言すれば，同法の規定の目的である公益の保護の結果として生ずる反射的な利益ないし事実上の利益であつて，本来私人等権利主体の個人的な利益を保護することを目的とする法規により保障される法律上保護された利益とはいえないものである」と指摘して，一般消費者の利益を反射的利益または事実上の利益にすぎないものと位置付けた．また，近鉄特急料金認可処分取消訴訟（最判平成元・4・13集民156号499頁）でも，近鉄特急利用者や定期購入者について本件特別急行料金の改定（変更）の認可処分の取消しを求める原告適格が否定された．2004（平成16）年行政事件訴訟法改正により同法9条2項で「利益の内容及び性質並びにこれが害される態様及び程度」が要考慮事項とされたことから，生命・身体等の優越的法益であれば当該利益の内容・性質に照らして原告適

格を拡大する可能性が出てくるが，一般消費者の利益のような広くて薄い利益について同条項により原告適格を拡大できるかについては困難な側面もある．

（2）原告適格論を克服するためのさまざまな提案

一般消費者の原告適格を認めることは過去の判例に照らして，困難な側面があるが，学説では一般消費者の原告適格を認めるためのさまざまな提案が行われている．具体的には，①個々人の個別保護要件を要求する原告適格論の定式を変更して個別保護要件を放棄する解釈方法，②個別保護要件は維持しつつ，消費者個人ではなく，一般国民から切り出し可能な共通の利益を有する特定団体に対して原告適格を認める方法，③消費者の利益を再検討することにより個別保護要件を満たすと解釈する方法等である[25]．

---

25 ①②の手法を検討するものとして，原田大樹「集団的消費者利益の実現と行政法の役割——不法行為法との役割分担を中心として」千葉恵美子＝長谷部由起子＝鈴木將文編『集団的消費者利益の実現と法の役割』56〜58頁（商事法務，2014年），②③の可能性を示すものとして中川・前掲注（4）198〜199頁．

V　行政組織法に対するインパクト

1　行政組織法における分担管理原則

　内閣法は,「各大臣は, 別に法律の定めるところにより, 主任の大臣として, 行政事務を分担管理する」(3条1項) と定める. この「主任の大臣」は内閣府では内閣総理大臣であり (内閣府設置法6条1項), 各省では各省大臣である (国家行政組織法5条1項). すなわち, 国の行政事務は, 内閣総理大臣と各省大臣が分担管理する原則が採用されている (分担管理原則).
　消費者庁は内閣府の外局として設置されており, 消費者庁の「主任の大臣」は内閣総理大臣である. 内閣総理大臣は「主任の大臣」に割り当てられた行政事務について分担管理原則にしたがって各省大臣と対等な立場で行使する. このように消費者庁の所掌事務は行政組織法分野における分担管理原則の枠内で説明可能なものであり, 基本的には分担管理原則に反するものではない.

2　分担管理原則の変容

　分担管理原則に対しては, いわゆる行政の縦割り行政の弊害を生じさせているとの批判がなされてきた. 消費者行政法の分野でも, 分担管理原則の硬直的な運用により重大な消費者被害が発生してきた. 例えば, 1968 (昭和43) 年のカネミ油症事件では鳥の大量死骸事件を調査した農林省が食用油についての調査権を有する厚生省に情報提供しなかったこと, BSE問題では農林水産省と厚生省の連絡が不十分であったことが被害拡大の一因であったことが指摘されている.[26]

---

　[26] 宇賀克也「消費者庁関連3法の行政法上の意義と課題」『ジュリスト』1382号26〜27頁.

消費者庁はこの強固な分担管理原則の弊害を打破するために，消費者問題を包括的に所管する「横割り」の行政官庁であることをめざして設立された．内閣官房消費者行政一元化準備室は，①消費者に身近な法律29本を消費者庁に移管し，消費者目線からこれらの法律の企画立案をできるようにしたこと，②消費者安全法に基づき，各省が所管する法律に定める措置について措置要求を行う権限を消費者庁に与え，実質的にすべての消費者関係法律に消費者庁が関与できる体制を整えたこと，③過去に問題とされてきた「すき間事案」に対処する権限を消費者庁に与えたことを挙げて，消費者庁設立に伴う各法律の整備を「従来の分担管理原則に基づいた我が国行政法体系の下では画期的な出来事」と位置付けている[27]．

　分担管理原則をどの程度「硬い」規律とみるかについては議論の余地はあるが，消費者行政法は行政法理論における分担原理原則の根拠や妥当範囲を再検討する有力な素材を提供するものであり，行政組織法への理論的・実践的なインパクトがある[28]．

27　内閣官房消費者行政一元化準備室・前掲注（6）7頁．
28　消費者安全法の一部について分担管理原則の「暫定的修正」を認めるものと位置付けるものとして宇賀・前掲注（26）34頁，伝統的な分担管理原則の枠内にあるものと位置付けるものとして中川・前掲注（4）197頁．

Ⅵ 本書の対象分野
──安全,取引,表示,個人情報保護分野における調査・執行

　必ずしも網羅的ではないが,以上にみてきたとおり,消費者行政法は,行政作用法,行政救済法,行政組織法に対する理論的・実践的インパクトを有しており,現代では重要な分野となりつつある.いずれも消費者被害の発生防止,拡大防止または回復という政策目的や消費者の権利・利益の観点からみられる行政法理論の変容といえよう.

　このような消費者行政法分野における行政法理論の変容は,給付行政,誘導行政等を含む行政法分野の全域にわたるものであるが,本書は行政法の中でも主として行政法の古典的・中心的な課題である命令・強制システム(規制行政)の側面に焦点を当て,「消費者行政法の調査・執行の実務」というテーマで記述することとする.消費者行政法はまだ始まったばかりの分野であり,行政法理論の中でも中心的課題である規制行政の仕組みを概観し考察することがまずは必要であると考えられるからである.

　対象分野としては,消費者行政分野における行政庁による法執行の実務において重要な位置を占める安全(第2章),取引(第3章),表示(第4章),個人情報保護(第5章)の4分野を選択することとする.

第2章

安全法分野における調査・執行

本章の概要

　消費者基本法2条1項において，消費者の安全が確保されることは，消費者の権利であることが定められている．そして，同法11条によれば，国は，国民の消費生活における安全を確保するため，①安全を害するそれがある商品および役務についての必要な基準の整備および確保，②安全を害するおそれがある商品の事業者による回収の促進，③安全を害するおそれがある商品および役務に関する情報の収集および提供等の必要な施策を講ずるものとされている．ここでいう「安全」とは，消費者の生命・身体の安全（狭義の安全）を指すものと考えられる．このような意味における消費者の安全を守るために，製品・役務等の分野ごとにさまざまな法律が制定されており，代表的なものだけ挙げるとしても，消費生活用製品安全法，電気用品安全法，食品安全基本法，食品衛生法，有害物質を含有する家庭用品の規制に関する法律，医薬品，医療機器等の品質，有効性および安全性の確保等に関する法律などがある．また，分野横断的な民事法である製造物責任法も，消費者の狭義の安全を守る法律の一つと位置付けることができるだろう[1]．

　しかし，消費者の安全とは，そのような意味だけにとどまらない．消費者庁の設置と同時に施行された消費者安全法は，その目的として，「消費者の消費生活における被害を防止し，その安全を確保するため……消費者が安心して安全で豊かな消費生活を営むことができる社会の実現に寄与することを目的とする」と定めている（1条）．ここでいう「安全」とは，消費者の生命・身体の安全という狭義の安全のみならず，いわば消費者の暮らしの安全という幅広い意味も含まれるものと解される．

　本章では，そのような広義の消費者の安全を対象として，消費者庁が調査・執行に携わる分野の法制度および実務について解説する．

1　製造物責任法は，生命・身体被害のみを対象とするものではなく，かつ，法人が被害者である場合にも適用される法律であるが，同法の果たした社会的役割を考えれば，実社会において，消費者の生命・身体の安全を確保する重要な役割を果たしていることに疑いを挟む余地はないだろう．

I 消費者安全法

1 消費者安全法の概要

　消費者安全法（平成21年法律第50号）は，消費者庁および消費者委員会とともに誕生した法律である．また，これまでに2012（平成24）年および2014（平成26）年の2度にわたって改正が行われている．

　消費者安全法は，環境庁創設以来約40年ぶりの大改革によって，産業振興の付随事務から消費者の利益を第1に考える行政へと転換した消費者行政を担うべき新しい行政組織を創設するための消費者庁及び消費者委員会設置法（平成21年法律第48号）と同時に，いわば一体として制定された法律である．そして，二度にわたる改正も制定時の附則や附帯決議等を踏まえたものである．

　したがって，消費者安全法は，2009（平成21）年以降の新しい消費者行政の考え方を体現した法律ともいいうるものである．消費者安全法には，極めて広範で多岐にわたる内容が盛り込まれており，消費者安全法における「安全」が，いわゆる生命・身体の安全にとどまらない幅広い消費者の安全全般を指すものであることがわかる．

　消費者安全法は，大きく五つの柱から成り立っている．すなわち，①国による基本方針の策定，②都道府県および市町村による消費生活相談等の事務の実施および消費生活センターの設置，③消費者事故等に関する情報の集約等，④消費者安全調査委員会による消費者事故等の調査等の実施，⑤消費者

　2　参議院消費者庁関連三法案に対する附帯決議（平成21年5月28日）では，「消費者事故等についての独立した調査機関の在り方について法制化を含めた検討を行う」とされ，消費者庁及び消費者委員会設置法附則第4項においては，「政府は，消費者庁関連三法の施行後3年以内に，」「地方公共団体の消費者政策の実施に対し国が行う支援の在り方について所要の法改正を含む全般的な検討を加え，必要な措置を講ずるものとする．」とされていた．

被害の発生または拡大の防止のための措置である．この中で，④の消費者安全調査委員会（いわゆる消費者事故調）に関する規定と⑤の一部（財産被害に係るいわゆるすき間事案への行政措置と関係行政機関等への情報提供）は，2012（平成24）年改正により追加された部分であり，②の一部（消費者安全確保地域協議会等による地域の見守りネットワークの構築，登録試験機関による消費生活相談員の資格試験制度の法定化等）は，2014（平成26）年改正により追加された部分である．

　本書のテーマである調査・執行の実務に関わる部分は，主として④消費者安全調査委員会による消費者事故等の調査等の実施と，⑤消費者被害の発生または拡大の防止のための措置である．また③の消費者事故等に関する情報の集約等は，④や⑤に先立って，広く消費者の生命・身体・財産を脅かす事故・事態に関する情報を消費者庁に集約し，④や⑤の消費者安全法に基づく調査・執行につなげるほか，消費者の安全・安心に資するための新たな法制度等の企画立案に寄与するものである．

2　消費者事故等に関する情報の集約・消費者への注意喚起
　　（消安12条～14条，38条）

（1）生命・身体事案

　消費者安全法は，あらゆる行政機関が入手した消費者の生命・身体・財産を脅かす事故や事態に関する情報が消費者庁に集約されるべきとの考え方の下で，そのための制度を規定している（消安12条）．すなわち，国の行政機関の長や都道府県知事・市町村長，国民生活センターの長（以下「行政機関等」という）は，消費者事故等が発生した旨の情報を知ったときは消費者庁長官（消安47条1項）に通知しなければならない．

　通知の対象である消費者事故等（消安2条5項）には，消費者の生命身体に係る事故や事態（生命身体事故等）と消費者の財産に関する事態とがあるが，はじめに，前者である生命身体事故等に関する情報の集約および消費者への注意喚起等の仕組みおよび実務運用について述べる．

(A) 生命身体事故等の情報の集約・分析等

生命身体事故等（消安2条6項）は，すでに消費者の生命や身体に被害が発生してしまった事故と，いまだ被害は現実化していないものの被害を発生させるおそれのある危険・異常な事態の双方を含む．また，被害が現に発生した事故および危険・異常な事態のいずれにおいてもより重大な事案を重大事故等（消安2条7項）と規定している．

重大事故等やそれ以外の生命身体事故等の情報を消費者庁に通知する義務を負う者は行政機関等であって，消費者安全法に基づいて，消費者や事業者が通知義務を負うわけではない．

重大事故等とそれ以外の生命身体事故等とでは，行政機関等から消費者庁に対する通知の基準が異なる．すなわち，重大事故等においては，それが発生した旨の情報を得たときは直ちに通知すべきものとされ（消安12条1項），迅速性を確保するために第一報は書面作成を後回しにして電話で通知することも可能となっている（消安規9条1項．ただし，追って速やかに書面（ファクシミリ，電子メールを含む）の提出かPIO-NETや事故情報データバンクへの入力が必要）．一方で，消費者庁が必要な対応をするまでの時間的ロスを排除するため，個別通知によることとされており，PIO-NETや事故情報データバンクといった情報システムへの入力をもって通知とすることは認められていない．

これに対して，重大事故等以外の生命身体事故等においては，事故や事態の態様・状況に照らして，被害が拡大しあるいは同種・類似の生命身体事故等が発生するおそれがあると認める場合に消費者庁に通知するものとされている（消安12条2項）．通知方法としては，電話による通知は認められず必ず文字によるべきこととされているが（消安規9条3項），他方で情報システムへの入力といった消費者安全法に基づく消費者庁への通知に特化しない通常業務の運用をもって通知をしたものとみなされる（消安12条4項，消安規9条8項）．すなわち，重大事故等以外の生命身体事故等にあっては，書面（ファクシミリ，電子メールを含む）による通知のほか，PIO-NETや事故情報データバンクへの入力をもって通知することができる．消費者安全法による新たな業務負担増を抑えることで，消費者庁への情報集約が効果的に

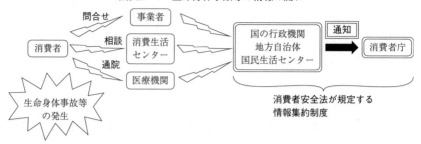

図表2−1 生命身体事故等の情報の流れ

実現することをめざしたものと考えられる.

　消費者安全法に基づいて消費者庁に集約された生命身体事故等の件数は,概ね年間3,000件前後で推移しており,うち1,300件前後が重大事故等として通知されている[5].商品等別では,車両・乗り物,家電製品,住居品による重大事故等の比率が高い.他方で,重大事故等以外の生命身体事故等においてはそれらによるものは比較的少なく,食料品や建物・設備によるものが多い.食料品による生命身体事故等は多く発生しているものの重大事故等に至る事案はまれであること,逆に車両・乗り物や家電製品では生命身体事故等が発生した場合には相当程度の割合で重大事故等に至ることがうかがわれる[6].

　消費者安全法に基づいて消費者庁に集約された生命身体事故等の情報は,消費者白書に「消費者事故等に関する情報の集約及び分析の取りまとめ結果の報告」として組み込まれて公表されている（消安13条参照）.

3　消費者の被害に迅速に対処するため,国民生活センターおよび地方公共団体が,オンライン処理の方法により,消費生活に関する情報を蓄積し,および活用するシステムであって,国民生活センターが管理運営するもの.

4　消費者の生命または身体に生ずる被害の発生または拡大の防止を図るため,消費者庁,関係行政機関,関係地方公共団体,国民生活センター,消費者その他の関係者が,オンライン処理の方法により,消費生活において生じた事故等に関する情報を蓄積し,および活用するシステムであって,消費者庁および国民生活センターが共同して管理運営するもの.

5　第198回消費者委員会本会議（平成27年7月31日）［資料1］消費者安全法のこれまでの施行状況について（消費者庁提出資料）によると,重大事故等と重大事故等以外の生命身体事故等の通知件数は各々,平成21年度（9月～）318件・1012件,平成22年度661件・1530件,平成23年度1390件・1499件,平成24年度1322件・1491件,平成25年度1317件・2194件,平成26年度1248件・1658件.

6　前掲注（5）資料・図表2−2参照.

なお，資料の提出要求（消安14条）や報告徴収・立入調査（消安45条1項）については，財産事案と同様であるから，後記（2）（C）および（D）を参照．

(B) 消費者への注意喚起等

生命身体に係る安全に関する一般的な注意喚起情報は，季節的なものも含めて消費者庁や国民生活センターから数多く発出されている．例えば，除雪機の使い方や高齢者の餅による窒息事故に関するもの，乳幼児のボタン電池の誤飲や浴槽での首掛け式浮き輪の事故，脚立・はしごからの転落に関するものなどである．

しかし，消費者安全法38条1項の規定に基づく消費者被害の発生または拡大の防止ための措置としてなされた注意喚起は，生命身体事故等に関するものとしては2件のみである（2015（平成27）年8月現在）．

① 「次亜塩素酸ナトリウムを含むとの表示がある「ウイルスプロテクター」について（使用中止及び自主回収のお知らせ）」（平成25年2月22日）

　首からぶら下げるタイプの携帯型空間除菌剤「ウイルスプロテクター」について，化学熱傷を起こすおそれがあるため使用中止を呼びかけたもの．事業者が消費者庁・厚生労働省の要請に応じて自主回収を決定したため，その後の最新の事故発生状況等を合わせて公表して，消費者に注意喚起を実施．

② 「健康被害発生後も継続利用を進められる美容・健康食品等～「好転反応」等といわれても，健康被害が出たら利用をいったん中止しましょう！～」（平成26年12月10日）

　健康食品，化粧品，健康器具，美容エステ等の美容・健康等に関する機能性をうたった商品・サービス等を利用し，さまざまな健康被害が発生した際に，販売・役務提供を行う事業者が「症状が発生するのは好転反応」，「今は毒素が抜けているところ」等と説明して，症状発生後も継続利用を勧めているケースがあり，実際消費者が利用を継続することによって症状が持続・悪化したという消費者事故等の情報が多数寄せられているとして，消費者に，健康被害が発生した際には，商品・サービス等の利用を一旦中

止し，医師に相談することを注意喚起するとともに，各都道府県知事宛に情報提供を行い，関係団体宛に要請文を送付．

一般的な注意喚起情報と消費者安全法38条1項に基づく措置としての注意喚起のどちらで取り扱われるかについては，基本的には消費者安全法の要件を満たすか否かによるものと考えられる．つまり，消費者事故等の要件該当性が必ずしも明確ではない場合等に，要件該当性を確定することに時間をかけるよりは，一般的な注意喚起情報として，いち早く消費者に生命・身体の安全にかかる情報を提供することが効果的であると認められるような場合は，消費者安全法に基づく措置とすることに拘泥せず一般的な注意喚起として機動的に対応するということが考えられる．

財産被害分野においては，詐欺的な手法によって消費者に被害を与えることで自らの財産的利得を得ようとするような，いわば消費者被害の発生が不可避・必須の目的とされている消費者事故等がありうる．しかし，生命・身体被害分野においては，通常，消費者の生命を奪いあるいは身体を傷つけること自体を不可避・必須の目的とする商品等やサービスが市場に提供されることは考えにくい．したがって，生命・身体の安全を確保するための情報は，それによって自身が生命・身体被害を被る事態を回避できることとなる消費者だけではなく，自社の製品等によって生命・身体に被害を与える事故の発生拡大を望まない事業者にとっても益となるものであるといえ，そのような情報は，様式のいかんを問わずいち早く公表されて事故防止のために活用されることこそが重要であるともいえる．それゆえに，あえて法に基づく措置としての注意喚起という形をとらない一般的な注意喚起情報という形が活用されているものと考えられる．なお，法に基づく措置としての注意喚起の法的性質や関係行政機関への情報提供（消安38条2項）については，後記（2）(E) 参照．

（2）財産事案

(A) 財産事案とは

消費者の財産に関する事態（財産事案）とは，「虚偽の又は誇大な広告その他の消費者の利益を不当に害し，又は消費者の自主的かつ合理的な選択を

阻害するおそれがある行為であって政令で定めるものが事業者により行われた事態」を指す（消安2条5項3号）．虚偽のまたは誇大な広告は例示にすぎず，その他の財産被害を及ぼす事業者の行為を広く含む．

また，「政令で定めるもの」とは，消費者安全法施行令3条で限定列挙されている行為を指す．同条1号では，「商品等又は役務について，虚偽の又は誇大な広告又は表示をすること」を定めているが，これは景品表示法に定められている有利誤認・優良誤認よりも広い概念である[8]．具体的には，景品表示法では，「著しく優良であると示す」，「著しく有利であると一般消費者に誤認される」等と規定されており，消費者安全法施行令3条1号の要件に「著しく」という要件が加わっている．

消費者安全法施行令3条2号では，「消費者との間の契約（事業として締結するものに限る．以下この条において同じ．）に関し，その締結について消費者を勧誘するに際して，又は消費者による当該契約の申込みの撤回，解除若しくは解約を妨げるため，次のイからニまでのいずれかに該当する行為をすること」と定め，同号イからニにおいて，不実告知・事実不告知，断定的判断の提供，不退去，監禁の四つの行為を定めている．ここで定められた四つの行為も，消費者契約法4条1項から3項で定められた同類型よりも広い概念である．具体的には，消費者契約法4条1項から3項は，「事業者が消費者契約の締結について勧誘をするに際し」と規定し，対象を契約締結の勧誘の段階のみに限定しているのに対し，消費者安全法施行令3条2号は，「消費者との間の契約に関し，その締結について消費者を勧誘するに際し」と規定し，対象を契約締結の勧誘の段階のみならず，契約との関連性があればよい，すなわち，契約の拘束力からの離脱を図る段階で消費者の判断を誤らせるような事業者の行為も対象としている[9]．

消費者安全法施行令3条3号では，「消費者との間の契約の締結若しくは履行又は消費者による当該契約の申込みの撤回，解除若しくは解約に関し，

---

[7] 消費者安全法の解釈の詳細については，消費者庁消費者安全課「消費者安全法の解釈に関する考え方」，逐条消安法を参照されたい．
[8] 逐条消安法43頁．
[9] 逐条消安法43頁．

I 消費者安全法　43

消費者を欺き，又は威迫して困惑させること」と定めているが，消費者契約法で定められた不当勧誘行為のみならず，民法が規定する詐欺・強迫のうち，強迫について，強迫に至らない程度の威迫行為を捉えることが可能となる．具体的には，民法96条1項は，「詐欺又は強迫による意思表示は，取り消すことができる」と規定しているのに対し，消費者安全法施行令3条3号は，「消費者を欺き，又は威迫して困惑させること」と規定している．

消費者安全法施行令3条4号では，消費者契約法4条1項から3項，8条1項，9条，10条に関する「契約を締結し，又は当該契約の締結について消費者を勧誘すること」を，消費者安全法施行令3条5号では，「消費者との間の契約に基づく債務又は当該契約の解除若しくは解約によって生ずる債務の全部又は一部の履行を正当な理由なく，拒否し，又は著しく遅延させること」，同条6号では，「不当景品類及び不当表示防止法（昭和37年法律第143号）4条の規定に違反して景品類を提供すること」を定めている．また，消

図表2-2　財産事案概要

消費者安全法	消費者安全法施行令		消費者安全法施行規則
虚偽の又は誇大な広告その他の消費者の利益を不当に害し，又は消費者の自主的かつ合理的な選択を阻害するおそれがある行為であって政令で定めるものが事業者により行われた事態（消費者安全法2条5項3号）	商品等又は役務について，虚偽の又は誇大な広告又は表示をすること（消費者安全法施行令3条1号）		―
	消費者との間の契約に関し，その締結について消費者を勧誘するに際して，又は消費者による当該契約の申込みの撤回，解除若しくは解約を妨げるため，右のいずれかに該当する行為をすること（消費者安全法施行令3条2号）	故意に事実を告げず，又は不実のことを告げること（消費者安全法施行令3条2号イ）	―
		将来における変動が不確実なものについて断定的判断を提供すること（消費者安全法施行令3条2号ロ）	―
		事業者が消費者の住居又は消費者が業務を行っている場所から退去しないこと（消費者安全法施行令3条2号ハ）	―
		事業者が，当該契約の締結について勧誘し，又は消費者が当該契約の申込みの撤回，解除若しくは解約をしようとしている場所から消費者を退去させないこと（消費者安全法施行令3条2号ニ）	―

	消費者との間の契約の締結若しくは履行又は消費者による当該契約の申込みの撤回，解除若しくは解約に関し，消費者を欺き，又は威迫して困惑させること（消費者安全法施行令3条3号）		―
	右のいずれかに該当する契約を締結し，又は当該契約の締結について消費者を勧誘すること（消安令3条4号）	消費者の利益の保護に係るものとして右で定めるものによって消費者が当該契約の申込み又はその承諾の意思表示を取り消すことができることとされる契約（消安令3条4号イ）	割販法35条の3の13第1項，35条の3の14第1項，35条の3の15第1項及び35条の3の16第1項（消安規2条1号）
			特商法9条の3第1項，24条の2第1項，40条の3第1項，49条の2第1項，58条の2第1項（消安規2条2号）
			消費者契約法4条1項から3項（消安規2条3号）
		消費者の利益の保護に係るものとして右で定めるものによって無効とされる契約の条項を含む契約（消安令3条4号ロ）	農業協同組合法11条の9第10項ほか内閣府令3条で定めるもの（消安規3条1号から21号）
	消費者との間の契約に基づく債務又は当該契約の解除若しくは解約によって生ずる債務の全部又は一部の履行を正当な理由なく，拒否し，又は著しく遅延させること（消安令3条5号）		―
	景品表示法4条の規定に違反して景品類を提供すること（消安令3条6号）		―
	消費者との間の契約の締結若しくは履行又は消費者による当該契約の申込みの撤回，解除若しくは解約に係る事業者の行為の規制に関する法律の規定であって，消費者の利益の保護に係るものとして右で定めるものに違反する行為をすること（消安令3条7号）		特商法17条，貸金業法16条3項，割販法4条1項その他これらに類する契約の締結に係る規定（消安規4条1号）
			特商法10条2項，貸金業法18条1項，割販法6条2項その他これらに類する契約の履行に係る規定（消安規4条2号）
			特商法10条1項，割販法6条1項その他これらに類する契約の申込みの撤回，解除又は解約に係る規定（消安規4条3号）

費者安全法施行令3条7号では,「消費者との間の契約の締結若しくは履行又は消費者による当該契約の申込みの撤回,解除若しくは解約に係る事業者の行為の規制に関する法律の規定であって,消費者の利益の保護に係るものとして内閣府令で定めるものに違反する行為をすること」を定めており,「内閣府令で定めるもの」として消費者安全法施行規則4条に定めがある.

　前記のように,消費者安全法において,景品表示法,消費者契約法,民法等において規律されている内容と比べてより幅広い事態を財産事案として定義しているのは,消費者庁が幅広い情報を一元的に集約・分析することを可能とすることで,事案の重大性・広がりの早期把握と適切な対応を確保するためであると考えられる.

(B) 財産事案に関する情報の一元的な集約[10]

　このように財産事案は,幅広い取引行為に起因する被害を包含しており,消費者庁はこれらに関する情報を一元的に集約している.すなわち,国の行政機関の長および都道府県知事・市町村長,国民生活センターの長は,接した情報のうち財産事案の定義に該当し,かつ「当該消費者事故等の態様,当該消費者事故等に係る商品等又は役務の特性その他当該消費者事故等に関する状況に照らし,当該消費者事故等による被害が拡大し,又は当該消費者事故等と同種若しくは類似の消費者事故等が発生するおそれがあると認められるとき」には,その情報を消費者庁長官に通知することとなっている(消安12条2項,47条1項).この「被害が拡大し,又は当該消費者事故等と同種もしくは類似の消費者事故等が発生するおそれがあると認められるとき」の判断にあたっては,消費者事故等の態様,消費者事故等に係る役務の特性その他消費者事故等に関する状況を総合的に判断することとなる.[11]

　通知の方法は,前記(1)で述べた重大事故等以外の生命身体事故等と同様,書面,ファクシミリ,電子メールのほか,PIO-NET,事故情報データバンクへの情報の入力が認められている(消安12条2項,4項,消安規9条

10　消費者庁「消費者事故等の通知の運用マニュアル」(平成27年3月27日改訂)参照.
11　消費者庁・前掲注(10)15頁.

3項,8項.図表2-3).また,ここで通知すべき事項は,消費者事故等が発生した日時および場所,当該消費者事故等が発生した旨の情報を得た日時および方法,当該消費者事故等の態様,当該消費者事故等の原因となった商品等または役務を特定するために必要な事項並びに被害の状況(被害が生じた消費者事故等の場合に限る)その他当該消費者事故等に関する事項である(消安規9条4項).「消費者事故等情報通知様式」は,消費者庁のウェブサイトにおいて公表されている[12].同様式には,上記事項以外に事業者の行為,販売購入形態,契約の成否,信用供与の有無,被害金額,事故等の詳細等を記載する欄が設けられている.

消費者庁はこの収集した情報を集約・分析し,必要に応じて,関係府省庁間で情報共有等の連携を行っている[13].財産分野の情報については,主に案件の新規性,多発可能性および悪質性の観点から分析を行い,週単位で主要な案件を要注目事案として抽出し,これを関係府省庁および国民生活センターに提供している.また,2013(平成25)年までは年に2度,2014(平成26)年からは年に1度その結果を取りまとめ,公表を行っている(消安13条).分析の結果は,2014(平成26)年以降は消費者白書と合冊となり公表されている[14].

---

12 〈http://www.caa.go.jp/safety/pdf/090901yousiki_150327.pdf〉
13 消費者庁・前掲注(10)2頁.
14 〈http://www.caa.go.jp/information/index19.html〉

(C) 資料の提出要求

消費者庁長官は，前記（B）で寄せられた情報の集約および分析等を行うため必要があるときは，関係行政機関，地方公共団体，国民生活センターの長その他の関係者に対し，資料の提供等の必要な協力を求めることができる（消安14条1項）．なお，「その他の関係者」の範囲に限定はなく，事業者も含まれる．消費者庁は，前記（B）で寄せられた情報の分析等を行うために追加的な情報が必要となった際には，関係行政機関等から必要な資料を取り寄せることでより詳細な分析を行うことができ，注意喚起等を行うか否かの判断材料とすることができる．

ただし，この資料の提出要求等は，消費者庁に対して資料提供等を求める権限を有することを定める規定であるため，事業者は調査に応ずるか否かを任意に決定できる．したがって，事業者が資料提供等を拒否した場合の罰則は設けられていない．ただし，事業者が不当に資料提供等を拒否した場合には，後記（D）で述べる報告徴収・立入調査等が行われることが考えられる．

(D) 報告徴収・立入調査

消費者庁長官は，注意喚起等を行うにあたり，情報収集の必要がある場合には，消費者安全法の施行に必要な限度において，事業者に対し，必要な報告を求めることができる．加えて，消費者庁職員は，当該事業者の事務所，事業所その他その事業を行う場所に立ち入り，必要な調査もしくは質問をし，または調査に必要な限度において当該事業者の供給する物品を集取することができる（消安45条1項）．ここで，消費者安全法の施行に必要な限度とは，主に被害の防止を図るために実施しうる他の法律に基づく措置がない場合を念頭においたものと考えられる．確かに条文上は，他の法律に基づく措置がある場合であっても報告聴取・立入調査を行うことも可能であるようにも読めるが，他の法律に基づく措置がある場合には，個別法に報告徴収・立入調査についての定めがあることが多く，事業者の負担を増やすことのないよう関係行政機関との間で緊密な連携を図ることが求められる[15]．

15　逐条消安法243頁．

そして，報告徴収・立入調査を求める消費者庁職員は，その身分を示す証明書を携帯し，関係者の請求があるときは，これを提示しなければならない（消安45条2項，11条の24第2項）．この身分証の様式（図表2-4）は，消費者安全法の規定に基づく立入調査等をする職員の携帯する身分を示す証明書の様式を定める内閣府令3条，別記様式3号に定めがある．

図表2-4　身分証・表面

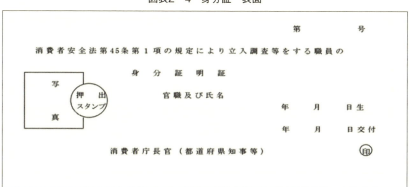

　また，当該報告徴収に対し報告をせず，もしくは虚偽の報告をした場合や，立入調査・物品集取を拒み，忌避したような場合には，50万円以下の罰金に処せられる（消安54条2項）．

　なお，消費者安全法に基づく報告徴収・立入検査については，犯罪捜査のために認められたものと解釈してはならないことに留意する必要がある（消安45条2項，11条の24第3項）．すなわち，刑事責任追及のための資料の取得収集に直接結びつく作用を一般的に有するものと認めるべき場合や，実質上，直接的物理的な強制と同視すべき程度まで達するような場合には，憲法35条により令状が必要となるため，それに至らない限度において，消費者安全法に基づく報告徴収・立入調査が許されていると解すべきである．

16　宇賀・行政法Ⅰ156頁．

(E) 消費者への注意喚起等

(a) 注意喚起（消安38条1項）

前記 (B) で寄せられた情報やその他の方法で得られた情報に基づき，消費者庁は，消費者被害の発生または拡大の防止を図るため必要があると認めるときは，消費者事故等の態様，消費者事故等による被害の状況その他の消費者被害の発生または拡大の防止に資する情報を地方公共団体に提供し，公表することで，消費者の注意を喚起して被害の発生・拡大防止を図っている（消安38条1項）．当該注意喚起は，消費者安全法13条に基づく情報の公表と異なり，消費者被害の発生・防止を目的としたものとなっている．

この財産分野における消費者安全法に基づく注意喚起は，2010（平成22）年から継続的に行われており，その大半が実体のない個別事業者に関する財産被害事案である[17]．財産分野における注意喚起の件数は，2012（平成24）年度は5件，2013（平成25）年度は7件，2014（平成26）年度は10件，2015（平成27）年度は9件であり，増加傾向にある[18]．注意喚起においては，事業者の概要，具体的な勧誘事例，消費者庁が確認した事案，消費者へのアドバイス等を公表し，消費者へ注意を促している．

なお，この注意喚起は，事業者が法的応諾義務を負うものではなく，事業者に直接義務を課し，またはその権利を制限する処分には当たらないため，「不利益処分」（行手2条4号）には当たらないだろう．加えて，この注意喚起は消費者に対する注意喚起であって，特定の者に一定の作為または不作為を求める指導，勧告，助言その他の行為にも当たらないため，「行政指導」（行手2条6号）にも当たらないと考えられる．したがって，不服がある場合の争い方については，後記Ⅲ3（2）(D)と同様の考え方をとることが考えられる．

加えて消費者庁は，注意喚起の際，国民生活センターに対し，消費者への情報提供に関する必要な措置をとることを求めることができる（消安38条3

---

17 〈http://www.caa.go.jp/policies/policy/consumer_policy/caution/index.html#beware_of_property_consumer_safety_act〉

18 〈http://www.caa.go.jp/policies/policy/consumer_policy/caution/index.html#beware_of_property_consumer_safety_act〉

項，4項）．なお，実務上は，消費者庁が注意喚起を行う際には，国民生活センターにその内容を通知し，全国に設置された各消費生活センターに対する周知を要請している．

(b) 関係行政機関への情報提供（消安38条2項）

また，消費者庁長官は消費者事故等の発生に関する情報を得た場合において，消費者被害の発生または拡大の防止を図るために相当であると認めるときは，関係行政機関に，その情報を提供することができる（消安38条2項）．「相当である」か否かは，個別事案ごとに判断することとなるが，その際に考慮する事情としては，個別具体的な消費者事故等が発生しているか，消費者被害が発生・拡大するおそれがあるかどうか，注意喚起・措置要求その他の措置の発動の可否との関係，情報の提供先の属性，情報提供先における情報の活用策，その法的根拠，消費者安全法の目的内の利用であるかなどが挙げられる．[19]

例えば，消費者庁が犯罪利用預金口座等を発見した場合，犯罪利用預金口座等に係る資金による被害回復分配金の支払等に関する法律（いわゆる振り込め詐欺救済法）に基づく口座の凍結のため，金融機関に対し，必要な協力を行った上で情報提供を行うことができる．このような情報提供が行われることで，被害の未然防止のみならず，被害救済にも資すると考えられる．

3　措置要求（消安39条）

消費者庁創設に際して，生命身体の安全に係る分野においては，原則として，業法をはじめとする個別法を消費者庁に移管することなく各産業分野を所管する事業所管省庁において従前どおり法を所管する方針で整理された．そのため生命身体の安全に係る分野においては，後記4のすき間事案に係る措置を除いて，消費者庁は，事業者に対して直接行使する措置権限等をほとんど有していない．

19　逐条消安法202頁．

しかし，消費者庁に集約される生命身体事故等の情報とその分析結果，さらには消費者安全調査委員会の調査から得られた知見等を各種個別法を所管する行政機関にも積極的に提供することによって，消費者の生命・身体が危険にさらされる事態に対して，速やかに実効的な対応が図られるよう，消費者庁が実質的な司令塔機能を果たすことが期待される．

　そこで，消費者安全法は，消費者被害の発生または拡大の防止を図るために有効な措置を講じうる既存の法律が存在するにもかかわらず，当該法律が適切に活用されていないような場面において，消費者庁が消費者行政の司令塔として，当該法律を所管する行政機関に法に基づく措置を速やかに実施するよう要求することができる旨を規定している（消安39条1項）．

　また，措置要求を行った際には，消費者庁は措置の実施に関する事務を所掌する大臣に対し，その措置の実施状況について報告を求めることができる（消安39条2項）．

　しかし，法施行以降これまでに消費者安全法39条の規定に基づいて措置要求がなされた事案はない（2015（平成27）年8月現在）．

　もっとも，消費者庁は，消費者被害の発生または拡大を迅速に防止する観点から，措置要求の適用にこだわらずに，できる限り早い段階で関係省庁への通報，措置の要請等を行っている．

　また，実際には，措置要求という制度が消費者安全法に存在することによって，消費者庁と他の行政機関との連携・協力がスムーズに進んでいるという面があると考えられる．

　その際，とはいえ，もし，他の行政機関との連携・協力によっては迅速適切な対応が見込まれない事態が万一発生した場合には，措置要求の活用を躊躇すべきではないと考えられる．

　なお，前記2（2）(E)(a)の注意喚起と当該措置要求との間には，いずれかの措置を優先的に実施すべき等の前後関係はない．[20] したがって，注意喚起を経ずに措置要求がなされることもありうる．また，注意喚起については公表するものとされているが，措置要求については必ずしも公表するもの

20　逐条消安法209頁．

とはされていない．

　措置要求は行政機関から行政機関に対してなされるものであって，事業者等の私人に対するものではない．したがって，行政手続法上の不利益処分には該当しないので，事業者が措置要求それ自体を争うことはできない．

4　事業者に対する勧告・措置命令，譲渡禁止，回収命令等（消安40条～42条）——すき間事案への対応

（１）概要

　生命・身体事案および財産事案のいずれについても，消費者庁は，事業者に対し，勧告・措置命令を発することができる（消安40条）．さらには生命身体事故等の中でも重大事故等については，危険な商品等の販売や移動を禁止等することで危険の拡散を防ぐ譲渡禁止等の措置（消安41条），譲渡禁止等に反して流通した商品等の回収命令措置（消安42条）の権限を消費者安全法に基づいて行使することができる．

　消費者安全法40条に基づく勧告・措置命令は，生命・身体事案と財産事案とで要件が若干異なるが，いずれもいわゆるすき間事案に該当する被害の発生または拡大を防止するために必要な措置として，生命・身体事案については点検や修理，改造，表示，役務提供方法の改善等，財産事案については不当な取引の取りやめ等のさまざまな対応を実施すべきことを事業者に求めるものである．これに対して，生命・身体事案のうち，重大事故等について，消費者安全法41条は危険な商品等を現存する場所から動かさせないことでそれらが拡散することを防止し，被害の続発を食い止めようとするものである．

　これらはいずれも，いわゆるすき間事案に対して，重篤な消費者被害の拡大を防止するための暫定的，あるいは緊急避難的な規定ではあるものの，行政権限が行使される場面を，他の法律で対応できない場合（想定外の事案が生じた場合）とするものであって，行政権限が行使されうる場面を想定した上で要件として法律内に積極的に規定する通常の法形式とはいわば逆の異例の立法手法に基づく規定であると考えられる．

（2）生命・身体事案

（A）勧告

　生命身体事故等のうち，重大事故等に係る事案にのみ消費者庁は勧告を発することができる．重大事故等における勧告を発動するための要件としては，①消費安全性を欠くことにより，②重大事故等が発生し，③重大生命身体被害の発生または拡大の防止を図るために必要な場合であって，④いわゆるすき間事案であることが必要とされている（消安40条1項）．もっとも，生命身体事故等に関しては，勧告に限らず措置命令や回収措置等の命令に関する規定が実際に行使された事案はこれまでのところ存在しない（2015（平成27）年8月現在）．

　前記のとおり，生命・身体被害の分野では，被害の発生拡大防止に取り組むことが事業者にとっても合理的である場合が多い．そのため，消費者庁が生命身体事故等に係る事実確認や情報収集のために事業者に連絡等した場合に，法に基づく措置が発動されるまでもなく，リコール等自主的な取組みが進むことが多いと考えられる．

　したがって，実務における消費者安全法40条〜42条の意義は，それが実際に発動された場合の効果というよりはむしろ，いわゆるすき間事案に対して，消費者安全法制定以前にはいかなる行政機関も動き出さなかったものが，法制定後はこれに一義的に対応するのが消費者庁であることが明らかにされたことで，消費者庁という行政機関による情報の収集や事実確認（事業者へのアプローチを含む），さらには注意喚起情報の公表等が動き出すようになった点にあるとも考えられる．

（B）措置命令

　前記（A）の勧告に事業者が正当な理由なく従わなかった場合であって，重大事故等による被害の拡大または当該重大事故等とその原因を同じくする重大事故等の発生（重大生命身体被害の発生または拡大）の防止を図るため特に必要があると認めるときは，消費者庁は勧告に係る措置を命ずることができる（消安40条2項）．したがって，事業者が勧告に従わなかったことの

みをもって直ちに措置命令が発せられるものではなく,「特に必要がある」か否か,個別具体的に判断されることになるだろう.

また,措置命令に関しては,重大生命身体被害の発生または拡大の防止を図るために他の法律の規定に基づく措置が実施しうるに至ったことその他の事由により命令の必要がなくなったと認めるときには,命令を変更または取り消すものとされている(消安40条3項).

措置命令にも事業者が従わない場合,事業者は1年以下の懲役もしくは100万円以下の罰金に処せられ,または併科される(消安52条).さらに,違反行為者が法人の代表者,使用人等であった場合には,その法人は1億円以下の罰金刑に処せられる(消安56条1号).

(C) 譲渡等の禁止・制限

消費者安全法40条に基づく措置が発動されうる場合よりさらに,「急迫した危険がある場合」であって,重大消費者被害の発生または拡大を「防止するため」に「特に必要があると認めるとき」という厳格な要件の下で,かつ6か月以内という期間限定で認められている措置である(消安41条).

重大消費者被害の発生または拡大の防止を図るために他の法律の規定に基づく措置が実施しうるに至ったことその他の事由により命令の必要がなくなったと認めるときに,禁止・制限の全部または一部は解除するものとされている(消安41条2項).

譲渡等の禁止・制限措置に違反した事業者は3年以下の懲役もしくは300万円以下の罰金に処せられ,または併科される(消安51条1号).さらに,違反行為者が法人の代表者,使用人等であった場合には,その法人は1億円以下の罰金刑に処せられる(消安56条1号).

(D) 回収等命令

事業者が前記(C)の措置に違反した場合には,消費者庁は,当該違反事業者に対して措置に反して譲渡等した商品等の回収その他必要な措置をとるよう命じることができる(消安42条).

命令に違反した事業者は3年以下の懲役もしくは300万円以下の罰金に処

せられ，または併科される（消安51条2号）．さらに，違反行為者が法人の代表者，使用人等であった場合には，その法人は1億円以下の罰金刑に処せられる（消安56条1号）．

(E) 消費者委員会による建議

なお，消費者安全法40条～42条の措置ではないが，いわゆるすき間事案に対して消費者庁が一義的にこれを所管するとともに，関係省庁と連携して対策を講じるといった考え方が具体的事案に取り入れられた事例として，消費者委員会の「商業施設内の遊戯施設における消費者安全に関する建議」（平成27年8月28日）がある．これは，近年普及し人気も拡大しているショッピングセンター内のエア遊具やボールプールなどを備えた子ども向け屋内遊戯施設を典型例とする商業施設内の遊戯施設が，実はその運用基準や設備の安全基準に関する法律もなく所管する行政機関もない，いわゆるすき間事案であるために，事故情報も集約されておらず安全対策も施設によってばらつきが大きいという実態を踏まえて，消費者庁や関係省庁に対策を求めた建議である．当該建議においても，消費者庁に消費者安全法40条～42条の発動を求める内容ではなく，関係行政機関が事業者の自主的対応を促進し事故情報の共有を図ること等を求めるものとなっている．

(3) 財産事案

(A) 勧告

(a) 要件

財産事案においても，前記（2）の生命身体事案と同様，消費者庁長官は，勧告を行うことができるが，要件が若干異なる．すなわち，財産事案のうち消費者安全法2条8項1号，2号のいずれかに該当するものが事業者により行われることにより，多数の消費者の財産に被害を生じ，または生じさせるおそれのある「多数消費者財産被害事態」であって，かつ被害の防止を図るために実施し得る他の法律に基づく措置がない場合（いわゆる「すき間事案」），事業者に対し，消費者の財産上の利益を侵害することとなる不当な取引の取りやめその他の必要な措置をとるべき旨を勧告することができる（消

安40条4項).なお,「多数消費者財産被害事態」とは,財産事案のうち,虚偽のまたは誇大な広告その他の消費者の利益を不当に害し,または消費者の自主的かつ合理的な選択を阻害するおそれがある行為であって,消費者の財産上の利益を侵害することとなる不当な取引であって,事業者が消費者に対して示す商品,役務,権利その他の取引の対象となるものの内容または取引条件が実際のものと著しく異なるものまたは消費者の財産上の利益を侵害することとなる不当な取引であって,政令で定めるものが事業者により行われることにより,多数の消費者の財産に被害を生じ,または生じさせるおそれのあるものをいう.ただし,現時点において政令で定める取引はない.

そして,財産事案における勧告の発動要件は注意喚起を行うことのできる財産事案より限定されており,①多数消費者財産被害事態が発生しており,②多数消費者財産被害事態による被害の発生または拡大の防止を図るため必要であり,③他の法律に基づく措置がない(いわゆるすき間事案)という三つの要件を満たしている必要がある.ここで,すき間事案に当たるかの判断のためには,事業者と消費者との取引内容を個別事案ごとに調査し,他の法律の規定に基づく措置の有無について,関係する可能性があると考えられる法律の所管省庁への確認が必要となる.

(b) 効果

消費者庁が行う勧告の内容である「必要な措置」としては,「実体がないままに社債の募集を行わないこと」[22],「契約の締結を勧誘するに際して,今後,業績に係る予測であるにもかかわらず必ず成功するかのように消費者に告げること,必ず利益を得ることができるかのように消費者に告げること等の行為に係る取引を行わないこと」[23]等が挙げられる.

---

21 現時点(2016(平成28)年5月末時点)で勧告を行った事案は,2件あり,いずれも注意喚起を経て勧告を行っている.
22 平成25年12月18日消費者庁勧告.
23 平成25年12月26日消費者庁勧告.

(B) 措置命令

　財産事案においては，前記（A）の勧告に事業者が正当な理由なく従わなかった場合であって，多数消費者財産被害事態による被害の発生または拡大の防止を図るため特に必要があると認めるときは，消費者庁の長である内閣総理大臣は措置を命ずることができる（消安40条5項）[24]．したがって，事業者が勧告に従わなかったことのみをもって直ちに措置命令が発せられるものではなく，「特に必要がある」か否か，個別具体的に判断されることになるだろう．

　また，措置命令に関しては，多数消費者財産被害事態による被害の発生または拡大の防止を図るために他の法律の規定に基づく措置が実施しうるに至ったことその他の事由により命令の必要がなくなったと認めるときには，命令を変更または取り消すものとされている（消安40条6項）．

　この措置命令がなされたときや措置命令の変更または取消しがなされたときは，必ず公表される（消安40条8項）．

　この措置命令にも事業者が従わない場合，事業者は1年以下の懲役もしくは100万円以下の罰金に処せられ，または併科される（消安52条）．さらに，違反行為者が法人の代表者，使用人等であった場合には，その法人は1億円以下の罰金刑に処せられる（消安56条1号）．

（4）法的性質・争い方

(A) 勧告

　消費者安全法40条1項または4項に基づく勧告は，事業者が法的応諾義務を負うものではなく，事業者に直接義務を課し，またはその権利を制限する処分には当たらないため，「不利益処分」（行手2条4号）ではなく，「行政指導」（行手2条6号）に当たる．

　行政指導を行うにあたっては，消費者庁は相手方に対して，行政指導の趣旨および内容並びに責任者を明確に示さなければならない（行手35条1項）．また，行政手続法36条の2第1項によれば，行政指導を受けた相手方は，当

---

[24] 現時点（2015（平成27）年8月末時点）で措置命令を行った事案はない．

該行政指導が消費者安全法40条1項または4項に規定する要件に適合しないと思料するときは、当該行政指導をした行政機関に対し、その旨を申し出て、当該行政指導の中止その他必要な措置をとることを求めることができるとの定めがあるため、不服がある場合には中止を求めることも検討の余地がある。ただし、当該行政指導がその相手方について弁明その他意見陳述のための手続を経てされたものであるときは、行政指導の中止等を求めることはできない。ここで「弁明その他意見陳述のための手続を経て」とは、法定された弁明手続に限らず、運用上、当該行政指導を行うことについてその相手方となるべき者の意見を聴取する機会を付与された場合も含まれるが、行政指導の相手方となるべき者に対し、書面などにより、行おうとする行政指導の内容およびその理由（根拠条項、原因となる事実等）が明らかにされた上で、当該行政指導を行うことについて意見を陳述する機会が付与されたものである必要があり、行おうとする行政指導の内容等を明らかにすることなく、単に当該行政指導の原因となるべき事実の有無について意見を聴取したにとどまる場合などは、該当しないとされている[25]。

加えて、消費者安全法40条1項および4項は、いずれもその要件が「必要があると認めるとき」とされているため、行政指導の中止等の求めの対象となるかについては、法令に違反する行為を改めだすことを内容とする行政指導か否かという観点から、個別の事案ごとに判断することになろう[26]。なお、この行政指導の中止等の求めは、申出をする者の氏名または名称および住所または居所、当該行政指導の内容、当該行政指導がその根拠とする法律の条項、当該行政指導がその根拠とする法律の条項に規定する要件、当該行政指導がその要件に適合しないと思料する理由、その他参考となる事項を記載した申出書を提出してしなければならない（行手36条の2第2項）。この申出書に関し、定められた様式はない。

そして、申出を受けた行政機関（消費者庁）は、申出書を受けて当該行政指導の根拠となる法律に規定する要件に違反するか否かを確認し、必要に応

---

[25] 平成26年11月28日総管管第93号通知4頁。
[26] 平成26年11月28日総管管第93号通知3〜4頁。

図表2-5 消費者安全法上の措置の可否

		注意喚起（消安38条1項）	情報提供（消安38条2項）	国民生活センターへの措置要求（消安38条3,4項）	措置要求（消安39条）	勧告・命令（消安40条）	譲渡等の禁止・制限,回収等命令（消安41条,42条）
重大事故等・多数消費者財産被害事態以外の消費者事故等	被害の防止を図るために実施し得る他の法律の規定に基づく措置がある事案	○	○	○	○	—	—
	すき間事案	○	○	○	○	—	—
重大事故等	被害の防止を図るために実施し得る他の法律の規定に基づく措置がある事案	○	○	○	○	—	—
	すき間事案	○	○	○	—	○	○
多数消費者財産被害事態	被害の防止を図るために実施し得る他の法律の規定に基づく措置がある事案	○	○	○	○	—	—
	すき間事案	○	○	○	—	○	—

じて調査を行うことになろう（行手36条の2第3項）．

　また，行政指導の中止の求めが認められた際には，行政指導の中止その他必要な措置が講ぜられることとなるが，例えば当該行政指導が継続しており，行政指導がされたことが公表されたことにより相手方が社会的信用の低下等の不利益を受けている場合には，当該行政指導が違法であった旨を公表し，相手方の社会的信用の回復を図ることなどが考えられる．

(B) 措置命令

　消費者安全法40条2項および5項の措置命令は，事業者に直接義務を課し，またはその権利を制限する処分には当たるため，「不利益処分」（行手2条4号）に当たる．したがって，消費者庁は措置を命ずる場合には，弁明の機会の付与の手続を経なければならない（行手13条1項2号）．

(C) 譲渡等の禁止・制限

　譲渡等の禁止・制限措置の名宛人は特定の商品等の譲渡等に関わりうるすべての事業者であって，特定の者を名宛人としていないため，行政手続法上の「不利益処分」（行手2条4号），「行政指導」（行手2条6号）には該当しないと考えられる．

(D) 回収等命令

　回収等命令は特定の事業者を名宛人とする措置であるので，行政手続法上の「不利益処分」（行手2条4号）に該当する．したがって，消費者庁は措置を命ずる場合には，弁明の機会の付与の手続を経なければならない（行手13条1項2号）．

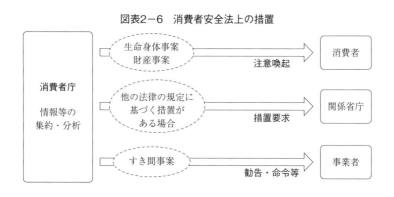

図表2-6　消費者安全法上の措置

II　消費者安全調査委員会

1　消費者安全調査委員会とは

　消費者安全調査委員会（以下「調査委員会」という）は，消費者の安全を確保するという観点から，生命身体に係る消費者事故等の原因を科学的に究明し，事故の再発拡大防止に資する知見を得るための機関である．

2　設立の経緯

　前記 I（1）でみたように，消費者安全法は，消費者庁に生命身体事故等に関する情報を一元的に集約し，この情報に基づいて消費者庁が被害の発生または拡大防止のための各種措置を講じることにより，消費者が安心して安全で豊かな消費生活を営むことができる社会の実現に寄与するという目的を達成しようとしている．
　もっとも，消費者庁に集約した生命身体事故等の情報を活用して各種措置につなげるためには，事故の原因を究明する事故調査が不可欠である．なぜなら，事故原因を明らかにすることで，同様の事故や被害が再び発生することを防ぐために有用な施策を明らかにすることができるからである．このことは，消費者安全法制定時にも認識されており，消費者庁設置法案等に対する参議院附帯決議においても「消費者事故等についての独立した調査機関の在り方について法制化を含めた検討を行う」ことが指摘されていた（14項）．
　そこで，2012（平成24）年に消費者安全法が一部改正され，消費者庁に調査委員会が設置されたのである．

3　調査委員会の目的・役割

（1）総論

　調査委員会は，生命身体事故等の原因を科学的に究明し，「生命身体被害の発生又は拡大の防止」のための知見を得て，施策につなげることで，消費者の安全を確保することを目的とする．起きてしまった事故の原因を究明することにより，事故の時点では想定されていなかったことを明らかにすることができる．そして，これについて改めて対策を講じることにより，以後同種の原因による事故を未然に防ぐことが可能となる．つまり，調査委員会は，同じ「シナリオ」の事故を繰り返さないために，その「シナリオ」を明らかにするのである．

　ここにいう「生命身体被害の発生又は拡大の防止」は，「生命身体事故等による被害の拡大又は当該生命身体事故等と同種若しくは類似の生命身体事故等の発生の防止」を意味するものとされ（消安23条1項），具体的には，①すでに発生した事故による被害の拡大の防止，②すでに発生した事故等と同種もしくは類似の事故等の発生の防止，③将来において事故が発生した場合における被害の軽減が含まれる．この点，事故調査においては，この③の視点も非常に重要である．なぜなら，事故の結果なぜ深刻な被害が発生したのかという被害の原因を解明することにより，仮に同様の事故が起きた場合にも，それによる被害の発生を防止する，若しくは，被害の程度を軽く押さえることができる．このような被害（の重篤化）防止の視点も，消費者の安全を確保するという目的を達成する上で有益だからである．

　そして，調査委員会がこのような知見を発信することにより，消費生活における安全に対する社会の意識を高める効果も期待しうる．

（2）事故調査と責任追及

　調査委員会による事故調査は，事故の原因を科学的に究明するために行われるものであり，刑事・民事を含む責任を追及するために行われるものでは

ない.

　社会が複雑化し，例えば一つの製品が製造され消費者のもとに届くまでに多くの者が関与している現代社会においては，そのさまざまな段階での要因（ミスや見逃し）が重なって事故が発生する．つまり，事故の原因は一つとは限らず，いくつもの要因により発生する．

　責任追及の作業は，これらの要因のうち責任を課すに値するものがあるか否かを探る作業であり，どちらかというと直接的な要因を中心に検討される．しかし，事故防止の観点からは，これらすべての要因について再発防止策がとられなければならず，事故調査においても，これらすべての要因を明らかにすることが使命となる．

　このため，責任追及においては問題とされないような事項でも，事故調査においては重要な要因と考えられるケースもあるなど，両者は大きく異なる．

　調査委員会による事故調査が，被害が発生していない事態（インシデント）も調査の対象とし，事故の直接的な原因のみならず，背景的な要因（組織の安全管理体制，社会制度のあり方等）や消費者の使用実態・行動特性等を含めた広い視野で調査するのは，このためである[27]．

（3）原因究明と施策実施

　また，調査委員会は，あくまでも原因究明機関であるため，事故防止に関する施策や措置を企画・立案したり，行政処分等の執行を行うものではない．
　調査委員会による事故の原因究明の結果得られた知見は，調査委員会が消費者庁や関係行政機関に対して提言（勧告・意見具申）を行うことにより，これらの省庁による施策や措置の企画・立案につなげられることになる．

---

[27] このことを明らかにするため，調査委員会は，事故調査報告書の冒頭に「本報告書の調査は，消費者安全法第23条第1項の規定に基づき，消費者安全調査委員会により，生命身体に係る消費者被害の発生又は拡大の防止を図るため事故の発生原因や被害の原因を究明することを目的に，消費者安全の確保の見地から調査したものである．なお，消費者安全調査委員会による調査又は評価は，事故の責任を問うために行うものではない．」と記載している．

4　組織等

（1）調査委員会の設置

調査委員会は，消費者庁に設置される（消安15条），内閣府設置法54条に基づく合議制の機関（審議会等）である．

（2）委員等

（A）委員，臨時委員，専門委員

調査委員会は，7名以内の委員で組織すると規定されており（消安18条1項），実際7名の委員により運営されている．委員は，調査委員会の所掌事務の遂行につき科学的かつ公正な判断を行うことができると認められる者のうちから，内閣総理大臣が任命する（消安19条1項）．調査委員会が，生命身体事故等について，背景的な要因も含めて，幅広い観点から原因究明を行い，消費者庁や関係行政機関に対する提言を行う機関であることに鑑み，委員には，工学のみならず法学（行政法・消費者法），医学，ヒューマンファクターなど幅広い分野の専門家から任命されている．

また，調査委員会には，特別の事項を調査審議させるために臨時委員をおくことができ（消安18条2項），専門の事項を調査させるために専門委員をおくことができる（消安18条3項）．臨時委員および専門委員は，内閣総理大臣が任命する（消安19条）．

臨時委員は，個々の事故調査における専門的・技術的な事項や事故調査全般に関係する特別の事項について調査審議するためにおかれる委員であり，当該審議事項については議決権を有する．実務においては，臨時委員は後記の部会や専門調査会を構成し，より専門的な事項に関する審議を行っている．このため，工学，法学，医学，ヒューマンファクターなど各々の分野の中で，より細分化された異なる専門性を有する者が任命されている．

専門委員は，主に，科学的・専門的な事故調査を実施するためにおかれるものであり，調査権限を有するが（消安23条3項），調査委員会の意思決定

に関する議決権は有しない.実務においては,さまざまな分野で発生する生命身体事故等を機動的かつ専門的に調査できるよう,幅広い分野の有識者を事前に専門委員に任命しておき,事故調査の対象を選定した際に,その中から当該事故に合った専門性を有する方を担当専門委員に指名して調査を実施するという体制をとっている.このように,専門委員は,実際に事故調査を遂行するという役割を果たすため,各種調査の経験を有する者など実務経験にも着目して任命される.

(B) 任期,義務等

委員の任期は2年で(消安20条1項),委員,臨時委員および専門委員は,非常勤である(消安20条5項).

調査委員会の委員等は,国家公務員法上の国家公務員に当たると解されるため[28],同法に定める守秘義務が課される.したがって,調査委員会の委員等としての活動において知ることのできた秘密を漏らしてはならない.委員等を退いた後も同様である(国家公務員法100条).

(3) 組織

調査委員会は,その下部組織として部会をおくことができる(消費者安全調査委員会令1条).調査委員会は,より専門性の高い事故調査を実施するため,各分野の専門家からなる「事故調査部会」を設置している(2016(平成28)年5月時点においては,「工学」および「食品・化学・医学等」の二つの事故調査部会が設置されている).

また,経済産業省の消費経済審議会製品安全部会製品事故判定第三者委員会との合同会議を行う「製品事故情報専門調査会」も設置されている.合同会議では,消費生活用製品安全法に基づき報告のあった重大製品事故のうち,

---

[28] 国家公務員法は,「国家公務員」の定義について明文規定を設けていないが,通常,①国の事務に従事していること,②国の任命権者によって任命されていること,③原則として国から給与を受けていること,を満たす必要があると考えられている(森園幸男ほか編『逐条国家公務員法〔全訂版〕』65頁(学陽書房,2015年)).この点,審議会等の委員等は,いずれも満たすため,国家公務員法上の国家公務員に当たると解されている(同68頁).

製品起因か否かが特定できない事故および製品起因による事故ではないと考えられる案件について，製品起因による事故か否かを調査審議するが，製品事故情報専門調査会は，ここで審議される事故や案件の中に，調査委員会による事故調査を行うべきものがないかを検討する役割も担っている．

なお，消費者庁消費者安全課に設置された「事故調査室」が，調査委員会の事務局機能を担っている．

（4）会議運営

委員長は，委員の互選により選任され（消安21条1項），委員長は，調査委員会の会務を総理し，調査委員会を代表する（消安21条2項）．

また，事故調査の公正性を確保する観点から，委員等の職務従事の制限規定がおかれている．すなわち，委員等が，調査委員会が調査等を行う生命身体事故等の原因（事故に伴い発生した被害の原因も含む）に関係があるおそれのある者に該当する場合，または委員等がそのような者と密接な関係を有すると認められる場合には，当該委員等をその事故等原因調査等に従事させてはならず（消安22条1項），また，それらのうち議決権を有する委員等は，当該事故等原因調査等に関する会議に出席することができない（消安22条2項）．調査委員会は，「消費者安全調査委員会の委員等の職務従事の制限について」（平成25年4月26日消費者安全調査委員会決定）により，制限される委員等の範囲をより具体的に規定するとともに，調査を行うこととした生命身体事故等ごとに関係する委員等に確認書を提出させることとしている．

調査委員会は，毎月1回のペースで会議を開催し，後記のように，いかなる事故等を事故等原因調査等の対象として選定するか（申出事案の検討も含む），事故等原因調査等の内容の審議等を行っている．調査委員会は，ウェブサイト[29]において，会議の議事次第・要旨の他，「消費者安全調査委員会の動き」を掲載して，活動内容をわかりやすく伝える工夫をしている．

---

29 〈http://www.caa.go.jp/csic/〉

5 調査委員会による事故調査

(1) 事故等原因調査等の流れ

調査委員会には，消費者庁に集約される事故情報と，「事故等原因調査等の申出」が寄せられる（①事故情報の入手）．

調査委員会は，これら数多くの生命身体事故等の中から事故等原因調査等を行うものを選定する（②事故等原因調査等の対象の選定）．

その上で，その選定した事故について，他の行政機関による調査が行われていなければ「自ら調査」を，他の行政機関による調査が行われている場合にはその調査の結果の「評価」を行う（③事故等原因調査等の実施）．

そして，その結果を公表し（④事故等原因調査等の結果の公表），必要に応じて提言を行う（⑤事故等の発生・拡大防止等のための提言）．

これらの過程のうち，②事故等原因調査等の対象の選定は調査委員会（本委員会）が行う．また，③事故等原因調査等を実際に実施するのは専門委員，③の報告を受けてその内容を検証し，④・⑤の報告書等を審議するのが事故調査部会と本委員会である．

以下，各行程について，解説する．

(2) 事故情報の入手

(A) 消費者庁の事故情報

調査委員会には，消費者庁から，消費者安全法12条に基づく通知やその他の制度により消費者庁に集約される生命身体事故等の発生に関する情報が報告される（消安26条）．

(B) 事故等原因調査等の申出制度（消安28条）

　(a) 趣旨

調査委員会は，後記（3）で述べるように，幅広い分野で多数発生する生命身体事故等を調査対象とする．このため，調査委員会が原因究明すべき生

図表2-7 消費者安全調査委員会における事故等原因調査の流れ

事故等の発生 → 端緒情報の入手 → 情報収集 → 調査等の対象の選定

- 他の行政機関等で調査等が行われていない場合 → 事故等原因調査（自ら調査）実施 → 報告書の作成・公表
- 他の行政機関等で調査等が行われているが、消費者安全の確保の見地から必要な事故等原因の究明結果が得られない場合 → 事故等原因調査（自ら調査）実施 → 報告書の作成・公表
- 他の行政機関等で調査等が行われており、その結果が得られる場合 → 他の行政機関等による調査等の結果の評価 実施 → 評価書の作成・公表 → 必要に応じて当該行政機関等の長に意見／更に必要があると認める場合 → 事故等原因調査（自ら調査）実施 → 報告書の作成・公表

出典：調査委員会の事故調査報告書等〈www.caa.go.jp/csic/action/pdf/7_honbun.pdf〉

命身体事故等の情報を可能な限り網羅的に把握すべく、広く国民から事故等原因調査等の申出を受け付けることとされている。

このように、申出は、事故等原因調査等の端緒の一つであって、申出に係る生命身体事故等による被害の個別救済に寄与することを目的とする制度ではない。

(b) 制度概要

申出は、何人でもすることができる（消安28条1項）。事故等原因調査等の申出をする場合、申出者は、当該生命身体事故等について調査委員会による事故等原因調査等が必要であることを示す資料を書面で添付することとされている。具体的には、調査委員会の定める申出様式（調査委員会のウェブサイトより入手できる）に、必要事項を可能な限り記載したものを、調査委員会宛に郵送して提出する（消安規10条）。

申出を受けた調査委員会は、申出に係る生命身体事故等について、必要な検討を行い、事故等原因調査等が必要と判断した場合にこれを行う（消安28条2項）。この判断は、その他の事故情報と同様、後記（3）において述べる「事故等原因調査等の対象の選定指針」に基づいて行われる。

そして、申出が、被害者等（被害者本人のほか、被害者本人が死亡した場

合や心身に重大な故障がある場合における配偶者，直系親族，兄弟姉妹）によるものであって，重大事故等のうち現に被害が発生した事故（消安2条7項1号）に関するものであるときは，調査委員会は事故等原因調査等を行うか否かを，また，行わないとしたときは，その理由も速やかに当該被害者等に通知する（消安28条3項）．これは，特に被害者等に対して積極的にその協力に報いることで，必要な調査対象を捕捉し，かつ調査を円滑に遂行するために不可欠な被害者等の協力を得られやすくするためのものである．

(c) 実際の運用

調査委員会は，2012（平成24）年10月より申出の受付を開始し，2012（平成24）年度（6か月）は73件，2013（平成25）年度は57件，2014（平成26）年度は40件，2015（平成27）年度は29件の申出があった．これらの申出から，2016（平成28）年5月時点で，6件の事故等について調査委員会が事故等原因調査等を行っている[30]．

また，調査委員会においては，これらの申出について，事故等原因調査等を行うか否かの判断をするために必要な情報収集を行っている．例えば，同種事故の発生状況を調査したり，事案によっては必要な専門性を有する委員等に意見を求めたりしている．このようにして収集した情報の中には，消費者の安全確保に有用なものが存在するため，調査委員会では，こうした情報を「消費者安全調査委員会の動き」に「ワンポイントアドバイス」として掲載して，情報発信している．

(d) 申出に対する調査委員会の判断等についての審査請求の可否

申出に関し，調査委員会は，①事故等原因調査等を開始するか否かの判断，②被害者等に対する回答を行う．そこで，事故等原因調査等を開始しないとの判断やその回答について，申出者が審査請求（行政不服審査法4条）でき

---

[30] ガス湯沸器による一酸化炭素中毒事故，エレベーターの戸開走行事故，エスカレーターからの転落事故，幼稚園でのプール事故，家庭用ヒートポンプ給湯機の申出事案．また，機械式立体駐車場で発生した事故については，6件の事故を調査しているが，このうち1件が申出によるものである．

るのか問題となる。

　この点，調査委員会に対する事故等原因調査等の申出は，調査委員会が原因究明調査を行う必要のある生命身体事故等を把握するための制度であり，制度上も「何人」も申出ができ，調査委員会は「必要があると認めるとき」に事故等原因調査等を行うものとされていることに鑑みれば，申出者に対して調査委員会の事故等原因調査等を要求する具体的な請求権が付与されているものとはいえない。加えて，そもそも調査委員会による事故等原因調査等は，事故の再発・拡大を防止し，消費者の安全を確保するため行われるものであって，個人の権利の救済や保護のためになされるものではない。

　このため，申出に対する調査委員会の判断等は「直接国民の権利義務を形成またはその範囲を確定することが法律上認められているもの[31]」とはいえず，行政不服審査法1条2項の「処分」には該当せず，審査請求はできないと考えられる。

(3) 事故等原因調査等の対象の選定

(A) 事故等原因調査等の対象

　調査委員会は，後記（4）のとおり，事故等原因調査（「自ら調査」）および他の行政機関等による調査等の結果の「評価」により事故等の原因を究明するところ，この両者を併せて「事故等原因調査等」という（消安16条3号）。この事故等原因調査等の対象は，運輸安全委員会の調査対象とされている航空事故等，鉄道事故等，船舶事故等（運輸安全委員会設置法（昭和48年法律第113号）2条）を除く，あらゆる生命身体事故等である（消安16条1号）。

(B) 調査対象の選定

　このように，調査委員会の事故等原因調査等の対象は，製品，食品，施設，役務など広い範囲の生命身体事故等に及ぶ。しかし，このような生命身体事故等は数多く発生しているため，調査委員会がすべての生命身体事故等につ

---

[31] 最判昭和39.10.29民集18巻8号1809頁．

いて事故等原因調査等を実施することは不可能である．そこで，調査委員会は，事故の原因を究明することが必要なものを選定して，事故等原因調査等を実施する．

　この調査対象の選定に関して，法は，調査委員会が「生命身体被害の発生又は拡大の防止を図るため当該生命身体事故等に係る事故等原因を究明することが必要であると認める」ものを選定できると規定するのみである（消安23条1項，24条1項）．そこで，調査委員会は「事故等原因調査等の対象の選定指針」（平成24年10月3日消費者安全調査委員会決定）を定め，「公共性」，「被害の程度」，「単一事故の規模」，「多発性」，「消費者による回避可能性」および「要配慮者への集中」の要素を総合的に勘案して判断することとしている．

　調査対象を選定するにあたっては，その判断に必要な関連情報の収集が行われている（前記（2）(B)(C) 参照）．

(C) 選定結果の公表

　調査委員会は，ある事故を事故等原因調査等の対象として選定したとしても，選定した事故等の件数およびそれらの属する製品・役務等の分野名以外は原則として公表しないこととされている．（「消費者安全調査委員会による情報の公表について」（平成24年11月6日消費者安全調査委員会決定）第1の2（1））．これは，調査の密行性を確保するとともに，調査の開始を公表することにより事実上生じる関係者等への影響に配慮し，調査委員会の目的である事故等原因調査等を適切に遂行するためである．

　しかし，当該事故等を選定したという事実を公表しても事故等原因調査等に支障がなく，関係者等への影響を勘案しても，消費者へ情報を提供する利益が上回る場合には，選定したという事実を公表する．実際には，この利益衡量の程度に応じて，公表の仕方（公表する事項や範囲・表現方法）を工夫することなどが考えられる．なお，自ら調査を行う事故等については，選定から1年後には事故調査報告書か経過報告書が公表される（消安31条3項参照．後記（5）(A)）ため，遅くともこの時点では選定の事実も明らかになる．

また，関係者等に対してどのようなタイミングで選定の事実を伝えるかについても，当該事故等の性質や具体的な調査計画により判断されることとなろう．

（4）事故等原因調査等の実施

（A）実施方法

調査委員会は，調査対象を選定すると，当該事故等の調査に必要な専門性に応じて，担当の専門委員を指名する（一つの事故等に複数の担当専門委員が指名されることも多い）．

事故等原因調査等の実務（調査計画の立案，調査の実施，報告書の作成）は，この担当専門委員を中心に，事故調査室の職員が補助しながら進められる．そして，適宜，調査委員会（本委員会）や事故調査部会において，方向性の確認や必要な調査が行われているか等について審議がなされる．

（B）事故等原因調査等

調査委員会による事故調査には，調査委員会が自ら事故調査を行う事故等原因調査（消安16条1号，23条1項．いわゆる「自ら調査」）と，他の行政機関等による調査等の結果の「評価」（消安16条2号，24条1項）の二つがあり，この二つを併せて「事故等原因調査等」という（消安16条3号）．調査委員会は，調査対象を選定すると，当該事故等について他の行政機関等による調査等の結果があるか，もしくは結果が出されることが見込まれるかを確認する．そして，これらがある場合には評価を行い，これらがない場合には自ら調査を行う．

この自ら調査と評価は，いずれも調査委員会が事故等の原因を究明するために実施するものであり，調査委員会はこれらによって生命身体事故等の再発・拡大防止のための知見を得て，提言につなげる．

（C）事故等原因調査（「自ら調査」）

（a）調査委員会の調査権限

調査委員会は，多くの事故等原因調査において，関係者へのヒアリングや

現地調査を実施している．

　このような調査は，まずは任意の協力要請にて実施されるが，法は，調査委員会に次のような処分権限を付与している（消安23条2項）．
① 生命身体事故等関係者から報告を徴収すること（1号）．
② 生命身体事故等の現場，原因関係者の事務所その他の必要と認める場所に立ち入って，関係物件を検査し，生命身体事故等関係者に質問すること（2号）．
③ 生命身体事故等関係者に出頭を求めて質問すること（3号）．
④ 関係物件の所有者・所持者・保管者に対し当該物件の提出を求め，または提出物件を留め置くこと（4号）．
⑤ 関係物件の所有者・所持者・保管者に対し当該物件の保全を命じ，またはその移動を禁止すること（5号）．
⑥ 生命身体事故等の現場に，公務により立ち入る者および調査委員会が支障がないと認める者以外の者が立ち入ることを禁止すること（6号）．

　上記①〜⑤の調査権限は，一般の行政調査の場合と同様，相手方がそれに応じない場合には罰則が科される間接強制処分である（消安55条）．ただし，生命身体事故等関係者への報告徴収や質問については，報告や回答をしないこと自体は罰則の対象となっておらず，質問等に対して虚偽の陳述をした場合に限られている（消安55条1号〜3号）．

　(b) 調査等の委託

　調査委員会が自ら調査を行う上では，ヒアリングや現地調査のみならず，さまざまな調査が必要となる．例えば，物性・成分の分析や測定，再現実験等が考えられる．

　調査委員会は，こうした調査または研究の実施に関する事務の一部を，独立行政法人等の外部団体や学識経験を有する者に委託することができる（消安25条1項）．調査委員会は，自ら実験研究施設等を有していないため，科学的根拠に基づく事故等の原因を究明するためには，このような外部団体への委託を活用することが有効である．委託先としては，国民生活センターや各種研究所，大学の研究室などが考えられる．

調査委員会からこのような調査等の委託を受けた者には，守秘義務が課され（消安25条2項），違反した場合には罰則が科される（消安53条1項）．

(D) 他の行政機関等による調査等の結果の評価（「評価」）
　(a) 評価
　調査委員会は，他の行政機関等による調査等の結果が存在し，それによって消費者安全の確保の見地から必要な事故等原因を究明することができると考えられる場合には，その結果を評価する（消安24条1項）．
　「評価」というと，他の行政機関による調査の良し悪しを判断するかに聞こえるかもしれないが，調査委員会の行う「評価」はそうではない．他の行政機関が行った調査の結果を活用して，消費者安全を確保するための事故原因の究明を行う仕組みである．
　すなわち，他の行政機関による調査は，その所管法令に違反する事実を認定するために行われるものなど，必ずしも事故等の原因究明のために行われるものではない．しかし，消費者安全の確保という観点からみても，その調査結果を有効に活用できることは少なくない．そこで，当該調査結果について，消費者の安全を確保するための事故調査という視点から，必要な事項が調査されているか，活用しうる部分はないかを検証するのが「評価」である．
　この消費者の安全を確保するための事故調査という視点としては，例えば，事故の直接原因だけではなく背景要因まで調査されているか，事故防止策の検証がなされているか，消費者の使用実態等まで考慮した調査がなされているか，などが挙げられる．

　(b) 評価の結果
　評価の結果，他の行政機関等による調査等の結果によって，消費者の安全を確保する見地からも，事故等の原因が十分究明されている判断した場合，調査委員会は，その結果を活用して必要に応じて勧告，意見具申等の提言につなげる．
　しかし，他の行政機関等による調査等は，必ずしも生命身体事故等の事故等原因を究明する目的で実施されるものではないから，視点の相違等により，

消費者の安全を確保するために必要な事故等原因が十分に究明されているとはいえない場合があり得る．このため，そのような場合には，調査委員会は，この不足部分について自ら調査を実施する（消安24条3項）．

なお，当該行政機関等において，この不足部分を調査できる場合には，追加で調査を行うよう求めるなど，当該行政機関等に何らかの対応を求めることもできる（消安24条2項．文言上は「意見を述べる」とされている）．

(5) 事故等原因調査等の結果の公表

(A) 自ら調査の結果

調査委員会は，自ら調査を完了したときは，その結果をまとめた事故調査報告書を作成し，原因関係者から意見を聴取した上で，内閣総理大臣に提出するとともに，公表する（消安30条，31条1項）．

(a) 原因関係者からの意見聴取（消安30条）

調査委員会は，報告書を公表する前に，原因関係者に対して意見を述べる機会を与えなければならない．

これは，原因関係者の利益との公正な均衡を保持することだけではなく，原因関係者という事故等の情報に近い者から意見を聴取することにより報告書の内容の正確性を確保することを目的とする．このような観点からも実務上は，報告書が公表されることにより何らかの利害関係を生じうると考えられる者や調査に関与した者について幅広く意見を求めるべきであろう．

なお，調査委員会は，「消費者安全法第30条の規定による意見の聴取の手続に関する規程」（平成26年2月21日消費者安全調査委員会決定）により，その手続の詳細を定めている．

(b) 事故調査報告書の公表

調査委員会は，原因関係者の意見聴取手続を経た事故調査報告書を公表する[32]（消安31条1項）．

公表は，調査委員会のウェブサイトに掲載する方法で行われている．

（c）経過報告

調査委員会は，自ら調査を開始した日から1年以内に事故調査が完了しない場合，経過報告書を公表することにより，経過報告を行う（消安31条3項）．

この経過報告には，調査委員会の活動状況を明らかにするとともに，1年間の調査状況やもし何らかの知見が得られていれば，これを消費者に提供することにより，同種・類似の事故が再発することを防止するという意義もある．実務上は，その後の調査に支障が生じないよう配慮しつつ，調査の進捗状況に応じて，積極的に経過報告を活用することが求められる．

(B) 評価の結果

法律上，「評価」結果の公表については，特段規定されていない．

しかし，調査委員会では，「評価」も自ら調査と並ぶ事故調査の一手段であり，そこから事故防止のための知見が得られることを重視し，「評価」の結果についても，評価書を作成し，公表している[33]．

(C) 事故等原因調査等の結果に関する諸問題

（a）刑事・民事手続への利用

（ア）事故調査報告書等

既述のとおり，調査委員会による事故等原因調査等は，事故の原因を究明して消費者の安全を確保するためのものであり，刑事・民事上の責任追及を目的とするものではない．

しかし，調査委員会が事故調査報告書等を公表する以上，これらが刑事・

---

[32] 2016（平成28）年5月時点で，6件の報告書が公表されている（幼稚園でのプール事故（2014（平成26）年6月20日公表），機械式立体駐車場で発生した事故（同年7月18日公表），家庭用ヒートポンプ給湯機の申出事案（同年12月19日公表），エスカレーターからの転落事故（平成27年6月26日公表），毛染めによる皮膚障害（同年10月23日公表）子供による医薬品誤飲事故（同年12月18日公表））．

[33] 2016（平成28）年5月時点で，エスカレーターからの転落事故（2013（平成25）年6月21日公表），エレベーターの戸開走行事故（同年8月9日公表），ガス湯沸器による一酸化炭素中毒事故（2014（平成26）年1月24日公表）について，「評価」の結果が公表され，前二者については自ら調査を行うとの結論が示された（その後，エスカレーターからの転落事故については，自ら調査の結果の事故調査報告書も公表されている）．

民事手続に利用される可能性は否定できない．

　したがって，調査委員会は，事故調査報告書等の作成にあたっては，このことを常に念頭に置き，事故調査報告書等の記載を工夫することになる．そもそも，前記3（2）で述べたとおり，責任追及の過程では直接的な原因が探求されるが，事故調査においては背景的な要因を含めたすべての原因を明らかにし，これらすべてについての対策が検討される．このため，事故調査報告書等においても，消費者安全の確保という目的を達成しうる限り，何が直接的な原因かを探るのではなく，すべての原因を並列的に検証するなどの工夫が考えられる．

（イ）事故等原因調査等を通じて得られた情報等

　調査委員会が公表する事故等原因調査等の内容および結果は，事故調査報告書に集約される．このため，原則として，調査委員会が事故等原因調査等の過程で入手した関係者からのヒアリングなどの情報は公表しない（前出「消費者安全調査委員会による情報の公表について」第2の1）．これは，調査委員会が正確な情報等に基づき，適正な事故等原因調査等を遂行するために必要不可欠な要請でもある．

　民事訴訟において，こうした情報に関して文書提出命令の申立があったとしても，公務秘密文書（民訴220条4号ロ）に該当するため，国（消費者庁）には文書提出義務が除外されると解される．

　一方，刑事手続に関しては，現行法上，調査委員会（消費者庁）は，令状による捜索差押を拒絶することはできないと解される．しかし，調査委員会による事故等原因調査等の意義，刑事訴訟法上の証拠法則に鑑み，令状による捜索差押が認められるのは，事故等の内容や対象とする情報の性質などから極めて限定的に解するべきである．なお，警察による鑑定嘱託については，運輸安全委員会において，事故調査報告書をもって鑑定嘱託への回答とする運用を行っていることが参考になる．

　（b）調査委員会による情報の公表

　調査委員会が公表する事故等原因調査等の内容および結果は，事故調査報告書に集約される．このため，原則として，調査委員会から公表されるのは

事故調査報告書（評価書も含む）に限られる．例外的に，経過報告書を公表するほか，報告書を公表するまでの間に，調査委員会が事故等の再発・拡大防止のため消費者へ情報を提供する必要があると判断した場合には，関係者等への影響を考慮しつつ，適切な範囲で情報を公表する（前出「消費者安全調査委員会による情報の公表について」第1の1）．

　事故等原因調査等を適切に遂行するという調査委員会の責務を全うするためには，調査の密行性や調査委員会での自由な議論が可能となる環境を確保して，円滑に事故等原因調査等を実施する必要がある．また，事故等の関係者の正当な利益を害してはならない．しかし，一方で，事故等の再発・拡大を防止し消費者の安全を確保するため，また調査委員会の活動の透明性を確保するため，できる限り消費者に情報を提供する，という要請もある．調査委員会は，こうした利益衡量により，公表するか否か，公表する場合には，その範囲や内容を検討することになる．

　事故調査報告書に記載されない情報について，情報公開請求がなされた場合も，多くの場合，行政機関の保有する情報の公開に関する法律5条5号に該当するものとして，開示が認められないと解される．

　（c）報告書等についての審査請求の可否

　調査委員会の公表した報告書について，その内容を不満とする原因関係者等や被害者等が審査請求（行政不服審査法4条）できるのか問題になる．この点，調査委員会の行う事故等原因調査等およびその結果の公表は，事故の原因を究明することにより，事故の再発・拡大を防止し，消費者の安全を確保するため行われるものであって，法律上個人の権利義務に影響を及ぼすものではない[34]．したがって，調査委員会の事故等原因調査等は行政不服審査法1条2項の「処分」には該当せず，審査請求はできないと考えられる．

　なお，仮に事故調査報告書の記載により事業者等の関係者がその信用を毀損された場合には，国家賠償請求による救済が考えられる．しかし，調査委員会による事故等原因調査等は，消費者の安全を確保するため，多角的に幅

34　前掲最判昭和39・10・29．

広い視点から原因を究明すべきものであることに鑑みれば，事故等原因調査等が違法性であるとされ，国家賠償請求が認められるのは，重大な手続違反がある場合や内容に明白かつ重大な誤りがある場合などに限られるものと考えられる．

（6）事故等の発生・拡大防止等のための提言

調査委員会は，自ら調査や評価の結果に基づいて，類似事故を防止したり被害を最小限に抑えるために有効と考えられる施策や措置について，消費者庁や関係行政機関に対して提言を行うことができる．

調査委員会は，原因究明機関であるため，自ら施策の企画・立案等を行うものではないが，この提言により事故等原因調査等の結果を消費者庁や関係行政機関の実施する事故等の再発・拡大防止策や被害の拡大防止策につなげる．

この提言には，勧告と意見具申とがある．両者の違いは，①提言の相手方，②行うことのできる時期，③フォローアップ規定の有無の点に現れる．すなわち，①勧告は内閣総理大臣（消費者庁）に対してしかできないが，意見具申は内閣総理大臣（消費者庁）と関係行政機関の長に対して行うことができる．また，②勧告は自ら調査や評価が終了した後しかできないが，意見具申は事故等原因調査等の途中でも行うことができる．③勧告に対しては，消費者庁はこれに基づき行った施策や措置を調査委員会に報告しなければならないが，意見具申にはこのような義務はない．

（A）内閣総理大臣に対する勧告

調査委員会は，自ら調査や評価の結果に基づき，生命身体事故等の再発・拡大防止のために有効と考えられる施策や措置について，内閣総理大臣（消費者庁）に勧告する（消安32条1項）．

勧告の内容としては，消費者庁がその所掌事務に基づいて新たな法令や再発防止策を企画・立案すべきとか，消費者への注意喚起（消安38条）や関係行政機関への措置要求（消安39条），事業者に対する勧告・命令（消安40条〜42条）を行うべきといったことが考えられる．

そして，内閣総理大臣（消費者庁）は，調査委員会の勧告に基づいて講じた施策または措置について，調査委員会に報告しなければならない（消安32条2項）．調査委員会の勧告は強制力を伴うものではなく，実際にいかなる施策や措置を講じるべきかについては，これを所掌する消費者庁の責任において判断される．しかし，具体的にいかなる対応を行ったかを報告させることで，調査委員会の勧告の実効性を確保している．また，自ら調査や評価の結果がどのように活用されているかが調査委員会にフィードバックされることで，調査委員会の活動をより充実させることにも資することとなる．

(B) 内閣総理大臣および関係行政機関の長に対する意見具申

　調査委員会は，消費者安全の確保の見地から必要があると認めるときは，生命身体事故等の再発・拡大防止のために有効と考えられる施策や措置について，内閣総理大臣または関係行政機関の長に意見を述べることができる（消安33条）．

　この意見具申は，「消費者安全の確保の見地から必要があると認めるとき」になされるものである．したがって，自ら調査や評価が終了した場合に限らず，事故等原因調査等の途上でなされる（例えば，自ら調査の経過報告の際など）ことや，調査委員会がさまざまな機会に行っている情報収集から得られた知見に基づいてなされることもありうる[35]．また，必ずしも事故等原因調査等に依拠しないことから，場合によっては運輸安全委員会の所掌事務の対象となる事故等に関する事項に及ぶこともあり得る．

35　例えば，子供による医薬品誤飲事故については，経過報告とともに消費者庁長官及び厚生労働大臣に対する意見が出された（平成26年12月19日公表）．

Ⅲ 消費生活用製品安全法における製品事故情報の報告・公表制度

1 製品事故情報報告・公表制度の趣旨・目的等

　事業者は，自らが製造・輸入等している製品やサービスに関連して事故が発生したことを認知した場合には，同種事故の再発防止等のために，速やかに，原因究明を行うとともに，注意喚起情報の発信や製品回収，行政への報告等の要否を判断することが必要になる．このうち，行政に対する報告義務を定めている法律の一つが消費生活用製品安全法である．事業者による安全な製品の製造・輸入・販売や消費者への情報提供，消費者による製品の合理的な選択や使用，行政による安全性の確保のための取組みなどのために，製品事故が発生した場合には，事故に関する情報を社会全体で共有し，その再発を防止することが必要であるという考えのもと，2006（平成18）年の消費生活用製品安全法の改正（2007（平成19）年5月14日施行）によって，製品事故に関する事故情報の報告・公表制度が設けられた．現在は，この製品事故情報報告・公表制度として，法律上の義務が課されている「重大製品事故」に関するものと（後記3にて詳述する），通達上の要請にとどまっている重大製品事故以外の「製品事故」に関するもの（後記4にて詳述する）が存在する．

2 消費生活用製品安全法の適用範囲等

（1）消費生活用製品とは

　消費生活用製品安全法は，消費生活用製品による一般消費者の生命または身体に対する危害の防止を図ることを目的とする法律である（1条）．その

適用範囲を画する概念である「消費生活用製品」とは，「主として一般消費者の生活の用に供される製品」をいうものとされており（消製安2条1項），非常に幅広い製品に適用され得る．ただし，同法は，個別の法令によって安全規制が定められている製品については，適用除外を定めている（2条1項かっこ書，別表，消製安施行令18条，別表第4）．具体的には，以下の製品は消費生活用製品に該当しない．

図表2-8　消費生活用製品の適用除外製品

◇船舶（船舶安全法2条1項参照），船舶用機関，船舶用品等の物件（同項各号参照）
◇食品（食品衛生法4条1項），添加物（同条2項），洗浄剤（同法62条2項）
◇検定対象機械器具等（消防法21条の2第1項），自主表示対象機械器具等（同法21条の16の2）
◇毒物（毒物及び劇物取締法2条1項），劇物（同条2項）
◇道路運送車両（道路運送車両法2条1項），自動車の装置（同法41条各号），原動機付自転車の装置（同法44条3号から11号）（例：タイヤ，チャイルドシート，カーナビ，カーステレオなど）
◇容器（高圧ガス保安法41条）
◇猟銃等（武器等製造法2条2項）
◇医薬品（医薬品，医療機器等の品質，有効性及び安全性の確保等に関する法律2条1項），医薬部外品（同条2項），化粧品（同条3項），医療機器（同条4項），再生医療等製品（同条9項）

　発生した事故に関連する製品が適用除外に該当するかどうかは，適用除外の根拠法令の解釈問題となる場合があるため，必要に応じて当該法令を所管する省庁と協議する場合がありうる．本書では，それらの適用除外となっている製品については，検討対象としない．

　前記のとおり，消費生活用製品は非常に幅広い製品が含まれるよう規定されており，実際にも消費者庁においては，通常，市場で一般消費者に販売されている製品は，すべて消費生活用製品に該当するものと解釈している．すなわち，ある製品のうち一部がたまたま業務用として用いられていたとしても，その一事をもって消費生活用製品に該当しないこととなるものではない．さらにいえば，製造事業者や輸入事業者が業務用として製造または輸入している製品であっても，その製品の仕様や販路等から判断して，一般消費者がホームセンター等の店舗や，カタログやインターネットによる通信販売等で

容易に購入可能で，一般家庭でも広く使用できるような製品は消費生活用製品に該当するものと解されている．部品については，その使用者が事業者である場合が多いと考えられるが，部品独自に価値を有し，一般消費者の生活の用に供される目的で，通常，市場で一般消費者に販売されるもの（スキーのビンディング等）は，消費生活用製品に含まれる[36]．

（2）重大製品事故・製品事故とは

　消費生活用製品安全法上の報告義務の対象となる「重大製品事故」とは，「製品事故」のうち，発生し，または発生するおそれがある危害が重大であるものとして，一定の要件を充足するものをいう（2条6項）．したがって，まず，「製品事故」の概念を正しく理解しないことには，「重大製品事故」を正しく理解することもできない．

（A）製品事故とは

　「製品事故」とは，消費生活用製品の使用に伴い生じた事故のうち，次の①または②のいずれかに該当するものであって，消費生活用製品の欠陥によって生じたものでないことが明らかな事故以外のもの（他の法律の規定によって危害の発生および拡大を防止することができると認められる事故として政令で定めるものを除く[37]）をいう（消製安2条5項）．
① 　一般消費者の生命または身体に対する危害が発生した事故（1号）
② 　消費生活用製品が滅失し，または毀損した事故であって，一般消費者の生命または身体に対する危害が発生するおそれのあるもの（2号）

　事業者の視点からすると，実務的には，（ⅰ）製品の欠陥によって事故が生じたか否か不明な場合には「製品事故」に含まれるということと，（ⅱ）生命または身体に対する危害が現実に発生してないいわゆるヒヤリ・ハット

　36　以上につき，消費者庁＝経済産業省『消費生活用製品安全法に基づく製品事故情報報告・公表制度の解説～事業者用ハンドブック2012～』（以下「ハンドブック」という）9頁．
　37　現在は，①器具（食品衛生法4条4項），②容器包装（同法4条5項），③おもちゃ（食品衛生法62条1項）に起因する食品衛生上の危害が発生した事故が政令で適用除外となる事故として定められている（消製安令4条）．

のような事象であっても消費生活用製品安全法2条5項2号に該当する場合には、「製品事故」に含まれるという二つの点に注意する必要がある。このうち、(ⅰ)については、消費生活用製品安全法は、「製品事故」の定義として、「消費生活用製品の欠陥によって生じたものでないことが明らかな事故以外のもの」と定めているので、製品の欠陥によって生じたものであるか否か不明なときは、「製品事故」に該当することになり、ひいては後記のとおり、「製品事故」の一類型である「重大製品事故」にも該当することを意味する。実務においては、事業者としては、ある製品に起因して事故が発生した可能性があるが、(特に初期段階では)その原因が確定できないケースや、当該事故が当該製品の欠陥によって発生したのか、消費者の誤使用によって発生したのか定かでないケースが多数存在する（むしろ、初期段階ではそのようなケースのほうが多数だと思われる）。しかし、そのような場合であっても、事業者としては、危害の程度に応じて「製品事故」または「重大製品事故」にあたると判断して、消費者庁長官等への報告をすることが求められることになるので注意が必要である。[38]

(B) 重大製品事故とは

「重大製品事故」とは、製品事故のうち、発生し、または発生するものとして、図表2-9の要件に該当するものをいう（消製安2条6項）。

図表2-9　重大製品事故の要件（危害の程度）

①一般消費者の生命または身体に対する危害が発生した事故
◇死亡事故（消生安令5条1号イ）
◇治療に要する期間が30日以上の負傷・疾病事故（同号ロ）
◇消費生活用製品安全法の規定に基づく重大事故報告等に関する内閣府令で定める身体障害（後遺症）が存する負傷・疾病事故（同号ロ）
◇一酸化炭素中毒事故（同号ハ）
②消費生活用製品が滅失し、またはき損した事故であって、一般消費者の生命または身体に対する危害が発生するおそれのあるもの
◇火災事故（同条2号）

ここでいう「火災」の意義について、消費者庁は、消防が確認したものを

言い，具体的には，消防法における火災として認定したものが該当するとの見解をとっている[39].

3　重大製品事故に関する報告・公表制度

（1）重大製品事故に関する事故報告義務

(A) 報告義務の概要

　重大製品事故に関する事故報告制度として，製造業者および輸入業者は，その製造または輸入に係る消費生活用製品について重大製品事故が生じたことを知ったときは，その知った日から起算して（すなわち知った日を1日目として）10日以内に，当該消費生活用製品の名称および型式，事故の内容並びに当該消費生活用製品を製造し，または輸入した数量および販売した数量を所定の様式による報告書に記入した上で，消費者庁長官[40]に提出しなければならないという報告義務が法令上の義務として課されている（消製安35条1項，2項，消費生活用製品安全法の規定に基づく重大事故報告等に関する内閣府令3条）[41].

(B) 報告義務の主体

　法令上の報告義務を負う主体は製造事業者と輸入事業者である．

　「製造事業者」とは，消費生活用製品の製造行為を実質的に反復継続している者をいい，アセンブルメーカーも含まれる．なお，OEMの場合におい

　　38　別の側面から考えると，消費生活用製品安全法は，「欠陥によって生じたものでないことが明らか」でない限り報告義務等の対象と定めているのであるから，事業者が事故報告を行ったことをもって，直ちに欠陥を自認したことにはならない．事業者が事故報告を行うことによる懸念およびその点に関する考え方については，長島・大野・常松法律事務所編『不祥事対応ベストプラクティス　実例から読み解く最新実務』116頁（商事法務，2015年）参照．
　　39　ハンドブック20頁，26頁，30頁，31頁．
　　40　法文上は「内閣総理大臣」と規定されているが，消費生活用製品安全法は，同法41条6項に基づく立入検査の要請権限を除き，その権限を消費者庁長官に委任しているので（56条1項，消製安令15条），基本的には同法上の「内閣総理大臣」という文言は，「消費者庁長官」と読み替えてよい．本書でもそれを前提に「消費者庁長官」と記載している．

ては，委託元が自ら設計し，完成品の検査を自己の責任において行うなど，単に製造行為を外注するような場合は，基本的に委託元が製造事業者とみなされる。[42]

「輸入事業者」とは，消費生活用製品の輸入行為を実質的に反復継続している者をいい，輸入代行業者が介在している場合には，輸入に際しての委託契約等から輸入事業者該当性を判断することとされている。[43]

報告義務を負うのは，国内に所在するすべての消費生活用製品の製造事業者または輸入事業者であると解されていることからすれば，海外の製造事業者は報告義務を負わないものと解される。[44]

また，製造・輸入当時の製造・輸入事業者から，製品の製造・輸入事業を承継した事業者が存在する場合には，事業承継等の範囲に，事故が発生した製品の開発・設計工程，製造工程，検査工程，修理サポート工程ないしはそれら部門（組織，人員，ノウハウ）および製品に関わる権利関係が含まれている場合には，事業を承継した事業者が報告義務を負うことになる。[45]他方で，ある事業者が事業譲渡等することなく，当該製品の製造・輸入事業から撤退し，担当部門を閉鎖したとしても，当該事業者の法人格が存続している限り，報告義務を免れるものではないと解される。

(C) 報告の様式等

報告の様式は，消費生活用製品安全法の規定に基づく重大事故報告等に関

---

[41] なお，国内で製造・販売されている製品であっても，海外で発生した重大製品事故については，報告義務の対象外であるとされている（ハンドブック23頁）。ただし，消費者庁が海外で発生した事故は「重大製品事故」に該当しないと解しているのか，それとも海外で発生した事故であったとしても「重大製品事故」に該当するが，報告義務の対象外であると解しているのかは必ずしも定かでないように思われる（ハンドブック57頁参照）。

[42] ハンドブック24頁，経済産業省「消費生活用製品安全法におけるOEM生産品・PB品の取扱いに関するガイドライン」。

[43] ハンドブック24頁。

[44] ハンドブック25頁。このようにハンドブックでは事業者の所在地を基準として，報告義務の有無が決まるかのような記述がなされていることに加えて，条文の文言においては特に事業者の国籍や設立準拠法が規定されていないこと，報告義務が定められた趣旨などから考えれば，外国会社（会社法2条2号）であったとしても，日本に営業所などを置いて輸入事業を行っている場合には，輸入事業者として報告義務を負うものと解される。

[45] ハンドブック54頁。

する内閣府令3条および様式第1で定められている（図表2-10）．実務的には，当該様式に従った報告書だけでなく，経済産業省の通達（平成21・09・01商局第2号「消費生活用製品等による事故等に関する情報提供および業界における体制整備の要請について」（以下「平成21年通達」という））で示された参考資料（平成21年通達別添1（図表2-11））についても，様式第1の付属資料として提出することや，必要に応じて図，写真，資料等を添付することが求められている[46]．

様式のすべての欄を埋めるだけの情報を法定の期限内に収集することができなかったとしても，可能な範囲で様式に記入して事故報告を行うことが求められている．

(D) 報告の方法

具体的な報告の方法としては，①電子メール，②ウェブサイト上の報告フォーム，③FAXおよび④郵送の四つの方法が認められている．
① 電子メールを利用して報告する場合には，消費者庁消費者安全課宛に「g.seihinanzen@caa.go.jp」というメールアドレスに送信することになる．
② ウェブサイト上の報告フォームを利用する場合には，〈https://wwws.meti.go.jp/honsho/product_safety/cgi/nortification〉にアクセスして，報告フォームに入力・送信することになる．
③ FAXの場合には，消費者庁消費者安全課宛に03-3507-9290というFAX番号に送信することになる．
④ 郵送の場合には，消費者庁消費者安全課宛に送付することになる．

なお，FAXの場合には，念のため，03-3507-9204に電話連絡することが求められている．

また，後記のとおり，消費者庁の公表後の第2報以降の報告先は消費者庁ではなく経済産業省商務流通グループ製品安全課製品事故対策室（電子メールアドレス：seihin-anzen@meti.go.jp）とされている点には注意が必要である．

---

46 ハンドブック38頁．

図表2−10　報告書（様式第1）

報　告　書

(注) ※印の欄には記入しないこと。

※ 管理番号			
※ 受付年月日	年	月	日

製　品　名	品名（ブランド名）	
	機種・型式等	（生産国名：　　　　　　　　　）

事故発生年月日	年　　月　　日　　午前・午後　　　時頃		
火 災 の 有 無	1.有　2.無	一酸化炭素中毒の有無　1.有　2.無	製品被害の有無　1.有　2.無

人的被害区分	①死亡（　）名
	②負傷又は疾病（治療に要する期間が30日以上のもの）（　）名 　　（以下の後遺障害が発生した場合は、該当する障害の延べ人数を記入すること。） 　　1.視覚障害（　）名　2.聴覚又は平衡機能の障害（　）名　3.嗅覚の障害（　）名 　　4.音声機能、言語機能又はそしゃく機能の障害（　）名　5.肢体不自由（　）名 　　6.循環器機能の障害（　）名　7.呼吸器機能の障害（　）名 　　8.消化器機能の障害（　）名　9.泌尿器機能の障害（　）名
	③負傷又は疾病（治療に要する期間が30日未満のもの）（　）名 　　（以下の後遺障害が発生した場合は、該当する障害の延べ人数を記入すること。） 　　1.視覚障害（　）名　2.聴覚又は平衡機能の障害（　）名　3.嗅覚の障害（　）名 　　4.音声機能、言語機能又はそしゃく機能の障害（　）名　5.肢体不自由（　）名 　　6.循環器機能の障害（　）名　7.呼吸器機能の障害（　）名 　　8.消化器機能の障害（　）名　9.泌尿器機能の障害（　）名
	④人的被害なし

事　故　内　容	①事実関係 同一機種による類似事故の発生件数：　　　　　件（本件を除く。） ②事故発生の原因 1.設計不良　2.製造不良　3.使用部品又は材料の不良　4.経年劣化　5.表示の不備 6.取扱説明書の不備　7.据付・工事の不良　8.その他（　　　　　　　　　） （以下、詳細を記述すること。）
	③事故に係る再発防止の措置 1.製造の中止　2.輸入の中止　3.販売の中止　4.製品の改良　5.製造工程の改善 6.品質管理の強化　7.製品の回収　8.製品の点検・修理　9.消費者に注意喚起 10.表示の改善　11.取扱説明書の改善　12.特に措置しない　13.その他（　　　　　　　） （以下、今後販売する製品及び既販品に係る再発防止措置について、詳細を記述すること。）
	④当該事故原因を調査した機関等の名称及び連絡先 （名称）： （連絡先）：
	⑤事故品を保管している機関等の名称及び連絡先 （名称）： （連絡先）：

事故を認識した契機と日	（認識した契機）：

事故発生場所	(認識した年月日)　　　年　　月　　日　　午前・午後　　　時頃	
	●(住所)：	
	(具体的場所)：	
☆当該機種・型式等の製品に関する製造時期及び数量	(時期)：	年　　月　　日　から　　年　　月　　日まで
	(数量)：	
☆当該機種・型式等の製品に関する輸入時期及び数量	(時期)：	年　　月　　日　から　　年　　月　　日まで
	(数量)：	
☆当該機種・型式等の製品に関する販売時期及び数量	(時期)：	年　　月　　日　から　　年　　月　　日まで
	(数量)：	

　行政機関の保有する情報の公開に関する法律（平成１１年法律第４２号）に基づく本報告書の開示請求があった際、☆印の項目に係る記載内容を開示することについて特段の支障がある場合は、以下の□を黒く塗りつぶすこと。
□　行政機関の保有する情報の公開に関する法律に基づく開示請求があった際、☆印の項目に係る記載内容を開示することについて特段の支障がある。

製造・輸入事業者の名称及び所在地	(名称)： (報告者の業種)　1.製造事業者　　　2.輸入事業者 (届出の有無)　1.有（根拠となる法律名：　　　　　　）　2.無 (所在地)： (電話番号)： (担当部署)： (担当部署電話番号)： ●(担当者役職)： ●(担当者氏名)：
所属の業界団体名及び同所在地	(名称)： (所在地)： (電話番号)：

(備考)　1　この用紙の大きさは、日本工業規格 A4 とすること。
　　　　2　●印の項目に係る記載内容（事故発生場所（住所）については、町村以下の部分に限る。）については、行政機関の保有する情報の公開に関する法律に基づく開示請求があった場合においても原則不開示とするが、法人役員の役職及び氏名その他既に公表されているものについては開示される。

出典：消費者庁ウェブサイト〈http://www.caa.go.jp/safety/pdf/youshiki_140609.doc〉

47　ハンドブック27頁参照.

図表2-11　平成21年通達別添1（参考資料）

参 考 資 料

(注)※印の欄には記入しないこと。

※管理番号	
※受付年月日	年　月　日

① 被害者	フリガナ		性別	1.男　2.女
	(姓)	(名)		●(年齢：　　歳)
	(住所)			
	（電話番号）			
	購入先企業名（　　　　）			

② 人的被害内容	1.死亡　2.負傷又は疾病(治療に要する期間が30日以上のもの) 3.負傷又は疾病(治療に要する期間が30日未満のもの)
③ 人的被害区分	1.骨折　2.打撲　3.裂傷　4.擦過傷　5.火傷　6.皮膚障害　7.視覚障害 8.聴覚又は平衡機能障害　9.嗅覚機能の障害　10.音声機能、言語機能又はそしゃく機能の障害　11.肢体不自由　12.循環器機能の障害　13.呼吸器機能の障害　14.消化器機能の障害 15.泌尿器の機能の障害　16.一酸化炭素による中毒 17.一酸化炭素以外の中毒（　　　　）　18.窒息　19.感電　20.その他（　　　　）
④ 治癒状況	1.完治　2.治療中　3.不明　　全治（　　日間・入院　　日間・通院　　日間）
●⑤ 被害者の要望	1.被害金額の弁償　2.製品の交換　3.修理・点検　4.引取り(代金返済)　5.慰謝料 6.調査・原因究明　7.謝罪(他の要望なし)　8.その他（　　　　）　9.要望なし (内容)

●⑥ 被害者への措置	1.被害金額の支払　2.製品交換　3.部品交換　4.修理・点検　5.部品提供 6.引取り(代金返済)　7.慰謝料の支払　8.事故原因等の説明　9.見舞金の支払 10.特に措置しない　11.被害者と交渉中　12.係争中(裁判等)13.謝罪 14.その他（　　　　）			
	前項2.～5.において	1.有償　2.無償	被害者の反応	1.納得　2.納得しない
	(内容) (提示金額：　　　　円)　(支払金額：　　　　円)			

(注)被害者が複数存在する場合には、被害者ごとに記入すること。

⑦ 事故製品の所有者	フリガナ			
	(姓):		(名):	
	(住所)			
	（電話番号）			
⑧ 製品の購入等年月日及び入手先	年　月　日購入　　製品の使用期間　年　ヶ月使用				
	1.デパート　2.スーパーマーケット　3.一般商店　4.専門店　5.量販店　6.ホームセンター　7.通信販売　8.中古品販売店　9.共済組織　10.製造事業者　11.輸入事業者　12.その他（　　　　　　　）13.不明				
⑨ 貼付されているマーク等の名称		取扱説明書の有無　1.有　2.無　3.不明			
		保証書添付の有無　1.有　2.無　3.不明			
		保証書の有効期限　購入日・製造日より　　年　　月			

(備考)　1　この用紙の大きさは、日本工業規格A4とすること。
　　　　2　本資料は、報告書(施行規則第3条様式第一)の情報を補完するためのものであり、報告は任意である。
　　　　3　報告の際は、適宜、製品事故に関する写真、図等を添付すること。
　　　　4　上記①の太線で囲まれた欄に情報を記載する場合は、当該情報を上記②～⑥の欄の情報と併せて国に提供することを、被害者本人に同意を得る必要がある(ただし、上記①の太線で囲まれた欄に情報を記載しない場合は、同意は不要。)。
　　　　5　上記⑦の太線で囲まれた欄に情報を記載する場合は、当該情報を上記⑧の欄の情報と併せて国に提供することを、事故製品の所有者本人に同意を得る必要がある(ただし、上記⑦の太線で囲まれた欄に情報を記載しない場合は、同意は不要。)。
　　　　6　上記①及び⑦の太線で囲まれた欄(住所については町村以下の部分に限る。)及び●印の項目に係る記載内容は、行政機関の有する情報の公開に関する法律(平成11年法律第42号)に基づく開示請求があった場合においても原則不開示とするが、既に表されているものについては開示される。

出典：消費者庁ウェブサイト〈http://www.caa.go.jp/safety/pdf/youshiki_140609.doc〉

(E) 報告期限

　前記のとおり，重大製品事故情報報告制度は10日という期限が法定されている（消製安35条2項，消費生活用製品安全法の規定に基づく重大事故報告等に関する内閣府令3条）．この起算日は，報告義務者となる製造事業者または輸入事業者が重大製品事故が生じたことを知った日になる．これは，事業者の役員や責任者が知った日ではなく，事業者のいずれかの部署の担当者（役職員）が知った日のことをいうものと解されている[47]．

　また，10日目が土曜日，日曜日，祝日または12月29日から1月3日に当たる場合には，これらの休日の翌日が報告期限となる（行政機関の休日に関する法律2条）．

(2) 重大製品事故に関する事故公表制度

(A) 事故情報の公表（第一報）の方法

　消費者庁長官は，消費者活用製品安全法35条1項の規定による報告を受けた場合その他重大製品事故が生じたことを知った場合において，当該重大製品事故に係る消費生活用製品による一般消費者の生命または身体に対する重大な危害の発生および拡大を防止するため必要があると認めるときは，一定の例外的な場合を除き，当該重大製品事故にかかる消費生活用製品の名称および型式，事故の内容その他当該消費生活用製品の使用に伴う危険の回避に資する事項を公表するものとされている（消製安36条1項）．

　具体的には，製造事業者または輸入事業者からの報告後，直ちに（原則として1週間以内に），消費者庁および経済産業省のウェブサイトで公表するとともに，両省庁の記者会に配布し，必要に応じて記者発表が行われる．原則として毎週火曜日・金曜日の午後3時にウェブサイトで公表することが慣例となっている．

　重大製品事故の原因となった製品の種類や，重大製品事故が製品に起因して生じたものかなどの事由によって，どのような情報がどのような方法で公表されるのかは異なる取り扱いとなっているところ，具体的な重大製品事故の公表までのフローは，以下の図表2-12を参照．

　公表される事故情報の内容は，次のとおりである．

図表2-12 重大製品事故の公表までのフロー図

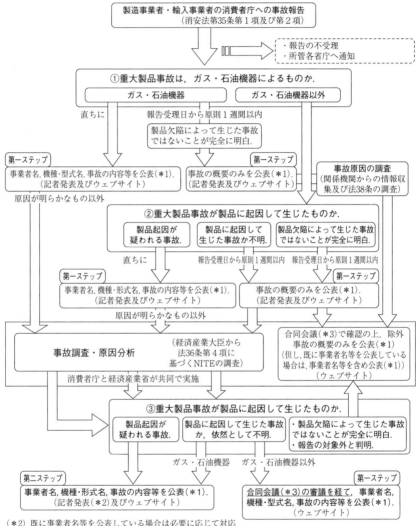

(＊2) 既に事業者名等を公表している場合は必要に応じて対応

(＊1) 経済産業省と協議の上、消費者庁が公表

(＊3) 合同会議の正式名称は、「消費者安全調査委員会製品事故情報専門調査会及び消費経済審議会製品安全部会製品事故判定第三者委員会合同会議」

出典：消費者庁ウェブサイト〈http://www.caa.go.jp/safety/pdf/flow_140609.pdf〉

① ガス機器・石油機器に関する重大製品事故
　◇事故発生日
　◇報告受理日
　◇製品名
　◇機種・型式
　◇事業者名
　◇被害状況
　◇事故内容
　◇事故発生都道府県
② ガス機器・石油機器以外の製品に関する重大製品事故であって製品起因が疑われる事故
　◇事故発生日
　◇報告受理日
　◇製品名
　◇機種・型式
　◇事業者名
　◇被害状況
　◇事故内容
　◇事故発生都道府県
③ ガス機器・石油危機以外の製品に関する重大製品事故であって製品起因が否かが特定できていない事故
　◇事故発生日
　◇報告受理日
　◇製品名
　◇被害状況
　◇事故内容
　◇事故発生都道府県
④ 製品起因による事故ではないと考えられ，今後，合同会議において審議を予定している案件
　◇事故発生日

◇報告受理日
◇製品名
◇被害状況
◇事故内容
◇事故発生都道府県

　なお，消費者庁長官は，この公表をしようとするときは，あらかじめ，主務大臣（すなわち事業所管大臣）と協議しなければならないこととされている[48]（消製安36条2項）．

　公表される場合の具体的なサンプルは次の図表2-13のとおり．

(B) 技術的調査・原因分析

　消費者庁による重大製品事故情報の公表後，当該重大製品事故について，経済産業大臣から独立行政法人製品評価技術基盤機構（以下「NITE」という）に，消費生活用製品の安全性に関する技術上の調査が指示される（消製安36条4項）．必要に応じて，製造事業者等にも問い合わせが寄せられ，協力を求められることになる．経済産業省も，平成23・03・03商局第1号「消費生活用製品等による事故等に関する情報提供の要請について」（以下「平成23年通達」という）において，製造事業者や輸入事業者は，自ら事故の原因究明を迅速に行い，その結果をNITEに報告するとともに，NITEが求める関連資料の提供等NITEの事故原因調査に積極的に協力することを要請している．

　また，消費者庁長官および主務大臣（すなわち事業所管大臣）は[49]，公表につき，消費生活用製品の安全性に関する調査を行う必要があると認めるときは，共同して，これを行うものとされている（消製安36条3項）．

(C) 調査後の事故情報公表

　NITEによる調査・分析結果に基づいて，以下の二つの対応がとられる．

48　消製安54条1項3号，消生安令13条3項．
49　消製安54条1項3号，消生安令13条3項．

①　製品起因が疑われる事故であることが判明した場合

　経済産業省のウェブサイトで公表するとともに，ガス機器・石油危機以外の製品については，消費者庁から以下の内容をプレスリリースにて再公表する．
　　◇事故発生日
　　◇報告受理日
　　◇製品名
　　◇機種・型式
　　◇事業者名
　　◇被害状況
　　◇事故内容（事故原因も記載）
　　◇事故発生都道府県

②　製品に起因して生じたかどうか不明であると判断した場合または製品に起因する事故ではないと判断された場合

　消費者安全調査委員会製品事故情報専門調査会および消費経済審議会製品安全部会製品事故判定第三者委員会合同会議での審議を経て，審議結果として製品安全に資する情報提供の観点から，当初に消費者庁から公表した内容に加え，事故内容，判断の理由等を付した上で経済産業省のウェブサイトで公表する．

　なお，仮に，重大製品事故の原因分析を実施する過程で，製品欠陥によって生じた事故ではないことが明らかになった場合または重大製品事故の要件を満たさないことが明らかになった場合には，合同会議の審議を経た上で，重大製品事故の公表対象から削除する措置を行う．

(D)　事故情報の公表に不服のある事業者がとるべき手段（争い方）

　では，消費者庁より誤った情報や不正確な情報が公表されたことによって，製造事業者または輸入事業者（場合によっては販売事業者なども含み得る）が損害を被った場合には，各事業者はどのような法的手段をとることができるのか．また，損害の未然防止のために，公表を事前に差し止めることができるのか．

図表2-13　消費生活用製品の重大製品事故に係る公表（サンプル）

1．ガス機器・石油機器に関する事故（製品起因か否かが特定できていない事故を含む。）

管理番号	事故発生日	報告受理日	製品名	機種・型式
A2015×××××	平成27年a月1日	平成27年a月10日	ガスこんろ	ABC-0001

2．ガス機器・石油機器以外の製品に関する事故であって，製品起因が疑われる事故

管理番号	事故発生日	報告受理日	製品名	機種・型式
A2013×××××	平成25年a月10日	平成25年a月15日	扇風機	AB-101

3．ガス機器・石油機器以外の製品に関する事故であって，製品起因か否かが特定できていない事故

管理番号	事故発生日	報告受理日	製品名	被害状況
A2015×××××	平成27年a月2日	平成27年a月5日	自転車	重傷1名

4．製品起因による事故ではないと考えられ，今後，合同会議において審議を予定している案件．

管理番号	事故発生日	報告受理日	製品名	被害状況
A2015×××××	平成27年a月3日	平成27年a月7日	電子レンジ	非火災

事業者名	被害状況	事故内容	事故発生都道府県	備考
A株式会社	火災 軽傷1名	公園で当該製品を使用中，爆発を伴う火災が発生し，1名が軽傷を負った．当該製品の使用状況を含め，現在，原因を調査中．	A県	平成27年a月15日に消費者安全法の重大事故等として公表済

事業者名	被害状況	事故内容	事故発生都道府県	備考
B株式会社	火災	当該製品を使用中，当該製品及び周辺を焼損する火災が発生した．調査の結果，当該製品は長期使用（約30年）により，コントローラーの電源コードに屈曲ストレスが繰り返し加わって，短絡し，火災に至ったものと考えられる．	B県	平成25年a月20日にガス機器・石油機器以外の製品に関する事故であって，製品起因か否かが特定できていない事故として公表していたもの

事故内容	事故発生都道府県	備考
当該製品で走行中，ハンドル及びタイヤが破損し，転送，頭部を負傷した．事故発生時の状況を含め，現在，原因を調査中．	C府	

事故内容	事故発生都道府県	備考
当該製品を使用中，当該製品から発煙した．事故原因は，現在，調査中であるが，火災に至らない事故と判断された．	D県	

(a) 事前差止め

　行政事件訴訟法によれば，一定の処分または裁決がされることにより重大な損害を生ずるおそれがある場合に限り，差止訴訟を提起することができるとされている（行訴37条の4第1項本文）．しかし，重大製品事故公表制度における情報公表は，その行為によって直接国民の権利義務を形成しまたはその範囲を確定することが法律上認められるものとはいえないので，処分性（行訴3条2項参照）が認められず，差止訴訟の訴訟要件を満たさないものと考えられる（仮の差止め（行訴37条の5）についても同様）[50]．したがって，製造事業者または輸入事業者が，消費者庁による情報公表が違法または不当なものだと考えたとしても，行政訴訟を提起して当該情報公表を事前に差し止めることはできないものと考えられる．

　他方で，民事訴訟という形式で事前差止めを求めることは，理論的には不可能ではないと考えられる．事業者が情報公表を察知してから情報公表までそれほど期間がないことが多いであろうことからすれば，通常は民事保全法に基づく差止めの仮処分を申し立てることになろう．ただし，事業者の信用を被保全権利とするのであれば，公表されようとしている情報が虚偽のものであり事業者の信用が毀損されることなどを短期間で疎明しなければならないだろうが，実務上はそのような申立てが認められるケースはまれではないかと考えられる．

(b) 損害回復

(ア) 取消訴訟の可否

　前記のとおり，情報公表行為は処分性が認められないものと考えられるため，情報公表が違法なものであったとしても，その取消しを求める訴訟を提起することはできない（行訴3条2項）．誤った情報の公表によって低下させられた事業者の信用は，消費者庁に対して申し入れて訂正してもらうなどの方法によって回復するほかない．そして，それでは回復することができない損害が発生している場合には，別途国家賠償請求による被害回復を求める

---

[50] 前掲最判昭和39・10・29．

ことが考えられる．

（イ）国家賠償請求訴訟の可否

ただし，現在の実務では，消費者庁は消費生活用製品安全法35条に基づく事故情報の公表時に「これらは消費生活用製品安全法第35条第1項の規定に基づく報告内容の概要であり，現時点において，調査等により事実関係が確認されたものではなく，事故原因等に関し，消費者庁として評価を行ったものではありません．」と留意事項を記載していることからすると，国の行為が違法であることを要件とする国家賠償請求が認められるのは，手続上の問題がある場合や明白かつ重大な誤記がある場合など，相当程度限定的な場面に止まるのではないかと考えられる．

（ウ）補償請求の可否

また，個別法に基づく補償規定が存在せずとも，憲法上補償が必要であるときは，直接憲法29条3項に基づいて補償請求ができるのであるから[51]，たとえ情報公表が適法だったとしても，補償請求が認められる理論的余地がまったくないとはいえないと考えられるが，実際に，損失補償が認められる場合があるとしても，極めて限定的な場面ではないかと考えられる．

（3）行政調査（報告の徴収・立入検査・提出命令）

消費者庁長官は，消費生活用製品安全法第3章第2節（重大製品事故の報告等）の規定を施行するため必要があると認めるときは，消費生活用製品の製造事業者または輸入事業者に対し，①その製造または輸入に係る消費生活用製品の種類，数量，製造または保管もしくは販売の場所，主たる販売先並びに当該消費生活用製品の使用に伴い発生した危害およびその再発の防止のために講じた措置に関する事項その他当該消費生活用製品の製造または輸入の業務に関する事項に関し報告をさせること（消製安40条3項，消製安令12条6項），②その職員に，当該事業者の事務所，工場，事業場，店舗または倉庫に立ち入り，消費生活用製品，帳簿，書類その他の物件を検査させることができる（消製安41条3項）．さらには，内閣総理大臣は，必要があると[52]

---

[51] 河川附近地制限令事件最高裁判決（最大判昭和43・11・27刑集22巻12号1402頁）．

認めるときは，主務大臣に対し，NITE に，当該立入検査を行わせることを要請することができる（消製安41条6項）[53]．主務大臣は，当該要請があった場合において，NITE の業務の遂行に支障がないと認めるときは，NITE に立入検査を行わせるものとされている（消製安41条7項）．NITE に立入検査を行わせる場合には，主務大臣は，NITE に対し，当該立入検査の場所その他必要な事項を示してこれを実施すべきことを指示するものとされている（消製安41条8項）．そして，NITE は立入検査を行ったときは，その結果を主務大臣に報告し（消製安41条9項），主務大臣は，その報告を受けたときは，その内容を消費者庁長官に通知しなければならない（消製安41条10項，56条1項）．なお，このような立入検査の権限は，犯罪捜査のために認められたものと解釈してはならないこととされている（消製安41条12項）．

　条文の文言上は，「前章第2節の規定を施行するため必要があると認めるとき」と，広範に報告徴収や立入検査を実施できるかのように規定されているようにも読めるが，報告徴収権限は当該規定の施行に必要な最小限度で行使されるべきであり，その濫用は許されない[54]．

　なお，当該立入検査を行った場合であって，その所在の場所において検査をさせ，または検査を行わせることが著しく困難であると認められる消費生活用製品があったときは，主務大臣または消費者庁長官は，その所有者または占有者に対し，期限を定めて，これを提出すべきことを命ずることができる（消製安42条1項，2項）．そして，提出命令によって所有者または占有者に生じた損失は，国が通常生ずべき損失について補償しなければならない（消製安42条3項，4項）．具体的には，消費生活用製品の所在の場所に検査設備がない場合，検査に長時間を必要とする試験を行う場合，検査設備が大

52　この権限は消費者庁長官に委任されていない（消製安56条1項，消製安令15条）．
53　なお，主務大臣（事業所管大臣．消製安54条5項）には，消費生活用製品安全法を施行するため必要があると認めるときに，同様の報告の徴収や立入検査を行うことができるとされている（消製安40条1項，41条1項）．また，主務大臣は，自ら NITE に立入検査を行わせることができる（消製安41条5項）．
54　平成18年法律第104号による改正前消費生活用製品安全法83条について同様の見解を述べるものとして，経済産業省商務情報政策局製品安全課編『消費生活用製品安全法逐条解説』（経済産業調査会，2001）111頁．

規模または精密なものであるため立入検査の場所に搬入することが困難な場合等に，当該製品の輸送費，試験により破損した場合の代償等が補償される。提出命令を受けた消費生活用製品に係る販売先に対する契約不履行に基づく損害賠償額については，通常生ずべき損失には含まれないものと解されている[55]。

（4）体制整備命令

重大製品事故の報告義務を怠っていたり，または虚偽の報告をした場合には，消費者庁長官は，事業者に対して事実確認を行うとともに，必要があると認めるときは，当該製造事業者または輸入事業者に対して，事故情報を収集，管理および提供するために必要な社内の体制を整備するよう命令を発動する（消製安37条）。

（5）刑事罰

製造事業者または輸入事業者が，（4）記載の体制整備命令に違反した場合には，1年以下の懲役もしくは100万円以下の罰金に処され，これらが併科されることもある（消製安58条5号）。さらに，両罰規定により法人に対しても100万円以下の罰金が科されることがある（消製安60条2号）。

また，（3）記載の報告をせずまたは虚偽の報告をした者，立入検査を拒み，妨げまたは忌避した者，提出命令に違反した者は，30万円以下の罰金に処される（消製安59条7号～9号）。さらに，両罰規定により法人に対しても30万円以下の罰金が科されることがある（消製安60条2号）。

（6）その他

（A）主務大臣（所管省庁）への通知

消費者庁長官は，重大製品事故の報告を受けたときは，直ちに，当該報告の内容について，主務大臣に通知するものとされている（消製安35条3項）。ここでいう主務大臣とは，当該製品の製造または輸入の事業を所管する大臣

55　経済産業省商務情報政策局製品安全課・前掲注（54）116頁。

をいう（消製安54条1項3号，消製安令13条3項）．したがって，多くの場合，主務大臣は経済産業大臣となる．

(B) 技術的調査・原因分析等

　前記のとおり，消費者庁による重大製品事故情報の公表後，当該重大製品事故について，経済産業大臣からNITEに，消費生活用製品の安全性に関する技術上の調査が指示される（消製安36条4項）．その原因究明の過程において，当該事故が消費生活用製品に含まれる有害物質によって引き起こされたことが判明した場合には，有害物質を含有する家庭用品の規制に関する法律によって事故の再発防止を図ることになるため，消費者庁から事故情報を厚生労働大臣に通知し，対応を要請することとされている（消製安35条4項，消製安令10条）．

4　製品事故（非重大製品事故）に関する報告・公表制度

(1) 製品事故（非重大製品事故）に関する事故報告制度

(A) 報告制度の概要

　重大製品事故に至らない程度の消費生活用製品に関する製品事故については，法令上の報告義務が課されているものではないが，通達によって，製品の製造事業者，輸入事業者，小売販売事業者，修理事業者，設置工事事業者，リース事業者および関係団体等に対して，NITEに対する報告が求められている．[56]

　NITEは経済産業大臣を主務大臣とする独立行政法人であるが（独立行政法人製品評価技術基盤機構法13条），1974（昭和49）年から暮らしの中で使用される製品によって起こった事故の情報を収集しており，2007（平成19）年5月14日から施行された重大製品事故情報報告・公表制度を補完するもの

---

[56]　なお，NITEでは，消費生活用製品に該当しない業務用電気用品や調整器等の液化石油ガス器具（業務用LPガス器具）等についての事故報告も受け付けているが，本書においては対象外とする．

として消費者庁発足前から重大製品事故に当たらない製品事故（以下「非重大製品事故」という）については，NITE への報告が求められていた．そこで，消費者庁発足後も引き続き同様の取扱いとされているものである．NITE の製品安全センターの計画課，リスク評価広報課および製品安全技術課は大阪市（大阪本部）に設置されているが，必ずしも大阪本部への報告が求められているわけではなく，東京本部や全国 8 箇所に存在する支所へ報告することで足りる．

(B) 報告すべき主体（各事業者の責任・責務）

重大製品事故の報告制度が，製造事業者および輸入事業者を名宛人とする義務であったのに対して，非重大製品事故の報告制度については，法令上の義務でない反面，小売販売事業者，修理事業者，設置工事事業者，リース事業者や関係団体等も報告が期待されている点に違いがある．

この点，法令上は，小売販売事業者については，製造事業者や輸入事業者と同様に，その取り扱う消費生活用製品について生じた製品事故に関する情報を収集し，当該情報を一般消費者に対し適切に提供するよう努めなければならないという努力義務が規定されている（消製安34条1項）．また，小売販売事業者のみならず，修理事業者や設置工事事業者についても[57]，その取扱いに係る消費生活用製品について重大製品事故が生じたことを知ったときは，その旨を当該消費生活用製品の製造事業者または輸入事業者に通知するよう努めなければならないという努力義務が課されている（消製安34条2項）．

これらの各事業者の責任・責務は図表2-14のようにまとめられる．

(C) 報告の様式等

NITE への報告については，様式が定められており，製造事業者および輸

---

[57] 平成23年通達の参考1によれば，リース事業者も消費生活用製品安全法34条2項の対象になるとの解釈が示されているが，同項は，努力義務の対象として「小売販売，修理又は設置工事の事業を行う者」と定めており，その文言からすると，リース事業者はそれらの事業者に該当しないように思われる．上記通達のあとに発行されたハンドブック75頁においては，通達と異なり，リース事業者は同条項の対象外であることを前提とした書き方となっている．

図表2-14 消費生活用製品安全法における各事業者の責任・責務

事業者	重大製品事故	非重大製品事故
製造事業者	消費者庁長官への報告義務（消製安35条）	NITEへの報告（通達）情報収集・一般消費者への提供（努力義務）（消製安34条1項）
輸入事業者	消費者庁長官への報告義務（消製安35条）	NITEへの報告（通達）情報収集・一般消費者への提供（努力義務）（消製安34条1項）
小売販売事業者	製造・輸入事業者への通知（努力義務）（消製安34条2項）	NITEへの報告（通達）情報収集・一般消費者への提供（努力義務）（消製安34条1項）
修理・設置工事事業者	製造・輸入事業者への通知（努力義務）（消製安34条2項）	NITEへの報告（通達）
リース事業者，関係団体	なし	NITEへの報告（通達）

入事業者はnite様式－1[58]，販売事業者，リース事業者，設置工事事業者，修理事業者，関係団体等はnite－様式2[59]に所定の事項を記載する必要がある．

(D) 報告すべき事故の判断基準

NITEへの事故情報報告制度は，重大製品事故情報報告・公表制度を補完する制度であるから，非重大製品事故のみならず，法令上の義務が課されている製造事業者および輸入事業者以外の者からの重大製品事故に関する情報も対象に含むものとされている[60]．

そこで，平成23年通達別紙においては，次の①から③のいずれかに当たる事故が報告対象となる事故であると整理されている（同別紙1.（1））．

① 経済産業省の所掌に属する消費生活用製品の使用に伴い生じた製品事故のうち重大製品事故に該当しないもの
② 経済産業省の所掌に属する消費生活用製品の使用に伴い生じた重大製品

---

58 〈http://www.nite.go.jp/data/000004720.pdf〉
59 〈http://www.nite.go.jp/data/000004723.pdf〉
60 ただし，一般的には小売販売事業者等は，重大製品事故の発生を知った場合には，いきなりNITEに報告するのではなく，まずは製造事業者や輸入事業者に報告することが求められている（消製安34条2項，ハンドブック54頁，56頁）．

事故であって，報告義務が課せられている製造・輸入事業者以外の者からの報告
③ 経済産業省の所掌に属する消費生活用製品に関する製品事故につながるおそれのある製品の欠陥・不具合等

その一方で，すべての非重大製品事故を報告することは，事業者にとっても，またその情報を受理して処理するNITEにとっても非現実的である．そこで，報告の対象となる非重大製品事故に該当する事象となる判断基準の目安は次のとおりとされている（同別紙1．（2））．
① 重大製品事故が発生するおそれがあるもの
② 消費者が怪我をしたとの情報があるもの

例えば，火災に至らないものの製品内部で焼損・発煙・発火・異常発熱したものや消費者がやけどをした事象は，必ず報告の対象となるものの，製品破損については，単に外観や安全と無関係の性能に関するものを除いて報告することが求められている．

(E) 報告期限

法令上の義務ではないので，報告期限が定められているわけではないが，速やかな報告が求められており，その目安としては事故の発生を知った日から10日以内とされている（平成23年通達別紙2．）．

（2）製品事故（非重大製品事故）に関する事故公表制度

(A) 公表の方法

NITEでは，収集した事故情報については，速報として通知を受けた事故内容のみをNITEのウェブサイトで公表している．ただし，すでにリコール等されていて製造事業者または輸入事業者が自ら事業者名や型式等を公表している事故や，経済産業省または消費者庁が事業者名，型式の公表をしている事故に限っては，事業者名および型式も付記される．

その後，NITEで事故原因を調査し，NITE内で運営する外部有識者からなる委員会で審議した後，調査結果を公表する．この場合，事故原因が，製造不良等製品に起因する事故の場合には，製造事業者または輸入事業者名，

製品の型式等も付記される（平成23年通達別紙3.）．

個別事故情報は，NITE が調査，確認，評価を行った上で，結論を得たものについて四半期毎に，品目別に整理した上で公表されている．そのサンプルは図表2－15のとおり．

また，重大製品事故でNITE が受け付けたもののうち，経済産業省および消費者庁による調査が終了した案件についても不定期で公表している[61]．そのサンプルは図表2－16のとおり．

図表2－15　NITE による四半期ごとの個別事故情報の公表（サンプル）
製品区分：　01.家庭用電気製品

管理番号 事故発生 年月日	品名	事故通知内容	事故原因	再発防止措置	情報通知者 受付年月日
2015-×××× 2015/x/ 1 事故発生地 A県	エアコン XYZ-0123 X（株） 使用期間： 約10年	使用後のエアコンから発煙した． （拡大被害）	ファン電動機内部のプリント基板上のコンデンサーが短絡したことで，基板上の部品が発熱し，ファン電動機内部のプリント基板が焼損してファン電動機から発火，発煙したものと推定される． （A3）	製造事業者は，2015（平成27）年a月a日付けホームページに社告を掲載し，無償で対象商品の点検・修理を行っている．	製造事業者受付： 2015/x/10

図表2－16　NITE による調査終了案件の公表（サンプル）
製品区分：　01.家庭用電気製品

経済産業省 及び 消費者庁管理番号 NITE 管理番号 事故発生年月日	品名	事故通知内容	事故原因	再発防止措置	経済産業省又は消費者庁受付年月日
A2015×××× 2015-abcd 2015/x/10 事故発生地 B県	電気冷蔵庫 （株）B X-999A	当該製品及び周辺を焼損する火災が発生した． （火災）	調査の結果，当該製品の運転用コンデンサー等の電気部品が配置されていた背面の機械室の焼損が著しく，当該箇所から出火したものと考えられるが，運転用コンデンサーが確認できなかったことから，原因の特定には至らなかった．	引き続き同様の事故発生について注視していくとともに，必要に応じて対応を行うこととする．	受付： 2015/x/ 7

（B）事故情報の公表に不服のある事業者がとるべき手段（争い方）

　では，NITE による事故情報の公表によって，製造事業者または輸入事業者が損害を被った場合には，どのような措置を講じることができるのか．

　この点，重大製品事故公表制度は，消費生活用製品安全法の明文規定に基づいて行われているものであるのに対し，NITE による事故情報公表制度は，同法に基づく明文の根拠規定がないという点で異なる．この点，国民に対する情報提供を目的とする公表であって，行政上の制裁等法律上の不利益を課すことを予定したものや，制裁ないし強制手段としての性格を有しない場合には，法令の根拠は必要ないと一般的に考えられているので，明文の根拠がないことを理由として，NITE による情報公表を違法と評価することはできない．[62]

　とはいえ，公表行為が非権力的な事実行為にすぎないとしても，まったくの自由裁量によって公表するか否かを決定することが許されるわけではなく，公表行為が法律の趣旨に沿った行為か，その公表に必要性ないし合理性があるか，公表方法が相当なものであるかなどの事情を吟味し，その公表行為が法律の趣旨に反したものであったり，公表の必要性や合理性が認められず，または公表方法が不相当であって，事業者の信用を侵害した場合には，当該公表行為が職務上通常尽くすべき注意義務に違反したものとして，国家賠償法上違法と評価される余地があると考えられる．実際にそのようなことが起き得るかどうかはさておき，具体的には，NITE の調査が明らかに不合理な[63]

61　最近では，2011（平成23）年2月，4月，8月，12月，2012（平成24）年3月，11月，2013（平成25年）5月，9月，2014（平成26）年3月，7月，9月，2015（平成27）年2月，7月，9月，2016（平成28）年2月，4月，7月に公表されている（2016（平成28）年7月25日時点）．

62　O-157食中毒事件に関する一連の裁判例（東京地判平成13・5・30判時1762号6頁，東京高判平成15・5・21判時1835号77頁，大阪地判平成14・3・15判時1783号97頁），宇賀・行政法Ⅰ138頁，宇賀克也「消費者庁関連3法の行政法上の意義と課題」『ジュリスト』1382号30頁，山本隆司「事故・インシデント情報の収集・分析・公表に関する行政法上の問題（下）」『ジュリスト』1311号168頁，同「特集安全確保のための取組―事故・インシデント等への対応を中心に 消費者庁・消費者委員会-消費者安全-消費者情報」『ジュリスト』1399号21頁，廣瀬久和編「消費者の安全のあり方に関する研究会」報告書』51～65頁〔橋本博之〕（商事法務研究会，2003年）．

63　前掲東京地判平成13・5・30．

方法で行われており，事業者側の合理的な説明や情報提供を無視して，公表に踏み切ったような場合には，国家賠償法上違法と評価されることになろう．

なお，差止めや取消訴訟，補償請求が（現実的には）不可能または著しく困難であると考えられることについては，重大製品事故情報公表制度において論じたこと（前記3（2）(D)）が同様に当てはまる．

第 3 章

取引法分野における調査・執行

本章の概要

　消費者が商品・サービスを安心して取引できる市場環境を整備するための取引法として，①特定商取引に関する法律（特定商取引法），②特定電子メールの送信の適正化等に関する法律（特定電子メール法）および③特定商品等の預託等取引契約に関する法律（預託法）が定められている．

　特定商取引法は，消費者トラブルが生じやすい特定の取引類型（訪問販売，通信販売および電話勧誘販売に係る取引，連鎖販売取引，特定継続的役務提供に係る取引，業務提供誘引販売取引並びに訪問購入に係る取引（以下この章において「特定商取引」という）を公正にし，及び購入者等以下本章において「消費者等」という）が受けることのある損害の防止を図ることにより，消費者等（の利益を保護し，あわせて商品等の流通及び役務の提供を適正かつ円滑にし，もって国民経済の健全な発展に寄与することを目的とする（特商1条）．

　特定電子メール法は，一時に多数の者に対してされる特定電子メールの送信等による電子メールの送受信上の支障を防止する必要性が生じていることから，特定電子メールの送信の適正化のための措置等を定めることにより，電子メールの利用についての良好な環境の整備を図り，高度情報通信社会の健全な発展に寄与することを目的としている（特定電子メール法1条）．

　預託法は，特定商品および施設利用権の預託等取引契約の締結およびその履行を公正にし，並びに預託等取引契約に係る預託者の損害の防止を図ることにより，預託等取引契約に係る預託者の利益の保護を図ることを目的としている．

　本書では，消費者にとってより身近で，消費者トラブルが生じやすい特定商取引についての規制を定める特定商取引法に焦点を絞って論じる（預託法1条）．

　なお，本稿において意見にわたる部分については筆者の個人的見解であり，消費者庁および同取引対策課の公式的な見解を示すものではない．

I 特定商取引法の規制内容

1 特定商取引法の規制対象となる取引類型

以下，特定商取引法の規制対象となる取引類型を解説する．

（1）訪問販売（特定商取引法第2章第2節）

訪問販売とは，消費者等の自宅等，事業者の営業所や代理店等以外の場所において，契約の申込みを受け，もしくは締結して行う商品販売や役務提供等をいう．これは，消費者等が自ら求めないのに勧誘を受ける点に特徴がある．

営業所等で契約の申込みを受け，または契約を締結してもキャッチセールス，またはアポイントセールスに該当する場合は，訪問販売に含まれる．

（2）電話勧誘販売（特定商取引法第2章第4節）

電話勧誘販売とは，事業者が電話をかけ，その電話において行う勧誘から，電話，郵便，ファクシミリ等の方法により申込みを受け，もしくはこれらの方法により契約を締結して行う商品販売や役務提供等をいう．訪問販売と同様，消費者等が自ら求めないのに勧誘を受ける点に特徴がある．

勧誘目的であることを告げずに消費者等に電話をかけることを要請する場合など，政令が定める一定の場合には，消費者側が電話をかけた場合であっても，電話勧誘販売に該当する．

（3）通信販売（特定商取引法第2章第3節）

通信販売とは，事業者が，電話や郵便等，ファクシミリ等の方法により申込みを受け，もしくはこれらの方法により契約を締結して行う商品販売や役務提供をいう．直接商品や販売条件を確認できない点に特徴がある．

(4) 特定継続的役務提供 (特定商取引法第4章)

　特定継続的役務提供とは，国民の日常生活に係る取引について有償で継続的に提供される役務であって，役務の提供を受ける者の身体の美化または知識もしくは技能の向上その他のその者の心身または身上に関する目的を実現させることをもって誘引が行われるものであり，役務の性質上，その目的が実現するかどうかが確実でないものとして政令で定める役務である．
　現在政令（特商令12条，別表第四）で指定されている役務は以下のとおりである．なお，いずれも金額5万円を超えるもの，期間は①が1月，②〜⑥は2月を超えるものが対象となる（特商令11条，別表第四）．
① エステティック（1月を超えるもの）
② 語学教室（2月を超えるもの）
③ 家庭教師（2月を超えるもの）
④ 学習塾（2月を超えるもの）
⑤ パソコン教室（2月を超えるもの）
⑥ 結婚相手紹介サービス（2月を超えるもの）

(5) 連鎖販売取引 (特定商取引法第3章)

　連鎖販売取引とは，相手方を，組織への新たな加入者を勧誘することで利益を得ることをもって誘引して行う，物品販売や役務提供の事業等をいう．
　ビジネスに不慣れな消費者を勧誘する点に特徴がある．

(6) 業務提供誘引販売 (特定商取引法第5章)

　業務提供誘引販売とは，「仕事を提供するので収入が得られる」などと誘引し，当該仕事に必要であるとして行う商品販売や役務提供の事業をいう．
　ビジネスに不慣れな消費者を勧誘する点に特徴がある．

(7) 訪問購入 (特定商取引法第5章の2)

　訪問購入とは，消費者等の自宅等，事業者の営業所や代理店等以外の場所において，売買契約の申込みを受け，もしくは売買契約を締結して行う物品

購入の事業をいう．

2　特定商取引法の規制内容（概要）

（1）民事ルール

特定商取引法は，取引類型ごとに，クーリングオフ権や不実告知等による誤認に基づき締結した契約の取消権，過量販売における解除権，消費者等に対する損害賠償額の上限規制等の民事ルールを定めている．

（2）行政ルール

また，特定商取引法は，取引類型ごとに，事業者に対して，一定の行為を義務付けるとともに（例：勧誘目的の明示義務，書面交付義務等），一定の行為を禁止している（例：再勧誘，不実告知，事実不告知等）これらの規制に違反した場合には，行政処分（指示，業務停止命令）の対象となる（詳細は後記Ⅵ2参照）．

（3）刑事ルール

特定商取引法は，上記（2）の一部の行為や，業務停止命令違反行為，行政調査の拒否や忌避等について，罰則規定を置いている．なお，2016年5月20日に成立した特定商取引に関する法律の一部を改正する法律により，罰則の上限が引き上げられている．

Ⅱ　事件の端緒

　国が行う特定商取引法の執行の端緒には，消費者等からの申出（特商60条1項），公益通報，消費者等からの苦情・相談，職権探知（PIO-NETでの探知等），都道府県知事からの要請（特商68条，特商令19条1項ただし書等），消費者安全法による情報通知等がある．
　以下，それぞれ説明する．

1　主務大臣に対する申出（特商60条1項）

（1）申出制度

　何人も，特定商取引の公正および購入者等の利益が害されるおそれがあると認めるときは，主務大臣に対し，その旨を申し出て，適当な措置をとるべきことを求めることができる（特商60条1項）．
　本条項の申出は，「何人も」することができるので，直接の利害関係者に限らず，また，個人，法人や団体を問わず，誰でも申出ができる趣旨とされる[1]．これは，同制度が，申出人の抱える個別のトラブルを解決することを目的とするものではなく，消費者と行政が一体となって，取引の公正の確立および消費者の利益を守ることを目的に，消費者からの情報を取り入れるために設けられたことによる．
　また，同申出を行う要件については「特定商取引の公正及び購入者等の利益が害されるおそれがあると認めるとき」と定められている．よって，申出人が「特定商取引の公正及び購入者等の利益が害されるおそれがあると認め」れば足り，申出の要件として，被害の発生や，事業者における法令違反

1　平成25年2月20日各経済産業局長及び内閣府沖縄総合事務局長あて消費者庁次長経済産業省大臣官房商務流通保安審議官「特定商取引に関する法律等の施行について」（以下この章において「通達」という）107頁第6章2（1）．

の事実は必要ない．

そして，主務大臣は，特定商取引法60条1項の申出があったときは，事業者や消費者等，関係者からの事情聴取や同法66条の規定に基づく報告徴収，立入検査等「必要な調査」を行い，申出の内容が事実であると認めるときは，事業者に対する指示，業務停止命令の発動，消費者啓発活動の充実，必要な予算等の助成措置等の措置を講ずることとなる（特商60条2項．特商法解説416頁）．

このように，申出制度は，個別の消費者被害を救済する制度ではないが，特定商取引における被害拡大を防ぐための制度として，事件の端緒において重要な意義を有する．

（2）指定法人による申出しようとする者に対する指導・助言

主務大臣への申出制度（特商60条）を充実させるため，申出を行う場合の指導・助言等を行う機関として，主務大臣は，一般社団法人または一般財団法人であって，特定商取引適正化業務（特商61条2項に規定する業務）を適正かつ確実に行うことができると認められるものを，特定商取引適正化業務を行う者（以下「指定法人」という）として指定することができる（特商61条1項）．

特定商取引適正化業務とは，特定商取引法60条1項の申出をしようとする者に対し指導または助言を行うこと（特商61条2項1号），特商60条2項の申出に係る事実関係につき調査を行うこと（特商61条2項2号），特定商取引に関する情報または資料を収集し，および提供すること（特商61条2項3号），特定商取引に関する苦情処理または相談に係る業務を担当する者を養成すること（特商61条2項4号）とされている．指定法人の業務は以上のとおりであるため，指定法人から直接事件の端緒を得るものではないが，指定法人制度は，特定商取引法60条の規定に基づく主務大臣への申出制度の一層の活用を図るために設けられたものといえる．

現在，指定法人として指定されているのは，「一般財団法人日本産業協会」一つである．同協会では，ホームページ等を通じて，一般消費者等に対して，申出制度について啓発活動等を行っている．

(3) 具体的手続

　主務大臣に対して申出をしようとする者は，申出書を提出しなければならない（特商規57条）．申出書に記載すべき事項は，「申出人の氏名又は名称及び住所」「申出に係る取引の態様」「申出の趣旨」「その他参考となる事項」と定められている（特商規57条各号）．

　「その他参考となる事項」は，個別のケースにより異なるが，例えば，受領した広告物や契約書その他の書面，同様の被害を受けた者の証言等のほか，消費生活センターや消費生活アドバイザー等有識者の意見等が考えられる（通達108頁第6章2（2）（ハ））．

　申出に際して，各消費生活センターにおける事案の検討・整理を踏まえたセンターの意見等が付記されれば，申出の趣旨や内容が明らかとなり，それに伴う業務の円滑な遂行に資し，端緒情報として一層有益な情報となり得る．

2　公益通報

　特定商取引法が規定する刑罰対象行為は，公益通報の対象となる（公益2条3項1号，別表八256号）．

　公益通報の通報先は，通報対象事実について処分を行うことができる行政機関である（公益2条4項1号）．

　また，地方公共団体においては，特定商取引法違反の疑いがある行為が都道府県の区域内において存在すれば，当該都道府県知事が自治事務として調査または行政処分を行い得るとされるため（特商68条），「地方公共団体の機関」（公益2条4項2号）には，各都道府県知事の長が含まれる（なお，後記Ⅳ2（3）（B）参照）．

3　消費生活センターからの情報提供

　被害を受けた消費者からの消費生活センターへの相談や通報も事件の端緒となり得ることがある．あらゆる情報が事件の端緒情報となり得るところ，

相談内容等から特定商取引法違反の事実が推測され，これが行政庁に報告される等すると，他の端緒による調査における基礎情報となり，行政庁が被害者に対して事情聴取等を行い，調査を進め，行政処分に繋がることもあり得る．

なお，行政処分に協力した消費者保護に関する問題については，後記Ⅸ参照のこと．

4　職権探知（PIO-NETでの探知等）

PIO-NET の意義等については第1章Ⅲ2①を参照．

PIO-NET は，苦情相談の記録を収集して，消費行政に役立てることを目的として構築されたものである．具体的には，行政機関による消費者被害の未然防止・拡大防止のための法執行への活用，国・地方公共団体の消費者政策の企画・立案，国民・住民への情報提供および自治体（消費生活センター）の消費生活相談業務に対する支援等である[2]．

消費者庁は，このような PIO-NET を，法執行の端緒情報として活用している．同システムは，中央省庁のみならず，各地方公共団体における法執行の端緒情報としても活用されている[3]．

5　都道府県知事からの要請等

（1）都道府県知事からの法執行等の要請（特商68条，特商令19条）

特定商取引法に規定する主務大臣の権限に属する事務の一部は，政令の定めるところにより，都道府県知事が行うこととすることができる（特商68条）．これを受けて，政令では，法執行や報告聴取および立入検査等について，当該都道府県の区域内における，特定商取引法の適用対象者（販売業者，

2　独立行政法人国民生活センターホームページ〈http://www.kokusen.go.jp/pionet/〉．
3　兵頭典子「執行の現場から（7）特定商取引法──愛知県の現状と取組み──」『現代消費者法』24号122頁参照．

役務提供事業者，統括者，勧誘者，一般連鎖販売業者，業務提供誘引取引販売業を行う者または購入業者）の業務に係るものは，都道府県知事が行うこととされ（特商令19条1項本文），また，二以上の都道府県の区域にわたり本法に定める特定商取引の公正および購入者等の利益が害されるおそれがあり，都道府県知事から要請があったときは，主務大臣が自らその事務を行うことができるとされている（特商令19条1項ただし書）．

上記のような都道府県知事からの要請も，事件の端緒情報となり得る．

（2）都道府県との情報共有

消費者庁では，全国的に被害が及んでいる，または，及ぶおそれがある事案などに対処するとともに，地域レベルの事案については，都道府県が地域の実情を踏まえて対処するなど，広域的な視野での執行の強化を期待しているため，被害情報等の情報の共有化を進め，必要な連携を図りながら執行に取り組むことが重要とされている．このようなことからすれば，都道府県から提供される情報が端緒になる可能性もあり得る．

なお，都道府県との権限配分等については，後記IX参照．

6 消費者安全法による情報通知

特定商取引法においては，消費者安全法12条2項による情報通知および同法同条4項によるみなし通知も事件の端緒となり得る．

（1）消費者安全法12条

消費者庁による消費者被害に関する情報の一元的な集約体制の確立のため，行政機関の長，都道府県知事，市町村長および国民生活センターの長は，消費者安全法に規定する「消費者事故等」が発生した旨の情報を得た場合には所定事項を消費者庁長官に対して通知すること等が義務付けられている（消安12条1項，47条1項）．

(2) 消費者事故等と特定商取引法との関係

「消費者事故等」(消安2条5項1号～3号)のうち,特定商取引法の事件の端緒に関係するものは,財産被害(3号)に係る消費者事故等である.

(A) 消費者安全法施行令および消費者安全法施行規則の条文上特定商取引法の条文が明示されるもの

具体的な類型が規定されている消費者安全法施行令3条各号(1号～7号)のうち,財産被害に係る消費者事故等として,特定商取引法の規定を定めているものは,以下のとおりである.

消費者安全法施行令3条4号の,法律により取消事由となる不当勧誘による契約(消安令3条4号イ)および法律が無効とする契約条項を含む契約(消安令3条4号ロ)並びに,消費者安全法施行令3条7号の「消費者との間の契約の締結若しくは履行または消費者による当該契約の申込みの撤回,解除若しくは解約に係る事業者の行為の規制に関する法律の規定であって,消費者の利益の保護に係るものとして内閣府令で定めるもの」の中には特定商取引法の規定も含まれている.

法律により取消事由となる不当勧誘による契約(消安令3条4号イ)については,消費者安全法施行規則2条2号で特定商取引法9条の3第1項,24条の2第1項,40条の3第1項,49条の2第1項および58条の2第1項が定められている.これらは,特定商取引法における契約の申込みまたはその承諾の意思表示の取消しに係る規定であるが,当該取消しが可能となるのは,特定商取引法の処分対象となる禁止行為(特商法6条1項2項などに規定する不実告知・事実不告知)が事業者により行われたことが前提となると考えられるため,事業者がこれらの行為を行ったという情報が通知された場合には,処分対象の特定商取引法の事件の端緒になり得る.

(B) 消費者安全法施行令および消費者安全法施行規則の条文では特定商取引法の条文が明示されないもの

消費者安全法施行令3条2号では,消費者との契約締結の勧誘に際し,ま

たは消費者が申込みの撤回・解除・解約をすることを妨げる行為として，不実告知・事実不告知（②-イ），断定的判断の提供（②-ロ）が，消費者安全法施行令3条3号では，契約締結・履行，申込みの撤回・解除・解約に関して，消費者を欺き，威迫し，困惑させる行為，また，消費者安全法施行令3条5号では，債務不履行が，各々定められている．

上記につき，消費者安全法規則において特定商取引法の具体的な法文は規定されていない．

しかし，以下に述べるとおり，上記はいずれも特定商取引法における同様の行為類型を包含すると考えられる．

不実告知・事実不告知（②-イ）の対象は，消費者等の「判断に通常影響を及ぼすもの」とされるところ，これは特定商取引法における不実告知・事実不告知の対象である購入者等の「判断に影響を及ぼすこととなる重要なもの」（特商法6条1項7号，7条2号等）を含むと解せられる．

断定的判断の提供（②-ロ）は，「当該契約の目的となる商品，製品，役務，権利その他のものに関し，将来におけるその価額，将来において消費者が受け取る金額，その使用等により将来において生ずる効用その他の事項であって将来における変動が不確実なものについて断定的判断を提供すること」という行為が規定されている．これに対し，特定商取引法においては，連鎖販売取引における行政処分の対象行為として，統括者等が「連鎖販売取引につき利益を生ずることが確実であると誤解させるべき断定的判断を提供してその連鎖販売業に係る連鎖販売契約の締結について勧誘をすること」を定めている（特商法38条1項2号・3号，2項）．両者は，規定ぶりは異なるものの，実質的には重複する場合も生じ得ると考えられる．

消費者安全法施行令3条3号のうち，威迫・困惑行為については，特定商取引法における威迫・困惑行為（特商法6条3項等）と概ね同様の規定の仕方であるので，前者と後者は重複すると解せられる．

消費者安全法施行令3条5号の債務不履行の規定の仕方も，特定商取引法における債務不履行（特商法7条1号等）と概ね同様の規定の仕方であるので，前者と後者は重複すると解せられる．

(C) まとめ

以上より，特定商取引法で規定する行為が消費者安全法に明示されているもののほか，実質的に特定商取引法で規定する行為と評価できるものについては，事業者がこれらの行為を行ったという情報が通知された場合には，特定商取引法の事件の端緒となり得る．

(3) 消費者安全法12条4項によるみなし通知

消費者安全法12条4項は，同法12条1項・2項に基づき通知すべき情報について，電磁的方法を利用して同一の情報を閲覧することができる状態におく措置であっても，消費者庁に通知したものとみなす規定である．

具体的には，消費者庁において閲覧できるPIO-NETまたは事故情報データバンクへの入力をもって，同法12条2項に基づく消費者事故等の通知義務を果たしたこととみなされるが，事故情報データバンクは生命・身体被害に係る消費者事故等のデータベースであり，特商法事件の端緒に繋がるものとして活用されるのは，主としてPIO-NETに入力される情報である．事故情報データバンクについては第1章Ⅲ2③を参照．

Ⅲ 調査および行政処分の主体

1 消費者庁長官

　調査および行政処分の主体は主務大臣であるが（特商66条1項ないし5項，7条および8条1項等），主務大臣とされる内閣総理大臣（特商67条1項）から，消費者庁の所掌に係る権限については消費者庁長官に委任されている（特商67条3項）．
　以下，この章においては，次に説明する都道府県知事および経済産業局長と合わせて，調査および行政処分等の主体につき，「消費者庁長官等」という．

2 都道府県知事

　特定商取引法に規定する主務大臣の権限に属する事務の一部は，政令で定めるところにより，都道府県知事が行うこととすることができる（特商68条）．この都道府県知事が行う事務は，法定受託事務（国が本来果たすべき役割に係るものであって，国においてその適正な処理を特に確保する必要があるものとして法律またはこれに基づく政令に特に定めたもの（地方自治法2条9項1号））ではなく，自治事務（地方公共団体が処理する事務のうち法定受託義務以外のもの（同条8項））とされる．
　特定商取引法施行令では，特定商取引法の定める各取引について，本法違反の疑いがある行為が都道府県の区域内において存在すれば，当該都道府県知事が調査または行政処分を行い得ることとしている（訪問販売，連鎖販売取引，特定継続的役務提供，業務提供誘引販売取引や訪問購入については特商令19条1項本文で，通信販売については特商令19条2項本文で，電話勧誘販売においては特商令19条3項本文で，各々定められている．なお，通信販

売および電話勧誘販売については、2007（平成19）年6月の特定商取引法施行令改正で追加されたものである）。

　ただし、事業者における違反行為が広範囲に及ぶこともあるため、2以上の都道府県の区域にわたり取引の公正及び購入者等の利益を害するおそれがあり、主務大臣がその事態に適正かつ効率的に対処するため特に必要があると認めるとき、または都道府県知事から要請があったときは、主務大臣が直接当該事務を行うことは妨げられない（特商令19条1項ただし書、2項ただし書、3項ただし書）。

　各取引における本法違反の疑いある行為が都道府県の区域内において存在すれば、当該都道府県知事が、特定商取引法60条に定める申出を受理し得る（特商令19条4項〜6項）。この場合、主務大臣が自らその事務を行うことを妨げない（特商令19条4項〜6項各ただし書）。

　都道府県知事が、各取引に関する報告徴収、立入検査、指示および業務停止命令等を行った場合には、速やかにその結果を主務大臣に報告しなければならない（特商令19条7項）。

3　経済産業局長

　特定商取引法の規定により主務大臣の権限に属する事項は、政令で定めるところにより、地方支分部局の長に行わせることができる（特商69条1項）。2009（平成21）年9月に消費者庁が設置されたことに伴い、横断的観点から企画・立案に関わる主務大臣が内閣総理大臣（消費者保護の観点）および経済産業大臣（商取引一般の適正化の観点）の二大臣となるとともに、執行については消費者庁において一元的に行うこととなった[4]。消費者庁においては、地方支分部局をもたないので、地方における執行事務に関しては、経済産業省の地方支分部局である経済産業局の局長が行うことができるよう、経済産業局長に権限を委任することができる（特商69条3項）。

　内閣総理大臣から消費者庁長官に委任された権限（特商67条3項）のうち、

4　特商法解説427頁。

各取引について，指示，業務停止命令，合理的根拠を示す資料の提出命令，申出の受理，立入検査および報告徴収における権限が消費者庁長官から経済産業局長に委任される（訪問販売，連鎖販売取引，特定継続的役務提供，業務提供誘引販売，訪問購入については特商令20条2項1号，通信販売については特商令20条2項2号，電話勧誘販売については特商令20条2項3号）。

　また，消費者庁長官から権限を委任された経済産業局長の行政処分は，結果として全国的効果が及ぶこととなるところ，上記のように管轄区域内において本法違反の疑いある行為を端緒として権限行使する経済産業局長が，域外への立入検査等の調査を行う必要がある場合などには，管轄区域以外の区域をも管轄することができる（経済産業省組織規則228条3項）[5]。

---

[5] 特商法解説427頁．

Ⅳ　調査段階

1　事実上の調査

　内閣総理大臣の委任を受けた消費者庁長官（特商67条3項）は，特定商取引法を執行するために，必要な調査を行う必要がある．この行政調査は法律の根拠に基づくものに限られず，広く行われている．法律の根拠に基づかない調査（事実上の調査）には法的拘束力はないが，消費者や事業者からの任意に基づく資料の提出や，事情聴取等は，有力な情報となる．

2　法律上の調査（立入検査，報告徴収（特商66条））

（1）報告徴収，物件（資料）提出命令および立入検査

　主務大臣は，特定商取引法を施行するため必要があると認めるときは，販売業者やその他の者に対して，報告徴収，物件等の提出命令および立入検査を実施することができる（対象者については後記（2）参照）．報告徴収とは，報告を命令又は要請すること，物件等の提出命令とは，帳簿，書類その他の物件資料の提出を命じること，立入検査とは，職員に販売業者等の店舗その他の事業所や事務所に立ち入り帳簿，書類その他の物件を検査させることである（特商66条1項〜4項，73条2号）．
　後記2（2）（D）のように，対象者である販売業者等，密接関係者および販売業者等と取引する者が報告徴収，物件提出または立入検査を拒んだ場合等には，罰金が課せられる（特商72条1項10号・11号，73条2号）．
　なお，特定商取引法66条は報告徴収，物件等提出命令および立入検査に関する根拠規定であり，本条に基づかない任意の調査（法律の根拠に基づかない事実上の調査）を排除するものではない．

(2) 調査の対象者

(A) 対象者についての概要

(a) 販売業者等

　主務大臣は，特定商取引法を施行するため必要があると認めるときには，販売業者，役務提供事業者（特商2条1項1号），統括者（特商33条2項），勧誘者（特商33条の2），一般連鎖販売業者（同条），業務提供誘引販売業（特商51条1項）を行う者又は購入業者（特商58条の4）（以下「販売業者等」という）に対して，報告徴収，物件等の提出を命じまたは職員に立入検査を行わせることができる（特商66条1項）。

　ここに，報告徴収および物件等の提出命令ができる事項については，対象者毎に，契約締結について行う勧誘に関する事項，契約の締結に関する事項，解除に関する事項，広告に関する事項，書類の備置・閲覧に関する事項等と定められている（特商令17条各号）。

(b) 密接関係者

　主務大臣は，関連商品の販売を行う者その他の販売業者等と密接な関係を有する者として政令で定める者（「密接関係者」という）に対し報告徴収，物件等の提出を命じまたは職員に立入検査を行わせることができる（特商66条2項）。

　販売業者等に対して報告徴収等ができる要件は「特定商取引法を施行するために必要があると認めるとき」とされている（特商66条1項）のに対し，密接関係者に対して報告徴収等ができる場合の要件は，「特定商取引法を施行するために『特に』必要がある場合」と加重されている（特商66条2項）。

　密接関係者及び密接関係者に報告徴収を求めることができる事項は図表3-1のとおりである（特商令17条の2）。

図表3-1　密接関係者に報告徴収を求めることができる事項

| 法第四十八条第二項に規定する関連商品の販売を行う者 | 一　その者が締結する当該関連商品の販売契約の内容及びその履行に関する事項 |

	二　その者が締結した当該関連商品の販売契約の解除に関する事項
業務提供誘引販売取引に係る業務の提供を行う者	その者が締結する当該業務提供誘引販売取引に係る業務を提供する契約の内容及びその履行に関する事項
購入業者が訪問購入に係る売買契約の相手方から引渡しを受けた物品の引渡し（法第五十八条の十四第一項ただし書に規定する場合におけるものを除く.）を受けた第三者	その者が引渡しを受けた当該物品の引渡しに関する事項
法第六十六条第一項に規定する販売業者等が行う特定商取引に関する事項であつて，顧客（電話勧誘顧客を含む.）若しくは購入者若しくは役務の提供を受ける者，連鎖販売取引の相手方，業務提供誘引販売取引の相手方又は訪問購入に係る売買契約の相手方の判断に影響を及ぼすこととなる重要なものを告げ，又は表示する者	その者が行う法第六十六条第一項に規定する販売業者等が行う特定商取引に関する事項であつて顧客（電話勧誘顧客を含む.）若しくは購入者若しくは役務の提供を受ける者，連鎖販売取引の相手方，業務提供誘引販売取引の相手方又は訪問購入に係る売買契約の相手方の判断に影響を及ぼすこととなる重要なものの告知又は表示に関する事項

　図表3－1の左欄4段目の「販売業者等が行う特定商取引に関する事項であって，……判断に影響を及ぼすこととなる重要なもの」とは，購入者等が契約を締結する場合の意思形成に対して重大な影響を及ぼす事項であって，当該契約に関連のある事項であれば足りる（通達108頁～109頁）とされる.

　また，同じく図表3－1の左欄4段目の「告げ，または表示する者」とは，例えば，特定商取引に関する契約の締結について勧誘を行う者，顧客に対し売買契約等の締結を必要とする事情があると告げ，または表示する者，売買契約等の対象となる商品についてその性能，品質等について告げ，または表示する者，売買契約等の締結を条件に何らかの利益を提供することを告げ，または表示する者等が該当する（通達109頁）.

　（c）販売業者等と取引する者

　主務大臣は，販売業者等と取引する者（特商66条4項の規定が適用される者を除く）に対し，当該販売業者等の業務または財産に関し参考となるべきものに関し，報告徴収および資料の提出を命じることができる（特商66条3項）.

　「販売業者等と取引する者」とは具体的には，販売業者等が預金口座を開

設している金融機関，販売業者等に対してオフィスを賃貸する事業者，クレジット会社等が該当する．また，「当該販売業者等の業務又は財産に関し」とは，具体的には，販売業者等の名称，住所，連絡先や預金の出入り（取引者が金融機関の場合）等の事項が該当する（通達109頁）．

　報告徴収および資料提出命令ができる場合の要件が「特に必要があると認めるとき」と加重されているのは，密接関係者に対する場合と同様である．

　　(d) インターネット・サービス・プロバイダー等
　主務大臣は，インターネット・サービス・プロバイダーや携帯電話の通信サービスを提供している会社に対して，電子メールアドレスやショートメールサービスにおける電話番号，IPアドレスやドメイン名等を使用する権利を付与された者の氏名または名称，住所その他当該権利を付与された者を特定するために必要な情報について，報告を求めることができる（特商66条4項）．

　報告徴収ができる場合の要件が「特に必要があると認めるとき」と加重されているのは，密接関係者に対する場合と同様である．

　(B) 調査の対象者の解釈が問題となるもの
　調査の対象者である「販売業者等」（特商66条1項）として，どの範囲の者まで含めて考えることができるかについても問題となる．
　この点，「販売業者」または「役務提供事業者」（以下「販売業者等」という）とは，販売または役務の提供を業として営む者の意味であり，「業として営む」とは，営利の意思をもって，反復継続して取引を行うことをいう．なお，営利の意思の有無についてはその者の意思にかかわらず客観的に判断されることとなる．また，例えば，リース提携販売のように，「契約を締結し商品や役務を提供する者」と「訪問して契約の締結について勧誘する者」など，一定の仕組みの上で複数の者による勧誘・販売等であるが，総合してみれば一つの訪問販売を形成していると認められるような場合には，これらの複数の者は，いずれも販売業者等に該当するとされている（通達6頁）．

(C) 対象者が拒否した場合

　販売業者等（特商66条1項）や密接関係者（特商66条2項）が，報告徴収や提出命令に応ぜず，もしくは虚偽の報告をし，もしくは物件を提出せず，もしくは虚偽の物件等を提出し，または立入検査を拒み，妨げ，忌避した場合には，100万円以下の罰金が課せられる（特商72条1項10号・11号）．また，販売業者等と取引をする者（特商66条3項）については，報告徴収に応ぜず，もしくは虚偽の報告をし，または立入検査を拒み，妨げ，もしくは忌避した場合には，30万円以下の罰金が課される（特商73条2号）．よって，これにより，間接的に調査受諾が強制されることとなる．なお，これらの場合は，刑事告発事由となる（刑事訴訟法239条）

　これに対し，インターネット・サービス・プロバイダーや携帯電話の通信サービスを提供している会社（特商66条4項）については，報告徴収等を拒んだ場合について，罰則の規定は設けられていない．

（3）合理的根拠を示す資料の提出命令

(A) 法律の規定

　主務大臣は，訪問販売，電話勧誘販売，連鎖販売取引，特定継続的役務提供，業務提供誘引販売取引における不実の告知において，商品や役務の性能，効能，品質，効果等，告げる以上は当然合理的な根拠を保持していて然るべき事項につき不実告知があったか否かを判断するために必要があるときに，当該事業者等に対して，期間を定めて告げた内容の合理的な根拠を示す資料の提出を求めることができる（特商6条の2，21条の2，34条の2，44条の2，52条の2）．

　また，通信販売，連鎖販売取引，特定継続的役務提供，業務提供誘引販売取引における誇大広告において，商品の性能や役務の内容等に関して，著しく事実に相違する表示をし，または実際のものより著しく優良であり，もしくは有利であると人を誤認させるような表示があったか否かを判断するために必要があるときにも，当該広告の裏付けとなる合理的根拠を示す資料の提出を求めることができる（特商12条の2，36条の2，43条の2，54条の2）．

　そして，一定の期間内に事業者から合理的な根拠を示す資料の提出がない

場合には，指示処分や業務停止命令の発令においては，不実の告知や誇大広告があったものとみなされる．

(B) 趣旨

近年，商品等の性能や効果，役務の効果等に関する優良性をことさらに強調した勧誘・広告等により，消費者が誤認して契約に至るトラブルが多い．そして，これらについて，主務大臣が特定商取引法に基づき，不実勧誘・誇大広告等として規制するためには，専門機関を利用して調査・鑑定等を行い，勧誘に際して告げられた，または広告において表示された性能，効果，利益等を立証しなければならない．しかし，これには多大な時間を要するため，行政処分を行うまでに，不実勧誘や誇大広告等の疑いのある商品や役務が販売・提供され続けるなど，消費者被害が拡大するおそれがある（「特定商取引法に関する法律6条の2等の運用方針」Ⅱ　特定商取引法第6条の2等の適用についての考え方）．

このような弊害を防止するために，不実告知および誇大広告の禁止の規定に違反したか否かを判断するために，各取引類型において，合理的な根拠を示す資料の提出命令が認められている．

(C) 罰則

上記規定においては，いずれも販売業者等の違反状態を「みなす」という規定になっているため，指示および業務停止命令に際して適用されるのみであり，罰則については適用されない．

6　同期間は，「特定商取引法に関する法律6条の2等の運用方針」において，資料の提出を求められた日から原則として15日間とされる．

Ⅴ 行政処分の事前手続

1 手続の概要

　特定商取引法における指示(特商7条,14条,22条,38条,46条,56条,58条の12)や業務停止命令(特商8条1項,15条1項・2項,23条1項,39条1項〜4項,47条1項,57条1項・2項,58条の13第1項)は,不利益処分に該当する(不利益処分については後記「2」に詳述).不利益処分を行うためには,名あて人となるべき者に対し,意見陳述のための手続をとらなければならない(行手第3章).

　なお,地方自治体の機関が行う処分等のうち,法律の規定に基づいて行うものについては行政手続法を適用することになるが,条例または規則に基づいて行う処分等については,行政手続法に定める手続を適用せず(行手3条3項),地方公共団体において行政手続法の規定の趣旨にのっとり必要な措置を講ずるよう努めることとされている(行手46条).

2 不利益処分

(1) 不利益処分とは

　不利益処分とは,行政庁が,法令に基づき,特定の者を名あて人として,直接に,これに義務を課し,またはその権利を制限する処分をいう(行手2条4号).特定商取引法における指示や業務停止命令は,主務大臣が特定商取引法上の要件を満たすと判断した事業者等に対して,直接に,「必要な措置をとるべきことを指示」(特商7条等)することにより義務を課し,また,「業務の全部又は一部を停止すべきことを命ずる」(特商8条等)ことによりその権利を制限するものであるといえるので,不利益処分(行手2条4号)

に該当する．

　不利益処分の手続については，行政手続法第3章で通則として，処分の基準の設定（行手12条），意見陳述（行手13条），不利益処分の理由の提示（行手14条）が定められている．意見陳述の手続は聴聞と弁明の機会の付与に分けられる（行手13条1項1号・2号）．

（2）処分の基準の設定

（A）行政手続法における処分の基準の設定

　処分基準とは，「不利益処分をするかどうか又はどのような不利益処分とするかについてその法令の定めに従って判断するために必要とされる基準」（行手2条8号ハ）である．そして，「行政庁は，処分基準を定め，かつ，これを公にしておくよう努めなければならない．」とされ（行手12条1項），さらに，「行政庁は処分基準を定めるに当たっては，不利益処分の性質に照らしてできる限り具体的なものとしなければならない」（行手12条2項）とされる．

　ここで注意が必要なのは，処分基準を定め，かつ，これを公にしておくことは，努力義務にとどめられており，義務規定にはなっていない（行手12条1項）ことである．

　これは，処分基準については，一般に処分に関する行政庁の裁量が比較的広く，また，処分の原因となる事実の反社会性や相手方の情状等を個別の事案ごとにどう評価するのかといった問題もあり，その性質上，これをあらかじめ具体的な基準として画一的に定めることが技術的に困難なものもあるほか，処分基準を公にすることにより脱法的な行為が助長される場合も想定されるためである．[7]

（B）特定商取引法における処分基準の設定

　特定商取引法においては，処分基準として，平成25年5月1日付け消取引第307号「特定商取引に関する法律に基づく消費者庁長官の処分に係る審査

　7　逐条行手法162頁参照．

基準等について」(以下「特定商取引法の処分に係る審査基準等について」という)が設けられ，公表されている．不利益処分に係る処分基準に関し，特定商取引法に基づく指示および業務停止命令について，「それぞれの条に定める処分の基準のほか，事業者によるコンプライアンス体制の状況，違反行為の悪質性及び被害の現実の広がりや将来の拡大可能性等の観点を総合的に考慮の上，行うものとする.」とされている (「特定商取引法の処分に係る審査基準等について」2 (1)).

(C) 参考判例

さいたま地判平成25・7・10判時2204号86頁は，特商法上の業務提供誘引販売取引業者が，県知事より違法な業務停止命令を受けたとして，県に対して国家賠償請求を行った事案である．同事件で原告は処分基準を明らかにしないで処分が行われたことが行政手続法12条，14条に反し違法であると主張したが，同裁判例は，同法12条1項は処分基準を公にすることにより脱法的行為が助長される場合などを想定して，処分基準を公にすることにつき努力義務を設定したにとどまるものであり，処分庁においては処分基準を公にすることにより脱法的な行為が助長されるおそれがあることを理由として，特定商取引法に基づく業務停止命令の処分基準を非公開としたことが認められるとして，処分基準を非公開とする取扱いが，処分基準の公表・設定を定める行政手続法12条1項に反するとはいえないとした．

(3) 特定商取引法における意見陳述の機会の保障 (弁明の機会の付与)

(A) 弁明の機会の付与手続による場合

行政手続法において，意見陳述の手続が聴聞と弁明の機会の付与に分けられていることは，前記「1 (1)」に述べたとおりである．同法は，処分の与える不利益の大きさに応じて両者の手続を分けている．すなわち，不利益の与える度合いが大きい場合には正式な手続である聴聞，不利益の与える度合いが小さい場合にはより略式の手続である弁明の機会の付与手続を行うこととする，と分けて規定している．

特定商取引法の指示処分および業務停止命令処分は，不利益処分に該当す

るが（前記 2（1）参照），聴聞手続をとらなければならない場合（行手13条 1 項 1 号）には該当しないので，裁量的に聴聞手続をとる場合を除けば，弁明の機会の付与手続（行手13条 1 項 2 号）を行うこととなる．

(B) 弁明の機会の付与の趣旨
　行政庁は，不利益処分を行う場合に，処分の確保と処分に至る行政手続の透明性の向上を図り，もって当該処分の名あて人となるべき者の権利保護を図る観点から，公正・透明な手続を法的に保障しつつ，処分の原因となる事実について，その名あて人となるべき者に対して自らの防御権を行使する機会を付与することが必要であり，かかる観点から弁明の機会の付与の手続をとらなければならないとされている[8]．

(C) 弁明手続の内容
　弁明手続は，聴聞手続より略式の手続である．
　弁明手続においては，聴聞手続（行手15条）と同様に，まず，行政庁が処分の名あて人に対し書面により通知しなければならない（行手30条本文）．この書面には，「予定される不利益処分の内容及び根拠となる法令の条項」「不利益処分の原因となる事実」「弁明書の提出先及び提出期限（口頭による弁明の機会の付与を行う場合には，その旨並びに出頭すべき日時及び場所）」を記載しなければならない（行手30条各号）．通知を行う場合に，不利益処分の名あて人となるべき者の所在が判明しない場合は，その者の氏名，弁明書の提出先および提出期限と同法同条各号に掲げる事項を記載した書面をいつでもその者に交付する旨を当該行政庁の事務所の掲示板に掲示することによって行うことができるとされ，この場合には，掲示を始めた日から二週間を経過したときに，当該通知がその者に到達したものとみなすとされている（行手31条，15条 3 項）．
　これに対し，通知を受けた者は，代理人を選任することができる（行手31条，16条 1 項）．弁明は，不利益処分の名あて人となるべき者が，原則とし

　　8　逐条行手法165頁参照．

て弁明を記載した書面を提出して行うが，行政庁が認めたときは口頭で行うこともできる（行手29条1項）．弁明するときは，証拠書類等を提出することができる（行手29条1項2項）．

(D) 参考判例

名古屋地判平成18・9・25（判例秘書登載）は，電話勧誘販売を行う販売業者が，特定商取引法23条1項に基づく業務停止命令を受けるおそれがあるとして，仮の差止命令（行訴37条の5第2項）を申し立てたが，却下された事例である．争点の一つとして弁明手続の違法性の有無が争われた．すなわち，申立人は，①弁明の機会付与通知に記載された事実は，その時期，架電先，被害者とされる者の氏名，申立人側の従業員の氏名等が特定されておらず，弁明行為が特定できず，②十分な弁明を行うために必要な提出期限の延長も認められなかったから，違法であると主張した．

これに対し，裁判所は，以下のように判示した．

特定の有無については（①），弁明の機会の付与は，「処分理由の概要を事前に告知し，これに対する弁明の有無を確認することによって，行政処分の発令手続の明確性を確保し，併せて名宛人となるべき者の防御権を実現させることを目的とするものであって，弁明手続において告知すべき原因事実も，当該処分の性質，原因事実の内容等を総合考慮し，当該処分の対象となるべき者がその原因事実の存否，内容を確認し，これに対して必要な反論をすることが可能である程度に具体的であることを要し，またこれをもって足りる」という判断基準を立てた．その上で，具体的事実として，本件通知の記載によっても，「各事実の年月は特定して記載」され，「当該事実が行われた時期はほぼ確定」でき，「申立人従業員等における会話の内容」が詳細であるとして，事実関係を特定し，必要な反論等ができるとして，弁明の機会付与通知に違法はないとした．

また，弁明書の提出期限については（②），「予定されている処分の性質・内容，原因行為の態様等に照らし，処分行政庁が合理的な裁量判断によって決すべき」ところ，「特定商取引法23条1項に基づく業務停止命令は，違法な勧誘行為を行い，一般消費者に被害を及ぼす悪質な事業者の活動を停止し，

被害の拡大を防止するという公益上の利益保護を目的とするものであり，緊急性を要する処分であること，他方で異議申立人は従業員も数名であるにすぎないことから，事実関係の確認にも時間を要しないことに鑑みて，10日間の弁明期間が短時間であるとして，行政手続法30条の相当な期間に当たらないとはいえない」と判示した．

Ⅵ　行政処分

1　指示，業務停止命令

　特定商取引法は，同法に規定する行為規制に対する違反があった場合，主務大臣に「指示」および「業務停止命令」という行政処分を課す権限を与えている．

2　指示（特商7条，14条1項・2項，22条，38条1項〜4項，46条，56条1項・2項，58条の12）

（1）指示の要件

　指示の要件は，①販売業者等が特商法上の一定の行為規制に違反し，②当該取引類型に係る取引の公正および取引の相手方の利益が害されるおそれがあると認められることである．違反した場合に指示対象となる規制の概要は，図表3－2を参照．

（2）指示の内容

　上記の要件を満たすと認めた場合，主務大臣は，勧誘方法や広告表示の是正，書面の記載の徹底，不当行為を行った勧誘員を勧誘行為に従事させないこと，購入者への事実の通知など，違法状態または不当な状態を改善するために必要な措置をとることを販売業者等に指示することができる．[9]

---

[9]　消費者庁のホームページ上で，2003（平成15）年4月から2015（平成27）年7月15日までに国および都道府県が実施した行政処分に関する情報が公表されている〈http://www.caa.go.jp/trade/pdf/150715kouhyou_1.pdf〉．

(3) 指示の公表

　特定商取引法に基づき主務大臣が指示する場合には，2002（平成14）年2月1日より，消費者保護の強化等の観点から，販売業者等の名称を含め，原則として指示をした旨を公表するよう運用が強化されている（特商法解説83頁等）[10]。

　特定商取引法の規定に基づき消費者庁長官又は経済産業局長（以下「消費者庁長官等」という。）が，販売業者等に業務停止または指示の不利益処分を行い，その公表を行う場合の手続等については，「特定商取引に関する法律の規定による消費者庁長官等の不利益処分と販売業者等の名称等の公表について」（平成25年4月1日）（以下「平成25年4月1日付け要領」という）において定められている。なお，業務停止命令については，後記のとおり，公表について特定商取引法に根拠規定がおかれているが，指示の公表に関する法律上の根拠規定は存在しない。

　平成25年4月1日付け要領には，指示したことの公表に係る判断基準が定められている。具体的には，消費者庁長官等が販売業者等に対し指示を行う場合において，（1）当該販売業者等が当該指示に係る行為を繰り返す蓋然性，（2）当該販売業者等に対する当該指示に係る行為の重大性，のいずれかがあると認めるときは，原則として，消費者庁長官等は当該指示をした際に，当該販売業者等に係る氏名または名称等を公表することとする，と定められている。

　また，消費者庁長官等が公表を行う場合には，①当該不利益処分をした日，②当該不利益処分の名あて人たる販売業者等の氏名または名称（法人の場合には，代表者の氏名を含む）および所在地，③当該不利益処分に係る販売業者等の行為の概要，④当該不利益処分の概要，⑤その他消費者庁長官等が特に必要と認める事項，を記載した文書（以下「公表用資料」という）を公表することとする，と規定されている。

---

[10] 2016（平成28）年6月成立の特定商取引に関する法律の一部を改正する法律において，指示の公表規定が設けられている。

さらに，公表に係る事前告知手続として，消費者庁長官等が公表を行う場合には，当該不利益処分を行う消費者庁長官等は，あらかじめ，当該販売業者に対し，当該不利益処分をした際に，当該販売業者等の氏名または名称等を公表する旨を告知することとする，とされている．

　公表方法として，プレスへの公表用資料の投げ込みおよびホームページへの公表用資料の掲載または必要に応じてプレス発表の方法により行う，とされている．なお，経済産業局長が公表を行った公表用資料については，その写しを消費者庁のホームページにも掲載することとする，とされている．

3　業務停止命令（特商 8 条 1 項，15 条 1 項・2 項，23 条 1 項，39 条 1 項～4 項，47 条 1 項，57 条 1 項・2 項，58 条の13第 1 項）

（1）業務停止命令の要件

　業務停止命令の要件は，①販売業者等が特定商取引法上の一定の規制に違反し，②当該取引類型に係る取引の公正および取引の相手方の利益が著しく害されるおそれがあると認められることである．いずれの取引類型においても，業務停止命令の対象となる行為は，指示対象行為および指示違反行為である．

　指示の要件である「利害が害されるおそれがあると認めるとき」と，業務停止命令の「利害が著しく害されるおそれがあると認めるとき」の違いは，当該違反行為の個々の実態に即して，購入者の利益の保護を図るために業務を停止させるまでに至らずとも必要な措置をとることで改善されると判断できる場合と，業務停止命令を発動しなければ実態が改善されないと判断される場合との違いである．[11]

（2）業務停止命令の内容

　上記の要件を満たすと認めた場合，消費者庁長官等は 1 年以内の期間を限

11　特商法解説84頁等参照．

り，訪問販売等に関する業務の全部または一部の停止を命ずることができる[12]．

実際の処分事例では，新規勧誘，申込受付，契約締結といった業務の一部の停止を命ずるものが多い．また，業務停止命令の要件が満たされていると判断された場合に，指示も併せて命じる例も複数存在する．

（3）業務停止命令の公表

特定商取引法に基づき，主務大臣が業務停止命令を行ったときは，主務大臣はその旨を公表しなければならない（特商法8条2項，15条3項，4項，23条2項，39条5項，6項，47条2項，57条3項，4項，58条の13第2項）．特定商取引法において，業務停止命令を行った場合に，公表が義務付けられているのは，業者名を広く消費者に知らしめて被害の拡大防止を図るためである（特商法解説84頁等）．

公表に係る事項，公表に係る事前告知手続および公表方法については，平成25年4月1日付け要領に，指示の場合と同様に規定されている．

※ 第三者情報の公表の事例

消費者庁長官等において，指示あるいは業務停止命令を行うに伴う，不利益処分の名宛人たる販売業者等の氏名または名称等の公表については，当該販売業者等のほか，当該販売業者等との組織的関係を有する第三者や当該販売業者等が消費者と行う取引において重要な役割を果たす関係にある第三者が存在するときは，それらの関係を総合的に考慮し，消費者被害の拡大防止等のために消費者に十分な情報を提供する観点から必要があり，かつ公表によって得られる消費者等の利益が公表によって被る当該第三者の不利益を上回ることが明らかであると認めるときは，当該第三者の氏名または名称（法人の場合には，代表者の氏名を含む）および所在地並びに当該販売業者等の行為への関与の方法について公表する（平成25年4月1日付け要領「記

---

12 なお，2016（平成28）年6月成立の特定商取引に関する法律の一部を改正する法律において，業務停止命令期間の上限が2年とされた．

5」）とされる．

　上記の要領に従い，消費者庁長官等の行う業務停止命令および指示に伴い，第三者公表が行われる場合がある．以下，具体例を紹介する．

① 2013（平成25）年10月29日，消費者庁は，いくつかの異なる社名を用いて電話勧誘販売を行っていた事業者（個人）に対し，3か月の業務停止命令を行った際に，勧誘の際に用いた各会社名を併せて公表した（会社名，代表取締役氏名，登記簿上の住所及び表示上の住所の公表）[13]．

② 2015（平成27）年3月25日，中部経済産業局は，屋根瓦等家屋修繕工事の訪問販売を行っていた株式会社ハマホームに対して6か月の業務停止命令を行った際に，同社と組織的関係を有している会社について，会社名，代表者名，所在地，資本金および設立年月日を公表した．これらの会社については，同社との事務所の同一性，構成員の同一性および業務の分担等の事実関係について公表した[14]．

13　〈http://www.caa.go.jp/trade/pdf/131029kouhyou_1.pdf〉
14　〈http://www.caa.go.jp/trade/pdf/150325kouhyou_1.pdf〉

図表3-2　指示または業務停止命令の対象となる行為（概要）一覧

	訪問販売	通信販売		電話勧誘販売	
	販売業者 役務提供 事業者	販売業者 役務提供 事業者	電子メール 広告受託 事業者	販売業者 役務提供 事業者	統括者
書面交付（申込時）	4条			18条	
書面交付（締結時）	5条Ⅰ、Ⅱ			19条Ⅰ、Ⅱ	
承認等の通知		13条Ⅰ、Ⅱ		20条	
氏名等の明示	3条			16条	33条の2
不招請勧誘禁止					
勧誘を受ける意思の確認	3条の2Ⅰ ※努力義務				
再勧誘禁止	3条の2Ⅱ			17条	
不実告知	6条Ⅰ			21条Ⅰ	34条Ⅰ
事実不告知	6条Ⅱ 7条②			21条Ⅱ 22条②	34条Ⅰ
威迫・困惑	6条Ⅲ			21条Ⅲ	34条Ⅲ 38条Ⅰ④ （省31条④）
断定的判断提供					38条Ⅰ②
公衆の出入りする場所以外での勧誘	6条Ⅳ				34条Ⅳ
履行拒否、履行遅延	7条①	14条Ⅰ①		22条①	38条Ⅰ①
過量販売	7条③ （省6条の3）				
迷惑な勧誘・解除妨害	7条④ （省7条①）			22条③ （省23条①）	38条Ⅰ③ 38条Ⅰ④ （省31条①）
契約を締結しない意思を表示した者に対する迷惑勧誘					

勧誘者	連鎖販売契約			特定継続的役務提供	業務提供誘引販売取引		訪問購入
勧誘者	一般連鎖販売事業者	連鎖販売業を行う者	電子メール広告受託事業者	役務提供事業者販売業者	業務提供誘引販売業を行う者	電子メール広告受託事業者	購入業者
		37条Ⅰ		42条Ⅰ	55条Ⅰ		58条の7
		37条Ⅱ		42条Ⅱ、Ⅲ	55条Ⅱ		58条の8Ⅰ、Ⅱ
33条の2	33条の2				51条の2		58条の5
							58条の6Ⅰ
							58条の6Ⅱ
							58条の6Ⅲ
34条Ⅰ	34条Ⅱ			44条Ⅰ	52条Ⅰ		58条の10Ⅰ 58条の10Ⅳ
34条Ⅰ	38条Ⅰ④ 38条Ⅲ (省31条②)			44条Ⅱ 46条②	52条Ⅰ		58条の10Ⅱ 58条の10Ⅳ 58条の12②
34条Ⅲ 38条Ⅰ④ 38条Ⅱ (省31条④)	34条Ⅲ 38条Ⅰ④ 38条Ⅲ (省31条④)			44条Ⅲ	52条Ⅱ		58条の10Ⅲ 58条の10Ⅴ
38条Ⅰ② 38条Ⅱ	38条Ⅰ② 38条Ⅲ				56条Ⅰ②		
34条Ⅳ	34条Ⅳ				52条Ⅲ		
38条Ⅰ① 38条Ⅱ	38条Ⅰ① 38条Ⅲ			46条① 46条③ (省39条⑥)	56条Ⅰ①		58条の12①
38条Ⅰ③ 38条Ⅰ④ 38条Ⅱ (省31条①)	38条Ⅰ③ 38条Ⅰ④ 38条Ⅲ (省31条①)			46条③ (省39条①)	56条Ⅰ④ (省46条①) ※解除妨害のみ		58条の12③ (省54条①)
					56条Ⅰ③		

	訪問販売	通信販売		電話勧誘販売	
	販売業者 役務提供 事業者	販売業者 役務提供 事業者	電子メール 広告受託 事業者	販売業者 役務提供 事業者	統括者
判断能力不十分便乗	7条④ (省7条②)			22条③ (省23条②)	38条Ⅰ④ (省31条⑥)
適合性原則違反	7条④ (省7条③)			22条③ (省23条③)	38条Ⅰ④ (省31条⑦)
虚偽記載教唆	7条④ (省7条④)			22条③ (省23条④)	38条Ⅰ④ (省31条⑧)
意思に反した生命保険加入	7条④ (省7条⑤)				
立ち塞がり、付きまとい	7条④ (省7条⑥)				
消耗品等の消費による解除妨害	7条④ (省7条⑦)			22条③ (省23条⑤)	
広告の表示義務		11条			35条
誇大広告等の禁止		12条			36条
電子メール広告のオプトイン規制		12条の3Ⅰ、Ⅱ	12条の4Ⅰ 12条の4Ⅱ (12条の3Ⅱ)		36条の3Ⅰ、Ⅱ
電子メール広告の承諾等の記録作成等		12条の3Ⅲ	12条の4Ⅱ (12条の3Ⅲ)		36条の3Ⅲ
電子メール広告を受けない旨の意思表示に必要な事項の表示		12条の3Ⅳ	12条の4Ⅱ (12条の3Ⅳ)		36条の3Ⅳ
意思に反した申込		14条Ⅰ②	14条Ⅱ①		
財務等書類の備付、閲覧等					
引渡し拒絶に関する告知					
第三者への物品引渡しに関する通知					

勧誘者	一般連鎖販売事業者	連鎖販売業を行う者	電子メール広告受託事業者	役務提供事業者販売業者	業務提供誘引販売業を行う者	電子メール広告受託事業者	購入業者
連鎖販売契約	連鎖販売契約	連鎖販売契約	連鎖販売契約	特定継続的役務提供	業務提供誘引販売取引	業務提供誘引販売取引	訪問購入
38条I④ 38条II (省31条⑥)	38条I④ 38条III (省31条⑥)			46条③ (省39条②)	56条I④ (省46条②)		58条の12③ (省54条②)
38条I④ 38条II (省31条⑦)	38条I④ 38条III (省31条⑦)			46条③ (省39条③)	56条I④ (省46条③)		58条の12③ (省54条③)
38条I④ 38条II (省31条⑧)	38条I④ 38条III (省31条⑧)			46条③ (省39条④)	56条I④ (省46条④)		58条の12③ (省54条④)
							58条の12③ (省54条⑤)
				46条③ (省39条⑤)			
35条	35条				53条		
36条	36条			43条	54条		
36条の3 I、II	36条の3 I、II		36条の4 I、 36条の4 II、 36条の3 II		54条の3 I、II	54条の4 I 54条の4 II 54条の3 II	
36条の3 III	36条の3 III		36条の4 II、 36条の3 III		54条の3 III	54条の4 II 54条の3 III	
36条の3 IV	36条の3 IV		36条の4 II、 36条の3 IV		54条の3 IV	54条の4 II 54条の3 IV	
				45条I、II			
							58条の9
							58条の11

Ⅶ 行政指導

1 行政処分にならない場合

端緒情報を得、調査を経て、特商法違反の事実を認定しても、指示処分を行うには、訪問販売等に係る取引の公正および購入者または役務の提供を受ける者の利益が害されるおそれがあると認めるとき（特商7条等）でなければならず、業務停止命令を行うには、訪問販売等に係る取引の公正および購入者もしくは役務の提供を受ける者の利益が著しく害されるおそれがあると認めるときまたは販売業者が7条等の規定による指示に従わないとき（特商8条等）でなければならない。

また、指示や業務停止命令は「…できる」と規定されており、行政庁に裁量が認められている。

そこで、特商法の違反事実が認められる場合でも、行政処分ではなく、行政指導が行われる場合がある。

2 行政指導とは

行政指導とは、行政機関がその任務または所掌事務の範囲内において一定の行政目的を実現するため特定の者に一定の作為または不作為を求める指導、勧告、助言その他の行為であって処分に該当しないものをいい（行手2条6号）、「指導、勧告、助言その他の行為であって処分に該当しないもの」中、「指導」「勧告」「助言」は、一般には、相手方の自発的な意思に基づき協力があってその内容が実現される行為として使用されているものである（逐条行手法42頁）。

消費者庁は、2013（平成25）年2月2日、同年1月からの是正要請――いわゆる「脱法ドラッグ」の通信販売サイトのうち、特定商取引法上の表示義

務（事業者名，住所，電話番号等の表示義務）に違反しているおそれのあるサイトの運営業者に対し，同法の規定に違反しているおそれがある部分について是正するよう要請——から1か月を経過してもなお是正が確認できない場合は，国民に対する情報提供として，通販サイトのURLや運営業者名等を公表する可能性があることを通知した．また，当該通信販売サイトについてインターネット接続サービスを提供するインターネット接続業者に対し，当該接続サービスの提供停止等の措置を講ずる旨の協力要請を行った．[15] これらの要請は各事業者に対して文書による通知で行われ，行政指導として行われたものである．

3 行政指導の手続

行政指導を行う主体は，内閣総理大臣から委任を受けた消費者庁長官（特商67条3項），同長官から委任を受けた経済産業局長（特商69条）および各都道府県知事（特商68条）である．

行政指導は，法律の根拠なくして行われることが多く，特定商取引法上の規定に関する行政指導についても，同法においては定めがないため，行政庁がその所掌事務の範囲内で行うことができる．この場合には，行政法上の基本原則が及ぶのは当然であるが，行政手続法においても，行政指導における手続について，第4章において規定している．この内，特定商取引法においては，行政指導の一般原則（行手32条），行政指導の方式（行手35条）および複数の者を対象とする行政指導（行手36条）の規定が適用されると解される．

行政指導は，特定商取引法に規定されないところなので，その方式についても任意の手段で行われ，書面で行われる場合もあれば口頭で行われる場合もある．ただ，行政手続法に定める指導方式（行手35条）にのっとらなければならないことは当然である．すなわち，行政指導に携わる者は，その相手方に対して，当該行政指導の趣旨および内容並びに責任者を明確に示さなけ

---

15 〈http://www.caa.go.jp/trade/pdf/130220kouhyou_1.pdf〉

ればならず，行政指導が口頭でなされた場合に，相手方から行政指導の趣旨・内容・責任者について記載した書面の交付を求められたときは，特別の支障がない限り，これを交付しなければならない（行手35条1項・2項）．

なお，地方公共団体が行う行政指導については行政手続法2章から6章の規定は適用されないこととなっているため（行手3条3項），都道府県知事の行う行政指導の場合の手続規定については，行政手続法でなく，各地方公共団体における行政手続条例によることとなる．

4 行政指導の公表

特定商取引法上，行政指導の公表に関する規定はない．

行政指導に携わる者は，相手方の任意の協力によって実現されるものであることに留意しなければならない（行手32条1項）．また，行政指導に従わなかったことを理由として，不利益な取扱いが禁止される（行手32条2項）．

相手方の自主的な措置を促すため事実上（法律の根拠がなく）行われる公表については，国民に対する情報提供機能を有する一方で，公表されることにより経済的な損失を与えるなどかなりの不利益を被ることもあり，その相手方に対する社会的制裁として機能する面があり，行政指導に従わなかったことを理由とした公表については，何を公表するかにもよるが，行政法32条2項の「不利益な取扱い」に当たる場合もあるとされる[16]．

この点，前述した，平成25年2月20日付けのいわゆる「脱法ドラッグ」の通信販売サイトの運営事業者に対する行政指導において，同指導に従わなかった場合には，当該サイト名ないしURLの公表をすると通知した上で，実際に公表が行われた．これは，消費者への情報提供により注意喚起を行ったものといえる．

---

16 逐条行手法246頁参照．

Ⅷ　争い方

　行政庁の行為の適法性を争う場合の一般的な手段として，不服申立て，取消訴訟，国家賠償請求が考えられる．

1　不服申立て

（1）総論

（A）行政不服審査法に基づく不服申立て

　行政上の不服申立ては，行政庁の処分その他公権力の行使に当たる行為に不服がある者が，行政機関に対し，取消しまたは変更等を求める制度である．
　不服申立制度の一般法としての行政不服審査法は，昭和37年に制定・施行されたが，その後，行政の公正性・透明性等に関する国民の意識が大きく変わってきたことから，不服申立制度の簡易迅速性をいかしつつ，より公正な審理手続により国民の権利利益の救済を図るため全面的に改正され，改正行政不服審査法（以下「改正法」という）が平成28年4月1日に施行された．
　行政庁の「処分その他公権力の行使に当たる行為」に不服がある者は，行政不服審査法に基づく不服申立てを行うことができ（行審1条），換言すれば，「処分その他公権力の行使の当たる行為」に対してのみ不服申立てを行うことができる．行政不服審査法に基づく不服申立ての種類は，改正法により原則として審査請求に一元化された．
　主務大臣（内閣総理大臣）から権限を委任されている消費者庁長官が行う行政処分に係る審査請求を行う場合は，消費者庁長官が内閣府の外局として置かれる庁の長官であり独立した権限および自立性を有するため上級行政庁はないものとして扱われることから，消費者庁長官が審査請求先（審査庁）とされている（行審4条1号後段）．
　都道府県知事が行う行政処分に係る審査請求を行う場合は，都道府県知事

が行う特定商取引法に係る執行事務は自治事務であり上級行政庁がないことから，当該都道府県知事が審査請求先（審査庁）とされている（行審4条1号前段）．

消費者庁長官から権限を委任された経済産業局長が行う行政処分に係る審査請求を行う場合は，上級行政庁である消費者庁長官が審査請求先（審査庁）とされている（行審4条4号）．

個別法によっては，不服申立てに関する特別の定めがある場合もあるが，特定商取引法には不服申立てに関する規定は存在しないため，一般法としての行政不服審査法の定めによる．

(B) 手続

審査請求は，処分があったことを知った日の翌日から起算して3か月以内（行審18条1項），または処分があった日の翌日から起算して1年以内に行わなければならない（行審18条2項）．

審査請求の審理は原則として書面審理とされるが，審査請求人等の申立てがあった場合は審査請求人等に口頭で意見を述べる機会を与えなければならない（行審19条，29条〜31条）．

審理手続の公正性・透明性を高めるため，改正法は，審査請求に係る処分に関与した者以外の者の中から審査庁が指名する審理員が審理を行う審理員制度を導入した（行審9条）．また、改正法は，審査請求に対する裁決の客観性・公正性を高めるとともに，審理の遅延を防ぎ迅速な権利利益の救済を図るため，審理請求が到達してから裁決するまでに通常要すべき標準的な期間を審査庁が定めるよう努めるべきものとした（行審16条）．審査請求がなされても，審査請求の対象である処分の効力，処分の執行，手続の続行は妨げられず（執行不停止の原則．行審25条1項）．審査庁は，審査請求人の申立てにより，または職権で，処分の執行等を停止することができる（行審25条2項）．

審理の結果，最終的に，審査庁は審査請求について，却下，棄却，認容のいずれかの裁決を行う（行審45条〜47条，49条）．

（2）各論

(A) 行政指導に対して

不服申立ては,「処分その他公権力の行使に当たる行為」すなわち行政処分の適法性を争う制度であるところ,原則として行政指導は行政処分に当たらないため（前記Ⅴ3参照）,行政指導に対して審査請求はできない．

(B) 公表に対して

公表は,主に「情報提供としての公表」と「制裁としての公表」の2種類がある．「情報提供としての公表」については,それ自体が直ちに直接国民の権利義務に法的な影響を及ぼし,あるいはその範囲を具体的に確定するという効果をもつものではなく処分性がないとされている（東京地判平成4・3・24判タ784号187頁）．したがって,「情報提供としての公表」に対して審査請求はできないとされているが,「制裁としての公表」の処分性については肯定しうるとする見解もある[17]．

(C) 指示または業務停止命令に対して

特定商取引法に係る指示および業務停止命令は行政処分に当たることから,これらに対する審査請求は可能である．

2 取消訴訟

（1）総論

(A) 行政事件訴訟法に基づく行政処分の取消訴訟

取消訴訟は,行政庁の「処分その他公権力の行使に当たる行為」について不服がある場合,行政庁が属する国を相手方として,裁判所に対して当該「処分その他公権力の行使に当たる行為」の取消しを求めて提起する行政訴

---

17 宇賀・行政法Ⅰ263頁．

訟である（行訴3条2項，11条1項1号）．

（B）手続
　取消訴訟は，処分があったことを知った日から6か月を経過したときは提起することができない．ただし，正当な理由があるときは提起できる（行訴14条1項）．また，処分の日から1年を経過したときは提起できない．ただし，正当な理由があるときは提起できる（行訴14条2項）．
　審査請求と取消訴訟との関係については，審査請求をせずに直ちに取消訴訟を提起するか，まず審査請求を行ってそれに対する裁決に不服がある場合に取消訴訟を提起するか，両者を同時並行して行うかは自由である（行訴8条1項）．例外的に，審査請求に対する裁決を経た後でなければ取消訴訟を提起できないという不服申立前置主義が個別法で採用される場合があるが，特定商取引法においては不服申立前置主義は採用されていない．
　取消訴訟の提起によって処分の効力，処分の執行または手続の続行は何ら妨げられず（執行不停止の原則．行訴25条1項），処分の執行を止めるためには，別途，執行停止の申立てを行う必要がある（行訴25条2項）．

（2）各論

（A）行政指導に対して
　取消訴訟は，行政庁の「処分その他公権力の行使に当たる行為」すなわち行政処分その適法性を争ってその取消しを求める制度であるところ，原則として行政指導は行政処分に当たらないため，行政指導に対しては取消訴訟を提起できない．

（B）公表に対して
　公表は前記のとおり主に2種類あるところ，「制裁としての公表」については見解が分かれており，取消訴訟が可能であるとする見解もある．
　「情報提供としての公表」については，裁判例として，公正取引委員会が事業者に向けて行った「消費税導入に伴う再販売価格維持制度の運用について」と題する公表文の公表は，独禁法の規定の解釈等についての考え方を説

明したにとどまり，直接国民の権利義務に法的な影響を及ぼし，あるいはその範囲を具体的に確定するという効果をもつものではないとして，行政処分には該当せず，公表に対する取消訴訟は不適法であると判示したものがある（前掲東京地判平成4・3・24）．

(C) 指示または業務停止命令に対して

特定商取引法に係る指示および業務停止命令は行政処分に当たることから，これらに対しては取消訴訟の提起が可能である．

なお，事業者による業務提供誘引販売取引の広告表示が特定商取引法53条および54条に違反するとして埼玉県知事が行った業務停止命令について，当該業務停止命令には裁量権の濫用等があり違法であるとして，当該事業者が同命令の取消しを求めた事案において，事業者による弁明書の内容を考慮せず，広告表示の訂正が行われるか否かを確認することなく業務停止命令を発したことには裁量権を濫用した違法があるとして同命令を取り消す旨の判断がなされた裁判例がある（さいたま地判平成23・2・2判タ1357号87頁）．なお，当該裁判例に関連して，前記「Ⅴ2ウ」を参照．

3　国家賠償請求

(1) 総論

(A) 国家賠償法に基づく国家賠償請求

国家賠償請求は，国の公権力の行使に当たる公務員によって，故意または過失により違法に損害を与えられた者が，国による賠償を求めて裁判所に対して訴訟提起するものである（国家賠償法1条1項）．

(B) 手続

国家賠償請求訴訟の審理においては，「公権力の行使」「職務関連性」「違法性」「故意・過失」「損害」などの認定が問題となる．

国家賠償請求権の消滅時効は，民法724条により，被害者またはその法定

代理人が損害および加害者を知ったときから3年間とされている（民法724条，国家賠償法4条）．

（2）各論

(A) 行政指導に対して

　行政指導は「公権力の行使」（国家賠償法1条1項）の一つであるため，行政指導によって損害を受けた場合には国家賠償請求の提起が可能である．

　例えば，マンション建築事業者に対して市が教育施設負担金の寄付を求めて行政指導した行為について当該事業者が損害賠償請求を求めた事案において，市が教育施設負担金の寄付を求めた行政指導は，寄付金を納付しなければ水道の給水契約および下水道の使用を拒絶するとして，納付を事実上強制しようとしたものであり，本来任意に寄付金の納付を求めるべき行政指導の限度を超えるため，違法な公権力の行使であると判示した判例がある（最判平成5・2・18判時1506号106頁）．

(B) 公表に対して

　公表は「公権力の行使」（国家賠償法1条1項）の一つであるため，公表によって損害を受けた場合には国家賠償請求の提起が可能である．

　例えば，病原性大腸菌 O-157による集団食中毒に関する厚生大臣の公表について，当該公表に情報公開という正当な目的があったとしても，カイワレ大根生産業者の名誉，信用を害する違法な行為であるといわざるをえず，これにより生じた損害について，国には損害賠償責任があると判示した裁判例がある（大阪高判平成16・2・19訟月53巻2号541頁）．

(C) 指示または業務停止命令に対して

　特定商取引法に係る指示または業務停止命令は「公権力の行使」（国家賠償法1条1項）の一つであるため，指示または業務停止命令によって損害を受けた場合には国家賠償請求の提起が可能である．

Ⅸ　特定商取引法の執行における課題

本項では，特定商取引法の調査・執行において，特に近時指摘される問題について，実例を挙げながら論ずる．

1　行政庁の執行状況

行政庁における行政処分の推移は図表3-2のとおりになっている．

図表3-3　特定商取引法違反に基づく処分件数の推移（2015年5月13日時点）

年度	2004	2005	2006	2007	2008	2009	2010	2011	2012	2013	2014
国	16	35	30	40	37	48	53	43	40	21	40
都道府県	24	45	54	142	104	90	135	82	81	97	55
合計	40	80	84	182	141	138	188	125	121	118	95

出典：消費者庁ウェブサイト
〈http://www.caa.go.jp/policies/policy/consumer_transaction/release/pdf/160105kouhyou_1.pdf〉を基に作成

2007（平成19）年6月の政令改正により，通信販売および電話勧誘販売について，特定商取引法違反の疑いある行為が都道府県の区域内において存在すれば，当該都道府県知事が行政処分およびその事務に係る調査等を行うことができるようになった（特商68条，特商令19条2項本文，19条3項本文），また，2008（平成20）年改正により指定商品・役務制が撤廃され，特定商取引法の適用対象が大幅に拡大された．

これらの法令改正にもかかわらず，行政処分の件数は，減少傾向にある．その理由は，①近年は，事業者の手口が複雑化・巧妙化しており，行政庁の執行体制が追いついていないこと，②高齢者被害が増加する一方，被害を受けた高齢者からの聴取が難しく，違反事実を認定するための証拠を確保することが困難となっていること，が挙げられる（2015年3月15日付日本消費経済新聞）．

2　執行上の問題

(1) 執行主体の問題

　各取引類型において，特定商取引法違反の疑いがある行為が都道府県の区域内において存在すれば，当該都道府県知事が調査または行政処分を行い得るが，これは各地方公共団体の自治事務とされている（特商68条，特商令19条1項ないし3項．なお前記Ⅳ2（3）(B) 参照）．自治事務は，「国は，地方公共団体が地域の特性に応じて当該事務を処理することができるよう特に配慮しなければならない.」とされており（地方自治法2条13項），都道府県知事には，地域の実情に応じた裁量が認められている．

　しかし，上記自治事務として行われた行政処分については，都道府県知事が行政処分を行ったとしても，当該都道府県内にしかその効力は及ばないため，広域的に活動している事業者に対しては，限定的な効果しかない，という問題も指摘されている．

　かかる問題に対応するために，複数の都道府県において，または都道府県および国の双方において，同一の事業者に対して行政処分を行うことがある．例えば，連鎖販売取引業を行う，株式会社ビズインターナショナルに対して2009（平成21）年9月2日に宮城県が4か月の業務停止処分を行った後，同年11月27日に消費者庁が6か月の業務停止処分を行った．かかる例をはじめとして，特定の都道府県において特定の事業者に対して行政処分が行われたにもかかわらず，同じ事業者が他の都道府県において行政処分の対象となった違反行為繰り返した場合に，他の都道府県において，当該処分よりも加重された行政処分を行うこともある．[16]

　上記の例は，地方公共団体と国が別時点において，行政処分を行った例であるが，近時においては国と地方公共団体が連携して調査を行い同時に行政処分を行う場合がある．特定継続的役務提供に関し，2010（平成22）年2月

16　池本誠司ほか『特定商取引法ハンドブック（第5版）』671頁（日本評論社，2014年）参照．

18日，株式会社FORTRESS.JAPANに対して国（消費者庁）と地方自治体（東京都）による初めての連携調査・同時行政処分（6か月の業務停止命令および指示命令）がなされた．また，近時においては，訪問販売に関し，2014（平成26）年11月27日，株式会社NINE，株式会社Regaloeおよび株式会社サンクチュアリに対して消費者庁と東京都が連携調査の上，同時行政処分（3か月の業務停止命令）がなされた．

近年における，事業者の広域的な活動実態に鑑みれば，特定の地域のみに特化した被害事例以外は，その処分の効果が全国に及ぶ消費者庁が積極的に処分を行うべきとする見解もある[17]．

他方で，調査段階から，複数の都道府県が合同で処分を行うこともある．電話勧誘に関し，2013（平成25）年6月11日，健康食品の送りつけを行っていた株式会社スフィーダに対して行われた業務停止処分（6か月）は，関東近隣の複数の都道府県が相互に連携を図り，合同で調査・処分を行ったものである[18]．また，2015（平成27）年3月27日，東京都が千葉県と，整水器等の訪問販売事業者に対する業務停止命令を同時に行った例も，同趣旨に基づくものと考えられる．

このように，事案によって，いかなる方法をとるべきかについては異なるが，都道府県同士あるいは都道府県と国が双方で連携をとっていくことが重要である．

（2）執行対象事業者の問題

前記1において，執行における問題として，事業者の手口の複雑化・巧妙化による問題，調査における問題を指摘した．これらの問題は，行政処分の対象者側に起因する問題ともいえる．そこで，これらに対する対応として，以下に近時の処分事例および裁判例を紹介する．

---

[17] 消費者委員会「第1回特定商取引法専門調査会配布資料〔資料6-5〕」（平成27年3月5日）．圓山茂夫『詳解特定商取引法の理論と実務〔第3版〕』795頁（民事法研究会，2014年）．
[18] 戸田陽子「特定商取引法執行の現場から―栃木県の現状と取組み―」現代消費者法25号103頁．

（A）勧誘者の行為を訪問販売事業者の行為として行った処分

前記2でも，国と東京都の連携調査・同時処分の事例として紹介したが，2014（平成26）年11月27日，消費者庁と東京都は，訪問販売業者である株式会社 NINE，株式会社 Regaloe，株式会社サンクチュアリ（以下「同社ら」という）に対して3か月の業務停止処分を行った．本件において，実際に勧誘行為を行っていたのは，投資用 DVD を既に購入した者（以下「勧誘者」）であったため，同社らと勧誘者を一体ととらえて，勧誘者の勧誘行為を事業者の行為として，同社らに対して行政処分を行ったものである．

（B）複数の事業者に対する処分

　（a）処分対象事業者と密接不過分の関係にある事業者に対する対処

2002（平成14）年の中小企業支援法の制定により1円起業が可能になったことおよび2006（平成18）年の新会社法の施行により最低資本金規定が撤廃されたことにより，会社の設立が容易になったことを利用して，法人格を濫用し，悪質な勧誘や執行逃れを行う事業者が出現している．

すなわち，会社の設立が容易になったことにより，①複数の会社を作って立入検査に入るころには別の会社に実態を移す，②営業部を別会社として黒幕である事業者が執行を逃れようとする，③業務停止命令を受けた後，別法人として繰り返し違反行為を行う，等の事案が報告されている[19]．

②の事案に対応するべく，現行法に基づき行われた執行事例として，2014（平成26）年11月10日，消費者庁による，CO_2排出権の売買取引に係る役務の訪問販売業者である株式会社あおぞら（以下「あおぞら」という），金地金・白金地金の訪問販売業者である株式会社みらい（以下「みらい」という）および両者の訪問販売に係る業務の遂行に密接不可分に関係し，一体となって，訪問販売の事業を行っていると認められるマークホールディングス株式会社（以下「マーク」という）に対する，9か月の業務停止命令および指示がある．同事例においては，マークが，実際に勧誘行為を行っていたあ

19　以上，2015年3月15日付日本消費経済新聞，消費者委員会「第1回特定商取引法専門調査会配布資料【資料2】」（平成27年3月5日）参照．

おぞら，および，みらいの経営方針を定め，人事・財務等経営を管理し，2社の訪問販売に係る事業の遂行に密接不可分に関係し，営業部門のみの2社それぞれ単独では事業の継続が不可能であることから，一体となって，2社の訪問販売の事業を行っていることが認定されている[20]．本件は，マークを黒幕ととらえて，これを，実際の営業部隊であるあおぞら及びみらいと一体と認定したものともいえる．

③の事案に対応するべく，2016（平成28）年6月に成立した「特定商取引法の一部を改正する法律」において，業務停止を命ぜられた法人の取締役やこれと同等の支配力を有すると認められるもの等に対して，停止の範囲内の業務を新たに法人を設立して継続すること等を禁止することとなった．

なお，名古屋高判平成19・11・19判夕1270号433頁は，個人で印刷業を営んでいた控訴人Xが，特定商取引法に基づくクーリング・オフの権利を行使して，被控訴人であるリース会社Yとの間のリース契約を解除したと主張したものであるが，本件リース契約の締結が，別会社であるAの従業員Bによる勧誘，AからYへのリース対象物件の販売及びYとXとのリース契約が全体として一体をなして成り立っているのであり，かつ，Yはリース契約の勧誘から締結に至るまでAの従業員Bをいわば手足として利用したということを認定し，リース会社であるYを特定商取引法2条1項1号の「役務提供事業者」であるとした．

(b) 一つのグループが別の名称を使用して同一手口で営業していたもの

2010（平成22）年12月7日，東北経済産業局は，数か月ごとに次々名称を変更しながら営業を行っていた業務提供誘引販売取引業者である日本教育出版有限会社ほか3名に対し，一体となって業務を行っていたとして，6か月の業務停止命令および指示を行った．

同年7月23日，消費者庁は，業務提供誘引販売業者である有限会社アプローズほか3社および株式会社デパーズほか3社に対し，それぞれ4社が一体となって業務を行っていたとして，9か月間の業務停止命令および指示処分

---

20 〈http://www.caa.go.jp/trade/pdf/141110kouhyou_1.pdf〉

を行った.

3 その他の問題

(1) 住所地等所在の問題

調査を行う上での問題点の1つとして,悪質な事業者の所在を把握できないことが挙げられる[21].

すなわち,交付書面(特商4条・5条等)においては,事業者の住所の記載が義務付けられており(特商4条6号,特商規3条1号等),ここで表示しなければならない住所地は現実に活動している住所とされ,通常は登記簿上の住所地とされるが[22],現実には登記簿上の住所と異なる場合もあり,登記簿上の住所地に対して調査を行おうとしても,実際には調査対象となるべき事業活動がない場合もある.

さらに,本章1(2)に既述のとおり,会社の設立が容易になったことにより別の法人格を作ることにより,立入検査等を逃れる場合もある[23].

(2) 立入検査の拒否

立入検査および報告徴収は,特定商取引法66条を根拠規定として行われるものであるが,販売業者等,密接関係者および販売事業等と取引する者が拒否等した場合に,罰則が科される(特商72条1項10号・11号,73条2号)ため,罰則により間接的に強制力が働くといえる.

しかし,罰則は100万円または30万円以下の罰金にすぎず,罰金を甘受することを前提に立入検査等を拒否されることもあり得る.

この点,立入検査拒否への対応策として,立入検査を拒否した事業者名の公表をするなどの方策の強化も提唱もされている[24].東京都は,2014(平成

---

21 土田正宏「特定商取引法執行の現場から－埼玉県の現状と取組み－」現代消費者法18号134頁.
22 特商法解説76頁.
23 土田・前掲注(21)136頁.

26）年1月22日，CO2排出権取引について勧誘を行っていた事業者に対して9か月の業務停止命令を行った際，同行政処分を公表するとともに，同事業者が東京都による立入検査を2回にわたり拒否した事実も公表している[25]．

（3）行政処分に協力した消費者保護の問題

実際に被害を受けた消費者からの相談や通報が，事件の端緒となり，行政処分に繋がることは前記Ⅱにおいて述べた．

このように，消費者からの情報提供は行政処分を行う上で有益なものとなり得るところである．

しかし，被害を申告した消費者に対して，行政処分を受けた事業者から威迫や威圧，その他の迷惑行為等が行われることもある[26]．かかる事態をおそれて，被害を受けた消費者が相談・申告を躊躇する可能性もある．

消費者からの情報提供が，行政処分を行う上で有する重要性に鑑みれば，処分を行う行政庁が，被害申告等を行った消費者を保護する仕組み作りが必要である．この点に関して，東京都は，「行政処分に係る協力者支援プロジェクト」を運用している．同プログラムは，行政処分に協力した消費者を「行政処分協力者名簿」に登録し，東京都による事業者に対する警告および弁護士の専門的助言による支援を内容としている[27]．

（4）所在地が不明な事業者に対する処分

2015（平成27）年3月24日，消費者庁は，所在地不明の，危険ドラッグ等の通信販売を行っていたサイト運営業者に対し，公示送達（民法98条，民事訴訟法110条・111条）により，違反行為（販売業者の指名または名称，住所，電話番号および代表者等の表示不備．特商11条5号，特商規8条1号・2

24　村千鶴子「特定商取引法の見直しへ受けて⑦　特定商取引法に基づく執行の現状と課題」現代消費者法27号61頁．
25　〈http://www.metro.tokyo.jp/INET/OSHIRASE/2014/01/20o1m200.htm〉
26　平澤慎一「《事件に学ぶ消費者法》行政処分に協力した消費者への支援」現代消費者法25号107頁．
27　以上，東京都ウェブサイト「行政処分に係る協力者支援プログラム」について〈http://www.shouhiseikatu.metro.tokyo.jp/hourei/singi/documents/shiryo6.pdf〉

Ⅸ　特定商取引法の執行における課題

号）の是正を指示した．国が，特定商取引法の行政処分を公示送達によって行った初めての事案である．

　この点，行政手続法上，聴聞や弁明の機会の付与は書面で行わなければならないが（行手15条１項，30条），不利益処分の名あて人となるべき者の所在が判明しない場合における公示送達については定めがある（行手15条３項，31条）．しかし，行政処分を行う場合においては行政手続法上も特定商取引法上も同様の規定がないため，民法98条，民事訴訟法110条・111条に基づく公示送達による必要がある．[28] この点，行政手続法15条３項による公示送達の要件は所在が判明しない場合の規定であるが，民法98条１項においては，「所在を知ることができないとき」のみならず，「相手方を知ることができ」ないときにも公示送達ができるとされる．

　本件においては，事業者の所在地等に加え，事業者の名称もサイト名しか明らかになっておらず，「相手方を知ることができ」ない場合として民法の規定に基づく公示送達が行われたものである．[29]

28　宇賀克也『行政法概説Ⅰ　行政法総論〔第５版〕』357頁〜358頁（有斐閣，2013年）
29　このような事案に対応するべく，2016（平成28）年６月に成立した特定商取引に関する法律の一部を改正する法律において，所在不明の違反事業者に対する公示送達による処分を可能とする規定が設けられた．

第4章

表示法分野における調査・執行

本章の概要

　表示は，一般消費者が食品，商品，サービス等を選択する上で非常に重要な役割をもつものであり，仮に表示に誤りがあった場合には，一般消費者による自主的かつ合理的な選択を阻害することになる．そこで，表示に関してはさまざまな法律がルールを設けており，消費者庁もそれら法律の一部を所管あるいは共管している．消費者庁が所管あるいは共管する表示に関するルールを有する主な法律の概要は図表4-1のとおりである．

　このうち，特定商取引法については第3章で詳細に述べられており，また住宅の品質確保の促進等に関する法律については執行を消費者庁ではなく国土交通省が行うことから，本章においては景品表示法，家庭用品品質表示法，食品表示法および健康増進法について述べる．

図表4－1　消費者庁が所管あるいは共管する主な表示法の概要

法律名	表示に関する規制や制度の概要
不当景品類及び不当表示防止法 （昭和37年5月15日法律第134号）	不当な表示の禁止（景表5条） ① 優良誤認表示 ② 有利誤認表示 ③ その他内閣総理大臣が指定する一般消費者に誤認されるおそれのある表示 注：景品表示法は過大な景品類の提供も禁止している（景表4条）
家庭用品品質表示法 （昭和37年5月4日法律第104号）	一般消費者が通常生活に用いる「繊維製品」、「合成樹脂加工品」、「電気機械器具」及び「雑貨工業品」について、品目ごとに次の内容を告示で規定（家表3条） ① 成分、性能、取扱い上の注意等の品質に関し表示すべき事項（表示事項） ② 事業者が表示の際に遵守すべき事項（遵守事項）
住宅の品質確保の促進等に関する法律 （平成11年6月23日法律第81号）	住宅の性能に関し表示すべき事項及びその表示の方法の基準（日本住宅性能表示基準）を定める（住宅の品質確保の促進等に関する法律3条）。
食品表示法 （平成25年6月28日法律第70号）	消費者が安全に摂取し、及び自主的かつ合理的に選択するために必要な事項に関する表示基準を定める（食表4条）
食品衛生法 （昭和22年12月24日法律第233号）	食品、添加物、器具又は容器包装に関して、公衆衛生に危害を及ぼすおそれがある虚偽の又は誇大な表示又は広告を禁止（食品衛生法20条）．
健康増進法 （平成14年8月2日法律第103号）	食品として販売に供する物に関して広告その他の表示をするときは、健康保持増進効果等について、著しく事実に相違する表示又は著しく人を誤認させるような表示を禁止（健康増進法31条）
特定商取引に関する法律 （昭和51年6月4日法律第57号）	通信販売、連鎖販売取引、特定継続的役務提供及び業務提供誘引販売取引において著しく事実に相違する表示をし、又は実際のものよりも著しく優良であり、若しくは有利であると人を誤認させるような表示（誇大広告等）を禁止 （特商12条、36条、43条及び54条）

I　景品表示法

図表4－2　景品表示法の概要

```
           景品表示法の目的
         一般消費者の利益の保護
```

| 消費者庁ほか | 不当な顧客誘引の禁止 |

不当表示の禁止
◇優良誤認表示の禁止
◇有利誤認表示の禁止
◇その他誤認されるおそれがある表示の禁止

景品類の制限及び禁止
◇一般懸賞による景品類の提供制限（最高額・総額）
◇共同懸賞による景品類の提供制限（最高額・総額）
◇総付景品の提供制限（最高額）

| 事業者 | 事業者が講ずべき景品類の提供及び表示の管理上の措置 |

◇景品表示法の考え方の周知・啓発
◇法令遵守の方針等の明確化
◇表示等に関する情報の確認
◇表示等に関する情報の共有

◇表示等を管理するための担当者等（表示等管理担当者）を定めること
◇表示等の根拠となる情報を事後的に確認するために必要な措置を採ること
◇不当な表示等が明らかになった場合における迅速かつ適切な対応

| 事業者・事業者団 | 公正競争規約 |

↓

自主的かつ合理的に，良い商品・サービスを選べます．

出典：消費者庁「事例でわかる景品表示法」2頁

1 表示規制

(1) 概略

> 5条 事業者は，自己の供給する商品又は役務の取引について，次の各号のいずれかに該当する表示をしてはならない．

景品表示法は5条において，禁止される不当な表示を規定している．同条各号はそれぞれ品質，規格その他の内容についての不当表示（1号・優良誤認表示），価格その他の取引条件についての不当表示（2号・有利誤認表示）およびその他一般消費者に誤認されるおそれがあるとして内閣総理大臣が指定する不当表示（3号・指定告示に係る不当表示[1]）を規定している．

(2)「事業者」および「表示」とは

> 2条
> 1～3（略）
> 4　この法律で「表示」とは，顧客を誘引するための手段として，事業者が自己の供給する商品又は役務の内容又は取引条件その他これらの取引に関する事項について行う広告その他の表示であつて，内閣総理大臣が指定するものをいう．

表示については景品表示法において上記のように定義されているが，ここでは「事業者」および「内閣総理大臣が指定するもの」について補足する．

(A)「事業者」

景品表示法上の事業者とは「商業，工業，金融業その他の事業を行う者」と定義されている（景表2条1項）．営利性は要件とされておらず，およそ経済活動を行っている者は事業者に該当する．営利を目的としない協同組合，

---

[1] 景品表示法5条3号の指定が告示によることから指定告示といわれている．

共済組合等であっても，商品または役務を供給する事業については事業者に当たる[2]．学校法人，宗教法人等または地方公共団体その他公的機関であっても一般の事業者の私的な経済活動に類似する事業を行う場合には一般の事業者に準じて扱われる[3]．株式会社や有限会社以外の事業者に対する措置命令の実例としては，学校法人に対する措置命令として，学校法人北海道安達学園に対する件（平成23年6月29日）が，医療法人に対する措置命令として医療法人社団太作会に対する件（平成25年5月29日）などがある．

(B)「内閣総理大臣が指定するもの」

景品表示法2条4項は，表示の詳細については内閣総理大臣の指定に委ねている．この指定は告示の形式でされており[4]，

① 「商品，容器又は包装による広告その他の表示及びこれらに添付した物による広告その他の表示」
② 「見本，チラシ，パンフレット，説明書面その他これらに類似する物による広告その他の表示（ダイレクトメール，ファクシミリ等によるものを含む．）及び口頭による広告その他の表示（電話によるものを含む．）」
③ 「ポスター，看板（プラカード及び建物又は電車，自動車等に記載されたものを含む．），ネオン・サイン，アドバルーン，その他これらに類似する物による広告及び陳列物又は実演による広告」
④ 「新聞紙，雑誌その他の出版物，放送（有線電気通信設備又は拡声機による放送を含む．），映写，演劇又は電光による広告」
⑤ 「情報処理の用に供する機器による広告その他の表示（インターネット，パソコン通信等によるものを含む．）」

と指定されている．このように，事業者が商品または役務の供給の際に顧客を誘引するために利用するあらゆる表示が景品表示法の「表示」に該当し，

---

2 昭和52年公正取引委員会事務局長通達第7号「景品類等の指定の告示の運用基準について」2(1)．
3 前掲注(2)，2(3)．
4 昭和37年公正取引委員会告示第3号「不当景品類及び不当表示防止法第二条の規定により景品類及び表示を指定する件」．

その範囲は極めて広範に及んでいる．口頭によるものも「表示」に該当し，例えば，株式会社ヘルスに対する件（平成25年10月17日）において，同社従業員の顧客に対する口頭での説明を措置命令の対象としている．

（3）優良誤認表示の概要

> 5条　事業者は，自己の供給する商品又は役務の取引について，次の各号のいずれかに該当する表示をしてはならない．
> 　一　商品又は役務の品質，規格その他の内容について，一般消費者に対し，実際のものよりも著しく優良であると示し，又は事実に相違して当該事業者と同種若しくは類似の商品若しくは役務を供給している他の事業者に係るものよりも著しく優良であると示す表示であつて，不当に顧客を誘引し，一般消費者による自主的かつ合理的な選択を阻害するおそれがあると認められるもの

優良誤認表示規制は，実際あるいは事実に相違して表示をする事業者と同種もしくは類似の商品もしくは役務を供給している他の事業者に係るものよりもいいものであると表示することを禁止するものである．以下ポイントに絞って説明する．

(A)「著しく」の意義

「著しく」とは，当該表示の誇張・誇大の程度が，社会一般に許容される程度を超えて，一般消費者による商品または役務の選択に影響を与える場合をいうとされている[5]．そして，誇張・誇大が社会一般に許容される程度を超えるものであるかどうかは，当該表示を誤認して顧客が誘引されるかどうかで判断され，その誤認がなければ顧客が誘引されることは通常ないであろうと認められる程度に達する誇大表示であれば著しく優良であると示す表示に当たると解される[6]．これは後記（4）の有利誤認表示の場合も同様である．

---

[5] 公正取引委員会「不当景品類及び不当表示防止法第7条第2項の運用指針—不実証広告規制に関する指針—」（平成15年10月28日）第1・2(2)参照．
[6] 東京高判平成14・6・7判タ1099号88頁参照．

(B)「商品又は役務の品質,規格その他の内容」の意義

　品質とは商品に関する成分（主に物理的特性としての原材料,純度,濃度,添加物等）や属性（性能,効果,味等）を指す．規格とは国,公的機関,民間団体などが定めた一定の要件を満たすことで自動的にまたは認証等を経て表示することができる等級などを指す．その他の内容には,例えば,原産地,製造方法,賞の受賞の有無などが含まれる．

　措置命令の実例としては,例えば,「松阪牛しゃぶしゃぶコース」などと記載することにより松阪牛を使用していると表示していたが実際には松阪牛を使用していなかった株式会社木曽路に対する件（平成26年10月15日・原材料の例）や自己の供給する商品について「日本初の快挙！　国連から特別功労賞！」,「国連から受賞！」等と表示していたが実際には当該商品が国際連合（以下「国連」という）から賞を受けた事実はなかったという株式会社リソウに対する件（平成24年3月8日・賞の受賞の有無の例）などがある．

　もっとも,「品質」,「規格」は商品または役務の内容に関する例示であって,「品質」,「規格」,「その他の内容」のいずれに該当するかを論じる実益はほとんどなく,措置命令においても多くの場合特段の区別をしているものではない．

(C)「実際のものよりも……優良」の意義

　当該要件については,表示内容が実際のものよりも科学的に優良であると判断できないような場合であっても,一般消費者にとって実際のものよりも優良であると認識される表示であれば「実際のものよりも……優良」であると判断される．なぜなら,景品表示法の目的が一般消費者の自主的かつ合理的な選択を確保することにあるので,仮に実際のものが表示内容よりも科学的に優れていたとしても実際と異なる表示をすることにより一般消費者の自主的かつ合理的な選択を阻害することがありうるからである．

　7　2011（平成23）年8月11日に国連は商業目的の事業,商品やサービスを推奨,または,認定することない旨をプレスリリースしている〈http://www.unic.or.jp/news_press/info/1999/〉．
　8　真渕・景表法67頁．

例えば，コピー用紙を販売するにあたり，ラベルに「古紙100％」と記載することにより，あたかも，当該商品は100％古紙から作られているかのように示す表示をしていたが，実際には古紙を50％程度しか使用していなかった事案について不当表示と判断された事案がある．[9] 科学的にみた場合，色の白さ等は古紙使用割合が低いほうが高まると考えられるが，古紙100％との記載に接する一般消費者にとってはリサイクルや環境に対する意識から古紙100％のほうが優良であると認識されることがあると考えられたため不当表示と認定されたと考えられる．

（4）有利誤認表示の概要

> 5条　事業者は，自己の供給する商品又は役務の取引について，次の各号のいずれかに該当する表示をしてはならない．
> 　一　（略）
> 　二　商品又は役務の価格その他の取引条件について，実際のもの又は当該事業者と同種若しくは類似の商品若しくは役務を供給している他の事業者に係るものよりも取引の相手方に著しく有利であると一般消費者に誤認される表示であつて，不当に顧客を誘引し，一般消費者による自主的かつ合理的な選択を阻害するおそれがあると認められるものそれがあると認められるもの

　有利誤認表示規制は，実際あるいは事実に相違して表示をする事業者と同種もしくは類似の商品もしくは役務を供給している他の事業者に係るものよりもお得であると表示することを禁止するものである．

（A）「価格」に関する有利誤認表示

　価格表示は，消費者にとって商品または役務の選択上重要な要素となる販売価格について情報を得る手段であり，価格表示が適正に行われない場合には消費者の自主的かつ合理的な選択を阻害することになる．このような観点から，景品表示法は5条2号において商品または役務の価格について実際のものまたは表示をする事業者と同種もしくは類似の商品もしくは役務を供給

9　王子製紙株式会社他製紙会社8社に対する排除命令（平成20年4月25日）．

している他の事業者に係るものよりも取引の相手方に著しく有利であると一般消費者に誤認される表示を規制している．価格表示に関しては，公正取引委員会「不当な価格表示についての景品表示法上の考え方」（平成12年6月30日）（以下「価格表示ガイドライン」という）もあわせて参考にすることが重要である．

「価格」に関する有利誤認表示は概ね以下のように分類される[10]ので，以下ポイントに絞って説明する．

① 実際の販売価格よりも安い価格を表示する場合
② 販売価格が，過去の販売価格や当該事業者と同種若しくは類似の商品若しくは役務提供している他の事業者（以下「競争事業者」という）の販売価格等と比較して安いとの表示を行っているが，例えば，次のような理由のために実際は安くない場合
◇比較に用いた販売価格が実際と異なっているとき
◇商品または役務の内容や適用条件が異なるものの販売価格を比較に用いているとき
（上記②についてはいわゆる不当な二重価格表示といわれる）
③ その他，販売価格が安いとの印象を与える表示を行っているが，実際は安くない場合

　(a) 実際の販売価格よりも安い価格を表示する場合

価格表示ガイドラインにおいては，実際の販売価格よりも安い価格を表示する場合として以下のような類型を挙げている（第三・1）
① 実際の販売価格より安い価格を販売価格として表示すること
② 通常他の関連する商品や役務と併せて一体的に販売されている商品について，これらの関連する商品や役務の対価を別途請求する場合に，その旨を明示しないで，商品の販売価格のみを表示すること
③ 表示された販売価格が適用される顧客が限定されているにもかかわらず，その条件を明示しないで，商品の販売価格のみを表示すること

　10　価格表示ガイドライン第二・2参照．

②の類例として，あたかも，記載された料金を支払うだけで歯科矯正役務の提供を受けることができるかのように表示していたが，実際には追加として消費税相当額および矯正器具に係る料金を負担することが必要となるものであったという医療法人社団太作会に対する措置命令（平成25年5月29日）がある．

なお，例えばチラシ等販売場所とは異なる場所で実際の販売価格よりも安い価格を表示した場合，消費者が商品または役務を購入するまでのいずれかの時点で正しい販売価格（あるいは追加費用を要すること）などを知ることが多い．しかし，実際の販売価格よりも安い価格が表示されれば，これによって顧客（消費者）が誘引されるのであり，その後に他の異なる表示物等で打ち消したとしても，当該実際の販売価格よりも安い価格が表示された表示物の不当表示性が遡及的になくなるものではない．[11]

(b) 不当な二重価格表示

二重価格表示とは，事業者が自己の供給する商品または役務の販売価格に当該販売価格よりも高い価格（以下「比較対照価格」という）を併記して表示することである．二重価格表示自体はその内容が適正である限り一般消費者の自主的かつ合理的な商品または役務選択に資するので，景品表示法も禁止するものではない．景品表示法はあくまで比較対照価格が実際と異なるなど不当な二重価格表示が有利誤認表示に該当するとしている．価格表示ガイドラインにおいては下記のような二重価格表示について，不当表示に該当するおそれがあるとしている．

① 同一ではない商品の価格を比較対照価格に用いて表示を行う場合（価格表示ガイドライン第四・1（1））
② 比較対照価格に用いる価格について実際と異なる表示やあいまいな表示を行う場合（価格表示ガイドライン第四・1（2））

(ア) 同一ではない商品の価格を比較対照価格に用いて表示を行う場合

同一ではない商品の価格を比較対照価格に用いて表示を行う場合を有利誤

---

11 真渕・景表法93頁．

認のおそれがあるとしているのは，同質ではない商品の価格を比較対照価格とした場合，本来は商品の品質やアフターサービスなどの差によって価格差が設定されているにもかかわらず，一般消費者が価格に影響する要素が同一であることを前提に，単純に比較対照価格との差だけで販売価格が安いと誤認するおそれがあるためである．

　それゆえ，一の事業者が同一の販売条件の下，同一の性格の販売価格を用いた上で，二つの商品それぞれの品質の違いといった価格差を生じさせるう事情を消費者に明確に示しているような場合には，同一ではない商品との二重価格表示であっても，通常有利誤認表示とはならない．

　（イ）**比較対照価格に用いる価格について実際と異なる表示やあいまいな表示を行う場合**

　同一の商品について二重価格表示を行う場合であっても，比較対照価格（例えば，過去の販売価格，希望小売価格，競争事業者の販売価格など）が事実に基づかない場合には，実際は表示されているほど安くないにもかかわらず「お得」なものであると消費者を誤認させるので有利誤認表示と評価される．

　比較対照価格に用いる価格について実際と異なる表示として問題となることが多いのは，比較対照価格として通常価格等を併記する過去の販売価格を比較対照価格とする二重価格表示の場合である．

　この点，過去の販売価格を比較対照価格とする二重価格表示を行う場合，同一の商品について最近相当期間にわたって販売されていたとはいえない価格を比較対照価格に用いるときは，比較対照価格がいつの時点でどの程度の期間販売されていた価格であるか等その内容を正確に表示しない限り，一般消費者に販売価格が安いとの誤認を与え，有利誤認表示に該当するおそれがあるとされている（価格表示ガイドライン第四・2（1）ア（ア）b）．そして，最近相当期間にわたって販売されていた価格か否かは，個別判断になるものの，一般的には，最大で過去の販売価格を比較対照価格とする二重価格表示を行う商品販売開始から遡って8週間を基礎として以下の要件を満たすかを基に判断される．

①　比較対照価格での販売期間が過半を占めているか

② 比較対照価格での販売期間が2週間未満でないか
③ 比較対照価格で販売された最後の日から2週間以上経過していないか

(B)「その他の取引条件」に関する有利誤認表示

その他の取引条件とは，価格以外の取引に係るさまざまな事項をいい，例えば，商品の内容量，取引に付随して提供される景品類に関する事項，配達・取付けに関する事項，保証に関する事項などがあげられる．

商品の内容量に関する例としては，お歳暮用の牛ステーキについて梱包重量を表示していたが，実際には表示された梱包重量の40～60％の牛肉しか梱包されていなかったという事案（株式会社丸井今井に対する排除命令（平成18年6月19日））がある．また，景品類に関する事項としては表示していた当選人数を下回る人数に景品類を提供していたという事案（株式会社竹書房に対する措置命令（平成27年3月13日），アイア株式会社に対する措置命令（平成27年12月8日）など）がある．

(5) 指定告示に係る不当表示

> 5条　事業者は，自己の供給する商品又は役務の取引について，次の各号のいずれかに該当する表示をしてはならない．
> 　一及び二　（略）
> 　三　前2号に掲げるもののほか，商品又は役務の取引に関する事項について一般消費者に誤認されるおそれがある表示であつて，不当に顧客を誘引し，一般消費者による自主的かつ合理的な選択を阻害するおそれがあると認めて内閣総理大臣が指定するもの

実際のもの等と異なり著しく優良あるいは有利である表示はそもそも景品表示法5条1号あるいは2号で規制されているが，複雑な経済社会において，一般消費者の自主的かつ合理的な商品または役務の選択を妨げる表示に十分に対応することできない場合がある．例えば，小売業者が商品自体の内容や取引条件については実際と異ならない表示をしていたとしても，そもそもそれを販売できない商品について表示をした場合，不当に顧客を来店させるにもかかわらず，当該表示が優良誤認表示にも有利誤認表示にも該当しない

めに規制できないとすれば，一般消費者の利益が害される．

そこで，景品表示法5条3号では，同法の運用機関である消費者庁の主任の大臣たる内閣総理大臣に，不当表示を指定する権限が付与されている．

2016（平成28）年6月現在，以下の六つが内閣総理大臣が指定するものである（この指定は告示の形式で行われている）．

① 「無果汁の清涼飲料水等についての表示」（昭和48年3月20日公正取引委員会告示第4号）

　例：原材料にオレンジの果汁または果肉が使用されていない清涼飲料水について，容器に，「カリフォルニアオレンジ」とオレンジの名称を用いた商品名を記載し，また，オレンジの図案を掲載し，さらに，内容物にオレンジと類似の着香および着色をし，かつ，容器にオレンジと類似の着色をしていたにもかかわらず，原材料に果汁等が使用されていない旨が明瞭に記載されていない場合[12]

② 「商品の原産国に関する不当な表示」（昭和48年10月16日公正取引委員会告示第34号）

　例：外国で採蜜されたはちみつについて，「日本産」と表示した場合[13]

　ここで「原産国」とは，その商品の内容について実質的な変更をもたらす行為が行われた国をいう（「商品の原産国に関する不当な表示」備考1項）．単に，完成した商品を容器に詰めたり包装したりする行為は商品の内容について実質的な変更をもたらすとはいえず，例えば，外国で製造された商品を日本で包装して一般消費者に販売するにあたって「日本製」と表示した場合，それは不当表示となる．

③ 「消費者信用の融資費用に関する不当な表示」（昭和55年4月12日公正取引委員会告示第13号）

　例：消費者信用の融資費用に関して，実質年率を明瞭に記載せずに，融資費用は100万円当たり〇万円と表示した場合

④ 「不動産のおとり広告に関する表示」（昭和55年4月12日公正取引委員会

12　国分株式会社に対する排除命令（平成16年2月27日）．
13　類例として，有限会社藤原アイスクリーム工場に対する措置命令（平成24年9月28日）．

告示第14号)

　　例：存在していないマンションを賃貸できるかのように表示した場合[14]
⑤　「おとり広告に関する表示」(平成5年4月28日公正取引委員会告示第17号)

　　例：すでに第三者に販売済みの中古自動車を中古自動車情報サイトに掲載する場合[15]
⑥　「有料老人ホームに関する不当な表示」(平成16年4月2日公正取引委員会告示第3号)

　　例：自己が営む有料老人ホームと医療機関との協力関係について，医療機関の名称および診療科目等協力の具体的な内容を明瞭に記載しなかった場合[16]

2　景品規制

(1)　景品規制の仕組みおよび景品規制に違反したときの効果

　景品表示法は，まず，景品規制の対象となる景品類の意味と範囲を明確にするため景品類を定義する（景表2条3項）。その上で，内閣総理大臣が，景品類の提供に関する事項を制限したり，景品類の提供そのものを禁止したりすることができる旨定めている（景表4条）。

　したがって，ある物品等の提供行為が景品規制に抵触するか否かは，当該物品等の景品類該当性が検討されて景品類に当たるとされたものについて，その提供の仕方が景品類の提供に関する制限や禁止に触れるか否かが検討された上で判断される。

　また，景品表示法は景品規制の大枠を定めるにとどめ，内閣総理大臣が，告示によって，景品類を指定したり，景品類の提供を制限または禁止したりしている。そして，告示について，通達という形式（通達の変更に関しては

14　株式会社エイブルに対する排除命令（平成20年6月18日）。
15　株式会社ジャストライトに対する措置命令（平成26年11月26日）。
16　株式会社ハピネライフケアに対する排除命令（平成19年2月8日）。

消費者庁長官決定で行うこともある）で運用基準が定められ，それが告示に関する重要な解釈指針となっている．そのため，消費者庁長官等が法執行する際はもちろん，事業者が景品提供企画を立案するにあたっても，「法律→告示→運用基準」という順で景品規制の内容を検討する必要がある．

景品類の提供の制限や禁止に違反したと判断されると，消費者庁長官 や（主に１つの都道府県内にあるものについて）都道府県知事 によって措置命令（景表７条１項）等がなされることがある（図表４-３参照）．

図表４－３　法令等の構造

景品類に該当	景品類の制限・禁止に違反	措置命令等
景品表示法２条３項 ↓ 定義告示 ↓ 定義告示運用基準	景品表示法４条 ↓ ・懸賞制限告示 ・総付制限告示 ↓ ・懸賞運用基準 ・総付運用基準	

出典：白石忠志「コンプガチャと景表法」『法学教室』383号40頁を参考に作成

（２）景品類該当性

（A）法令等の定め

（a）景品表示法

> ２条３項
> 　この法律で「景品類」とは，顧客を誘引するための手段として，その方法が直接的であるか間接的であるかを問わず，くじの方法によるかどうかを問わず，事業者が自己の供給する商品又は役務の取引（不動産に関する取引を含む．以下同じ．）に付随して相手方に提供する物品，金銭その他の経済上の利益であつて，内閣総理大臣が指定するものをいう．

（b）定義告示

景品類の実態は複雑多様であるから，取引実態の変化に即応した措置を随時とりうるようにすべく，景品類の定義を法律で画一的に定めるのではなく，内閣総理大臣の指定に委ねることとされ，「不当景品類及び不当表示防止法

7月の新刊

〒112-0005 東京都文京区水道2-1-1
営業部 03-3814-6861 FAX 03-3814-6854
ホームページで情報発信中。ぜひご覧ください。
http://www.keisoshobo.co.jp

表示価格には消費税は含まれておりません。

共感の社会神経科学

ジャン・デセティ
ウィリアム・アイクス 編著
岡田顕宏 訳

日常的な対人関係のみならず、心理臨床実験においても重要な概念である「共感」をめぐる最先端の知見や、多様な分野の専門家が解説。

A5判上製 352頁 本体4200円
ISBN978-4-326-25117-9

イギリスとアメリカ
世界秩序を築いた四百年

君塚直隆・細谷雄一・永野隆行 編

「いまの世界」は、ここから始まった。戦後世界を方向づけた英米「特別な関係」は、どこから来たのか? 知られざる歴史を照らし出す!

四六判上製 336頁 本体2700円
ISBN978-4-326-35168-8

再生可能エネルギーと国土利用
事業者・自治体・土地所有者間の法制度と運用

高橋寿一

生存権の困難
フランス革命における近代国家の形成と公的な扶助

波多野敏

Book Review

2016年 7月の重版

合理的な愚か者
経済学=倫理学的探究
アマルティア・セン 著
大庭 健・川本隆史 訳

インドに生まれそのセンは、カルカッタとケンブリッジで経済学を学んだ。本書はセンの代表論文6本を収録し、詳細な解説を付す。

四六判上製 312頁 本体3000円
ISBN978-4-326-15217-9 1版18刷

自己啓発の時代
「自己」の文化社会学的探究
牧野智和

「本当の私」を知りたい、自分を変えたい、高めたい……。

社会科学のケース・スタディ
理論形成のための定性的手法
アレキサンダー・ジョージ
アンドリュー・ベネット 著
泉川泰博 訳

優れた事例研究の進め方とは？ 社会科学全般で使える基礎テキスト。充実！事例研究による理論の構築と検証の方法を指南する。

A5判上製 400頁 本体4500円
ISBN978-4-326-30214-7 1版4刷

日常に侵入する自己啓発
生き方・手帳術・片づけ
牧野智和

近年活況を呈する自己啓発本は、私たちの日常生活にどのような作用を

イギリスとヨーロッパ
細谷雄一 編

ヨーロッパであるヨーロッパとあらい局面のジレンマ。そこには、日本の針路と国際政治の本質への示唆が満ちている。

四六判上製 376頁 本体2800円
ISBN978-4-326-35144-2 1版2刷

地域包括ケアと地域医療連携
二木 立

地域包括ケアは医療・介護費抑制に効くのか。既存の多くの論者生活を

ヨーロッパ経済 [改訂版]
過去からの照射
朝倉弘教・内田日出海

かつてヨーロッパは一つだった。分裂の長い時代を経て、今またヨーロッパになりつつある。中世と現代に力点をおいて眺めた二千年の経済史。

A5判並製 320頁 本体3000円
ISBN978-4-326-50233-2 2版6刷

勁草書房

http://www.keisoshobo.co.jp

表示価格には消費税は含まれておりません。

書評掲載書

日本経済新聞（7月10日）書評［この一冊］掲載

ポスト西洋世界はどこに向かうのか

［多様な近代］への大転換

チャールズ・カプチャン／坪内　淳　監訳／小松志朗　訳

行き着くのは混沌か？　新たな覇権か？　西洋が世界を圧倒した原因を探り、西洋没落後のまったく新しい「次の世界」を鮮烈に描く！

四六判上製324頁　本体2500円
ISBN978-4-326-35167-1

日本経済新聞（7月17日）書評掲載

日本人の考え方 世界の人の考え方

世界価値観調査から見えるもの

池田謙一　編著

日本人はどのように考えるのか。それは世界の人々とはどのように違うのか。世界価値観調査から見えてくる世界の多様性と共通性。

A5判並製324頁　本体4300円
ISBN978-4-326-25116-2

四六判上製352頁　本体2900円
ISBN978-4-326-65393-5　1版3刷

A5判上製272頁　本体2700円
ISBN978-4-326-70087-5　1版4刷

四六判上製304頁　本体2900円
ISBN978-4-326-65372-0　1版4刷

日本国憲法と共に生きる

「真理と平和」を求めて

杉原泰雄

人類の苦渋にみちた近現代の経験を克服すべく、原理と規定が定められた日本国憲法。その基本的価値と理念をもういちど確認していきましょう。

四六判上製 232頁 本体 2600円
ISBN978-4-326-45108-1

軽石により明らかになる、わが国の現状と課題

A5判上製 292頁 本体 4800円
ISBN978-4-326-40322-6

公的扶助制度の展開から、法の歴史という観点から明らかにする。

A5判上製 392頁 本体 5500円
ISBN978-4-326-40323-3

ERIA=TCER アジア経済統合叢書 第7巻
ASEANの自動車産業

西村英俊・小林英夫 編著

ASEANにおける自動車産業の展開を、セットドアパネル・ドリング（生産工程・タスク単位の国際分業）等最新の理論枠組みので多角的に分析する。

A5判上製 320頁 本体 4500円
ISBN978-4-326-50423-7

台湾企業の発展戦略

ケーススタディと勝利の方程式

朝元照雄

中華電信（CHT）、国泰金融控股、ジャイアント、エイサー、HTCの各企業の発展戦略を通じて台湾企業の勝利の方程式を解明する。

A5判上製 260頁 本体 3400円
ISBN978-4-326-50427-5

数理社会学シリーズ 2
数理社会学の理論と方法

小林 盾・海野道郎 編著

社会現象を数理モデルをもちいて論理的に読みとく。そのための理論と方法を高校レベルの数学で豊富な応用例で解説。

A5判上製 160頁 本体 3000円
ISBN978-4-326-64868-9

第二条の規定により景品類及び表示を指定する件」[17]（以下「定義告示」という）が定められている．

> 定義告示1項
>   不当景品類及び不当表示防止法（以下「法」という.）第2条第3項に規定する景品類とは，顧客を誘引するための手段として，方法のいかんを問わず，事業者が自己の供給する商品又は役務の取引に附随して相手方に提供する物品，金銭その他の経済上の利益であつて，次に掲げるものをいう．ただし，正常な商慣習に照らして値引又はアフターサービスと認められる経済上の利益及び正常な商慣習に照らして当該取引に係る商品又は役務に附属すると認められる経済上の利益は，含まない．
>   一　物品及び土地，建物その他の工作物
>   二　金銭，金券，預金証書，当せん金附証票及び公社債，株券，商品券その他の有価証券
>   三　きよう応（映画，演劇，スポーツ，旅行その他の催物等への招待又は優待を含む．）
>   四　便益，労務その他の役務

（c）定義告示運用基準

景品類該当性について，定義告示の解釈を明確にするため，「景品類等の指定の告示の運用基準について」[18]（以下「定義告示運用基準」という）が定められており，実務上は，定義告示運用基準で示された考え方を参考に，景品類該当性が判断される．

(B) 景品類該当要件

（a）顧客誘引性

顧客誘引性は，「顧客を誘引するための手段として」（景表2条3項，定義告示1項本文）と規定されている要件である．

提供者の主観的意図やその企画の名目のいかんを問わず，客観的に顧客誘引のための手段になっているかどうかによって判断される．したがって，提供者が親ぼく等の意図しか有していない場合であっても，顧客誘引性が肯定

17　昭和37年公正取引委員会告示第3号．
18　昭和52年公正取引委員会事務局長通達第7号．

される場合がある.

　客観的に誘引行為と認められればよく，実際に顧客を獲得したか否かは問わない.

　新たな顧客の誘引に限らず，取引の継続または取引量の増大を誘引するための手段になっている場合も含まれる．また，競争者の顧客を自己と取引するように誘引するだけでなく，誰の顧客でもなかった者を自己と取引するように誘引することも含む.

　　(b) 事業者

　事業者とは,「商業，工業，金融業その他の事業を行う者」をいう（景表2条1項）．要するに，営利を目的とするか否かにかかわらず，経済活動や収益事業を行う者はすべて事業者に当たる.

　　(c)「自己の供給する商品又は役務の取引」

　事業者が製造し，または販売する商品についての，最終需要者に至るまでのすべての流通段階における取引が含まれる．例えば，メーカーが販売業者を通じて消費者向けに行う取引なども含まれる.

　景品表示法及び定義告示の文言上,「商品又は役務の」取引と限定して規定されているが，対価を得て取引する対象となるものすべてを含むと解されており[19]，販売のほか，賃貸，交換，融資などの取引や，銀行と預金者との関係，クレジット会社とカードを利用する消費者との関係なども「取引」に含まれる.

　しかし,「自己の供給する」とされている以上，自己が商品を提供される取引に関して景品を提供する行為（例えば，古本の買入れに際し，古書店が古本を持ち込んだ者に景品を提供する行為など）は含まれない.

19　公正取引委員会事務局編『誇大広告と懸賞販売の規制』37頁（ダイヤモンド社，1962).
20　公正取引委員会事務局・前掲注（19）37頁以下の整理に従った.

(d) 取引付随性

取引付随性は,「取引（中略）に付随して」（景表2条3項),「取引に附随して」（定義告示1項）と規定されている要件である.

取引付随性には,当該取引の本来の内容をなすものは含まないという意味（第1の意味）と「取引に関連して」という意味（第2の意味）がある[20].

第1の意味は,景品は,取引の本来の内容とは別に提供されるものであるから,正常な商慣習に照らして取引の本来の内容をなすと認められる経済上の利益の提供については,取引付随性がないということである[21]. 取引の本来の内容をなすと認められる経済上の利益に当たるか否かは,当該取引の内容や経済上の利益の提供の形態をみて,個別具体的に判断される[22].

第2の意味は,取引と同時に取引を条件として経済上の利益を提供する場合（これは取引付随性が認められる典型例である）に限らず,経済上の利益の提供と取引との間にある程度時間的なずれがあってもよいし[23],また,厳密には取引を条件としていなくとも,経済上の利益の提供と取引との間に関連性があり,顧客の購入の意思決定に直接結びつく可能性のある形で経済上の利益が提供されている場合には,取引に付随するものとされるということである[24].

(e) 経済上の利益

経済上の利益は,「物品,金銭その他の経済上の利益」（景表2条3項,定義告示1項本文）と規定されている要件である.

経済上の利益に該当するか否かは,提供を受ける者からみて「通常,経済的対価を支払って取得すると認められるもの」といえるか否かで判断される[25].

---

21 真渕・景表法176頁.
22 定義告示運用基準4項(4)は,具体例として,宝くじの当せん金,パチンコの景品等を挙げている.
23 公正取引委員会事務局・前掲注(19)38頁.
24 真渕・景表法173頁. この点,定義告示運用基準4項(2)は,経済上の利益の提供が取引の相手方を主たる対象として行われるとき（例えば,商品または役務を購入することにより経済上の利益の提供を受けることが可能または容易になる場合など）には,取引に付随する提供に当たるとする. また,同(3)は,取引の勧誘に際して,相手方に金品,招待券等を供与する場合には,取引に付随する提供に当たるとする.

したがって，提供を行う事業者が特段の出費を要しないで提供できる物品等や市販されていない物品等であっても経済上の利益に当たりうるし，通常の価格よりも安く購入できる利益も経済上の利益に当たる．反対に，例えば，表彰状などのように相手方の名誉を表するにすぎないものは経済上の利益には当たらない．

なお，経済上の利益であっても，仕事の報酬等と認められる範囲の金品の提供（例えば，企業がその商品の購入者の中から応募したモニターに対して支払うその仕事に相応する報酬など）は，景品類の提供には当たらない[26]．

(f) 定義告示1項各号該当性

「経済上の利益であって，次に掲げるものをいう」（定義告示1項本文）との文理から，定義告示1項各号列挙事由は限定列挙と解するべきであり[27]，景品類該当性判断にあたっては，提供される「経済上の利益」が同項各号のいずれに該当するかを検討する必要がある．ただし，同項各号列挙事由は非常に幅広く，実際には，提供されたものがそのいずれにも該当しないということは想定しにくい[28]．

(C) 景品類に該当しないもの（1項ただし書）

定義告示1項ただし書は，正常な商慣習に照らして，値引き，アフターサービスおよび当該取引に係る商品または役務に付属すると認められる経済上の利益（以下「値引き等」という）は景品類には当たらない旨規定する．この趣旨は，値引き等は本来の性質上景品類ではないため確認的に景品類の定義から除いた点にあり，値引き等を景品類に含めた上で景品規制の対象から除外しようとしたものではない[29]．

---

25 定義告示運用基準5項（1）．
26 定義告示運用基準5項（3）．
27 1962（昭和37）年の立法当時の解説では「網羅的に例示した」とされている（公正取引委員会事務局・前掲注 (19) 46頁）．
28 当時の解説には「経済的対価を支払わなければ取得できないものをすべて含む趣旨」で同項各号を定めたとある（公正取引委員会事務局・前掲注 (18) 46頁）．
29 公正取引委員会事務局・前掲注 (19) 43頁．

ただし，値引き等にもさまざまな態様があり，実質的には景品類と異ならないものがありうる．そこで，「正常な商慣習に照らして」，本来の性質上景品類ではない値引き等といえるか否かが判断される．具体的には，当該経済上の利益の内容，提供の条件，方法，当該業界における慣行等を勘案し，一般消費者による自主的かつ合理的な選択の確保の観点から判断される[30][31]．

(3) 景品類の提供に関する制限・禁止

(A) 法令等の定め

(a) 景品表示法

> 4条　内閣総理大臣は，不当な顧客の誘引を防止し，一般消費者による自主的かつ合理的な選択を確保するため必要があると認めるときは，景品類の価額の最高額若しくは総額，種類若しくは提供の方法その他景品類の提供に関する事項を制限し，又は景品類の提供を禁止することができる．

(b) 告示

景品類の提供方法の内容およびその影響は多種多様であるため，法律で一律に制限・禁止するのではなく，行為の性格等に即して内閣総理大臣が景品類の提供に関して制限・禁止することができるとされている（景表4条）．現在，業種横断的な規制として，「懸賞による景品類の提供に関する事項の制限」[32]（以下「懸賞制限告示」という）および「一般消費者に対する景品類の提供に関する事項の制限」[33]（以下「総付制限告示」という）が定められている[34]．

---

[30] 旧法が，独占禁止法の特例を定め，「公正な競争を確保し，もって一般消費者の利益を保護」することを目的としていたのに対し，現行景品表示法は，「一般消費者による自主的かつ合理的な選択を阻害するおそれのある行為の制限及び禁止」について定め，「一般消費者の利益を保護」することを目的としていることに鑑みれば，裁判例や運用基準等で「公正な競争秩序維持の観点」とされているところは，「一般消費者による自主的かつ合理的な選択の確保の観点」と置き換えて理解すべきである（真渕・景表法180－181頁）．

[31] 値引きの事例について，東京高判昭和56・4・2行政例集32巻8号1379頁．なお，値引き等の各類型における判断基準および具体例は，定義告示運用基準6ないし8参照．

[32] 昭和52年公正取引委員会告示第3号．

[33] 昭和52年公正取引委員会告示第5号．

なお，法律上は，内閣総理大臣が一般消費者による自主的かつ合理的な選択を確保するため必要があると認める場合には，ある種類の物（例えば，当該商品の消費使用と全く関連がない物）の提供を禁じたり，年末・中元以外の期間には景品類を提供できないとしたり，ある場合には景品類の提供をまったく禁止したりすることも可能であるが[35]，現行ではそのような景品規制はなされていない．

　(c) 運用基準

　懸賞制限告示には懸賞運用基準が[36]，総付制限告示には総付運用基準がそれ[37]ぞれ定められ，告示の内容に関して具体的な基準や具体例が示されている．実務上は，運用基準で示された考え方を参考に，景品類の提供の制限・禁止に抵触するか否かが判断される．

　(B) 懸賞制限告示による景品規制[38]

　(a) 懸賞の意義（1項）

　「懸賞」とは，①くじその他偶然性を利用して定める方法（例えば，抽選券を用いる方法など）または②特定の行為の優劣または正誤によって定める方法（例えば，クイズの正答者を対象とする方法など）により，景品類の提供の相手方または提供する景品類の価額を定めることをいう[39]．

　上記①の「偶然性」は，応募者からみて不確定であるということであり，

34　また，特定の業種に関するものとして，新聞業における景品類の提供に関する事項の制限（平成10年公正取引委員会告示第5号），雑誌業における景品類の提供に関する事項の制限（平成4年公正取引委員会告示第3号），不動産業における一般消費者に対する景品類の提供に関する事項の制限（平成9年公正取引委員会告示第37号），医療用医薬品業，医療機器業及び衛生検査所業における景品類の提供に関する事項の制限（平成9年公正取引委員会告示第54号）が定められており，一般の景品規制よりも厳しい制限内容となっている．

35　公正取引委員会事務局・前掲注（19）49頁．

36　「『懸賞による景品類の提供に関する事項の制限』の運用基準」（平成24年消費者庁長官通達第1号）．

37　「『一般消費者に対する景品類の提供に関する事項の制限』の運用基準について」（昭和52年公正取引委員会事務局長通達第6号）．

38　懸賞制限告示は，景品類の提供の相手方が事業者の場合でも適用がある．一方で，総付制限告示は，事業者が一般消費者に景品類を提供する場合にのみ適用がある．

景品類の提供者がすでに知っていることでも，応募者が知らなければ偶然に該当する．

(b) 懸賞による景品類の最高額および総額の制限

懸賞による景品類の最高額および総額の制限については，図表4－4のとおりである．

図表4－4　懸賞による景品類の最高額および総額の制限

	懸賞に係る取引の価額	景品類の限度額	
		最高額※	総額※
一般懸賞	5000円以下	取引価額の20倍の金額	懸賞に係る取引の予定総額の100分の2まで
	5000円を超えるとき	10万円	
共同懸賞	取引価額にかかわらず30万円		懸賞に係る取引の予定総額の100分の3まで

※最高額および総額の両方の限度内である必要がある．

(ア) 最高額の制限（2項）

過大な景品類の提供による過度な顧客誘引効果を抑止するため，懸賞により提供できる景品類の最高額は，懸賞に係る取引の価額の20倍の金額（この金額が10万円を超える場合は10万円）までとされている．

景品類の価額は，景品類と同じものが市販されている場合は景品類の提供を受ける者がそれを通常購入するときの価格により，市販されていない場合は景品類を提供する者がそれを入手した価格，類似品の市価等を勘案して，景品類の提供を受ける者が，それを通常購入することとしたときの価格を算定し，その価格による．

取引の価額は，図表4-5のとおりである．ここで若干注意を要するのは，

---

[39] 具体例は，懸賞運用基準1項および2項参照．なお，来店または申込みの先着順によって提供の相手方を定めることは懸賞には当たらないが，総付制限告示の規制対象となりうる（同3項）．

[40] したがって，事業者が景品に使う物品を仕入れた際の原価ではないし，メーカーが自社製品を提供する場合も製造原価や出荷原価ではない（真渕・景表法188頁）．なお，保険証書や宝くじを提供する場合は，保険料の額や宝くじを購入するときの額により，景品類の価額は算定される（同書・同頁）．

取引の価額は，抽選券を用いる方法の場合であれば，1回抽選の機会を得るために購入すべき商品または役務の価額のことであり，必ずしも商品の単価に限られないということである．[43]

図表4−5　取引の価額

景品類提供の類型	取引の価額
購入者を対象とし，購入額に応じて景品類を提供	当該購入額
購入者を対象とするが，購入額の多少を問わないで景品類を提供	原則　100円 例外　当該景品類提供の対象商品又は役務の取引の価額のうちの最低のものが明らかに100円を下回っているときは，当該最低のものを取引の価額とする． 　　　反対に，当該景品類提供の対象商品または役務について通常行われる取引の価額のうちの最低のものが100円を超えるときは，当該最低のものを取引の価額とし得る．
購入を条件とせずに，店舗への入店者に対して景品類を提供	原則　100円 例外　当該店舗において通常行われる取引の価額のうち最低のものが100円を超えるときは当該最低のものを取引の価額とし得る． 　　　なお，景品類提供に係る対象商品等を特定の種類の商品又は役務に限定していると認められるときはその商品又は役務の価額を取引の価額とする．

なお，景品類の提供者が小売業者またはサービス業者の場合は対象商品または役務の実際の取引価格を基準とし，製造業者または卸売業者の場合は景品類提供の実施地域における対象商品または役務の通常の取引価格を基準とする．

(イ) 総額の制限（3項）

最高額の制限の範囲内であっても，例えば，当たりくじの数を増やせばそ

41　「景品類の価額の算定基準について」（昭和53年公正取引委員会事務局長通達第9号）．
　　なお，景品類の提供を受ける者が，それを通常購入するときの価格により算定するとされていることから，景品類の価額は消費税を含んだ金額となる（消費者庁表示対策課・よくある質問コーナー（景品関係）Q9）．
42　懸賞運用基準5項（1）が，総付運用基準1項（1）ないし（4）を準用している．
　　なお，取引の価額も消費税込の価格である（消費者庁表示対策課・よくある質問コーナー（景品関係）Q12）．
43　公正取引委員会事務局・前掲注（19）56頁．

れだけ魅力的となるように，景品類の総額の多寡も顧客誘引効果に結び付くことから，懸賞により提供できる景品類の総額も制限され，当該懸賞に係る取引の予定総額の100分の2までとされている．

景品類の総額とは，実際に提供した景品類の総額ではないから，制限額を超える景品類を提供する旨の広告をすると告示違反になる[44]．

取引の予定総額とは，懸賞販売実施期間中における対象商品の売上予定総額のことである．仮に，景品類の総額が実際の売上総額の100分の2を超えたとしても，客観的に合理的な売上予定総額を設定し，それに基づいて景品類の総額を決定していたのであれば，告示違反にはならない．

（ウ）共同懸賞の場合（4項）

多数の事業者が共同して実施する共同懸賞[45]の場合，一般の場合よりも緩和され，懸賞により提供できる景品類の最高額は取引価額にかかわらず30万円まで，総額は取引の予定総額の100分の3までとされている．このような緩和的特例が認められたのは，①商店街等の行う年末等の大売出しは相当以前から慣習化していること，②大売出しが広く一般的に行われるときは，顧客を自己と取引するように誘引するという性質があまりみられず，厳格に規制する必要はないと考えられたからである[46]．

（c）全面禁止される懸賞方法（5項）――カード合わせの禁止

> 懸賞制限告示5項
> 前三項の規定にかかわらず，二以上の種類の文字，絵，符号等を表示した符票のうち，異なる種類の符票の特定の組合せを提示させる方法を用いた懸賞による景品類の提供は，してはならない．

---

[44] 公正取引委員会事務局・前掲注（19）60頁．したがって，抽選後，現実に引き換えた景品類の総額が結果的に限度内であったとしても，違反の事実は消滅しない．

[45] 共同懸賞の具体例は懸賞制限告示4項各号に規定され，具体的な解釈指針は懸賞運用基準8項ないし12項に示されている．共同懸賞と認められるためには，「相当多数」要件などを満たす必要があり，数社がタイアップして共同で企画したにすぎないものは，単独で行う懸賞と扱われる．

[46] 公正取引委員会事務局・前掲注（19）64頁，伊従寛編『改正・懸賞制限告示の解説』85頁（原通，1969）．

(ア) カード合わせが禁止された趣旨

　1969（昭和44）年以前は，カード合わせは懸賞の一方法として一般の懸賞規制（最高額および総額制限）に服するものの，実施自体は可能であった．ところが，カード合わせは，その方法自体欺まん的[47]であり，欺まんすることにより取引誘引効果を持つことから，昭和44年の懸賞景品制限告示の改正によって全面禁止された．

　(イ) 符票の意義

　「符票」とは，「文字，絵，符号等によってあるものを他のものと区別する何らかの印」と解されており，紙片に限られず，取引の対象となる商品自体（いろいろな動物をかたどったあめ菓子など）が符票とされる場合もありうる[48]．なぜなら，異なる符票の特定の組合せをそろえるために符票の付いた商品を購入させることがカード合わせとして禁止されるべきであるとされた趣旨に鑑みると，符票は特定の組合せの目印となりうることが重要であり，符票の形式を問題とすべきではないからである．

　(ウ) カード合わせに当たるかが問題となる類型

　「異なる種類の符票」とあるから，同種類の符票を複数枚そろえる場合はカード合わせには当たらない[49]．

　また，「特定の組合せ」とあることから，組合せの内容が自由である場合（例えば，何でもよいから3枚そろえればよい場合）にもカード合わせには当たらない．

　さらに，カード合わせは，「その方法自体が偶然性を利用するものであって，くじの方法と認められるところから懸賞方法として規定されてきたものである」[50]から，特定の組合せをそろえることが偶然に委ねられている必要が

　47　カード合わせにおいて欺まん的とは，当選率に関して錯覚に陥らせることをいい，具体的には「途中まではすぐに集まるが，次第に集まりにくくなる」点に錯覚を生じさせうる仕組みが方法自体欺まん的であると考えるべきであろう（木村智博・高橋宗利「インターネット上の表示及び景品類の提供に関する景品表示法上の考え方について——『口コミサイト』と『カード合わせ』——」『公正取引』744号41〜42頁）．そして，そのような錯覚は子どもにおいて顕著に現れたため，カード合わせは禁止されることとなった．

　48　公正取引委員会事務局・前掲注（19）53頁．

　49　懸賞運用基準4項（2）ウ参照．

　50　伊従・前掲注（46）89頁．

あり，消費者が商品を購入する際の選択により特定の組合せを完成できる場合は，カード合わせには当たらない[51]．

(d) いわゆる「コンプガチャ[52]」とカード合わせ規制

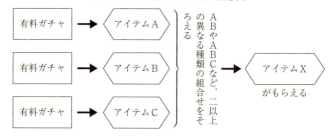

図表4-6　コンプガチャの概念図

(ア)「コンプガチャ」規制の経緯

　オンラインゲーム[53]における「コンプガチャ」について，消費者からの苦情や相談が2012（平成24）年に入って急増したため[54]，「コンプガチャ」がカード合わせに当たるものとして規制すべきかが問題となった．ところが，オンラインゲーム上のカード合わせについて，過去，景品表示法に基づく措置がとられたことはなく，同法の規制が及ぶことを明確に示す運用基準もなかった．

　そこで，消費者庁は，2012（平成24）年5月18日，「考え方[55]」を公表し，オンラインゲーム上の「コンプガチャ」も景品表示法上違法であることを明確にし，事業者および一般消費者に対し注意喚起することとした．その上で，

51　懸賞運用基準4項（2）ア参照．また，同じくカード合わせに該当しない例として，同運用基準4項（2）イの事例も参照．
52　有料ガチャ（くじを用いるなど，偶然性を利用して，有料で利用者に対してアイテム等を提供する仕組み）によって図柄の付いたアイテム等（アイテムA，B，C）を販売し，異なる図柄の特定の組合せ（例えば，ABやABCなど）をそろえた利用者に対し，特別のアイテム等（アイテムX）を提供する行為．図表4-6参照．
53　携帯電話端末やパソコン端末などを通じてインターネット上で提供されるゲーム．
54　平成24年5月9日付け福嶋消費者庁長官記者会見要旨参照．〈http://www.caa.go.jp/action/kaiken/fukushima_c/120509c_kaiken.html〉．
55　消費者庁「オンラインゲームの『コンプガチャ』と景品表示法の景品規制について」（平成24年5月18日）．

懸賞運用基準の改正案を示し，この改正案について任意のパブリックコメント募集を行った．そして，同年7月1日付けで懸賞運用基準を改正し，同日以降，「コンプガチャ」に対して執行することとした．[56]

(イ)「コンプガチャ」のカード合わせ該当性

(ⅰ) インターネット上の取引における景品規制

「考え方」および懸賞運用基準は，「コンプガチャ」がカード合わせに当たるとする前提として，インターネット上の取引の分野においても景品類該当要件（取引付随性等）の解釈やカード合わせ禁止の規律が適用されることを明らかにしていると理解することができる．

(ⅱ) 景品類該当性

① 有料ガチャで提供されるアイテム等（アイテム A，B，C．本文および注で用いた A，B，C および X は，図表4-6に対応する）の景品類該当性

　有料ガチャにより直接取得するアイテム等（アイテム A，B，C）は，有料ガチャという取引の対象そのものであるから，取引付随性の要件（第1の意味）を欠き，景品類に該当しない．

②「コンプガチャ」で提供されるアイテム等（アイテム X）の景品類該当性

　ⓐ　顧客誘引性

　　通常，「コンプガチャ」で提供されるアイテム等（アイテム X）の取得をめざさせ，有料ガチャという取引（アイテム A，B，C を得る取引）に顧客を誘引する以上，顧客誘引性は肯定される．

　ⓑ　取引付随性

　　有料ガチャという取引で得られるアイテム等（アイテム A，B，C）をそろえることを条件に別のアイテム等（アイテム X）を提供するのであるから，取引付随性は認められる．

　ⓒ　経済上の利益および定義告示1項各号該当性

　　「コンプガチャ」で提供されるアイテム等（アイテム X）は，それ

---

[56] 旧運用基準には，「カード合わせ」に当たらない例が三つ例示されていたが，新運用基準4項（1）において，「カード合わせ」に当たる例として「コンプガチャ」の事例が一つ追加された．

を獲得すべく，消費者は相当の費用をかけていることから，通常，経済的対価を支払って取得すると認められるものとして，経済上の利益に当たる．

また，オンラインゲームの利用者は，インターネット上のサーバー等を通じて事業者が提供するプログラムやデータ等の情報の供給を受けることで，提供されるアイテム等（アイテムX）を自己の端末の画面上に表示させたりゲームをプレイしたりするといった役務の提供を受けているから，「コンプガチャ」で提供されるアイテム等（アイテムX）は「便益，労務その他の役務」に当たる．

ⓓ　まとめ

したがって，「コンプガチャ」で提供されるアイテム等（アイテムX）は景品類に該当する．

(ⅲ) カード合わせ該当性

符票の意義は前述のとおりであるが，取引の対象としてデジタルデータとしてのアイテム等が登場した現在，アイテム等（アイテムA，B，C）を他の商品等と区別する理由はなく，アイテム等（アイテムA，B，C）を示す図柄も他のアイテム等（アイテムA，B，C）と区別する印になっているのであれば符票に該当すると解される．

したがって，コンプガチャはカード合わせに該当する．

(C) 総付制限告示による景品規制

(a) 規制対象

過大な景品類の提供による過度な顧客誘引効果を抑止するため，懸賞の方法によらないで事業者が一般消費者を対象に景品類を提供する場合（総付景品やベタ付景品という）についても，提供できる景品類の最高額が規制されている．

懸賞の方法によらないで提供するとは，懸賞以外の方法で提供することで

57　役務とは極めて広い概念で，「情報の供給」や「娯楽の提供」なども含むとされている（吉国一郎ほか編『法令用語辞典〔第10次改訂版〕』36頁（学陽書房，2016年））．
58　事業者が事業者に対して景品類を提供する場合は，総付制限告示の規制対象とはならない．

あり，例えば，ある商品の購入者全員にもれなく提供する場合や購入者や来店者の先着順何名様に提供する場合などである．

(b) 規制内容

提供できる景品類の最高額は，取引の価額の10分の2の金額（ただし，当該金額が200円未満のときは200円）であって，正常な商慣習に照らして適当と認められる限度内の金額である（図表4－7）．

図表4－7　懸賞によらない景品数の最高額の制限

取引の価額	景品類の最高額
1000円未満	200円
1000円以上	取引価額の10分の2

なお，景品類の総額についての規制はない．

ここで，「取引の価額」とは，前記（B）(b)（ア）と同様である[59]．

(c) 適用除外

①商品の販売もしくは使用のためまたは役務の提供のため必要な物品またはサービス（例えば，旅館の送迎サービスなど），②見本その他宣伝用の物品またはサービス（例えば，食品売場の試食品や社名入りのカレンダーなど），③自己の供給する商品または役務の取引において用いられる割引券その他割引を約する証票（例えば，2割引券など），④開店披露，創業記念等の行事に際して提供する物品またはサービス（例えば，新規開店の際に配る粗品など）は，正常な商慣習に照らして適当と認められるものであれば，前記（b）の規制を受けず，取引価額の10分の2を超えて提供することができる．

正常な商慣習に照らして適当と認められるか否かは，提供されるものの内容や提供方法，さらには関連業種における提供の実態等を勘案し，一般消費者による自主的かつ合理的な選択の確保の観点から判断されるが[60]，具体例や

59　総付運用基準1項（1）ないし（4）．

解釈指針は総付運用基準に示されている[61].

3　事業者が講ずべき景品類の提供および表示の管理上の措置

(1) 改正の経緯および概要

2013 (平成25) 年秋に発生したホテル等における一連のメニュー表示等の不当表示は，国内外の消費者の「日本の食」に対する信頼を揺るがしかねないものであった．このように多くの不当表示事案が発生した原因・背景の一つとして，事業者のコンプライアンス意識の欠如が指摘された．

このような原因・背景を踏まえて，2014 (平成26) 年6月に景品表示法が改正され (当該部分の施行日は同年12月1日)，以下のような規定が新設された．

> 26条
> 1　事業者は，自己の供給する商品又は役務の取引について，景品類の提供又は表示により不当に顧客を誘引し，一般消費者による自主的かつ合理的な選択を阻害することのないよう，景品類の価額の最高額，総額その他の景品類の提供に関する事項及び商品又は役務の品質，規格その他の内容に係る表示に関する事項を適正に管理するために必要な体制の整備その他の必要な措置を講じなければならない．
> 2　内閣総理大臣は，前項の規定に基づき事業者が講ずべき措置に関して，その適切かつ有効な実施を図るために必要な指針 (以下この条において単に「指針」という．) を定めるものとする．
> 3　内閣総理大臣は，指針を定めようとするときは，あらかじめ，事業者の事業を所管する大臣及び公正取引委員会に協議するとともに，消費者委員会の意見を聴かなければならない．
> 4　内閣総理大臣は，指針を定めたときは，遅滞なく，これを公表するものとする．
> 5　(略)

60　土地付建物の購入者に対して，自動車を提供したり，光熱費の負担を行ったりすることが，正常な商慣習に照らして適当とは認められないとされた例がある．
61　総付運用基準2項ないし4項．

条文上，事業者が講ずべき必要な措置に関しては「商品又は役務の品質その他の<u>内容に係る表示</u>に関する事項を適正に管理するために」と規定されているため，事業者が講ずべき措置は，表示に関しては一見すると，優良誤認表示に関する事項を適正に管理することのみが求められているかのようにも読める．しかし，不当に顧客を誘引し，一般消費者による自主的かつ合理的な選択を阻害する行為は，優良誤認表示のみならず，有利誤認表示や指定告示事項等，景品表示法で規制される事項全般が当てはまるものであり，表示に関しては優良誤認表示のみならず有利誤認表示や指定告示に係る表示に関する事項を適正に管理することも求められる．

　また，景品表示法26条2項が規定する指針は2014（平成26）年11月14日に公表されている[62]．

（2）事業者が講ずべき景品類の提供および表示の管理上の措置についての指針

（A）指針の構成

　指針は，事業者が，その規模，業態，取り扱う商品または役務の内容等に応じて柔軟に措置を講じることができるように，画一的に具体的な措置の内容を定めるのでなく，事業者が講ずべき措置に関して基本的な考え方等を示した本文と，ヒアリング等により収集された事業者が不当表示等を防止するために実際に講じているさまざまな措置を具体的事例として示した別添から成る2部構成となっている．

　指針の別添に記載した事例は，事業者の理解を助けることを目的に参考として示したものであり，当該事例と同じ措置ではなくても，不当表示等を未然に防止するための措置として適切なものであれば，景品表示法26条1項に規定する措置を講じていると判断されることになる．例えば，景品表示法の考え方の周知・啓発に関して，「朝礼・終礼において，関係従業員等に対し，表示等に関する社内外からの問合せに備えるため，景品表示法の考え方を周

---

[62] 平成26年11月14日内閣府告示第276号〈http://www.caa.go.jp/representation/pdf/141210premiums_3.pdf〉．

知すること.」との記載があるもののランチミーティングといった記載はないが，ランチミーティング周知・啓発であってもそれが実効性を伴うものであれば景品表示法26条1項に規定する措置を講じていると判断されると考えられる.

(B) 基本的な考え方
　(a) 措置を講じることが求められる事業者
　指針では，措置を講じることが求められる事業者について「景品類の提供若しくは自己の供給する商品又は役務についての一般消費者向けの表示（以下「表示等」という.）をする事業者」としている．これは景品類の提供も行わず自己の供給する商品または役務についての一般消費者向けの表示を行わないような事業者（例えば，事業者向けの部品を製造するのみで一般消費者向けの表示を行わない事業者）まで景品表示法26条1項に基づく必要な措置を講じる必要は必ずしもないことを明らかにしたものである（当然のことながら一般消費者向けの表示でなければ，実際と異なる表示をしてもよいというものではない).

　(b) 事業者が講ずべき措置の規模や業態等による相違
　指針では，事業者が講ずべき措置の規模や業態等による相違について「各事業者は，その規模や業態，取り扱う商品又は役務の内容等に応じて，不当表示等を未然に防止するために必要な措置を講じることとなる．したがって，各事業者によって，必要な措置の内容は異なることとなる」としている．この記載は，事業者の規模や業態，取り扱う商品または役務の内容等がさまざまであり不当表示等を未然に防止するための実効性のある措置の内容が事業者ごとに異なること，事業者が講ずべき措置は主として事業者内部に関する事項であって，できる限り事業者の自主性を尊重することが望ましいと考えられることによるものである．
　また，小規模企業者やその他の中小企業者と大企業との措置の相違について「小規模企業者やその他の中小企業者においては，その規模や業態等に応じて，不当表示等を未然に防止するために十分な措置を講じていれば，必ず

しも大企業と同等の措置が求められる訳ではない.」としている. この記載は, 小規模企業者やその他の中小企業者であることをもって事業者が講ずべき措置の内容が減免されるというものでなく, 規模, 業態等の考慮事項を勘案し, 小規模企業者やその他の中小企業者においては, 大企業と同等の措置でなくても, 不当表示等を未然に防止する措置となりうることを明確化するためのものである. 措置を講じることが求められる事業者であれば, 小規模企業者やその他の中小企業者であっても, 不当表示等を未然に防止するために実効性のある措置を講じる必要があることは大企業と同様である.

さらに, 従来から景品表示法を遵守するためにさまざまな取組みを行っている事業者と指針との関係について「従来から景品表示法や景品表示法第31条第1項の規定に基づく協定又は規約 (以下「公正競争規約」という.) を遵守するために必要な措置を講じている事業者にとっては, 本指針によって, 新たに, 特段の措置を講じることが求められるものではない.」としている. この記載は, 景品表示法が1962 (昭和37) 年に制定され, 多くの事業者が景品表示法違反を防ぐための措置をすでに講じていると考えられるため, このような事業者にとっては, 本改正により, 新たな措置 (負担) が発生するものではないとの趣旨を示している.

なお, 指針においては, 中小企業基本法を参考にして, 「小規模企業者」, 「中小企業者」, 「大企業」という用語を用いているものの, 指針における小規模企業者・中小企業者と大企業の別は, 事業者規模の大小の方向性を示すものにすぎず, 事業者がそのいずれに分類されるかによって, とるべき措置が異なるといった効果面での厳密な違いは存在していない. 事業者においては, 自己の規模, 業態, 取り扱う商品または役務の内容等に応じて, 必要かつ適切な範囲で表示等の管理上の措置を講じることが求められる.

(C) 事業者が講ずべき表示等の管理上の措置の内容

指針では, 事業者が講ずべき表示等の管理上の措置の内容について「表示等の管理上の措置として, 事業者は, その規模 (注1) や業態, 取り扱う商品又は役務の内容等に応じ, 必要かつ適切な範囲で, 次に示す事項に沿うような具体的な措置を講ずる必要がある.」としている.

そして,「次に示す事項」として, 以下の七つの項目を挙げている.
① 　景品表示法の考え方の周知・啓発
② 　法令遵守の方針等の明確化
③ 　表示等に関する情報の確認
④ 　表示等に関する情報の共有
⑤ 　表示等を管理するための担当者等を定めること
⑥ 　表示等の根拠となる情報を事後的に確認するために必要な措置を採ること
⑦ 　不当な表示等が明らかになった場合における迅速かつ適切な対応

　上記①から⑦までの事項は, 通常事業者が景品表示法を遵守するために講じるべきものを明確にしたものであり, すべての事項に沿うような措置を事業者が講じることで不当表示等による一般消費者による自主的かつ合理的な選択を阻害することを未然に防止できるものと考えられる. ただし, 形式的に措置を講じるということでは意味がないことは当然であり, 不当表示等を未然に防止するために実効性を有していることが必要である. 以下, それぞれの項目について留意点等を述べる.

　　(a) 景品表示法の考え方の周知・啓発
　この事項は, 事業者が, 不当表示等の防止のため, 景品表示法の考え方について, 表示等に関係している役員および従業員（以下,「関係従業員等」[63]という）にその職務に応じた周知・啓発を行うことを内容とする.
　職務に応じた周知・啓発とは, 例えば, メーカー等において製品の効果・性能等を表示する部門の担当者には「不当景品類及び不当表示防止法第7条第2項の運用指針――不実証広告規制に関する指針――」（後記4（1）（A）(b)）を理解させるといったことまで求められることがあるが, 他方で, 決定された表示内容に基づき商品説明等を行う者には販売マニュアル等を通じて景品表示法の考え方に則した販売方法を周知・啓発することでも十分な周

63　表示等の内容を決定するまたは管理する役員および従業員のほか, 決定された表示内容に基づき一般消費者に対する表示（商品説明, セールストーク等）を行うことが想定される者を含む.

知・啓発と判断されうる．

　別添に記載した具体的な措置としては，例えば，関係従業員等が景品表示法に関する都道府県，事業者団体，消費者団体等が主催する社外講習会等に参加すること，調達・生産・製造・加工部門と，営業部門との間での商品知識および景品表示法上の理解に関する相互研修を行い，認識の共有化を図ることなどが挙げられている．

　（b）法令遵守の方針等の明確化

　この事項は，事業者が，不当表示等の防止のため，景品表示法を含む法令遵守の方針や法令遵守のためにとるべき手順等を明確化することを内容とする．

　必ずしも一般的な法令遵守の方針等とは別に不当表示等を防止する目的に特化した法令遵守の方針等を明確化することまで求めるものではないが，事業者の創意工夫として不当表示等を防ぐために特別なマニュアル等を作成すること自体を否定するものでもない．

　別添に記載した具体的な措置としては，例えば，法令遵守の方針等を社内規程，行動規範等として定めること，禁止される表示等の内容，表示等を行う際の手順等を定めたマニュアルを作成することなどが挙げられている．

　（c）表示等に関する情報の確認

　この事項は，事業者が，
① 景品類を提供しようとする場合，違法とならない景品類の価額の最高額・総額・種類・提供の方法等を，
② 商品または役務の長所や要点を一般消費者に訴求するために，その内容等について積極的に表示を行う場合には，当該表示の根拠となる情報を，
確認することを内容とする．

　この「確認」がなされたといえるかどうかは，表示等の内容，その検証の容易性，当該事業者が払った注意の内容・方法等によって個別具体的に判断されることとなる．例えば，小売業者が商品の内容等について積極的に表示を行う場合には，直接の仕入れ先に対する確認など，事業者が当然把握しう

る範囲の情報を表示の内容等に応じて適切に確認することが通常求められ，すべての場合について，商品の流通過程を遡って調査を行うことや商品の鑑定・検査等を行うことまでを求められるものではない．他方で，例えば，メーカーが商品の性能等を表示する場合には，費用対効果の面からも商品の鑑定・検査等を行うことが多いと想定される．

　なお，事業者の業態等に応じて，例えば，外食産業のように，提供する料理を企画する段階，その材料を調達する段階，加工（製造）する段階および実際に提供する段階に至るまでの複数の段階における情報の確認を組み合わせて実施することが必要となる場合がある．

　別添に記載した具体的な措置としては，例えば，
◇企画・設計段階で特定の表示等を行うことを想定している場合には，当該表示等が実現可能か（例えば，原材料の安定供給が可能か，取引の予定総額が実現可能か）検討すること
◇調達する原材料等の仕様，規格，表示内容を確認し，最終的な表示の内容に与える影響を検討すること
◇生産・製造・加工が仕様書・企画書と整合しているかどうか確認すること
◇企画・設計・調達・生産・製造・加工の各段階における確認事項を集約し，表示の根拠を確認して，最終的な表示を検証すること
などが挙げられている．

　　（d）表示等に関する情報の共有
　この事項は，事業者が，その規模等に応じ，前記（c）のとおり確認した情報を，当該表示等に関係する各組織部門が不当表示等を防止する上で必要に応じて共有し確認できるようにすることを内容とする．

　「必要に応じて」とは，例えば，機密性の高い情報については開発初期段階では事業者内部で表示を行う部門にまで共有が図られていなくても直ちに問題となるものではないが，実際に一般消費者向けの表示をするにあたっては開発部門と表示を行う部門間で十分な情報の共有が図られる必要があるといったことを意味する．また，指針別添の3に記載した「表示等に関する情報の確認の例」では，企画・設計，調達，生産・製造・加工，提供の各段階

に分けられているが，表示等に関する情報の共有は，例示した段階に分かれない業種であっても，例えば，表示等作成部門と販売部門に分かれている場合には，当該両部門間での情報の共有を求めるものである．

別添に記載した具体的な措置としては，例えば，表示等の根拠となる情報（その日の原材料・原産地等，景品類の提供の方法等）を共有スペースに掲示しておくこと，社内イントラネットや共有電子ファイル等を利用して，関係従業員等が表示等の根拠となる情報を閲覧できるようにしておくことなどが挙げられている．

　（e）表示等を管理するための担当者等を定めること

　この事項は，事業者が，表示等に関する事項を適正に管理するため，表示等を管理する担当者または担当部門（以下「表示等管理担当者」という）をあらかじめ定めることを内容とする．

　そして，表示等管理担当者を定める際には，以下の四つの要件を満たす必要がある．なお，表示等管理担当者は，必ずしも専任である必要はない．

◇表示等管理担当者が自社の表示等に関して監視・監督権限を有していること

◇表示等管理担当者が複数存在する場合，それぞれの権限または所掌が明確であること

◇表示等管理担当者となる者が，例えば，景品表示法の研修を受けるなど，景品表示法に関する一定の知識の習得に努めていること

◇表示等管理担当者を社内において周知する方法が確立していること

　表示等管理担当者の果たすべき役割は，表示等に関する事項を適正に管理することであり，その具体的な職務内容は，表示等の根拠となる情報を自ら確認する，表示作成部門が表示を適切に作成し，その根拠となる情報を共有しているかを監督するなど事業者ごとに異なると想定される．

　別添に記載した具体的な措置としては，例えば，代表者自身が表示等を管理している場合に，その代表者を表示等管理担当者と定め，代表者が表示等の内容を確認すること，チラシ等の販売促進に関する表示等については営業部門の長を表示等管理担当者と定め，商品ラベルに関する表示等については

品質管理部門の長を表示等管理担当者と定め，それぞれが担当する表示等の内容を確認することなどが挙げられている．

　（g）表示等の根拠となる情報を事後的に確認するために必要な措置を
　　　とること
　この事項は，事業者が，前記（c）のとおり確認した表示等に関する情報を，表示等の対象となる商品または役務が一般消費者に供給され得ると合理的に考えられる期間，事後的に確認するために，例えば，資料の保管等必要な措置を採ることを内容とする．
　別添に記載した具体的な措置としては，例えば，表示等の根拠となる情報を記録し，保存しておくことやトレーサビリティ制度に基づく情報により原産地等を確認できる場合には，同制度を利用して原産地等を確認できるようにしておくことなどが挙げられている．表示等の根拠となる情報についての資料としては，例えば，原材料，原産地，品質，成分等に関する表示であれば，企画書，仕様書，契約書等の取引上の書類，原材料調達時の伝票，生産者の証明書，製造工程表，原材料配合表，帳簿，商品そのもの等表示ごとにさまざまなものがあることが想定される．また，合理的と考えられる資料の保存期間の例としては，例えば，賞味期限，保証期間，流通期間，耐用年数等に応じて定められた期間等である．

　（h）不当な表示等が明らかになった場合における迅速かつ適切な対応
　この事項は，事業者が，特定の商品または役務に景品表示法違反またはそのおそれがある事案が発生した場合，その事案に対処するため，以下の三つの措置を講じることを内容とする．
◇当該事案に係る事実関係を迅速かつ正確に確認すること
◇上記事実確認に即して，不当表示等による一般消費者の誤認排除を迅速かつ適正に行うこと
◇再発防止に向けた措置を講じること
　なお，不当表示等による一般消費者の誤認の排除にあたっては，不当表示等を単に是正するだけでは，すでに不当に誘引された一般消費者の誤認がな

くなったことにはならず，当該商品または役務に不当表示等があった事実を一般消費者に認知させるなどの措置が求められる場合がある．

別添に記載した具体的な措置としては，例えば，表示等管理担当者，事業者の代表者または専門の委員会等が，表示物・景品類および表示等の根拠となった情報を確認し，関係従業員等から事実関係を聴取するなどして事実関係を確認すること，一般消費者に対する誤認を取り除くために必要がある場合には，速やかに一般消費者に対する周知（例えば，新聞，自社ウェブサイト，店頭での貼り紙）および回収を行うこと，関係従業員等に対して必要な教育・研修等を改めて行うことなどが挙げられている．

（3）必要な措置に関する執行の流れ

（A）概略

事業者が，景品表示法26条1項に規定する必要な措置を講じていなかったような場合，執行の流れは図表4-8のようになる．

図表4-8　景品表示法26条1項に規定する必要な措置に関する執行の流れ（イメージ）

```
適切かつ有効な実施を図る       指導及び助言    改善    必要な措置を講
ため必要があると認めると  →   （景表27条）  →   じたため，終了
き（措置が十分でないなど）

                改善せず    勧告に従って
                           改善
                     ↓        ↑
正当な理由なく必要な措置       勧告        従わず    公表
を講じていないと認めると  →   （景表28条1項） →  （景表28条2項）
き
```

出典：消費者庁「改正景品表示法に係る指針等の説明会　資料2」21頁

必要な措置に関する指導，助言，勧告および公表の権限は，2016年6月時点においては，消費者庁長官のみが有し，都道府県知事は有していない（景表33条11項，景表令23条1項本文）．もっとも，都道府県知事も，例えば，不当表示等の調査の際に，不当表示等の原因に基づいて再発防止策を指導する等，必要な措置に関連する行政指導は直接の条文上の規定を有さずとも当然行いうる．

(B) 指導および助言（景表27条）

　消費者庁長官は，景品表示法26条1項の規定に基づき事業者が講ずべき措置に関して，その適切かつ有効な実施を図るため必要があると認めるときは，当該事業者に対し，その措置について必要な「指導及び助言」をすることができる（景表27条，33条1項，景表令14条）。

　なお，「指導及び助言」は，事業者が講ずべき措置に関して適切かつ有効な実施を確保するために必要があると認めるときにできるとされており，景品表示法26条1項違反といえないような場合でも行うことができる。

(C) 勧告，公表（景表28条）

　消費者庁長官は，事業者が正当な理由がなくて景品表示法26条1項の規定に基づき事業者が講ずべき措置を講じていないと認めるときは，当該事業者に対し，景品類の提供または表示の管理上必要な措置を講ずべき旨の勧告をすることができる（景表28条1項）。また，当該事業者がその勧告に従わないときは，その旨を公表することができる（景表28条2項）。

　景品表示法28条1項に規定する「正当な理由」は，専ら一般消費者の利益の保護の見地から判断されるものであって，単に一般消費者の利益の保護とは直接関係しない事業経営上または取引上の観点だけからみて合理性または必要性があるに過ぎない場合などは，正当な理由があるとはいえない。正当な理由がある場合とは，例えば，事業者が表示等の管理上の措置として表示等の根拠となる資料等を保管していたが，災害等の不可抗力によってそれらが失われた場合などである。

(D) 争う手段

　指導，助言，勧告はいずれも行政指導である以上，取消訴訟の対象になりえず，行政手続法36条の2に基づき，指導等が要件に適合しないとして，当該行政指導をした行政機関に対し，その旨を申し出て，当該行政指導の中止その他必要な措置をとることを求めるほか，国家賠償請求訴訟により争うほかない。

　なお，勧告に従わなかった場合の公表については，行政指導にも該当しな

いため，行政手続法36条の2に基づき必要な措置をとることもできず，国家賠償請求訴訟により争うということが想定されるのみである．

4　景品表示法における執行

（1）措置命令

> 7条　内閣総理大臣は，第4条の規定による制限若しくは禁止又は第5条の規定に違反する行為があるときは，当該事業者に対し，その行為の差止め若しくはその行為が再び行われることを防止するために必要な事項又はこれらの実施に関連する公示その他必要な事項を命ずることができる．その命令は，当該違反行為が既になくなつている場合においても，次に掲げる者に対し，することができる．
> 一　当該違反行為をした事業者
> 二　当該違反行為をした事業者が法人である場合において，当該法人が合併により消滅したときにおける合併後存続し，又は合併により設立された法人
> 三　当該違反行為をした事業者が法人である場合において，当該法人から分割により当該違反行為に係る事業の全部又は一部を承継した法人
> 四　当該違反行為をした事業者から当該違反行為に係る事業の全部又は一部を譲り受けた事業者

（A）措置命令の要件（不実証広告規制含む）

　（a）一般的要件

条文上，「第4条の規定による制限若しくは禁止又は第5条の規定に違反する行為があるとき…命ずることができる」と規定されており，過大な景品類の提供または不当表示が認められれば，措置命令の内容を命じる必要性がある限り，措置命令を命じることができる（課徴金納付命令と異なり違反が認められたとしても必ず措置命令がなされるものではない）．措置命令の必要性とは，後述するような措置命令の内容（再発防止策の策定など）を措置命令以前に実施しているか（それにより一般消費者の誤認が十分に排除されているか）等を勘案して判断される．その結果，措置命令の内容として，例えば，一般消費者への周知徹底が含まれないこともある[64]．

そして，措置命令は違反事業者に対する非難可能性を基礎とする民事上・刑事上の制裁とはその性質を異にするので，措置命令においては違反事業者の故意・過失は要しない。[65]

(b) 措置命令における不実証広告規制

> 7条
> 2　内閣総理大臣は，前項の規定による命令に関し，事業者がした表示が第5条第1号に該当するか否かを判断するため必要があると認めるときは，当該表示をした事業者に対し，期間を定めて，当該表示の裏付けとなる合理的な根拠を示す資料の提出を求めることができる．この場合において，当該事業者が当該資料を提出しないときは，同項の規定の適用については，当該表示は同号に該当する表示とみなす．

(ア) 趣旨

措置命令も行政処分である以上，原則的には景品表示法4条の規定による制限もしくは禁止または景品表示法5条の規定に違反する行為があることを行政機関が立証しなければ，措置命令は行いえない．しかし，例えば，特段の運動や食事制限をすることなく容易に著しい痩身効果が得られるかのように示す食品や置くだけで空間を除菌できるかのように示す商品など効果や性能を標ぼうする商品・役務について不当表示と認定し措置命令を行おうとする場合，行政機関が表示どおりの効果・性能がないことを立証するためには，専門機関による鑑定等調査に多くの時間を要するので，行政機関が調査をしている間にも不当表示の疑いのある商品・役務の販売が継続され，消費者被害が拡大するという問題があった．

このような状況を踏まえ，優良誤認の疑いのある表示をした事業者に対し，

64　株式会社ポッカコーポレーションに対する排除命令（平成20年12月5日）では，同社が自社ウェブサイトおよび一般日刊紙において措置命令の対象となった表示およびその実際を明らかにするとともに当該表示が景品表示法に違反するものである旨を周知し，対象商品を回収し，対象商品を購入した者に対し代金を返還する旨告知したといった事情から，措置命令において一般消費者への周知徹底を命じなかった．
65　東京高判平成20・5・23審決集55巻842頁．

期間を定めて，当該表示の裏付けとなる合理的な根拠を示す資料の提出を求め，当該事業者が当該資料を提出しないときは，措置命令においては優良誤認表示とみなすという規定（不実証広告規制）が設けられている．この規定により実質的に主張立証責任の転換を図っている．

なお，不実証広告規制の事業者の事業活動への影響の大きさから，運用の透明性と事業者の予見可能性を確保するために，「不当景品類及び不当表示防止法第7条第2項の運用指針——不実証広告規制に関する指針——」（平成15年10月28日公正取引委員会．以下「不実証広告ガイドライン」という）が公表されているので，とりわけ，商品・役務の効果性能を表示する事業者は不実証広告ガイドラインを意識することが重要である．

（イ）措置命令における不実証広告規制の手続の流れ

不実証広告規制の手続については，「不当景品類及び不当表示防止法第4条第2項の規定による資料の提出要求の手続に関する内閣府令」（平成21年内閣府令第51号）が定められていたところ，景品表示法への課徴金制度導入に伴ない同府令は「不当景品類及び不当表示防止法施行規則」（平成28年内閣府令第6号）（景品表示法施行規則）に統合された．不実証広告規制の手続は同規則7条に規定されており，概ね図表4-9のとおりである．

図表4-9 措置命令における不実証広告規制の手続の流れ

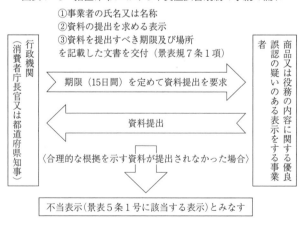

資料提出期限が原則として15日間と短いのは，事業者はあらかじめ表示内

容を裏付ける合理的な根拠を示す資料を有しているものであり，それを行政機関に提出するためのものとしてまとめたり，社内手続を行うための期間にすぎないからである．それゆえ，新たなまたは追加的な試験調査を実施する必要があるなどの理由は，提出期限を延長する正当な理由にもならない（不実証広告ガイドライン第4・2）．

　また，措置命令における不実証広告規制の効果は不当表示（景品表示法5条1号に該当する表示）とみなすというものであるので，措置命令の取消訴訟など事後的に措置命令を争う場面においては，提出された資料が合理的な根拠かが争点となり，例えば資料提出期間経過後に新たに行った試験結果など，（資料提出期間経過時までに提出しなかった）合理的な根拠を示す新たな資料を提出して当該表示の優良誤認表示該当性を争うことはできない．

（ウ）合理的な根拠の判断基準

　前述したように行政機関からの資料提出要求に対して，事業者が表示の裏付けとなる合理的な根拠を示す資料を提出しないときは，措置命令においては優良誤認表示とみなされるので，合理的な根拠とはどのようなものかが重要となる．不実証広告ガイドラインにおいては，合理的な根拠の判断基準について以下のようにまとめられている．

合理的な根拠の判断基準
① 提出資料が客観的に実証された内容のものであること
　客観的に実証されたのものとは，次のいずれかに該当するものである
　◇試験・調査によって得られた結果
　◇専門家，専門家団体若しくは専門機関の見解又は学術文献
② 表示された効果，性能と提出資料によって実証された内容が適切に対応していること

　一概に試験・調査といってもさまざまなものがありえ，例えば，試験・調

66　ミュー株式会社による審決取消請求事件（東京高判平成22・11・26審決集57巻第2分冊181頁）も「事業者は，当該表示の裏付けとなる合理的な根拠を示す資料をあらかじめ有した上で表示を行うべきであり，かかる資料を有しないまま表示をして販売を行ってはならない」と判示している．それゆえ，根拠資料に疑義があるような場合には，事業者としては表示をしないということも常に念頭におくべきである．

査の方法が恣意的なものであれば，その試験・調査は商品または役務の効果や性能を客観的に担保しているとはいえない．そこで，試験・調査の方法は関連する学術界または産業界において一般的に認められた方法または関連分野の専門家が多数認める方法により実施する必要がある．これらの方法が存在しない場合には，社会通念上および経験則上妥当と認められる方法で実施する必要がある（不実証広告ガイドライン第3・2（1））．このような方法である限り必ずしも第三者機関により調査・試験が実施される必要はない（もっとも，調査・試験の実施主体が第三者機関であるほうが客観性の程度は高いと評価されることがある）．

　専門家，専門家団体もしくは専門機関（これらを「専門家等」という）の見解または学術文献は，専門家等が客観的に評価した見解または学術文献であって，当該専門分野において一般的に認められたものである必要がある．したがって，一般的に認められた見解がないような場合，仮に専門家等の学術文献を提出したとしても客観的に実証されたものとは評価されない．

　近時の不実証広告規制を適用した措置命令においては，違反事業者は何らかの資料を提出するものの，表示された効果，性能とその提出した資料によって実証された内容が適切に対応していないということが多く見受けられる．例えば，家屋内の害虫を有効に駆除すると表示する家庭用害虫駆除器について，事業者が公的機関において実施された試験結果を提出したとしても，その試験結果が試験用のアクリルケース内において，当該機器によって発生した電磁波が害虫に対して一時的に回避行動を取らせたことを確認したものにすぎなければ，表示された効果，性能（家屋内の害虫を有効に駆除する）と実証された内容（試験用のアクリルケース内において，害虫に対して一時的に回避行動を取らせた）が適切に対応していない（不実証広告ガイドライン第3・3〈例1〉）．表示をする事業者としてはこのようにどのような調査・試験によって得られた結果かを勘案して，得られた結果に適切に対応する表示を心がける必要がある．

　不実証広告規制が適用された例としては，特段の運動や食事制限をすることなく容易に著しい痩身効果が得られるかのように示す食品や置くだけで空間を除菌できるかのように示す商品のほかに，虫の忌避効果を標ぼうする商

品やガン等の疾病および老化を予防する効果を表示する商品[69]などがある[70].

なお，不実証広告規制を適用した措置命令に対して，2015（平成27）年3月18日，消費者庁発足後初めて取消訴訟が提起され，2016（平成28）年6月現在，東京地方裁判所において審理が進められている．

(B) 措置命令の内容

措置命令は，措置命令の名あて人に対し，その行為の差止めもしくはその行為が再び行われることを防止するために必要な事項またはこれらの実施に関連する公示その他必要な事項を命ずるものである．従前，多くの事案においては，①措置命令の対象となった景品類の提供や表示が景品表示法に違反するものである旨を一般消費者へ周知徹底すること，②再発防止策を講じて，これを役員および従業員に周知徹底すること，③今後，（不実証広告規制を適用した場合には，表示の裏付けとなる合理的な根拠をあらかじめ有することなく）同様の表示を行わないことを命じられてきた．

(2) 課徴金納付命令

事業者が課徴金対象行為（その内容については後述の（A）(a) 参照）をしたときは，内閣総理大臣（消費者庁長官）は，当該事業者に対し，当該課徴金対象行為に係る課徴金対象期間に取引をした当該課徴金対象行為に係る商品または役務の政令で定める方法により算定した売上額に100分の3を乗じて得た額に相当する額の課徴金を納付する命令をしなければならない[71]（景表8条1項本文）．

景品表示法における課徴金納付命令は，違反行為者（事業者）に経済的不利益を課すことにより，事業者が不当表示を行う動機を失わせ，不当表示規

---

[67] 例えば，株式会社ライフサポートに対する措置命令（平成27年2月17日）．
[68] 例えば，株式会社エム・エイチ・シーに対する措置命令（平成26年5月1日）．
[69] 例えば，虫の忌避効果を標ぼうする商品の販売業者4社に対する措置命令（平成27年2月20日）．
[70] 例えば，株式会社三貴に対する措置命令（平成27年2月10日）．
[71] 課徴金納付命令は，「しなければならない．」と規定されており，非裁量処分である．なお，措置命令は「することができる．」と規定されており，裁量処分である．

制の抑止力を高めることによって不当表示を防止することを目的とする行政上の措置である．景品表示法における課徴金制度は，課徴金納付命令を導入するとともに，併せて一般消費者の被害回復を促進する観点から返金措置（後記（A）（g））を実施した事業者に対する課徴金額の減額等の措置を講ずることを主な内容とするものである．

　課徴金制度は，2014（平成26）年の臨時国会において，不当景品類及び不当表示防止法の一部を改正する法律（平成26年法律第118号．以下「平成26年11月改正法」という）が成立し，景品表示法に導入されたものである（同年11月19日成立，同月27日公布）[72]．平成26年11月改正法は，2016（平成28）年4月1日から施行している（不当景品類及び不当表示防止法の一部を改正する法律の施行期日を定める政令（平成26年政令第422号））．また，平成26年11月改正法による改正後の景品表示法における課徴金納付命令に関する規定は，平成26年11月改正法の施行日である2016（平成28）年4月1日以後に行われた課徴金対象行為に適用される（平成26年11月改正法附則2条）．

（A）課徴金納付命令に関する各要件の趣旨および内容等
　（a）課徴金対象行為
　（ア）課徴金対象行為の内容
　課徴金納付命令の対象となる行為は，優良誤認表示または有利誤認表示をする行為である（景表8条1項）．他方で，いわゆる指定告示に係る表示（景表5条3号）を行うことは，課徴金対象行為に該当しない．
　（イ）課徴金納付命令との関係における不実証広告規制
　課徴金納付命令との関係においても不実証広告規制が導入されている．すなわち，内閣総理大臣（消費者庁長官）は，効果・性能に関する表示について優良誤認表示に該当するか否かを判断するため必要があると認めるときは，当該表示をした事業者に対し，期間を定めて当該表示の裏付けとなる合理的な根拠を示す資料の提出を求めることができ，当該事業者が当該資料を提出[73]

---

[72] 平成26年11月改正法については，消費者庁ウェブページを参照されたい．〈http://www.caa.go.jp/representation/index7.html〉

しない場合や表示の裏付けとなる合理的な根拠とは認められない資料を提出した場合には[74]，優良誤認表示と「推定する」という手続規定を置いている（景表8条3項）．

当該表示が優良誤認表示であると推定された場合，当該事業者は，当該表示が優良誤認表示に該当しないことについて立証責任を負うこととなるが，資料提出期間経過後であっても，資料提出期間経過時までに提出しなかった当該表示の裏付けとなる合理的な根拠を示す資料を提出して当該表示が優良誤認表示ではないことを立証し，争うことができる[75]．

なお，課徴金納付命令との関係の不実証広告規制の適用や「当該表示の裏付けとなる合理的な根拠を示す資料」の考え方については，措置命令に関する不実証広告規制の運用についての考えを示した不実証広告ガイドラインと同様である（消費者庁「不当景品類及び不当表示防止法第8条（課徴金納付命令の基本的要件）に関する考え方」（平成28年．以下「課徴金ガイドライン」という）第7）．

(b) 課徴金額の算定

課徴金額は，（ア）「課徴金対象期間にした」（イ）「課徴金対象行為に係る商品又は役務」の（ウ）「政令で定める方法により算定した売上額」に，3％を乗じて算定する（景表8条1項）．以下では，（ア）（イ）（ウ）についてそれぞれ説明する．

(ア) 課徴金対象期間

「課徴金対象期間」は，(i)または(ii)の期間であり，当該期間が3年を超えるときは，当該期間の末日から遡って3年間となる（景表8条2項）．

---

[73] 資料提出期間については，措置命令との関係における不実証広告規制と同様に，原則として資料提出要求の文書を交付した日から15日を経過する日までの期間である（景表規7条2項）．

[74] 景品表示法8条3項の事実推定をするための前提条件である，「当該事業者が当該資料を提出しないとき」（資料提出期間までに事業者が提出した資料が表示の裏付けとなる合理的な資料ではないことも含む）の立証責任は，消費者庁長官が負う．

[75] 資料提出期間内に提出した資料が，「当該表示の裏付けとなる合理的な根拠を示す資料」に該当するという評価を争えることは措置命令と同様である．

（ⅰ）原則：課徴金対象行為をした期間

（ⅱ）「課徴金対象行為をやめた日」から①6月を経過する日，または，②「不当に顧客を誘引し，一般消費者による自主的かつ合理的な選択を阻害するおそれを解消するための措置として内閣府令で定める措置」（以下「一般消費者の誤認のおそれの解消措置」という）をとった日のいずれか早い日までの間に，当該課徴金対象行為に係る商品または役務の取引をした場合：課徴金対象行為をした期間に，最後に当該取引をした日までの期間を加えた期間

一般消費者の誤認のおそれの解消措置の具体的内容は，課徴金対象行為に係る表示が景表8条第1項ただし書各号のいずれかに該当することを時事に関する事項を掲載する日刊新聞紙に掲載する方法その他の不当に顧客を誘引し，一般消費者による自主的かつ合理的な選択を阻害するおそれを解消する相当な方法により一般消費者に周知する措置である（景表規8条）。

本規則8条の規定する「不当に顧客を誘引し，一般消費者による自主的かつ合理的な選択を阻害するおそれを解消する相当な方法により一般消費者に周知する措置」に該当するか否かは，個別事案ごとに，措置命令で命じる周知措置と同程度のものであるか否かといった観点から検討されることとなる。

この点に関し，消費者庁長官が措置命令において周知を命じる場合，その周知方法について同長官の承認をあらかじめ得ることも命じられているが，承認されている周知方法の典型例としては，日刊新聞紙2紙への掲載を含む周知方法が挙げられる。

このため，仮に，事業者が，①日刊新聞紙1紙に掲載する方法または②地方紙に掲載する方法により，自らがした表示が景品表示法8条1項ただし書各号のいずれかに該当することを一般消費者に伝えた場合，当該事業者が実施した措置が「不当に顧客を誘引し，一般消費者による自主的かつ合理的な選択を阻害するおそれを解消する相当な方法により一般消費者に周知する措置」に該当するか否かは，個別事案に応じて，①掲載する日刊新聞紙が1紙で足りるといえる特段の事情の有無，②掲載する日刊新聞紙が地方紙で足りるといえる特段の事情の有無等を勘案して判断されることとなると考えられる[76]。

(イ)「課徴金対象行為に係る商品又は役務」

「課徴金対象行為に係る商品又は役務」は，課徴金対象行為が優良・有利誤認表示をする行為であるから優良・有利誤認表示をする行為の対象となった商品または役務を指す．以下では，課徴金ガイドラインにおいて示された「課徴金対象行為に係る商品又は役務」に係る三つの考え方を示す（課徴金ガイドライン第4.2）．

① まず，全国（または特定地域）において供給する商品または役務であっても，具体的な表示の内容や実際に優良・有利誤認表示をした地域といった事情から，一部の地域や店舗において供給した当該商品または役務が「課徴金対象行為に係る商品又は役務」となることがある．

例えば，事業者が全国において運営する店舗においてうなぎ加工食品を販売しているところ，北海道内で配布した「北海道版」と明記したチラシに当該加工食品について「国産うなぎ」と記載し，あたかも，当該加工食品に国産うなぎを使用しているかのように示す表示をしていたものの，実際には，外国産のうなぎを使用していた事案では，当該事業者が北海道内の店舗において販売する当該加工食品が「課徴金対象行為に係る商品」となる（課徴金ガイドライン第4.2（1）想定例①参照）．

② 事業者が，自己の供給する商品または役務を構成する一部分の内容や取引条件について問題となる表示をした場合において，（当該商品または役務の一部分が別の商品または役務として独立の選択〔取引〕対象となるか否かにかかわらず）その問題となる表示が，商品または役務の一部分ではなく商品または役務そのものの選択に影響を与えるときには，（当該商品または役務の一部分でなく）当該商品または役務が「課徴金対象行為に係る商品又は役務」となる．

例えば，レストラン運営事業者がコース料理を一般消費者に提供するにあたり当該料理についてウェブサイトに「松阪牛のステーキを堪能できるコー

---

76 具体的には，「『不当景品類及び不当表示防止法第8条（課徴金納付命令の基本的要件）に関する考え方』に対する御意見の概要及び御意見に対する考え方」(http://www.caa.go.jp/policies/policy/representation/fair_labeling/160129premiums_5.pdf) 番号11から14までを参照されたい．

ス料理」等と記載し,あたかもコース料理に松阪牛のステーキを提供するかのように示す表示をしていたものの,実際には松阪牛でない国産の牛肉を使用していた場合における「課徴金対象行為に係る役務」は,当該牛のステーキではなく,「松阪牛ステーキを堪能できるコース料理」と示して提供した当該コース料理である(課徴金ガイドライン第4.2(2)想定例①).

③ 「課徴金対象行為に係る商品又は役務」は,具体的に「著しく優良」と示された(または「著しく有利」と誤認される)商品または役務に限られる.

例えば,スーツ販売事業者がテレビコマーシャルにおいてスーツについて「全品半額セール」等との音声を放送し,あたかもスーツ全品が半額であるかのような表示をしたものの実際には,一部のスーツについては半額でなく「著しく有利」と誤認される表示をしたという場合における,「課徴金対象行為に係る商品」は,実際に半額ではなかったスーツとなる(課徴金ガイドライン第4.2(3)想定例②).

(ウ)「政令で定める方法により算定した売上額」

「売上額」は,事業者の事業活動から生ずる収益から費用を差し引く前の数値であり,消費税相当額も含まれる.[77]

また,この「売上額」は,事業者の直接の取引先に対する売上額のことであり,当該「売上額」は,必ずしも事業者の一般消費者に対する直接の売上額のみに限られるものではない.

例えば,自らの特定の商品を製造する事業者が,同商品について優良誤認表示をした場合において,当該製造業者が一般消費者に対して直接販売するほか,当該製造時業者が卸売業者や小売業者等を介して一般消費者に販売するときには,当該製造事業者から一般消費者に対する直接の販売額のみならず,当該卸売業者や小売業者等に対する販売額も,課徴金額算定の基礎とな

---

[77] 独占禁止法の事案に係るものであるが,最判平成17・9・13民集59巻7号1950頁は,「企業会計上の概念である売上高は,個別の取引による実現収益として,事業者が取引の相手方から契約に基づいて受け取る対価である代金ないし報酬の合計から費用項目を差し引く前の数値であり,課徴金の額を定めるに当たって用いられる上記売上額は,この売上高と同義のものというべきである.」と判示している.

る「売上額」に含まれる．

　「売上額」の具体的な算定方法については政令において次のように定めている．簡明性を重視しつつ商取引上の事情に対応するため，原則として，課徴金対象期間内において引き渡した（提供した）課徴金対象行為に係る商品（役務）の対価を合計する方法により算定する，いわゆる引渡基準に基づき売上額を算定する（景表令1条柱書）．ただし，事業者が課徴金対象期間内に引き渡した（提供した）商品（役務）の対価の合計と，当該課徴金対象期間内に締結した契約に定められた対価の額の合計との間に著しい差異を生ずる事情があると認められるときは，当該課徴金対象期間に締結した契約の目的物となったものの対価を合計する方法（契約基準）によって算定される（景表令2条1項）．

　また，現実の取引ではさまざまな返品や値引き，控除が行われるため，一定の範囲で売上額の算定に反映される．引渡基準で「売上額」を算定する場合は，課徴金対象期間に行われた，課徴金対象行為に係る商品または役務についての①商品の不足等の理由による値引き額，②返品された商品の対価相当額，③契約により取引の実績に応じて支払われた割戻金の額を課徴金額算定の基礎となる「売上額」から控除することとしている（景表令1条各号）．契約基準により「売上額」を算定する場合には，割戻金の額が総売上額からの控除項目となる（景表令2条2項）．なお，値引きと返品は，契約基準により算定する場合には契約の修正という形で行われ，修正された契約額が総売上額となる．

(c)「相当の注意を怠つた者でないと認められる」か否か
　(ア) 概要

　事業者が，課徴金対象行為をした期間を通じて，自らが行った表示が景品表示法8条1項1号または2号に該当することを知らず，かつ，知らないことについて相当の注意を怠った者でないと認められるは，課徴金の納付を命じることができない（景表8条1項ただし書）．

　事業者が「相当の注意を怠つた者でないと認められる」か否かは個別具体的に判断せざるをえないが，当該事業者が課徴金対象行為に係る表示をする

I　景品表示法　217

際に，当該表示の根拠となる情報を確認するなど，正常な商慣習に照らし必要とされる注意をしていたか否かにより判断される．この判断にあたっては，当該事業者の業態や規模，課徴金対象行為に係る商品または役務の内容，課徴金対象行為に係る表示内容および課徴金対象行為の態様等を勘案する（課徴金ガイドライン第5.1）．[78]

　景品表示法は，事業者が景品および表示に関する事項を「適正に管理するために必要な体制の整備その他の必要な措置を講じなければならない」（景表26条1項）旨を定めた上で，景品表示法26条2項に規定する指針（「事業者が講ずべき景品類の提供及び表示の管理上の措置についての指針」（平成26年内閣府告示第276号））を定めている．事業者が必要かつ適切な範囲で指針に沿うような具体的な措置を講じていた場合には「相当の注意を怠つた者でない」と認められると考えられる（課徴金ガイドライン第5.1）．

　　(イ)「課徴金対象行為をした期間を通じて」
　「相当の注意」は「課徴金対象行為をした期間を通じて」要求される．
　そのため，課徴金対象行為の開始時点には，相当の注意をしていた場合であっても，その後当該課徴金対象行為に係る表示が不当表示であることが発覚したにもかかわらず，速やかに当該課徴金対象行為を取りやめず，課徴金対象行為をしていたときは，「相当の注意を怠つた者」といえる．なお，相当の注意を怠っていない必要があるのは，「課徴金対象行為をした期間」であり，「課徴金対象期間」ではない．
　また，事業者が，表示行為開始時点では「相当の注意を怠つた者」でなかったが，途中で当該表示行為が課徴金対象行為であると知り，当該課徴金対象行為をやめた場合，課徴金対象行為をやめるまでの間に課徴金対象行為に係る表示が優良・有利誤認表示であると知っている事態が生じ得る．そこで，

　78　ただし，ここでいう正常な商慣習とは，景品表示法の目的（景表1条）からすれば，一般消費者の利益の保護の見地から是認される商慣習をいうものであり，業界の存在にする商慣行に単に合致されていれば直ちに「相当の注意を怠つた者でないと認められるとき」に該当するわけではないと考えられる．例えば，自己の供給する商品の内容について一切確認することなく表示をするといった一定の商慣習が現に存在し，それには反していなかったとしても，そのことによって直ちに「知らないことにつき相当の注意を怠つた者でないと認められる」わけではないことに留意が必要である（課徴金ガイドライン第5.1）．

法は「相当の注意を怠つた者でないと認められるとき」と規定し，当該要件の該当性を実質的な評価により判断することとしている。[79]「認められるとき」か否かは，個別事案によるが課徴金対象行為に係る表示が景品表示法8条1項ただし書各号のいずれかに該当することを知った後，当該課徴金対象行為を速やかにやめた否かにより判断されるものと考えられる。その認定をする上では，①課徴金対象行為に係る表示の方法（ex. ウェブ，チラシ，パッケージによる表示等）から想定される当該課徴金対象行為をやめるために要する通常の期間の長短，②当該課徴金対象行為に係る表示が景品表示法8条1項ただし書各号のいずれかに該当することを知った日から実際に課徴金対象行為をやめる日までに要した期間の長短等の事情を勘案して総合的に判断するものと思われる。

(ウ) 立証責任

事業者が「相当の注意を怠つた者でないと認められる」に該当しないことに関する立証責任は，不利益処分を行う行政側が負うこととされている。[80] ただし，調査過程においては，事業者が表示をした際にどのような注意を払っていたか具体的な事実を主張して，当該主張を裏付ける証拠の提出を行った上で，消費者庁において当該事実が認定できるか，当該事実が「相当の注意を怠つた者でないと認められる」と評価できるか検討することとなるから，事業者において「相当の注意を怠つた者でないと認められる」ことに関する具体的な主張をする必要があろう。

(d) 規模基準

景品表示法8条1項により算定した課徴金額が150万円未満（課徴金対象行為に係る商品または役務の売上額が5,000万円未満）であるときは，課徴金の納付を命じることができない（景表8条1項ただし書）。なお，景品表示法8条1項により算定した課徴金額が150万円以上である場合，同法9条

---

79 逐条景表法43頁．
80 消費者庁「景品表示法における課徴金制度導入に関する意見募集の結果」における「主な御意見の概要及び御意見に対する考え方」3頁参照〈http://www.caa.go.jp/representation/pdf/141024premiums_1.pdf〉．

による課徴金対象行為に関する事実の報告や同法10条および11条による返金措置による課徴金額の減額の結果，減額後の金額が150万円未満になったとしても，当該金額の課徴金の納付を命じることとなる．

(e) 除斥期間

課徴金対象行為をやめた日から5年を経過したときは，課徴金の納付を命じることができない（景表12条7項）．

(f) 課徴金対象行為に該当する事実の報告による課徴金額の減額
(ア) 概要

事業者が，課徴金対象行為に該当する事実を内閣府令で定めるところにより報告したときは，景品表示法8条1項により算定した課徴金額から50％相当額を減額する（景表9条本文）．

報告の方法は，様式第一の報告書に必要な事項を記載の上，課徴金対象行為に該当する事実を示す資料（表示物やその写し等）を添付して①持参，②書留郵便等または③FAXの方法により，消費者庁長官に提出する必要がある（景表規9条1項・2項）．

事業者が行った報告が，当該課徴金対象行為についての調査があったことにより，当該課徴金対象行為について課徴金納付命令があるべきことを予知してされたものであるときは，減額しない（景表9条ただし書）．

この「調査」は，罰則によって間接的に履行を担保する調査（景表29条1項）のみならず，当該調査権限を行使せずに相手方の協力の下で報告を求めるなどのいわゆる任意調査も含むものである．[81]

なお，当該報告は，調査の端緒であることから，当該報告をした後に消費者庁が当該報告をした事業者を調査することがある．

---

81 逐条景表法56頁．

(イ) 具体例

　例えば，事業者が，消費者庁職員から特定の課徴金対象行為について質問されたり，確認や報告を求めたりする趣旨で問い合わせがされた後，当該課徴金対象行為に該当する事実を報告した場合，当該報告は「当該課徴金対象行為の調査があつたことにより……課徴金納付命令があるべきことを予知してされたものであるとき」に該当するため，課徴金の額は減額されない．

　他方で，同業他社がした表示について消費者庁が調査をしたことを契機として，自社の類似の商品の表示について確認したところ，課徴金対象行為に該当する事実が発見されたため当該事実を報告する場合，「当該課徴金対象行為について調査があつた」といえないため，課徴金の額が減額される．

　また，事業者がした特定の商品の課徴金対象行為について消費者庁の調査がされたことを契機として，当該事業者が社内調査をしたところ，まったく別個の商品についての課徴金対象行為に該当する事実が発見されたため，当該事実を報告する場合，当該別個の商品に係る「当該課徴金対象行為に調査があつた」といえないため，当該別個の商品に係る課徴金対象行為についての課徴金納付命令の課徴金の額は減額される．

(g) 返金措置の実施による課徴金額の減額等

　景品表示法における課徴金制度は，返金措置の実施による課徴金額の減額等をする措置が講じられている．ここでは返金措置に実施による課徴金額の減額等の手続の概要および返金措置の基本的な考え方について概説する．

(ア) 手続の概要

本制度は，以下の三つに大別できるところ，それぞれ分けて説明する．
① 実施予定返金措置計画の提出，内閣総理大臣（消費者庁長官）による認定
② 返金措置の実施等
③ 認定実施予定返金措置計画の実施結果の報告，計画適合性が認められる場合の課徴金額の減額等

（ⅰ）実施予定返金措置計画の提出，内閣総理大臣（消費者庁長官）による認定（前記①）

　事業者は，課徴金対象期間において当該商品または役務の取引を行った一般消費者（政令の定めにより特定されているもの．政令の内容については，後記（イ）参照）のうち申出をした者に対し，当該消費者の購入額（政令に定める方法により算定．政令の内容については（イ）参照）の3％以上の額の金銭を交付する措置（返金措置）を実施しようとするときは，実施予定返金措置計画申請書（景表規10条1項，様式第二）を作成し，同条2項に規定する資料を添付した上で，内閣総理大臣（消費者庁長官）に申請し，その認定を受けることができる（景表10条1項）．事業者は，申請前に実施した返金措置も実施予定返金措置計画に記載でき（景表10条3項，景表規11条），申請後認定前の返金措置は内閣総理大臣（消費者長官）に報告しなければならない（景表10条4項，景表規12条，様式第三）．[82]

　内閣総理大臣（消費者庁長官）が実施予定返金措置計画を認定するには，事業者が提出した実施予定返金措置計画が景表10条5項各号に定める要件に適合していなければならない．具体的には，ⓐ当該実施予定返金措置計画に係る実施予定返金措置が円滑かつ確実に実施されると見込まれるものであること[83]，ⓑ実施予定返金措置の対象となる者[84]のうち特定の者について不当に差

---

[82] 事業者が認定申請前の返金措置または申請後認定前の返金措置をしたにもかかわらず，実施予定返金措置計画に認定申請前の返金措置に関する事項の記載または景品表示法10条4項に規定する報告（以下「当該記載または報告」という）をしなかった場合，返金措置による課徴金額の減額等制度の上では単に当該記載または報告に係る返金措置がされなかったものと扱われるだけであり，当該記載または報告の懈怠が実施予定返金措置計画の認定要件（景表10条5項）の審査に影響を与えるものではない．なぜなら，当該記載または報告をしないことは実施予定返金措置計画が円滑かつ確実に実施されることが見込み（景表10条5項1号）に無関係であり（他方で当該記載または報告をした場合は今後の実施予定返金措置が円滑かつ確実に実施されるであろうという推認が働くことはありえよう），当該記載または報告をされた場合に初めて当該記載または報告に係る返金措置の対象となった者を含む実施予定返金措置の対象となる者のうち特定の者について不当に差別的でないか否か検討するためである（景表10条5項2号）．このため，当該記載または報告を懈怠した場合であって，実施予定返金措置計画の認定がされたとき，認定事業者は，当該記載または報告に係る返金措置をしなかったものとして扱われるため，当該記載または報告に係る返金措置の対象となった者から実施予定返金措置の申出があった場合，当該記載または報告に係る返金措置を実施した者に対しても，改めて認定実施予定返金措置計画に係る返金措置を実施することとなる．

別的でないものであること，ⓒ実施期間が，一般消費者の被害の回復を促進するため相当と認められる期間として内閣府令で定める期間（実施予定返金措置計画の申請した日から4月を経過する日までの期間（景表規13条））内に終了するものであること，という三つの認定要件をすべて満たすと認められる必要がある（景表10条5項）．

なお，事業者に対して実施予定返金措置計画の不認定処分がされるとともに，課徴金納付命令がされた場合であって，当該事業者が当該不認定処分の違法を争うとき，当該不認定処分の違法性は課徴金納付命令に承継されると考えられるから，課徴金納付命令に対する不服申立てをすべきであり，当該不認定処分に対する不服申立ての利益が認められないと考えられる[85]．

(ⅱ) 返金措置の実施等（前記②）

事業者は，認定実施予定返金措置計画に記載した実施期間中，当該計画に係る実施予定返金措置を実施する．

内閣総理大臣（消費者長官）は，認定時から認定実施予定返金措置計画の実施結果の報告期限（前記実施期間の経過後1週間以内．景表11条1項）までの間は，課徴金の納付を命じない（景表10条10項）．また，計画提出日から認定時までの間も課徴金の納付を命じることはないとされている[86]．

また，当該返金措置を実施するにあたり，認定実施予定返金措置計画に係る実施予定返金措置において交付する金銭の額が低い等の理由で返金の申出をする一般消費者が想定を下回るため，その額を増額する場合や実施期間を延長する場合等において，事業者は認定実施予定返金措置計画の変更の申請をすることができる（景表10条6項，景表規14条，様式第四）．当該申請の認定要件については同条5項が準用される（同条7項）[87]．

---

83 仮に，課徴金対象期間において当該商品または役務の取引を行った一般消費者全員が申出をした場合でも，当該全員に対して実施予定返金措置計画に係る実施予定返金措置を実施することが可能であるかという観点から判断することが想定されている（逐条景表71頁）．例えば，実施予定返金措置の実施に必要であると見込まれる資金の調達方法を証することができない場合は，「円滑かつ確実に実施されると見込まれるもの」と認められない．

84 当該実施予定返金措置計画に，当該記載または報告がされた場合には，当該記載または報告に係る返金措置の対象となった者を含む．

85 逐条景表66頁．

86 逐条景表78頁．

なお，認定実施予定返金措置計画の実施期間を延長する変更をする場合の実施期間となる範囲の終期は，認定実施予定返金措置計画に記載した実施期間の末日から1月を経過する日までとなる（景表規13条括弧書）。
　認定事業者による返金措置が認定実施予定返金措置計画に適合して実施されていないと認めるときは，内閣総理大臣（消費者庁長官）は，認定（変更認定も含む）を取消す処分をしなければならない（景表10条8項）。なお事業者に対して認定取消処分がされるとともに，課徴金納付命令がされた場合であって，当該事業者が当該取消処分の違法性を争うとき，当該取消処分の違法は課徴金納付命令に承継されると考えられるから，課徴金納付命令に対して不服申立てをすべきであり，当該取消処分の不服申立ての利益が認められないと考えられる。[88]

　　（ⅲ）認定実施予定返金措置計画の実施結果の報告，計画適合性が認められる場合の課徴金額の減額等（前記③）

　認定を受けた事業者は，報告期限までに認定実施予定返金措置計画の実施結果報告書（景表規15条1項，様式第五）を作成し，同条2項に規定する資料を添付した上で，内閣総理大臣（消費者庁長官）に提出しなければならない。実施予定返金措置計画の認定処分後に実施された返金措置が当該計画に適合して実施されたと認められるときは，当該返金措置により交付された金銭の額を課徴金額から減額する。[89] 返金措置において交付された金銭の額とは，原則として返金措置において交付した金銭の額（ただし，当該返金措置の対

---

[87] 変更の認定にあたっては，変更後の実施予定返金措置計画により返金措置の対象となる者はもちろん，変更前の計画により返金措置の対象となった者も含め「特定の者について不当に差別的でない」といった認定要件を満たすことが必要である（景表10条7項により準用する景表10条5項2号の「実施予定返金措置の対象となる者」は，変更認定後の実施予定返金措置計画により実施予定返金措置の対象となる者に加え，変更前の認定実施予定返金措置計画に係る返金措置の対象となった者を含む）。

[88] 逐条景表76頁。

[89] 認定事業者が認定後に実施した返金措置について計画適合性があると認められる場合，認定後に実施された返金措置に加え，計画に記載された申請前の返金措置および（または）報告された申請後認定前の返金措置において交付された金銭相当額を，課徴金額から減額する（景表11条2項）。なお，認定を受けた事業者が認定後に実施した返金措置について計画適合性が認められない場合，認定後に実施された返金措置のみならず，当該記載および（または）報告に係る返金措置いずれについても課徴金額からの減額対象とならない。

象となった者の取引に係る商品または役務の購入額を上回る金銭を交付したものについては，当該購入額に相当する額）を合計した額である（景表規16条１項）．

　当該減額の結果，課徴金額が１万円未満となる場合は課徴金の納付は命じない（景表11条３項）．

　なお，景品表示法は，返金措置を同法に規定する要件に従い実施し，その報告が適式にされた場合に，課徴金の額を減額等するということを定めているのみであり，少なくとも景品表示法上は，当該返金措置において交付する金銭にそれ以外の法的性質（例えば，事業者の不法行為に基づく損害賠償債務に対する弁済に係るものであるということ）を付与するものではない．そのため，事業者が返金措置において交付した金銭が損害賠償債務に対する弁済の趣旨であるか否か，当該交付した金銭が損金算入される趣旨のものであるか否か等は景品表示法の枠外において個別に検討されることになる．

　　（イ）返金措置の基本的な考え方

　返金措置は，①「課徴金対象期間において当該商品又は役務の取引を行つた一般消費者であつて政令で定めるところにより特定されているもの」から，②「申出があつた場合に」，③「当該申出をした一般消費者の取引に係る商品又は役務の政令で定める方法により算定した購入額」に④「百分の三を乗じて得た額以上の金銭を交付する措置」をいう（景表10条１項）．

　　　（ⅰ）「課徴金対象期間において当該商品又は役務の取引を行つた一般消費者であつて政令で定めるところにより特定されているもの」

　「課徴金対象期間において当該商品又は役務の取引を行つた一般消費者であつて政令で定めるところにより特定されているもの」（以下「特定消費者」という）とは，ⓐ課徴金対象期間内に課徴金対象行為に係る商品の引渡しまたは役務の提供を受けた日（「売上額」を契約基準により算定する場合は，課徴金対象期間内に課徴金対象行為に係る商品の購入または役務の提供に係る契約を締結した日）が，ⓑ当該商品または役務の対価の支払に充てた金銭に係る領収書，当該商品の購入または役務の提供に関する契約に係る契約書その他の当該事実を証する資料により特定された者である（景表令３条）．ⓑの契約書や領収書はあくまで例示である．その他の資料であっても，ⓐの

事実を証することができる一般消費者は「特定消費者」に該当する．個別事案にもよるが，当該事実を証する資料として，契約書や領収書（レシート）以外の例として，取引履歴データ，納品書，現物等が考えられる．

（ⅱ）「申出があつた場合」

「申出があつた場合」とは，特定消費者から返金措置を実施する事業者に対して返金措置により金銭の交付を受ける意思表示がされたことをいう．返金措置の申出の方法については法定されておらず制限はないが，実務上は，返金措置を実施する事業者の店頭において申出書を書く等所定の方法により申出する方法，返金措置申出書を返信用封筒と共に同封して特定消費者に郵送し，特定消費者が当該申出書を返送して申出する方法等が多いものと考えられる．

事業者が当該特定消費者からの「申出」がないにもかかわらず，当該特定消費者に金銭の交付をしても，「申出があつた場合」に該当しないので，当該金銭交付は返金措置に該当しない．

また，例えば，事業者が，特定消費者に対して，返金措置の案内通知の到達日から2週間以内に異議を述べない限り申出があったものとみなす旨の通知を送付し，異議がない限り当該期間経過後に返金措置を実施するというようなオプトアウト型の方法も考えられるが，「申出があつた場合」を返金措置の要件とするのは返金を受領するか否か特定消費者の意思に委ねることを趣旨とするものであるから[90]，原則として当該オプトアウト型の方法は，特定消費者による返金措置による金銭の交付を受ける積極的な意思表示がされたと解されず「申出があつた場合」に該当しないものと考えられる．

なお，事業者が，返金のための条件を設定した上で，当該条件を満たさない限り金銭を交付せず，条件を満たすことを理由として金銭を交付する場合，当該金銭交付は「返金措置」に該当しない．例えば，商品を返品しない限り返金に応じない旨の条件を付す場合は，「返金措置」とは認められない．ただし，事業者が特定消費者からの申出があった場合に金銭を交付するほか，特定消費者の希望に応じて商品の返品を受けた上で金銭を交付する対応をと

---

90 逐条景表61頁．

った場合は，事業者は，返品を受けた上で金銭を交付するとしても特定消費者の希望を受けているのであって，無条件の金銭交付を行っており，「返金措置」を実施しているといえる．なお，返金措置の申出をしてきた者が特定消費者に該当するか否か確認するための手続（レシート等の資料の確認）は，返金措置の対象となる特定消費者か否かの判断にあたり必要な手続であり，「申出があつた場合」に行う金銭交付に条件を付すものではない．

　　（ⅲ）「当該申出をした一般消費者の取引に係る商品又は役務の政令で定める方法により算定した購入額」

「購入額」の算定方法は「売上額」において採用した算定方法と同様である．すなわち，「売上額」を引渡基準により算定する場合は引渡基準を用い（景表令4条），「売上額」を契約基準により算定する場合は契約基準を用いて算定する（景表令5条）．

また，「一般消費者の取引に係る商品又は役務の…購入額」であるから，課徴金納付命令の名あて人がメーカーや卸売事業者など一般消費者と直接の取引関係がない事業者が返金措置を実施する場合であっても，返金措置において交付する最低限の金額の算定基準となる「購入額」は，申出をした特定消費者がした取引の課徴金対象行為に係る商品または役務の購入額である点には留意する必要がある．したがって，一般消費者と直接の取引関係がない事業者においては，課徴金額算定のための「売上額」と返金措置において交付する最低額を算定するための「購入額」において基準すべき取引にずれが生じることとなる．なお，購入額には消費税相当額も含まれる．

　　（ⅳ）「百分の三を乗じて得た額以上の金銭を交付する措置」

「百分の三を乗じて得た額以上の金銭を交付する措置」とは，ウにより算定した購入額に3％を乗じて得た額「以上」の金銭を，金銭の交付の申出をした特定消費者に交付する措置をいう．

銀行振込の方法による振込みは，「金銭を交付する措置」に該当する[91]．他方で，相殺は，その効果が対立する債権を消滅させるにすぎず実際に金銭を交付するものではないから，「金銭の交付する措置」に該当しないと考えら

91　逐条景表64頁．

れる.

　また，例えば，事業者が振込費用等金銭を交付するために要する費用を特定消費者に負担させ，振込費用等相当額を控除した額を交付した場合，「金銭を交付する措置」といえるのは，実際に特定消費者に交付された額に限られ，振込費用等相当額部分は，「金銭を交付する措置」に該当せず，当該振込費用等相当額部分については課徴金の額から減額されない.

　なお，特定消費者からの返品に応じたり，商品券，ポイントまたは仮想通貨等（以下「返品等」という）を交付する措置は，「金銭を交付する措置」には該当しない．ただし，返金措置に加えて返品等の措置をすることは事業者の任意である．あくまで，課徴金額を減額するためには，「金銭を交付する」必要があるにすぎない.

　（B）課徴金納付命令に関する手続
　　（a）事前手続

　課徴金納付命令は，「金銭の納付を命じ」る処分であるため行政手続法（平成5年法律第88号）の事前手続規定は適用されないが（同法13条2項4号），事業者の手続保障と迅速な執行との調和の観点から，弁明の機会を付与される（景表13条ないし16条）.[92]

　　（b）　賦課手続

　課徴金納付命令は，文書によって行い，課徴金納付命令書には，納付すべき課徴金額，課徴金の計算の基礎および当該課徴金に係る課徴金対象行為並びに納期限が記載される（景表17条1項）．課徴金納付命令は，その名宛人に課徴金納付命令書の謄本を送達することによりその効力が生ずる（同条2

---

[92] 措置命令の弁明の機会と同時に課徴金納付命令の弁明の機会を付与することは可能である．ただし，早期に不当表示による不当に顧客を誘引し，一般消費者の自主的かつ合理的な選択が阻害されるおそれを解消する必要があることや，課徴金納付命令をするためには課徴金対象行為の認定以外に，「課徴金対象行為に係る商品又は役務……の売上額」や「相当の注意を怠つた者でないと認められるとき」についても認定をする等の必要があり，措置命令の法律要件に該当する事実の認定に比べ時間を要することから，措置命令の弁明の手続が先行することが多いと思われる．

項).

　(c) 不服申立手続

　課徴金納付命令に対する不服申立ては，行政不服審査法（平成26年法律第68号）4条1項1号に規定する消費者庁長官に対する審査請求または行政事件訴訟法（昭和37年法律第139号）3条2項に規定する処分取消訴訟によることとなる．

　(C) 課徴金納付命令の効果等

　課徴金納付命令を受けた者は課徴金を納付しなければならない（景表12条1項）．課徴金額の1万円未満の端数は切り捨てられる（同条2項）．課徴金の納期限は，課徴金納付命令書の謄本を発する日から7月を経過した日である（景表17条3項）．

　内閣総理大臣（消費者庁長官）は，納期限までに納付しない者があるときは，期限を指定して督促状を送達し，納付を督促しなければならない（景表18条1項，景表規18条）．延滞金は督促状が送達されたときは，納期限の翌日から納付の日まで年14.5％の延滞金が発生する（景表18条2項）．課徴金と延滞金を納付すべき場合に，事業者が金銭を納付した場合，利息から充当する民法の原則（民法491条1項）と異なり，元本たる課徴金から先に充当する（景表規19条）．

　督促を受けた者が期限までに納付しないときは，内閣総理大臣（消費者庁長官）の命令で課徴金納付命令を執行でき，当該執行命令は執行力のある債務名義と同一の効力を有することとした上で（景表19条1項），課徴金納付命令の執行は，民事執行法その他強制執行の手続に関する法令に従って行われる（景表19条2項）．なお，執行命令書の謄本も送達される（景表規20条2項）．

　課徴金および延滞金の請求権は倒産手続において過料の請求権とみなされ，他の倒産債権と比べて劣後的に取り扱われる（景表20条）．

　景品表示法の課徴金および延滞金について，必要経費や損金に算入できないこととされている（所得税法（昭和40年法律第33号）45条1項12号および

法人税法（昭和40年法律第34号）55条4項6号）．

（3）過大景品の提供または不当表示に対しての執行の流れ

(A) 執行機関

(a) 消費者庁長官（内閣総理大臣からの委任（景表33条1項））

措置命令（景表7条1項）および課徴金納付命令（景表8条1項）並びにその調査権限（景表29条）を有する．措置命令に至らないようなものについては行政指導を行うこともある．

(b) 公正取引委員会（景表33条2項，景表令15条）

措置命令および課徴金納付命令のための調査権限が消費者庁長官から委任されている．

(c) 事業所管大臣および金融庁長官（景表33条3項，景表令17条）

緊急かつ重点的に不当な景品類または表示に対処する必要があること等の政令で定める事情（景表令16条）がある場合に，措置命令および課徴金納付命令のための調査権限が消費者庁長官から委任される．

公正取引委員会と異なり上記のような事情がある場合に限り委任されるものであり，現時点（2016（平成28）年6月）までに事業所管大臣および金融庁長官に調査権限が委任されたことはない．

(d) 都道府県知事（景表33条11項，景表令23条）

不当な景品類の提供または表示がされた場所または地域を含む都道府県の区域を管轄する都道府県知事は措置命令およびその調査を行うことができる．措置命令に至らないようなものについては行政指導を行うこともある．

条文上は不当な景品類の提供または表示がされればその区域を管轄する都道県知事が執行しうるとなっているので，全国で行われる不当表示についても各都道府県知事が措置命令を行うことも可能であるが，消費者庁長官の権

93　真渕・景表法279頁．

限との住み分けとしては,主に違反行為が1の都道府県内にとどまるものである場合には都道府県知事が事件処理を行い,複数の都道府県にまたがって違反行為が行われている場合には,消費者庁が処理することが想定されている[93].

上記の執行体制を図にすると概ね図表4-10のようになる.

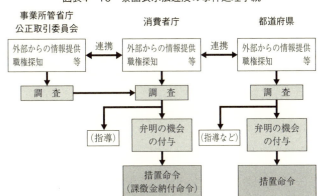

図表4-10 景品表示法違反の事件処理手続

出典:消費者庁「景品表示法に導入される課徴金制度に関する説明会 資料1」32頁

(4) 争う手段

消費者庁長官が措置命令(課徴金納付命令)を行った場合に,当該命令に不服がある者は消費者庁長官に対する審査請求(行審4条1項1号)をするかあるいは裁判所に対して行政事件訴訟法に基づき取消訴訟を提起できる.都道府県知事が措置命令を行った場合に,当該命令に不服がある者は当該命令を行った都道府県知事に対する審査請求(同号)をするかあるいは裁判所に対して行政事件訴訟法に基づき取消訴訟を提起できる.

争う内容としてはさまざまなものが考えられる.例えば,行政処分の対象となった事業者が不当であると認定された表示をしたといえるかや不実証広告規制を適用した事案において行政処分の名あて人となった事業者が提出し[94]

---

94 例えば,前掲東京高判平成20・5・23.

た資料が合理的な根拠を示す資料といえるかなどが争点として挙げられる.また,課徴金納付命令においては課徴金額算定の基礎となる課徴金対象行為に係る商品または役務の売上額について争われることも考えられる.

---

95 例えば,前掲東京高判平成22・11・26.

II 家庭用品品質表示法

1 目的

> 1条　この法律は，家庭用品の品質に関する表示の適正化を図り，一般消費者の利益を保護することを目的とする．

　家庭用品の種類が，特に合成繊維，合成樹脂等の技術革新に伴い複雑多様化し，一般消費者がこれら家庭用品を購入，使用する際，その品質が表示されていなければ，意図しない家庭用品の購入を余儀なくされ，ひいては不合理な家庭用品を使用をさせられるといった状況に対処する必要が生じた．そこで，品質等の表示のないものに表示を行わせ，表示内容の統一を図り，または不適切な表示を是正して表示の適正化を図ることにより，一般消費者を保護しようとすることを目的として家庭用品品質表示法が制定された[96]．

2 家庭用品品質表示法の法体系

　家庭用品品質表示法においては図表4-11に示すように，対象となる品目（政令・内閣府令）や規制の内容（告示）を下位政令等で定められることになっている．したがって，例えば，家庭用品品質表示法の規制を受ける家庭用品を製造・販売する事業者においては，品質等を表示するにあたって，家庭用品品質表示法施行令や表示しようとする家庭用品の含まれる表示規程（告示）を十分に確認する必要がある．

---

[96] 消費者庁＝経済産業省『家庭用品品質表示法ガイドブック』2頁（以下「ガイドブック」という）．

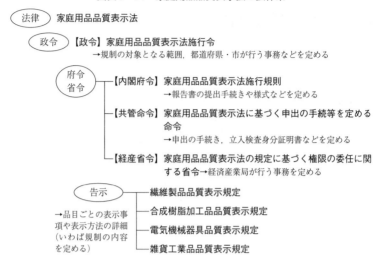

図表4−11　家庭用品品質表示法の法体系

3　家庭用品品質表示法の規制対象

（1）家庭用品とは

　家庭用品品質表示法は前記1で述べたとおり，家庭用品の品質に関する表示の適正化を図ることを目的としているところ，そもそも家庭用品とはどのようなものを指すのか．条文では以下のように規定している．

> 2条　この法律で「家庭用品」とは，次に掲げる商品をいう．
> 一　一般消費者が通常生活の用に供する繊維製品，合成樹脂加工品，電気機械器具及び雑貨工業品のうち，一般消費者がその購入に際し品質を識別することが著しく困難であり，かつ，その品質を識別することが特に必要であると認められるものであつて政令で定めるもの
> 二　前号の政令で定める繊維製品の原料又は材料たる繊維製品のうち，需要者がその購入に際し品質を識別することが著しく困難であり，かつ，同号の政令で定める繊維製品の品質に関する表示の適正化を図るにはその品質を識別することが特に必要であると認められるものであつて政令で定めるもの

家庭用品品質表示法2条1号で規定されているとおり，実際に同法の規制対象となる家庭用品とは，規制の必要性が特に認められるものとして政令（家庭用品品質表示法施行令）で定めるものに限られている．2016（平成28）年3月以前は，実際に家表法の規制対象となる具体的な家庭用品についても政令において全品目を指定していたが，同年3月に家庭用品品質表示法施行令が改正され，当該改正政令の施行日である同年4月1日以降，家庭用品品質表示法施行令で具体的な品目を定めるものの他に，内閣府令（家庭用品品質表示法施行規則（昭和37年通用産業省令第106号））で定めるものという形で細かい品目の規定を内閣府令に委ねたものもある．ただし，この改正によって指定される具体的な品目自体に変更は生じていない．

　家庭用品品質表示法2条2号が繊維製品の原料または材料である繊維製品についても家庭用品に含まれることと規定しているのは，繊維製品については原材料の段階まで遡って品質表示を行わなければその繊維製品の品質に関する表示の適正化を図りえないことが多いためである．

　繊維製品，合成樹脂加工品，電気機械器具および雑貨工業品という四つの分類は相互に重複することもある（例えば，電気毛布など）が，商品をいずれかの分類に厳密に区別する実益は乏しいため，いずれかの分類に該当していれば家庭用品品質表示法の規制対象となる．

（2）義務を履行すべき者

> 2条　（略）
> 2　この法律で「製造業者」とは，家庭用品の製造又は加工の事業を行う者をいい，「販売業者」とは，家庭用品の販売の事業を行う者をいい，「表示業者」とは，製造業者又は販売業者の委託を受けて家庭用品に次条第3項（同条第5項において準用する場合を含む．第4条第1項において同じ．）の規定により告示された同条第1項第1号に掲げる事項を表示する事業を行う者をいう．

　家庭用品品質表示法において表示の標準となるべき事項を履行すべき者（以下「表示者」という）は以下のとおりである（家表2条2項）．
① 製造業者：家庭用品の製造または加工の事業を行う者

② 販売業者：家庭用品の販売（小売だけでなく卸売も含む）の事業を行う者
③ 表示業者：製造業者または販売業者の委託を受けて表示を行う者
注：いずれも営利を目的としない団体（例えば，家庭用品を販売する事業協同組合）を含む．
　また，輸入業者は輸入品を卸売または小売するという点で②に該当する．

4　家庭用品品質表示法の規制概要

> 3条　内閣総理大臣は，家庭用品の品質に関する表示の適正化を図るため，家庭用品ごとに，次に掲げる事項につき表示の標準となるべき事項を定めるものとする．
> 　一　成分，性能，用途，貯法その他品質に関し表示すべき事項
> 　二　表示の方法その他前号に掲げる事項の表示に際して製造業者，販売業者又は表示業者が遵守すべき事項
> 2　内閣総理大臣は，前項の規定により表示の標準となるべき事項を定めようとするときは，あらかじめ，経済産業大臣に協議しなければならない．
> 3　内閣総理大臣は，第1項の規定により表示の標準となるべき事項を定めたときは，遅滞なく，これを告示するものとする．
> 4〜5　（略）

　家庭用品品質表示法3条1項1号に規定する成分，性能，用途，貯法その他品質に関し表示すべき事項を表示事項，同項2号に規定する表示の方法その他前号に掲げる事項の表示に際して表示者が遵守すべき事項を遵守事項とそれぞれいう（家表4条1項）．

　家庭用品品質表示法3条3項に基づく告示として，家庭用品ごとに現在は繊維製品品質表示規程，合成樹脂加工品品質表示規程，電気機械器具品質表示規程および雑貨工業品品質表示規程の四つが定められている．以下，四つの告示に沿って表示の標準となるべき事項の概略を述べる（詳細については前記ガイドブックなども参照いただきたい）．

（1）繊維製品品質表示規程

（A）対象品目（家表令別表一で規定されるもの）
・糸（家表令別表一（一））
・織物等（家表令別表一（二））
・衣服（コート・セーター・シャツ・ズボン等の繊維製品）（家表令別表一（三）1）
・身の回り品（ハンカチ・マフラー・スカーフ等の繊維製品）（家表令別表一（三）2）
・毛布，カーテン，タオル等の家庭用繊維製品（家表令別表一（三）3）

（B）表示事項
　全品目について繊維の組成を表示することが義務付けられるほか，ズボン等について家庭における洗い方等の家庭洗濯取扱い方法を，レインコート等はっ水性を必要とするコート等についてはっ水性を，それぞれ表示することが義務付けられている．

（C）付記事項
　全品目について表示した者の「氏名又は名称」および「住所又は電話番号」を付記することが求められている．

（2）合成樹脂加工品品質表示規程

（A）対象品目（家表令別表二で規定されるもの）
・ポリエチレンフィルム製又はポリプロピレンフィルム製の袋（フィルムの厚さが０．０５ミリメートル以下で，かつ，個装の単位が100枚未満のものに限る．）（家表令別表二（一））
・食事用，食卓用又は台所用の器具（家表令別表二（二））
・盆（（家表令別表二（三））
・水筒（家表令別表二（四））

・たらい，籠，バケツ等の住生活用品（家表令別表二（五））

(B) 表示事項

全品目について原料として使用する合成樹脂の種類を表示することが義務付けられるほか，盆などについて耐熱温度を，バケツ等について耐冷温度を，水筒等について容量を，浴槽ふた等について寸法を，ポリエチレンフィルム製またはポリプロピレンフィルム製の袋について枚数を，湯たんぽ等について取扱い上の注意を，それぞれ表示することが義務付けられている．

(C) 付記事項

全品目について表示した者の「氏名又は名称」および「住所又は電話番号」を付記することが求められている．

（3）電気機械器具品質表示規程

(A) 対象品目（家表令別表三で規定されるもの）
・テレビジョン受信機（家表令別表三（二））
・電気毛布（家表令別表三（四））
・電気洗濯機（水槽を有するものに限る．）（家表令別表三（八））
　等

(B) 表示事項

対象品目ごとに表示事項はさまざまであるが，例えば，電気洗濯機については標準使用水量，外形寸法および使用上の注意を表示することが義務付けられている．

(C) 付記事項

全品目について表示した者の「氏名又は名称」を付記することを求められている．

(4) 雑貨工業品品質表示規程

(A) 対象品目（家表令別表四で規定されるもの）
・衣料用，台所用又は住宅用の漂白剤（家表令別表四（二））
・洋傘（家表令別表四（十二））
・たんす（家表令別表四（十三））
・歯ブラシ（電動式のものを除く．）（家表令別表四（十八））
　等

(B) 表示事項
対象品目ごとに表示事項はさまざまであるが，例えば，かばんについては皮革の種類，手入れ方法および保存方法を表示することが義務付けられている．

(C) 付記事項
全品目について表示した者の「氏名又は名称」および「住所又は電話番号」を付記することが求められている．

5　家庭用品品質表示法における執行

(1) 調査

> 19条　内閣総理大臣又は経済産業大臣は，この法律の施行に必要な限度において，政令で定めるところにより，製造業者，販売業者（卸売業者に限る．）若しくは表示業者から報告を徴し，又はその職員に，これらの者の工場，事業場，店舗，営業所，事務所若しくは倉庫に立ち入り，家庭用品，帳簿書類その他の物件を検査させることができる．
> 2　内閣総理大臣は，この法律の施行に必要な限度において，政令で定めるところにより，販売業者（卸売業者を除く．）から報告を徴し，又はその職員に，これらの者の工場，事業場，店舗，営業所，事務所若しくは倉庫に立ち入り，家庭用品，帳簿書類その他の物件を検査させることができる．

3～5　（略）

　家庭用品品質表示法の運用の実効性を確保するための手段として，監督または取締りの必要から，このような報告徴収および立入検査の権限が規定されている．

（2）措置の内容

（A）指示（公表）

> 4条　前条第三項の規定により告示された同条第一項第一号に掲げる事項（以下「表示事項」という．）を表示せず，又は同条第三項の規定により告示された同条第一項第二号に掲げる事項（以下「遵守事項」という．）を遵守しない製造業者，販売業者又は表示業者（以下「違反業者」と総称する．）があるときは，内閣総理大臣又は経済産業大臣（違反業者が販売業者（卸売業者を除く．）である場合にあつては，内閣総理大臣）は，当該違反業者に対して，表示事項を表示し，又は遵守事項を遵守すべき旨の指示をすることができる．
> 2　次の各号に掲げる大臣は，単独で前項の規定による指示をしようとするときは，あらかじめ，その指示の内容について，それぞれ当該各号に定める大臣に通知するものとする．
> 　一　内閣総理大臣　経済産業大臣
> 　二　経済産業大臣　内閣総理大臣
> 3　内閣総理大臣は，第一項の指示に従わない違反業者があるときは，その旨を公表することができる．
> 4　経済産業大臣は，第一項の規定による指示をした場合において，その指示に従わない違反業者があるときは，内閣総理大臣に対し，前項の規定によりその旨を公表することを要請することができる．

　家庭用品品質表示法4条の趣旨は，告示された表示事項および遵守事項に従わない表示者に対して，これに従うべき旨を個別に指示するとともに，仮にその指示に従わない場合はその旨を公表して一般消費者に注意喚起をするとともに社会的批判に委ねるというものである．

　指示および公表はいずれも処分には当たらず，行政指導の範疇に収まるものであるため，取消訴訟等により争うことはできない．指示を争う手段とし

97　消費者庁表示対策課編『家庭用品品質表示実務提要』339頁（ぎょうせい，加除式）．

ては行政指導の中止等の求め（行政手続法36条の2）があり，また，国家賠償訴訟の余地もありえる．

(B) 命令

家庭用品品質表示法においては，
① 表示者が，命令の対象品目および表示事項として政令で定めるものについて表示する際には，政令で定められた表示事項に係る遵守事項のうち内閣府令で定める遵守事項を遵守しなければならない旨の命令（適正表示命令・家表5条）
② 命令の対象品目として政令で定めるものについて，内閣府令で定める表示事項を表示しない表示者に対して表示をしない家庭用品の販売・陳列を禁止する旨の命令（強制表示命令・家表6条）
③ 命令の対象品目として政令で定めるものについて，内閣総理大臣（消費者庁長官）自ら（実際上は国の指定する検査機関）が検査し表示したものでなければ販売・陳列できない旨の命令（強制検査命令・家表7条）
が行政処分として規定されている．

これらは個別の表示者に対しての命令ではなく，内閣府令の形で一般的に命令されるものである．なお，これらの命令に違反した者には罰金が科されることがある（家表25条）．かつて，経済産業省（旧通商産業省）が家庭用品品質表示法を所管していた当時は家庭用品品質表示法5条に基づく命令として「繊維製品品質表示規則」（通商産業省令）が定められていたが，表示状況の改善に伴って1997（平成9）年に廃止されており，2016（平成28）年7月現在，家庭用品品質表示法5条から7条に規定する命令を実施する内閣府令は存在していない．家庭用品品質表示法の命令に対して争う手段としては取消訴訟の提起が考えられるが，取消訴訟を提起できるかは家庭用品品質表示法の命令が処分性を有しているかによる．[99]

---

98 消費者庁表示対策課・前掲（注97）239頁．
99 家庭用品品質表示法の命令のように，特定の名あて人のない行政庁の行為（一般処分）については，その処分が特定人に具体的な法的効果を発生させるか否かを解釈して処分性が判定されるとされている（橋本博之ほか『行政法〔第5版〕』274頁（弘文堂，2016年))．

(3) 執行機関

家庭用品品質表示法における執行は，調査および執行を受ける事業者の業種および営業規模に応じて対応する行政機関が異なる．以下，行政機関ごとに記載する．

(A) 消費者庁長官（内閣総理大臣からの委任（家表23条1項））
調査および執行を受ける事業者の業種および営業規模は問わず，申出受理とその調査，報告徴収，立入検査を行い，それに基づき指示，公表および命令ができる．

(B) 経済産業大臣
全国規模の製造業者，表示業者および卸の販売業者について，申出受理とその調査，報告徴収，立入検査を行い，それに基づき指示ができる．
なお，経済産業大臣は，指示をした場合において，その指示に従わない違反業者があるときは，内閣総理大臣に対し，その旨を公表することを要請することができる（家表4条4項）．

(C) 経済産業局長（経済産業大臣からの委任（家表23条2項））
一の経済産業局の管轄内にとどまる規模の製造業者，表示業者および卸の販売業者について，申出受理とその調査，報告徴収，立入検査を行い，それに基づき指示ができる．

(D) 都道府県知事（家表24条1項，家表令4条1項・2項）
一の都道府県下にとどまる規模の小売の販売業者について，申出受理とその調査，報告徴収，立入検査を行い，それに基づき指示および公表ができる．

(E) 市長（家表24条2項，家表令4条3項・4項）
一の市下にとどまる規模の小売の販売業者について，申出受理とその調査，報告徴収，立入検査を行い，それに基づき指示および公表ができる．

上記の執行体制を図にすると図表4-12のようになる．

図表4-12　家庭用品品質表示法の執行体制（イメージ）

消費者庁長官
【措置】
　指示，公表，
　命令
【権限】
　申出受理と
　その調査，
　報告徴収，
　立入検査

経済産業大臣
【措置】
　指示
【権限】
　申出受理と
　その調査，
　報告徴収，
　立入検査

経済産業局長
【措置】
　指示
【権限】
　申出受理と
　その調査，
　報告徴収，
　立入検査

都道府県知事
【措置】
　指示，公表
【権限】
　申出受理と
　その調査，
　報告徴収，
　立入検査

市長　【措置】指示，公表
　　　【権限】申出受理とその調査，報告徴収，立入検査

全国規模のもの
製造業者
表示業者
―経済産業局の管轄内にとどまるもの
一県下にとどまるもの
一市下にとどまるもの
販売業者（小売）
販売業者（卸）

図表4-13　家庭用品品質表示法と景品表示法における表示規制の相違

	家庭用品品質表示法	景品表示法
対象となる商品・役務	政令で定める品目 （政令による限定あり）	商品又は役務一般 （政令等による限定なし）
規制対象となる表示物	商品本体と密接不可分な表示のみ （広告などの表示は対象外）	広告その他の表示（景表2条4項） （特に限定なし）
規制の性質	事前の規制 （表示すべき事項等を定めることにより表示の適正化を図る）	事後規制 （不当な表示を規制）
違反行為に対する措置	指示・公表	措置命令 （事案によっては課徴金納付命令）

III　食品表示法

1　食品表示法策定の経緯

　2015（平成27）年4月1日以前においては，食品表示に関する一般的なルールは，食品衛生法，農林物資の規格化及び品質表示の適正化に関する法律（昭和25年法律第175号．以下「JAS法」という．なお，食品表示法の施行により，現在は「農林物資の規格化等に関する法律」）および健康増進法の3法に基づき定められていた．食品衛生法では飲食に起因する衛生上の危害発生防止，JAS法では農林物資の品質に関する適正な表示による消費者の選択の機会の確保，健康増進法では栄養の改善その他の国民の健康の増進，というように，法律の目的がそれぞれ異なっていたため，別々の観点から表示のルールが定められており，また，その中で表示事項が重複するものもあるなど，食品表示制度全体としてみると，複雑な体系となっていた．
　このような状況を解消するため，3法の義務的な表示に関する規定を抜き出してまとめた食品表示法が2013（平成25）年6月に成立し，2014（平成26）年4月1日に施行されたところである．

2　規制の内容

　食品表示法では，食品を摂取する際の安全性の確保および一般消費者の自主的かつ合理的な食品選択の機会の確保という食品表示に関する包括的な目的が設定されている（食表1条）．そして，この目的を達成するため，内閣総理大臣が「食品及び食品関連事業者等の区分ごとに……消費者が安全に摂取し，及び自主的かつ合理的に選択するために必要」な事項に関する表示基準を定めなければならないとされている（食表4条1項）．食品表示基準（平成27年内閣府令第10号）は，この規定に基づき，新しい食品表示のルー

ルを定めるものとして策定されたものである．

　食品表示基準は，従前の3法に基づく58本の表示基準を統合したものであり，原則として，対象食品・事業者等の表示義務の範囲は変更しない方針のもとに策定されている．[100] ただし，現状を踏まえてより丁寧でわかりやすい制度とする必要があるもの（例えば，安全性に関する表示事項に係るルールであるアレルギー表示）については，ルールが改善・変更されている．

　食品表示基準の基本的な枠組みは，法の求める食品および食品関連事業者等の区分を設けた上で，[101] それぞれについて，義務表示事項に関する規定，任意表示（表示するかどうかは食品関連事業者の判断に任せるが，表示をする場合には一定のルールに従わなければならないという相対的な義務を課すもの）に関する規定，表示の方式等（例えば，表示の様式や文字の大きさなど）に関する規定および禁止事項に関する規定を定めている．

　なお，食品の製造現場においては，絶え間なく商品を市場に供給できるようにする必要性から，商品の在庫だけでなく，包装材（ラベル）の在庫も抱えている現状がある．新しい食品表示制度のスタートとともに，これらの在庫をすべて廃棄して直ちに新しい制度に基づくラベルに作り変えなければならないとすると，大量のフードロスや資源の無駄が出てしまうことになる．そこで，食品表示基準は2015（平成27）年4月1日から施行となっているが，加工食品と添加物については5年間，生鮮食品（業務用生鮮食品を除く）に[102]

---

[100] 例外として，食品衛生法に基づく表示基準とJAS法に基づく表示基準を統合するにあたり，考え方を統一する必要があるもの（例えば，加工食品と生鮮食品の区分）については，変更を加えている．

[101] 食品については，「加工食品」，「生鮮食品」および「添加物」に区分し（食品表示法では，添加物（食品衛生法4条2項にいう添加物のことで，食品の製造の過程においてまたは食品の加工もしくは保存の目的で，食品に添加，混和，浸潤その他の方法によって使用する物をいう）を食品に含めている．同法2条1項），さらにその中で事業者等の区分として，「食品関連事業者」（食表2条3項1号．食品の製造，加工（調整または選別を含む）もしくは輸入を業とする者または食品の販売を業とする者をいう）および「食品関連事業者以外の販売者」（食表2条3項2号．例えば，バザーや学園祭等で食品を販売する場合など，単発で食品を販売する者を指す）を設定している（食品関連事業者およびそれ以外の販売者を合わせて「食品関連事業者等」という）．また，食品関連事業者に係る基準の中では，消費者向けの食品と業務用の食品（食品表示基準2条1項参照．業務用加工食品および業務用添加物は，消費者に販売される形態となっているもの以外のものをいい，業務用生鮮食品は，加工食品の原材料となるものという）に分けて基準を定めている．

については1年6か月の間，従前の制度に基づく表示を認めることとする猶予期間を設けて，食品関連事業者が無理のない範囲で順次食品表示基準に基づく表示の準備ができるよう手当てしている（食品表示基準附則4条，5条）。

3 食品関連事業者等の義務

　食品関連事業者等は，販売の用に供する食品について，食品表示基準に従った表示をしなければならないという遵守義務を負っている（食表5条）。
　食品の表示は，消費者に対し，当該食品を摂取する際の安全性の確保および自主的かつ合理的な選択の確保に関する情報を与えるものである。そこで，このような食品表示が持つ役割を踏まえ，食品関連事業者等に食品表示基準の遵守義務を課し，食品表示の適正性を確保しつつ，食品に関する情報を消費者に的確に伝達することを担保しているのである。

4 執行の流れ

（1）食品表示法に基づく執行の枠組み

　食品表示法に基づく執行については，食品表示の適正性の確保の観点から，行政指導，行政処分，罰則といった表示是正のための手段が用意されている。
　まず，食品関連事業者が食品表示基準に違反した場合には，「表示事項を表示し，又は遵守事項を遵守すべき旨の指示」がなされ，食品関連事業者が正当な理由なくこれに従わない場合は，指示に係る措置をとるべきことの命令がなされ，これにも従わない場合には1年以下の懲役または100万円以下の罰金を科すこととなる（食表6条1項・3項・5項，20条）。
　また，食品関連事業者等が食品を摂取する際の安全性に重要な影響を及ぼす事項について食品表示基準に従った表示がされていない食品を販売し，ま

　　102　消費者向けの加工食品および添加物の場合は，2020（平成32）年3月31日までに製造・加工・輸入されるものについて，業務用の加工食品および添加物の場合は，2020（平成32）年3月31日までに販売されるものについて，従前の制度に基づく表示が認められている。

たは販売しようとする場合であって，消費者の生命または身体に対する危害の発生または拡大の防止を図る緊急の必要があると認める場合には，食品の回収等命令または業務停止命令がなされ，これに違反した場合は，3年以下の懲役もしくは300万円以下の罰金を科し，またはこれを併科することとなる（食表6条8項，17条）。

さらに，直罰規定も設けられており，食品を摂取する際の安全性に重要な影響を及ぼす事項について食品表示基準に従った表示がされていない食品を販売した場合には，2年以下の懲役もしくは200万円以下の罰金を科し，またはこれを併科し（食表18条），原産地（原料の原産地を含む）について虚偽の表示がされた食品の販売をした場合には，2年以下の懲役または200万円以下の罰金を科すこととなる（食表19条）。

なお，食品表示法6条に規定する指示または命令を行った場合は，その旨公表することとなっている（食表7条）。[104]

図表4－14　食品表示法における執行の仕組み

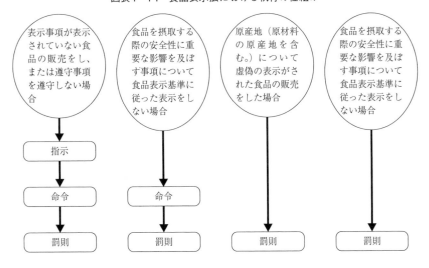

---

[103] 食品表示法6条8項の命令の対象となる食品を摂取する際の安全性に重要な影響を及ぼす事項については，「食品表示法第六条第八項に規定するアレルゲン，消費期限，食品を安全に摂取するために加熱を要するかどうかの別その他の食品を摂取する際の安全性に重要な影響を及ぼす事項等を定める内閣府令」（平成27年内閣府令第11号）を参照のこと。

(2) 指示およびそれに従う旨の命令

　食品表示基準に違反している食品関連事業者に対しては，原則として，指示を行う[105]．指示の権限は，内閣総理大臣のほか，酒類を除く食品について農林水産大臣，酒類について財務大臣が有している（食表6条1項，3項）[106]．

　食品表示法では，法の目的に基づき，食品関連事業者に対して一定の事項の表示を義務付けることを基本としており，食品関連事業者の適正な表示を確保するためには，表示違反があった場合には，その原因を追究して，違反者に対して，表示の是正のための措置を講ずることが重要である．また，食品関連事業者が，違反行為の発覚後，適切な表示をしていくためには当該違反行為を指摘するだけでは不十分であり，社内の確認体制を整えるなど適正な表示をさせるための体制整備を促すことも不可欠である．

　そこで，食品表示基準違反に対しては，まずは表示を適正なものに直し，同じ違反を繰り返さないような体制を構築するよう，指示（行政指導）を行うこととしている．

　一方で，指示は行政指導の一類型であって強制力がないため，食品関連事

---

[104] 食品表示法6条1項および3項の指示がなされた場合，同条5項の命令を発出した場合，同条8項の命令を発出した場合のいずれの場合であっても，その旨を公表することとなる．指示・命令を行った場合における公表は，消費者への速やかな情報提供の一端を担っている．また，違反した食品関連事業者名等の公表は，当該食品関連事業者の社会的信用の低下につながることから，営業活動に大きな影響を及ぼすものであり，不適正表示に対する一定の抑止効果が期待できるものである．公表される具体的な内容は，①違反した食品関連事業者の氏名または名称および住所，②違反事実（ただし，行政機関の保有する情報の公開に関する法律（平成11年法律第42号）に照らして不開示情報に該当すると判断されるような例外的な事実があれば，当該事実については公表しない），③指示の内容である（「食品表示法第4条第1項の規定に基づいて定められた食品表示基準の違反に係る同法第6条第1項及び第3項の指示及び指導並びに公表の指針」参照）．

[105] 例えば，表示の欠落，事実と異なる表示（虚偽表示），表示方法の違反等がある．

[106] 食品表示法に基づく指示ではなく，指導を行う場合「食品表示法第4条第1項の規定に基づいて定められた食品表示基準の違反に係る同法第6条第1項及び第3項の指示及び指導並びに公表の指針」において，①食品表示基準違反が，常習性がなく過失による一時的なものであり，②違反事業者が直ちに表示の是正（表示の修正・商品の撤去）を行っており，③事実と異なる表示があった旨を，社告，ウェブサイトの掲示，店舗等内の告知等の方法を的確に選択し，速やかに情報提供しているなどの改善方策を講じている場合にあっては，表示事項を表示するよう，または遵守事項を遵守するよう指導することとされている．

業者がこれに従わない場合も想定される．そこで，このような場合には，罰則により担保された命令を発することができることとなっている（食表6条5項，20条）．命令の権限は，内閣総理大臣のみが有している．農林水産大臣および財務大臣は，命令に関する要請権を有しており，農林水産大臣および財務大臣がした指示に正当な理由なく従わない食品関連事業者に対しては，内閣総理大臣に対して行政処分の発動を促すことにより，指示の内容が強制力をもって実現しうる仕組みになっている（食表6条6項，7項）．

なお，命令の範囲については，当該命令が指示の内容に従わないことを要件として発出されるものであることから，指示の範囲と同じ内容に限られる．

（3）食品表示法6条8項の命令

内閣総理大臣は，食品関連事業者等が食品を摂取する際の安全性に重要な影響を及ぼす事項について食品表示基準に従った表示がされていない食品の販売をし，または販売をしようとする場合であって，消費者の生命等に対する危害の発生または拡大の防止を図るため緊急の必要があると認める場合は，食品の回収その他必要な措置の命令または業務停止命令を発することができる．以下，個別に当該命令の内容について解説する．

（A）回収等命令

食品表示基準には，アレルギー表示，保存方法，消費期限など，食品を摂取する際の安全性を確保するための事項に係る表示ルールが定められているが，例えば，アレルギー表示の欠如，保存方法の誤記，消費期限の改ざん等食品を摂取する際の安全性を阻害するような表示がなされた場合には，アレルゲン摂取によるアナフィラキシーショックや重篤な食中毒等消費者の生命または身体に対する危害の発生につながる可能性がある．

食品表示基準に違反した表示がされている食品がある場合，原則として，前述の指示およびそれに従う旨の命令で措置することにより当該食品の表示を是正することとなる．しかし，この措置の対象となるのは，今後出荷する食品や流通の途中にあるものまたは店頭に陳列された食品の表示であり，すでに消費者が購入した食品については，食品関連事業者が表示を是正するこ

とは困難であり，危害発生の原因を除去することはできない．

また，消費者向けの食品については，原則として，容器包装に表示することが義務付けられており，アレルギー表示，保存方法，消費期限等の表示は，消費者が食品を購入後，摂食する上での安全性を確認するための重要な役割を担っている．このため，上記のように，表示基準違反により，消費者の生命または身体について危害が発生するおそれがある場合においては，適切な表示がない状態で消費者に修正された情報を管理させるだけでは，安全性の確保の観点から問題がある場合がある．例えば，比較的長期間保存される食品について，消費者が修正された情報を失念したり，情報を受けた消費者以外の者が，その情報を知らないまま摂食するケースが想定される．

このように，摂取時における安全性を確保する上で問題のある表示が付された食品が存在し，緊急にそれらを除去する必要がある場合には，食品関連事業者に当該食品の回収，廃棄をさせることでそれら食品の摂取を阻止し，または回収をさせた上で表示を是正し改めて提供させるための措置が必要なのである．[107]

(B) 業務停止命令

業務停止は，基準違反の表示を是正するために必要な期間，業務の全部または一部を停止するものであり，表示の貼り替えのために必要がある場合のほか，食品の安全性に関する表示内容の適正性が担保される体制の構築するために必要がある場合にもすることができる．

後者の例としては，例えば，要冷蔵保存の食品に科学的な根拠なく常温保存の表示をし，消費者がその表示を信じて当該食品を常温保存した結果，食品中の菌が繁殖して，食中毒が発生した場合，保存に係る科学的な根拠を再考させるため業務を停止させることなどが考えられる．

このような業務停止命令は，食品関連事業者に対する処分内容としては非

---

107 アレルギー表示の欠如，保存方法の誤記，消費期限の改ざん等表示に問題がある場合であっても，出荷時の食品そのものの安全性には問題がないことから，食品衛生法における食品の腐敗・変敗等（食品衛生法6条関連）や規格基準等の違反（食品衛生法11条関連）には該当しないため，食品表示法で規制する必要がある．

常に重いものであり，容易に発出されるべきものではなく，緊急の必要性がある場合に限ってなされることが適当である．

そのため，業務停止の対象となる範囲は，回収等命令と同様に，摂取する際の食品の安全性確保の観点から，生命または身体に対する危害の発生につながる表示事項について，内閣府令で定め，食品関連事業者等の予見可能性を担保している．

(C) 命令違反に対する罰則

食品表示法6条8項に定める回収命令や業務停止命令等に違反した者に対する罰則は，3年以下の懲役もしくは300万円以下の罰金またはこれを併科と厳しいものになっている．これは，当該命令が，消費者の生命または身体に対する危害の発生または拡大のおそれがある表示が付された食品を早急に市場から除去することを目的として，具体的な危害の発生または拡大のおそれがあることおよび緊急を要することを要件として発せられるものであることを踏まえ，実効性の確保の観点から，当該命令違反に対しては，厳しい罰則をもって対処することが相当との考えによるものである．

(4) **直罰**

(A) 食品を摂取する際の安全性に重要な影響を及ぼす事項に関する表示違反に対する直罰

食品表示法では，同法6条8項に基づき定める内閣府令で列記されている食品を摂取する際の安全性に重要な影響を及ぼす事項について，食品表示基準に従った表示をしなかった者に対して直罰を科す規定をおいている．これは，従前，食品衛生法において，公衆衛生上の危害発生を防止する観点から，表示基準に合った表示のない食品を販売した者に対する直罰規定をおいていた考え方を踏襲するものである．

アレルギー表示や消費期限の表示などの食品を摂取する際の安全性に重要な影響を及ぼす事項について食品表示基準に反した表示が付されていたり，表示が欠落している場合，消費者の生命または身体に対する危害が発生し，または，危害が拡大する可能性が高い．食品を摂取する際の安全性を確保し，

国民の健康を保護する観点からは，このような事態を認識しつつ，不適正な表示を行う食品関連事業者等については，直ちに罰則を科す必要があるとの判断に基づく制度設計である．

(B) 原産地表示違反に対する直罰

　食品表示法では，原産地（原材料の原産地を含む．以下同じ）について虚偽の表示をした食品を販売した者に対する罰則規定もおいている．これは，2007（平成19）年以降，食品の偽装表示事案が相次いで発生したことを受けて，従前，JAS法において設けられていた規制を踏襲するものである．

　虚偽の表示がなされた食品が流通することにより，消費者の食品表示に対する信頼が失われ，食品に対する不安が増大することにつながることはいうまでもない．特に，原産地については，産地によって価格差が生じやすく，消費者への訴求力も大きいことから，食品関連事業者にとっては偽装を行うインセンティブが高いと考えられる．さらに，原産地の虚偽は，消費者が味，見た目等で判別できないことから発覚しにくく，確立された検査手法も少ないため偽装の事実を隠ぺいしやすいなどといった事情があり，原産地の虚偽表示は，他の表示事項の違反と比べて行われやすい傾向にあるといえる．

　このような特性上，原産地の虚偽表示に係る違反は今後も発生する可能性が高く，引き続き，これを抑止するための規制を設ける必要性は高いことから，食品表示法においても，原産地の虚偽表示に対する直罰規定をおくこととしたものである．[108]

(5) その他の罰則

(A) 立入検査等の拒否等に対する罰則

　食品表示法では，同法8条1項もしくは2項または9条1項に基づく報告徴収，立入検査等に対して，①報告をせず，もしくは虚偽の報告をし，または物件の提出をしない場合，②検査を拒み，妨げ，または忌避した場合，③質問に対して陳述せず，または虚偽の陳述をした場合（食表21条1号），④収去を拒み，妨げ，または忌避した場合（食表21条2号）における罰則規定をおいている．

同法8条1項の権限は，違反事実の解明および違反の是正を行うための重要な権限の行使であり，その実効性を確保する必要性が高いため，報告徴収，立入検査等を妨げる行為をした者に対して刑罰を科すこととしたものである．

(B) 法人罰

食品表示法では，行為者に対する罰則のほか，法人に対する罰則も定めている（食表22条1項）．これは，国民が日常的に口に入れるものである食品について，企業等が悪質性の高い表示違反行為を行うことは大きな社会的影響を及ぼす可能性があり，行為者を罰するのみでは規制の目的を十分に達することができない場合もあると考えられるため，監督責任のある法人についても罰金刑を科すこととしたものである．

特に，食品表示法6条8項の命令に従わなかった場合に係る罰則については，当該命令が一般消費者の利益の保護のみならず，消費者の生命または身体に対する危害の発生または拡大の防止を図るため緊急の必要があると認めるときに行われるものであり，かつ，具体的な危害の発生または拡大のおそれがあることを要件として発せられるものであるから，それに従わない違反は，表示違反の中でも最も悪質性が高いと考えられ，相応の重い罰則を科しているところである．

108　産地偽装に対する食品表示法の直罰規定と不正競争防止法との関係は次のとおり．食品の原産地の虚偽表示について，不正競争防止法（平成5年法律第47号）では，不正の目的をもって不正競争（原産地等について誤認させるような表示をし，その表示をした食品を提供する行為）を行った場合（不正競争防止法21条2項1号）および誤認させるような虚偽の表示をした場合（同項5号）が直罰の対象となる．
食品の原産地の虚偽表示に係る食品表示法と不正競争防止法の直罰規定の関係については，まず，食品表示法では，消費者の自主的かつ合理的な食品の選択の機会の確保を目的としている一方，不正競争防止法は事業者間の公正な競争を確保することを目的としているため，保護法益が異なる．また，対象となる行為について，食品表示法18条では，不正の目的は明らかでなくとも直罰の対象となる点で，不正競争防止法21条2項1号とは異なる．さらに，食品表示法では，「原産地（原材料の原産地を含む．）について虚偽の表示がされた食品を販売した者」となっており，虚偽の表示があると認識した上で食品を販売すれば，直接虚偽の表示をした者でなくても対象となる点で不正競争防止法21条2項5号と異なるものであるため，食品表示法18条の直罰規定は独立の意義を有するものである．

（C）独立行政法人農林水産消費安全技術センター[109]の役員に対する罰則

食品表示法第23条では，独立行政法人農林水産消費安全技術センター（以下「センター」という）が同法10条の規定による農林水産大臣の命令に違反した場合における当該違反行為をしたセンターの役員に対する罰則を規定している．

これは，同法10条の農林水産大臣の命令が是正措置の前提となる調査権限の行使に関する規定であり，その遵守の重要性は高いことから，その違反に対しては秩序罰たる過料を科すこととして，センターの当該命令の遵守を担保することを目的としている．

5　立入検査等

（1）立入検査（食表8条）

食品表示法では，表示違反が疑われる事案について適切な対処ができるよう，以下のようにさまざまな調査権限を付与している．

① 内閣総理大臣の報告徴収・物件提出命令，その職員による立入検査・質問調査・収去[110]（食表8条1項）

② 農林水産大臣の報告徴収・物件提出命令，その職員による立入検査・質問調査（食表8条2項）

③ 財務大臣の報告徴収・物件提出命令，その職員による立入検査・質問調査（食表8条3項）

109　センターは，農林水産省所管の独立行政法人として，以下の業務等を行っている法人である（独立行政法人農林水産消費安全技術センター法（平成11年法律第183号）10条参照）．
　① 一般消費者の利益の保護を図るために行う食品の品質・表示に関する調査分析およびこれらの情報の提供
　② 消費の改善に係る技術上の情報の収集，整理，提供
　③ 登録格付機関の行う日本農林規格による格付に関する技術上の指導
　④ JAS規格による格付の表示（JASマーク）を付された農林物資および品質表示基準の定められた農林物資の検査
　センターは，全国で6か所に事務所があり，食品表示に係る違反事案が発生した場合，速やかに対応できるような体制となっている．

従前の食品衛生法，JAS 法および健康増進法の三法では調査権限も異なっていたが，食品表示法では，執行力の維持・向上を図る観点から，当該三法の中で報告徴収，立入検査，収去の調査権限を定め，最も強い執行力を規定する食品衛生法の考え方を基本として執行権限の再構築している．

　また，食品表示法では，新たに物件提出命令権および質問調査権を執行権限として追加している．これまでは，立入検査には，物件提出命令に係る権限は付与されておらず，調査対象たる相手方が任意に提出した書類等に基づいて検査する必要があった．また，違反行為に該当するおそれのある表示行為をした経緯について行う質問や，表示の意味内容が明確ではない場合に関係者に対して行う質問など，違反行為の認定のために必要な質問を行う権限については現行三法に規定がなかったことから，違反内容等を把握するまでに必要以上の時間を費やさざるをえない状況もあった．

　今回，これらの権限の新設により，迅速な調査が行われるとともに，速やかに指示・命令等の是正措置が行われることとなり，被害拡大防止や指示・命令の公表による国民への速やかな情報提供が可能となると考えられるところである．

（2）センターによる立入検査等

　農林水産省本省，地方農政局等においては，巡回指導，立入検査等を実施しているが，事業者から提供された情報のみでは違反の程度を判断することが困難な場合が生じることがある．このような場合には，技術的知見に基づく判断を要するため，これまで，センターへ疑義食品の分析依頼をするなど，

110　本項でいう「収去」とは，ある食品を分析に供するために無償で持ち去る行為を指す．収去は個人の権利（所有権）を制約するものであり，行政処分に当たることから，相応の専門知識を有する者が行うことが適当であるため，食品衛生監視員（食品衛生法30条1項．食品衛生法施行令において資格要件が定められており，医師や獣医師等であること，または，大学等において特定の課程を修了するなど，一定の要件を満たすことが必要とされている（食品衛生法30条5項および食品衛生法施行令9条））に行わせることとしている（食表8条6項）．そして，収去した食品の試験事務について，内閣総理大臣は，専門性を有する独立行政法人国立健康・栄養研究所（栄養成分の量および熱量の試験事務に限る）および食品衛生法に基づく登録検査機関（食品衛生法33条1項）に委託することができるとしている（食表8条7項）．

連携を密に行うことにより，各業務の効率的運営を図ってきたところである．

このような状況に鑑み，食品表示法下においても，効率的かつ効果的な監視を行うためには，引き続き，立入検査と分析技術の一体化した監視体制が必要であると考えられることから，農林水産大臣の指示に基づき，センターに立入検査を行わせることとしている．[111]

6　差止請求（食表11条）

食品表示法では，適格消費者団体の食品関連事業者に対する差止請求権を定めている．

（1）差止請求制度の必要性

適格消費者団体による差止請求制度は，事業者等の違法行為が広範な範囲で繰り返し行われることにより同種かつ少額の被害が多数生じるという消費者被害の特質を踏まえ，そのような消費者被害の未然防止・拡大防止を図ることを目的としている．

食品表示の分野においても，表示の欠落や表示の誤りをはじめとした不適正表示事案が発生しているところである．食品表示のルールは，食品を摂取する際の安全性および一般消費者の自主的かつ合理的な選択の機会の確保を実現することを目指して設定されているため，不適正表示事案が発生した場合には，一般消費者の自主的かつ合理的な選択の機会を阻害し，場合によっては，消費者の生命身体に危害が及ぶおそれもある．

不適正表示に対しては，行政が適切に対処することが基本となるが，適格

111　センターに対する農林水産大臣の指示・命令は以下のとおり．

　農林水産大臣は，センターに立入検査または質問をさせることができる（食表9条1項）が，センターは，国と別個の法人格をもつ独立行政法人であることから，公権力の行使である立入検査を行わせる以上は，自らの裁量によって実施するのではなく，農林水産省の指揮命令に基づく検査の実施という形式をとり，制度の適正性を担保しておく必要があるため，農林水産大臣がセンターに対して指示をすることとしている．

　また，農林水産大臣は，センターの実施する調査の適正な実施確保のために，センターに対し必要な命令することができることとされている（食表10条）．

消費者団体は，消費者からの疑義情報に基づき，法令に違反する疑いが一定程度あれば是正に向けた申入れを行うなど行政よりも機動的な対応を行うことができる場合がある．また，適格消費者団体は食品関連事業者への申入れという初期の段階から関係する消費者にその旨を周知することができることから，消費者に対する注意喚起，ひいては同種の被害の拡大防止に資するものと考えられる．

特に，食品に係る虚偽表示については，個々の消費者にとっては比較的少額の被害であって，一個人では食品関連事業者に表示の改善を求めることが困難であるため，不特定かつ多数の消費者の集団的私益の擁護という役割を担う適格消費者団体が差止請求権を行使し，同種の被害の拡大防止を図ることは，事実と異なる表示の速やかな排除と表示違反行為の抑止力の効率的な強化につながるものと考えられる．

(2) 差止請求の対象行為

食品表示は，消費者が食品選択をする上で重要な情報を提供するものであり，食品関連事業者等がこれを恣意的に操作して著しく事実に相違する表示をして誤った情報を提供した場合，一般消費者の自主的かつ合理的な選択は阻害されることになる．

特に食品表示法11条に列挙する名称，アレルゲン，保存の方法，消費期限，原材料，添加物，栄養成分の量および熱量並びに原産地は，通常，食品を選択するにあたっての判断に影響を及ぼす事項であり，これらについて著しく事実に相違する表示がされている場合には，消費者は，当該表示により，食品の性質等について，誤った情報に基づき判断してしまうことになる．

食品表示法に基づく適格消費者団体による差止請求制度は，そのような一般消費者が，誤った情報により食品の性質等について錯誤に陥り，その誤った認識の下に食品を選択することを防ぐことを目的とするものであるため，一般消費者が「この表示が適正にされていたならば購入しなかった」という状況を作り出す食品関連事業者の行為に対して，差止請求をすることになる．

また，食品は，例えば，定番商品のように同じ食品を繰り返し生産することが多いという特性を有しているものがあったり，絶え間なく商品を市場に

供給できるように当面の製造に対応するための包装材の在庫を有している場合もあるため，一度，著しく事実に相違する表示をした場合，将来的にも同じ違反が繰り返されるおそれが高い．このように，違反が繰り返されることを防ぐことを視野に入れ，著しく事実に相違する表示をする行為を「行うおそれがある」場合にも差止請求権が行使できるように制度設計されている．

（3）差止請求の内容

　食品表示法における差止請求の内容については，適格消費者団体による差止請求権の行使によって，食品表示基準に違反する表示が市場から除去され，さらなる消費者被害の発生・拡大が防止されることが必要となるため，当該表示の「停止」または「予防」を求めることが基本となる．

　また，差止めの請求先としては，反復継続して食品の表示を行い市場にこれを流通させる者の表示行為を停止等させることが不適正表示の市場からの排除に効果的であることから，食品関連事業者となっている．

　具体的な請求内容については，食品表示基準に違反する表示を停止するために食品関連事業者がとりうる手段に照らして考える必要がある．例えば，表示そのものや不適正表示のある食品をすべて回収するというように違反した表示そのものを排除する方法のほか，POP，ウェブサイト，広告等の表示媒体を活用して，当該表示が食品表示基準に違反する旨の周知を行って一般消費者に当該表示が基準違反表示であることを認識させることをもって違反表示を実質的に排除する方法も考えられる．

7　申出制度（食表12条）

（1）制度概要

　申出制度は，従前の制度においても，JAS法に規定が存在していたものであるが，食品表示法においては，消費者の自主的かつ合理的な選択の機会を確保することが消費者の権利として尊重されることや消費者の自立を支援することを基本理念に据えている（食表3条1項）ことから，一般消費者の

利益が害されていると認められる場合には，一般消費者が内閣総理大臣，農林水産大臣（酒類を除く食品の表示に係るものに限られる）または財務大臣（酒類の表示に係るものに限られる）に自ら申し出て，自主的かつ合理的な選択の機会を確保することができるように制度を整備したところである．食品は，誰もが日常的に接するものであって，表示に関する情報が得やすいため，一個人が行政機関に対して直接不適正な表示の実態について申出を行うことは，行政の情報収集の面における監視執行体制の補完に有益となる．

　JAS法においては，その目的が農林物資の品質に関する適正な表示による消費者の選択の機会の確保であったため，食品（酒類を除く）に関する申出の対象はその品質に関する表示に限られていた．一方で，食品表示法は，法の目的が食品を摂取する際の安全性の確保および一般消費者の自主的かつ合理的な食品選択の機会の確保にあり，「品質」に係る表示に限定されるものではないため，JAS法における制度設計を見直し，販売の用に供される食品のすべての表示を対象としている．

（2）申出の手続

　酒類以外の食品について，消費者庁長官または農林水産大臣に対して申出を行う場合は，①申出人の氏名または名称および住所，②申出に係る食品の種類，③申出の理由，④申出に係る食品に係る食品関連事業者等の氏名または名称および住所，⑤申出に係る食品の申出時における所在場所および所有者の氏名または名称を記載した文書をもって行うことが必要となる（食品表示法第六条第一項の内閣府令・農林水産省令で定める表示事項及び遵守事項並びに同法第十二条第一項の規定に基づく申出の手続を定める命令（平成27年内閣府令・農林水産省令第2号）2条参照）．申出に係る食品が酒類の場合には，「申出に係る食品の種類」を「申出に係る酒類の品目」に代えて，消費者庁長官または財務大臣に対して申出を行う（食品表示法第六条第三項の内閣府令・財務省令で定める表示事項及び遵守事項等を定める命令（平成27年内閣府令・財務省令第1号）3条参照）．

（3）申出に対する対応

　内閣総理大臣，農林水産大臣（酒類を除く食品の表示に係るものに限られる）または財務大臣（酒類の表示に係るものに限られる）は，申出を受けた場合には，必要な調査を行い，申出の内容が事実であると認められるときは，一般消費者の選択の機会が害されている状態を回復するための措置を取らなければならない．

　措置の内容は個々の事案に応じてさまざまであるが，例えば，指示（食表6条1項・3項）や食品表示基準の変更（食表4条），食品関連事業者等に対する当該申出に係る表示により一般消費者の選択の機会が害されている事実があることの注意喚起や認識の共通化を図るための解釈の明確化などが考えられる．[112]

---

[112] 食品表示法では，行政の申出者に対する調査結果の通知義務を定めていないが，申出に基づき調査した結果，食品表示基準違反が認められた場合には，指示等の食品表示法に基づく行政措置が行われることになり，その旨が公表されることとなるため，申出者に調査結果を通知せずとも，申出者が措置の内容を確認することは可能である．また，指示等が行われず指導がなされた場合であっても，事実と異なる表示があった旨について食品関連事業者のウェブサイトに掲載されるなど情報が消費者へ伝わる仕組みになっている．

Ⅳ　健康増進法（誇大表示等の禁止を中心に）

1　目的

　健康増進法は，「我が国における急速な高齢化の進展及び疾病構造の変化に伴い，国民の健康の増進の重要性が著しく増大していることにかんがみ，国民の健康の増進の総合的な推進に関し基本的な事項を定めるとともに，国民の栄養の改善その他の国民の健康の増進を図るための措置を講じ，もって国民保健の向上を図ること」を目的としている（同法1条）．

2　誇大表示等の規制の概要（景品表示法との比較）

> 31条　何人も，食品として販売に供する物に関して広告その他の表示をするときは，健康の保持増進の効果その他内閣府令で定める事項（次条第3項において「健康保持増進効果等」という．）について，著しく事実に相違する表示をし，又は著しく人を誤認させるような表示をしてはならない．
> 2　（略）

　健康増進法は，上記規定により，食品として販売に供される物に関する健康保持増進効果等について虚偽または誇大な広告その他の表示（以下「誇大広告等」という）を禁止している．

　当該規定は，以下の①や②のような状況の下，健康保持増進効果等についての誇大広告等が十分な取締りがなされることなく放置された場合，誇大広告等を信じた国民が適切な診療機会を逸してしまうおそれ等もあり，国民の健康の保護の観点から重大な支障が生じるおそれもあることから，2003（平成15）年の健康増進法改正に伴い導入されたものである．

① 食品として販売に供される物について，健康保持増進効果等が必ずしも実証されていないにもかかわらず，当該効果を期待させる誇大広告等が，

さまざまな媒体に数多く掲載され，販売の促進に用いられていること
② ①に記載したような食品については，期待される健康の保持増進の効果等を享受するため，当該食品の長期的かつ継続的な摂取が推奨される傾向が一般に認められること

以下，健康増進法31条1項の規制の適用を受ける者等同項の要件その他のポイントとなる点について触れる．

（1）規制の適用を受ける者

健康増進法31条1項は誇大表示等の規制の適用を受ける者について，「何人も」と規定していることから，同条の規制の適用を受ける者は，直ちに食品等の製造業者，販売業者等に限られるものではない．すなわち，広告の掲載を依頼し，販売促進その他の利益を享受することとなる当該食品製造業者または販売業者が同条の規制の適用の対象者となるのは当然であるが，それに加えて，条文上，例えば，食品等の製造業者，販売業者等から依頼を受けて，当該「広告その他の表示」を掲載する新聞社，雑誌社，放送事業者等の広告媒体事業者等（以下「広告媒体事業者」という）も規制の適用を受ける者となりうる．[113]

この点，景品表示法においては，「事業者は，自己の供給する商品又は役務の取引について，次の各号のいずれかに該当する表示をしてはならない．」（景表5条柱書）と規定されている点で，同法の表示規制の適用を受けるのは，商品または役務を供給する事業者であり，広告媒体事業者は，例えば，商品または役務を一般消費者に供給している他の事業者と共同して商品または役務を一般消費者に供給していると認められるような場合でない限り，規制の適用を受けるものではない．このように規制の適用を受ける者については健康増進法と景品表示法に相違が認められる．

もっとも，健康増進法の虚偽誇大表示について第一義的に規制の対象となるのはあくまで食品の製造業者，販売業者であるから，直ちに，広告媒体事

---

[113] 「いわゆる健康食品に関する景品表示法及び健康増進法上の留意事項について」第3・3（2）．

業者等に対して健康増進法に基づく措置をとることはなく，当該表示の内容が虚偽誇大なものであることを予見し，または容易に予見し得た場合等特別な事情がある場合には，健康増進法に基づく措置をとることがあるというものである．例えば，「本商品を摂取するだけで，医者に行かなくともガンが治る！」，「本商品を摂取するだけで，運動や食事制限をすることなく劇的に痩せる！」など，表示内容から明らかに虚偽誇大なものであると疑うべき特段の事情がある場合には，表示内容の決定に関与した広告媒体事業者等に対しても健康増進法に基づく措置をとることがある．[114]

（2）規制の適用を受ける表示の対象物

健康増進法31条1項は誇大表示等の規制の適用を受ける表示の対象物について，「食品として販売に供する物」と規定している．

これに対して，景品表示法においては「自己の供給する商品又は役務の取引について」という規定がされており，表示の対象物について特段の限定は加えられておらず，健康増進法と景品表示法に相違が認められる．

（3）規制の適用を受ける表示の範囲

健康増進法31条1項では，規制の対象となる表示の範囲として，「健康の保持増進の効果その他内閣府令で定める事項」（以下「健康保持増進効果等」という．）」を規定している．これに対して，景品表示法においては「商品又は役務の品質，規格その他の内容」（景表5条1号），「商品又は役務の価格その他の取引条件」（景表5条2号）および「内閣総理大臣が指定するもの」（景表5条3号）という規定がされているものの，健康保持増進効果等といった具体的な限定はない．

（4）違反行為（誇大表示等）の要件

健康増進法31条1項の誇大表示等の要件は「著しく事実に相違する表示」

114　前掲注（113）．

図表4-15 健康増進法と景品表示法の規制概要の異同

	健康増進法	景品表示法
規制の適用を受ける者	条文上食品等の製造業者,販売業者等から依頼を受けて,当該「広告その他の表示」を掲載する新聞社,雑誌社,放送事業者等の広告媒体事業者等も規制の適用を受ける者となり得る.	商品又は役務を供給する事業者(通常,広告媒体事業者は,規制の適用を受けるものではない.)
規制の適用を受ける表示の対象物	食品に限る.	法律上特段限定されていない.
規制の適用を受ける表示の範囲	①健康の保持増進の効果 ②内閣府令で定める事項	①商品又は役務の品質その他の内容 ②商品又は役務の価格その他の取引条件 ③内閣総理大臣が指定するもの

または「著しく人を誤認させるような表示」と規定されている.したがって,このような表示を行えば,健康増進法31条1項違反となる.

著しく事実に相違する表示,著しく人を誤認させる表示であるか否かの判断にあたっては,表示内容全体から一般消費者が受ける印象・認識が基準となる.この点に関しては景品表示法と大きな相違は認められない.

以下では,「著しく」,「事実に相違する」および「人を誤認させる」の意義について述べる.

(A)「著しく」

具体的に何が「著しく」に該当するかの判断は個々の広告等に即してなされるものであるが,例えば,一般消費者が広告等に書かれた事項と実際に当該食品を摂取した場合に得られる効果との相違を知っていれば,「当該食品を購入することに誘い込まれることはない」等の場合は,「著しく」に該当する.このように誇大表示等の要件として「著しく」というものが設けられているのは,広告は,通常,ある程度の誇張を含むものであり,一般消費者もある程度の誇張が行われることを通常想定しているので,社会一般に許容される程度の誇張であれば取締りの対象とはしないことを明らかにするためである.

(B)「事実に相違する」

「事実に相違する」とは，広告等に表示されている健康保持増進効果等と実際の健康保持増進効果等が異なることを指すとされている．

例えば，十分な実験結果等の根拠が存在しないにもかかわらず，「3か月間で〇キログラムやせることが実証されています．」と表示する場合や，体験談を捏造等し，または捏造された資料を表示した場合等は，「事実に相違する」に該当することとなる．[115]

(C)「人を誤認させる」

「人を誤認させる」とは，食品等の広告等から認識することとなる健康保持増進効果等の「印象」や「期待感」と実際の健康保持増進の効果等に相違があることを指すとされている．[116]

「人を誤認させる」といえるかの判断においては，当該表示を見て一般消費者が受ける「印象」と「期待感」と実際のものに相違が認められれば足り，実際に一般消費者が誤認したという結果までは要しない．

例えば，体験者，体験談は存在するものの，一部の都合の良い体験談のみや体験者の都合の良いコメントのみを引用するなどして，誰でも容易に健康保持増進効果が期待できるかのような表示をした場合等は，「人を誤認させるような表示」をしたとされる．

3 健康増進法における執行

(1) 調査

```
32条  1及び2（略）
 3  第27条の規定は，食品として販売に供する物であって健康保持増進効果等についての表示がされたもの（特別用途食品及び第29条第1項の承認を受
```

---

[115]「健康食品に関する景品表示法及び健康増進法上の留意事項について」第3・4（2）ア
[116] 前掲注（113）第3・4（2）イ．

> けた食品を除く.）について準用する.
> 27条　内閣総理大臣又は都道府県知事は，必要があると認めるときは，当該職員に特別用途食品の製造施設，貯蔵施設又は販売施設に立ち入らせ，販売の用に供する当該特別用途食品を検査させ，又は試験の用に供するのに必要な限度において当該特別用途食品を収去させることができる.
> 2～5　（略）

　健康増進法31条1項の規定に違反する疑いのある表示のある場合，事業者に任意で資料の提出等を求められるほか，同法27条を同法32条3項が準用しており，製造施設等への立入検査を行う等の方法により調査が実施される.

（2）措置

> 32条　内閣総理大臣又は都道府県知事は，前条第1項の規定に違反して表示をした者がある場合において，国民の健康の保持増進及び国民に対する正確な情報の伝達に重大な影響を与えるおそれがあると認めるときは，その者に対し，当該表示に関し必要な措置をとるべき旨の勧告をすることができる.
> 2　内閣総理大臣又は都道府県知事は，前項に規定する勧告を受けた者が，正当な理由がなくてその勧告に係る措置をとらなかったときは，その者に対し，その勧告に係る措置をとるべきことを命ずることができる.

　調査に基づき健康増進法31条1項の規定に違反して表示をした者があると認められた場合，その者に対し，当該表示を改善するよう指導を行うことができる．また，同項の規定に違反して表示をした者がある場合において，国民の健康の保持増進および国民に対する正確な情報の伝達に重大な影響を与えるおそれがあると認めるときは，その者に対し，当該表示に関し必要な措置をとるべき旨の勧告をすることができる（同法32条1項）．

　健康増進法32条1項に規定される「国民の健康の保持増進及び国民に対する正確な情報の伝達に重大な影響を与えるおそれがあると認めるとき」とは，例えば，表示されている健康保持増進効果等に関する苦情等が関係機関（例えば，各地の消費生活センター等）に数多く寄せられている場合や，当該食品を摂取した者が健康を害したとする苦情等が関係機関に相当数寄せられている場合，「血糖値を緩やかに下げる」等の健康保持増進効果等に係る誇大

広告等がなされることにより，診療を要する疾患等を抱える者が適切な診療機会を逸してしまうおそれがある場合等が該当するとされている．勧告の内容は，事案によっても異なるが，広告の掲載の差止め等の勧告を受けた者が実施しなければならない措置とともに，当該措置の実施に関する合理的な範囲内での期限等が含まれることがある[117]．

　消費者庁が勧告をした事案としては，特定保健用食品[118]について，例えば，以下のとおり記載することにより，あたかも，当該特定保健用食品に血圧を下げる効果があると表示することについて消費者庁長官から許可を受けているかのように示し，また，薬物治療によることなく，対象商品を摂取するだけで高血圧を改善する効果を得られるかのように示す表示をしていたが，実際には，当該特定保健用食品は食生活の改善に寄与することを目的として，その食品の摂取が健康の維持増進に役立つ，又は適する旨を表示することのみが許可されている特定保健用食品であって，血圧を下げる効果があると表示することについて消費者庁長官から許可を受けているものではなく，また，高血圧は薬物治療を含む医師の診断・治療によらなければ一般的に改善が期待できない疾患であって，薬物治療によることなく，対象商品を摂取するだけで高血圧を改善する効果が得られるとは認められないものであったといったものがある[119]．

【記載内容】
・健康増進法に規定する特別用途表示の許可等に関する内閣府令（平成21年内閣府令第57号）別記様式第3号に定める特定保健用食品の許可証票とともに，「消費者庁許可の特定保健用食品です．」と記載
・当該特定保健用食品についてのヒト試験結果のグラフとともに，「臨床試

---

[117]　健康増進法研究会監修『健康増進法逐条解説』104頁（中央法規出版，2004）．
[118]　特定保健用食品とは，健康増進法26条1項または同法29条1項の規定に基づき，特別の用途のうち，特定の保健の用途に適する旨の表示をすることについて，消費者庁長官の許可または承認を受けた食品であって，食生活の改善に寄与することを目的として，その食品の摂取が健康の維持増進に役立つ，または適する旨を表示することのみが許可または承認されているものである．
[119]　ライオン株式会社に対する勧告（平成28年3月1日）．

験で実証済み！これだけ違う，驚きの『血圧低下作用』.」と記載
・当該特定保健用食品を摂取している者の体験談として，「実感できたから続けられる！10年くらい前から血圧が気になり，できるだけ薬に頼らず，食生活で改善できればと考えていました．飲み始めて4ヶ月，今までこんなに長続きした健康食品はないのですが，何らか実感できたので継続できています．今では離すことのできない存在です.」と記載

　上記事案においては，①当該表示が，健康の保持増進の効果について，著しく人を誤認させるような表示であり，健康増進法に違反するものである旨を，一般消費者へ周知徹底すること，②再発防止策を講じて，これを役員及び従業員に周知徹底すること，③今後，問題となった表示と同様の表示を行わないことが勧告されている．
　また，勧告を受けた者が，正当な理由がなくてその勧告に係る措置をとらなかったときは，その者に対し，その勧告に係る措置をとるべきことを命ずることができる（健康増進法32条2項）．
　なお，同法32条2項の命令に違反した者には，6月以下の懲役または100万円以下の罰金が科される（同法36条の2）．
　上記勧告（健康増進法32条1項）や行政指導は行政処分ではないため，行政訴訟法上の取消訴訟の対象とはならない．他方で，命令（同条2項）は行政処分であり，取消訴訟の対象となる（もっとも，消費者庁発足（2009（平成21）年9月以降），2016（平成28）年6月までの間，同命令が行われたことはない）．
　上記の流れのイメージは図表4-16のとおりである．

（3）執行の主体

（A）消費者庁長官
　（1）の調査やそれに基づく指導，勧告，命令（前記（2））を実施できる．消費者庁長官の場合，地域的な制約は条文上存在せず，全国の事業者に対して調査や措置を実施できる．

図表4－16　健康増進法31条に関する執行の流れ（イメージ）

```
調査（立入検査等については健康増進法32条3項及び27条1項）
  │
  ├─違反事実あし→ 違反して表示をした者がある場合において、国民の健康の保持増進及び国民に対する正確な情報の伝達に重大な影響を与えるおそれ
  │                  │
  │                  ├─あり→ 当該表示に関し必要な措置をとるべき旨の勧告（健康増進法32条1項）
  │                  │         │
  │                  │         ├─勧告に従って改善→ 勧告や命令に従ったため、終了
  │                  │         │
  │                  │         └─改善せず→ 正当な理由がなくて勧告に係る措置を講じていない→ 勧告に係る措置をとるべきことを命令（健康増進法32条2項）
  │                  │                                                                            │
  │                  │                                                                            ├─命令に従って改善→（終了）
  │                  │                                                                            │
  │                  │                                                                            └─従わず→ 罰則（健康増進法36条の2）
  │                  │
  │                  └─なし→ 行政指導
  │
  └─違反事実なし→ 終了
```

（B）地方厚生局長（消費者庁長官が健康増進法35条4項および健康増進法施行令8に基づき委任）

　表示をした者の主たる事務所の所在地（当該表示をした者が個人の場合にあっては、その住所または居所）を管轄する地方厚生局長が（1）の調査やそれに基づく指導（前記（2））を実施できる．

（C）都道府県知事等[120]

　都道府県知事等は，2016（平成28）年4月1日以降，その管轄する区域内の事案について（1）の調査やそれに基づく指導，勧告，命令（前記（2））を実施できる．

　なお，事務・権限の移譲等に関する見直しの方針（2013年12月20日閣議決定）に基づき，勧告・命令の権限については，2016（平成28）年4月1日以降，都道府県知事等も行うことができることとされた．

120　健康増進法における都道府県知事については，保健所を設置する市にあっては市長，特別区にあっては区長を指すとされている（健康増進法10条3項）．

Ⅳ　健康増進法（誇大表示等の禁止を中心に）

図表4－17　健康増進法における権限委譲の内容

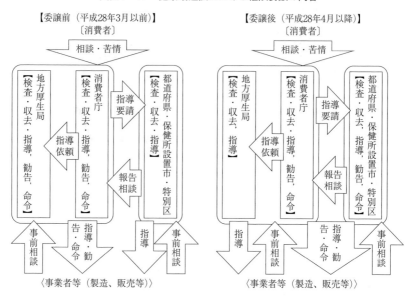

270　第4章　表示法分野における調査・執行

第 5 章

個人情報保護分野における調査・執行

本章の概要

　改正前個人情報保護法は，2003（平成15）年5月（2005（平成17）年4月全面施行）に成立して以降，実質的な改正は一度も行われてこなかった．しかし，近時の大量に集積された情報（ビッグデータ）の利活用ニーズやプライバシー意識の高まり，国際的動向の変化を受け，高度情報通信ネットワーク社会推進戦略本部（IT総合戦略本部）下にある「パーソナルデータに関する検討会」を中心に改正議論が進められ，2015（平成27）年9月3日に個人情報保護法改正法案が可決・成立した（同月9日公布）．

　ところで，個人情報保護分野における法制度は，民間部門全般を規律する個人情報保護法，国の行政機関を規律する行政機関個人情報保護法，独立行政法人等を規律する独立行政法人等個人情報保護法，地方公共団体等を規律する条例という，複雑な体系を構築しており[1]，消費者庁は2009（平成21）年9月の設立以来，民間部門を対象とする個人情報保護法を所管してきた（それ以前は内閣府）[2]．これは，企業や団体等は事業遂行の過程で消費者等個人に係るさまざまな情報を蓄積させるものであって，それらはいずれも個人のプライバシーに関連しうる情報であるとともに，いわゆるカモリスト化することによって消費者被害の温床ともなりかねないものであり，個人情報保護は消費者課題といいうるためである．平成27年改正により，個人情報に関する専門機関である個人情報保護委員会が設立されて法が消費者庁から同委員会に移管したが，消費者課題という側面があること自体は引き続き変わらない．もっとも，個人情報を含めた情報はビッグデータの利活用などの経済政策や創薬，疫学研究，災害時等における見守り活動，公共政策等，多様な領域で活用が期待されるものであり，今後より一層IT化が促進されていく社会において，いかに情報を有効活用して利便性を享受するかという観点も忘れてはならない．

　1　図表5-1を参照．
　2　国および独立行政法人等に係る法律については総務省，条例については当該地方公共団体．

企業は個人情報保護法上さまざまな義務を負い，行政からの監督・執行を受け，場合によっては個人情報保護法上の刑事罰も科される．法令，規則，ガイドライン等に従った措置を講じてきたつもりでも，いざ事故事案が発生してしまうと，行政から厳しい監督・執行を受けることもある．特に，2016（平成28）年1月に個人情報保護委員会が設立され，今後，改正個人情報保護法の全面施行に伴って，個人情報の専門行政機関である同委員会が一元的に監督・執行権限を行使することとなる状況下で，同委員会には従来の主務大臣制下では必ずしも十分に果たされなかった執行機関としての役割を大いに果たしていくことが期待され，また，現実にそれが想定されるものといえる．

　そこで，本章では，民間部門を対象とする個人情報保護法を中心とした監督・執行制度等について説明することとする．具体的には，①改正前個人情報保護法の執行制度および執行状況（後記Ⅰ），②同制度の下で執行権限が行使された具体的事例（後記Ⅱ），③改正個人情報保護法における新たな執行制度（後記Ⅲ），④諸外国における執行制度（後記Ⅳ）について説明するとともに，⑤今後の課題（後記Ⅴ）に係る論考も掲載する．その際，過去の執行事例の説明（後記Ⅱ）の前提として改正前個人情報保護法の執行制度（後記Ⅰ）についても簡潔に説明を加えるが，すでに法改正が行われているため，改正前については執行制度よりも執行状況を中心に説明することとし，執行制度の説明は改正個人情報保護法の箇所（後記Ⅲ）に重点をおく．

　なお，改正個人情報保護法は，2016（平成28）年1月1日に個人情報保護委員会の設置等に係る条文が施行され[3]，その他条文は，公布（2015（平成27）年9月9日）から2年を超えない範囲内で政令が定める日に施行される[4][5]．本章における条文の表記は，改正個人情報保護法を「新個○条」，改正前個人情報保護法を「旧個○条」とする．

---

[3] 個人情報保護法等の一部を改正する法律1条の施行．
[4] 個人情報保護法等の一部を改正する法律2条の施行（本章では「全面施行」という）．
[5] なお，別途，個人情報保護法等の一部を改正する法律3条に係る条文番号の形式的改正も，特定個人情報保護評価についての番号利用法の改正に伴い行われる．

I　改正前個人情報保護法の執行制度等

1　法制度の全体像

（1）法的義務の適用対象

　個人情報は，大企業，中小企業，個人，各種団体，国の行政機関，独立行政法人，地方公共団体等，あらゆる主体において取り扱われるものである．そのうち，個人情報保護法は民間部門における取扱いを対象に規律しており，公的部門における取扱いについては別途法令が定められている（図表5－1参照）．

　また，民間部門であっても，個人情報データベース等を事業の用に供し，その中に5,000件を超える個人情報が含まれている「個人情報取扱事業者」のみを，改正前個人情報保護法は法的義務や執行の対象としていた（旧個2条3項，旧個令2条）．

　なお，地方公共団体（都道府県，市区町村）における個人情報保護に係る条例の制定率は，都道府県においては2003（平成15）年度以降，市区町村においては2006（平成18）年度以降，100％となっている（総務省「地方自治情報管理概要」2015年3月）．もっとも，地方公共団体が設立する地方独立行政法人の個人情報の取扱いに係る規律については，当該地方公共団体の個人情報保護条例の規律対象となる「実施機関」に含めることで同条例によって規律している割合として，都道府県においては97.4％[6]，市区町村においては38.7％となっており（総務省「地方自治情報管理概要」2015年3月），個人情報保護条例による規律が存在しないケースがみられる．

　6　地方独立行政法人を有しない地方公共団体を除いた割合

図表5－1　個人情報保護法の体系図

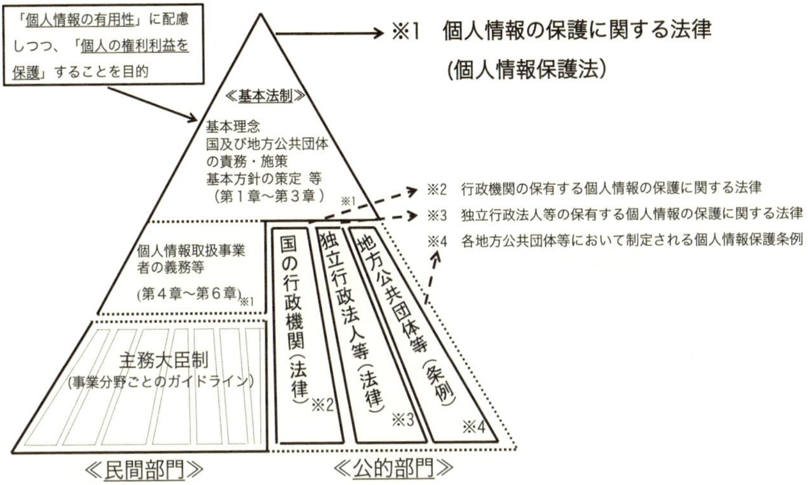

「個人情報の有用性」に配慮しつつ，「個人の権利利益を保護」することを目的

《基本法制》
基本理念
国及び地方公共団体の責務・施策
基本方針の策定 等
（第1章～第3章）

個人情報取扱事業者の義務等
（第4章～第6章）※1

主務大臣制
（事業分野ごとのガイドライン）

国の行政機関（法律）※2

独立行政法人等（法律）※3

地方公共団体等（条例）※4

《民間部門》　　《公的部門》

※1　個人情報の保護に関する法律
　　（個人情報保護法）
※2　行政機関の保有する個人情報の保護に関する法律
※3　独立行政法人等の保有する個人情報の保護に関する法律
※4　各地方公共団体等において制定される個人情報保護条例

出典：消費者庁資料

（2）執行制度

　改正前個人情報保護法の第4章第1節は「個人情報取扱事業者の義務」について規律している（具体的義務は後記図表5－8参照）．これら義務への違反が疑われる場合，各事業分野を所管する主務大臣が「報告の徴収」（旧個32条），「助言」（旧個33条）を行い，さらに，所定の義務違反が認められる場合は，「勧告」や「命令」（旧個34条）を行う．「命令」は「勧告」に係る措置を怠った場合にとられる措置であるが（旧個34条2項），所定の義務違反について緊急性等が認められるときは，「勧告」を経ずして「命令」に至る（緊急命令・旧個34条3項）．主務大臣の「命令」に違反した場合は，罰則が科される（旧個56条）．
　また，改正前個人情報保護法第4章第2節は「民間団体による個人情報の保護の推進」（認定個人情報保護団体制度）に係る規律を設け，当該規律の施行に必要な限度で，主務大臣が認定個人情報保護団体に対し「報告の徴収」（旧個46条）や「命令」（旧個47条）を行うこととしていた．
　このように主務大臣が執行権限を行使する「主務大臣制」を改正前個人情

報保護法は採用しており，例えば，民間の医療機関は厚生労働大臣，サービス産業全般は経済産業大臣，電気通信分野は総務大臣が前記執行権限を行使してきた．

2 執行実績

（1）全体の執行実績

改正前個人情報保護法が施行されて10年を経過したが，この10年間の主務大臣による執行実績は図表5－2の通りである．法施行直後は多数の「報告の徴収」が行われていたが，全体として大きく減少傾向にある．

2014（平成26）年度までをみると，「助言」は法施行後わずか2件のみで，「勧告」も8件しか実績がない．「命令」は法施行後1度も権限行使の実績がないが，これは，「勧告」自体の件数が8件と少ない上，主務大臣から「勧告」を受けた個人情報取扱事業者がそれに対する違反行為を行うことはこれまでなかったためといえる．

図表5－2 主務大臣による権限行使の制限

勧告　助言　報告の徴収

（勧告・助言の件数 左軸、報告の徴収の件数 右軸）

年度	勧告	助言	報告の徴収
平成17年度	1		87
平成18年度	4		60
平成19年度			83
平成20年度		1	28
平成21年度	2		18
平成22年度			15
平成23年度		1	16
平成24年度			8
平成25年度			2
平成26年度	1		3

出典：消費者庁「平成26年度個人情報の保護に関する法律施行状況の概要」（平成27年10月）

なお，個人情報保護法上の執行権限の行使という形をとらず，事実上，所管事業者から事情を聴取し，または，他の業法等に基づく検査時等という，個人情報保護法上の権限行使ではない形で事情を聴取するなどし，その際，個人情報の取扱いに係る必要なアドバイスを行うなど，実質的には個人情報保護法上の権限行使と同様のことを行っているものの，執行実績には表れないケースも存在する．実際このような手法で，改正前個人情報保護法上の「報告の徴収」「助言」等の形式を経ずして事情聴取やアドバイスを行うことも，実務上行われてきた．

（2）主務大臣別の執行実績

2014（平成26）年度までの主務大臣別の執行実績は図表5－3のとおりで，金融庁長官による「報告の徴収」の件数が289件と圧倒的に多く，そこから大きくあけて経済産業大臣による「報告の徴収」の件数15件と続く．

金融庁においては，銀行法等に基づく検査を定期的に実施しており，その際に個人情報保護法上の「報告の徴収」権限を同時に行使して，個人情報の管理等に係る報告を求める場合もあると考えられ，そのため多くの執行実績を有している．例えば，預金等受入金融機関に対する検査時に用いる金融庁「金融検査マニュアル」（平成27年4月）では，「顧客保護等管理態勢の確認検査用チェックリスト」として「顧客の情報が漏えい防止の観点から適切に管理されることの確保」を掲げている．ただし，金融庁長官による「報告の徴収」の各年度の内訳は，2005（平成17）年度は83件であったが，その後の年度はほぼ右肩下がりの状態にあり，2014（平成26）年度は0件である．

経済産業大臣はサービス産業全般を所管し，多くの事業者を監督対象としているため，他の主務大臣と比較すると件数は多いものの，15件という「報告の徴収」やその他執行件数が十分な実績であるかは評価の分かれるところである．また，金融庁長官，経済産業大臣以外の主務大臣における執行実績の件数もわずかな件数しか見られず，総体として十分な実績との評価はし難いところである．

なお，改正前個人情報保護法上の執行実績を有する主務大臣は，金融庁長官，経済産業大臣，厚生労働大臣，総務大臣，農林水産大臣，国土交通大臣，

財務大臣のみであり，それ以外の，例えば学校教育関係等を所管する文部科学大臣には執行実績は1件もない．

ところで，個人情報の漏えい等事案として政府に報告されている件数は，2005（平成17）年度が1,500件超であり，その後急激に減少傾向を辿るものの，近時も300件〜400件超で推移している．しかも，これは各主務大臣からの報告ないしは消費者庁（内閣府）が独自に把握した漏えい事案の件数であり，実態としては，この程度の数字にとどまらないことが推測される．また，消費生活センター等が受け付けた個人情報に関する苦情相談件数は，2005（平成17）年度は1万4,000件超であり，その後は減少傾向を辿るものの，近時も5,000件〜6,000件超で推移している．[7]

このような状況下で，1件も執行実績のない主務大臣が複数存在し，近時はごく僅かの報告の徴収等しか行われていない実態に鑑みると，前記のとおり執行実績に現れない事情聴取等が実務上行われていることを考慮しても，主務大臣制に基づく執行制度が十分に機能しているのか，疑問が呈されるのも無理はない．

図表5-3　主務大臣別執行実績（平成17年度〜平成26年度）

	報告の徴収	助言	勧告	命令	合計
金融庁長官	289件	0件	4件	0件	293件
経済産業大臣	15件	1件	3件	0件	19件
厚生労働大臣	8件	0件	0件	0件	8件
総務大臣	4件	0件	1件	0件	5件
農林水産大臣	2件	0件	0件	0件	2件
国土交通大臣	2件	0件	0件	0件	2件
財務大臣	0件	1件	0件	0件	1件
合計	320件	2件	8件	0件	330件

出典：平成17年度から平成26年度の「個人情報の保護に関する法律 施行状況の概要」（消費者庁〔平成19年度以前は内閣府〕）をもとに集計・作成．

---

[7] 漏えい等件数および相談件数につき，消費者庁「平成26年度　個人情報の保護に関する法律　施行状況の概要」（平成27年10月）．

(3) 執行原因となった義務規定

改正前個人情報保護法第4章が定める「個人情報取扱事業者の義務」に対する違反の疑いや違反事実が認められる場合に，主務大臣は当該個人情報取扱事業者に対し執行権限を行使することになるところ，図表5－4は，いかなる法的義務との関係でこれまで執行を行ってきたのかを整理したものである．

執行の最たる要因である個人情報の漏えい事案においては，通常，安全管理措置義務（旧個20条）違反を基軸に，従業者の監督義務（旧個21条）や委託先の監督義務（旧個22条）違反も併せて認められることが多く，執行原因の上位三つを占めている．

データ内容の正確性の確保（旧個19条）は努力義務であり，「勧告」および「命令」の対象外とされているため（旧個34条），12件の実績は「報告の徴収」または「助言」ということになるところ，当該実績はいずれも金融庁長官による「報告の徴収」である．

なお，執行原因となった義務規定の合計件数が545件と，前記330件の執行実績より大幅に多いのは，個人情報の漏えい事案において安全管理措置義務

図表5－4　執行原因となった義務規定（平成17年度～平成26年度）

義務規定	件数
利用目的による制限（旧個16条）	42件
適正な取得（旧個17条）	2件
取得に際しての利用目的の通知等（旧個18条1項）	2件
データ内容の正確性の確保（旧個19条）	12件
安全管理措置（旧個20条）	299件
従業者の監督（旧個21条）	57件
委託先の監督（旧個22条）	89件
第三者提供の制限（旧個23条1項）	41件
苦情の処理（旧個31条）	1件
合計	545件

出典：平成17年度から平成26年度の「個人情報の保護に関する法律 施行状況の概要」（消費者庁〔平成19年度以前は内閣府〕）をもとに集計・作成．

I　改正前個人情報保護法の執行制度等

違反と従業者の監督義務違反の二つを認定するなど，1件の執行事案において複数の義務が関わる場合があるためである．

3 主務大臣制の課題

（1）主務大臣制

　改正前個人情報保護法は，前記のとおり主務大臣制を採用していた．改正前個人情報保護法の制定時の議論において第三者機関による執行制度の構築についても議論されてはいたものの，従前より事業を所管する大臣が策定したガイドライン等に従って民間部門の個人情報保護が図られてきた経緯等も尊重しつつ，当時は主務大臣制を採用することとした．事業を所管する大臣には当該所管事業に関する蓄積や経験があり，当該事業の適正な運営を確保する一環としてその事業の用に供されている個人情報の取扱いについても責任を持つこととするのが最も適切と考えられたためである[8]．

（2）課題

　ところが，10年間の法の運用を経て，主務大臣制には以下のような課題を指摘することができる．
① 主務大臣の不明確性
　事業所管は個人情報保護独自の観点から分類するものではなく，各省庁設置法上の所掌事務に基づく事務分担の観点から分類されるものであるが，必ずしも明確とはいえない．
　例えば，名簿業者の主務大臣については，「特定の官庁が一律に所管しているわけではございませんので，その取り扱う個人情報の種類に応じて主務大臣が決まることになっております．」との政府答弁[9]のようにこれまで解してきたため，2014（平成26）年7月に発覚したベネッセ漏えい事件（後記

8　個保法の解説213頁．
9　2014（平成26）年3月4日参議院予算委員会森大臣答弁．

「Ⅱ2(2)」参照）では，漏えい情報を転々流通させた名簿業者の主務大臣について，発覚後2か月以上経った同年9月12日に，当該事案に限定する形で内閣総理大臣が経済産業大臣を主務大臣として指定（旧個36条1項ただし書）した．これは，問題となった個人情報の種類が教育サービス業に係る個人情報であったためである．つまり，問題となる名簿の種類に応じて当該事案ごとに主務大臣が異なることを想定しており，名簿業者一般の主務大臣は，ベネッセ漏えい事件後においても定まっていないのである．しかも，名簿業者は特定の業種の名簿のみではなく，さまざまな名簿を混然一体として管理・提供していることが通常と考えられ，事案によっては一つの名簿業者に複数の主務大臣が関係することにもなり，また同じ名簿業者であっても事案ごとに主務大臣が異なるケースまで想定される．

　このように主務大臣を指定するにも一定の期間を要してしまい機動的な執行権限の行使が阻害される上，これまで内閣総理大臣の指定がなされたのはベネッセ漏えい事件の1件のみであり，さらには，一度指定を受けた名簿業者を含め，主務大臣が不明確な状況が継続している事案も存在する．これでは，執行権限を有する主務大臣が，自らの職責を適時・的確に果たすことは困難である．

② 相談先の不明確性

　前記①ゆえに，事業者や一般消費者が執行権限をもつ監督機関に相談等するに際し，どの機関（省庁）に相談をすればよいのか判然としない．

③ ガイドラインの濫立および不統一

　各主務大臣は，当該所管事業者向けに個人情報保護に関するガイドラインを策定しているところ，2015（平成27）年11月25日現在で27分野38本のガイドラインが存在し，内容においても統一性が図られていない．そのうえ，複数の事業分野にまたがるビジネスを展開している個人情報取扱事業者としては複数のガイドラインを参照しなければならず，他方で前記①ゆえに，どのガイドラインを参照すればよいのか不明なケースもある．

④ 執行実績の乏しさ

　前記2のとおり，法施行後10年を経過するものの執行実績は右肩下がりである上，そもそも一度も執行実績がない主務大臣も複数存在するなど，主務

大臣制という個人情報保護法上の執行制度が機能しているのか疑問が生ずる．
⑤　国際的整合性の欠如

　国際的には独立した監督機関による執行制度の構築が潮流となっており，日本の主務大臣制は，独立性等の観点から，個人情報の取扱いに係る執行制度として不十分との見方が強い．また，データ保護プライバシーコミッショナー国際会議等，各国プライバシーコミッショナー等が集う国際会議では，日本はオブザーバーとしか位置付けられておらず[10]，国際的なプレゼンスが低い．

（3）法改正

　以上の課題を指摘しうるところ，今般，個人情報保護法が改正され，執行制度についても抜本的な改正が施されるに至った．改正個人情報保護法においては，これまでの主務大臣制を廃し，番号利用法[11]上の特定個人情報保護委員会を改組することで2016（平成28）年1月1日に新たに体制整備された「個人情報保護委員会」による一元的な法執行が実現することとなった[12]（詳しくは，後記「Ⅲ」を参照）．

4　行政機関等における個人情報の取扱いの監督等[13]

　消費者庁等の国の行政機関，日本年金機構等の特殊法人を含む独立行政法人等，東京都や地方独立行政法人等の地方公共団体等という公的部門も，民

10　なお，主務大臣制の下ではオブザーバーであったアジア太平洋プライバシー機関フォーラム（APPA）については，2016（平成28）年6月に，法改正によって設立された個人情報保護委員会が正式メンバーとなった．今後，データ保護プライバシーコミッショナー国際会議についても，同委員会が正式メンバーになることが期待される（2016（平成28）年6月時点）．

11　正式名称は，「行政手続における特定の個人を識別するための番号の利用等に関する法律」で，法律上は「番号利用法」と略称されるが，一般的には「マイナンバー法」や「番号法」とも略称される．同法は個人番号や特定個人情報の取扱いについて個人情報保護法の特別規定を定めている．2015（平成27）年の個人情報保護法改正に伴い，特定個人情報保護委員会に係る規定その他各種規定について，番号利用法の改正が同時に行われた．

12　2015（平成27）年9月9日から2年を超えない範囲内で政令が定める日（個人情報保護法等の一部を改正する法律2条の施行日）以降，監督権限を行使することになる．

間部門と同様にさまざまな個人情報を取り扱っている．しかし，改正前の主務大臣および改正後の個人情報保護委員会が監督する対象は民間部門における個人情報の取扱いであり，マイナンバーに係る個人情報（個人番号および特定個人情報等）を除き[14]，公的部門における取扱いは監督対象外である．

　現状では公的部門に対する監督等の制度として以下の(1)〜(3)があるが，実効的な監督や国際的整合性，EUからの十分性取得等の観点から疑問が呈されている．殊に十分性取得との関係でみると，アメリカ国家安全保障局（NSA）による諜報活動に係る問題に関連し，2015年10月6日に欧州司法裁判所がEU-USセーフハーバー協定を無効とする判決を下すなど，公的機関における個人情報の取扱いに対する懸念が強まっている中で，公的部門への監督を十分に包含していない日本の制度への評価のあり方は論点となるだろう．十分性認定は諸要素を考慮しつつ議論されるものであって一概に結論付くものではないが，いずれにしても政府には，行政機関個人情報保護法の改正等により，我が国の個人情報の保護水準が国際的に十分なものであることを諸外国に積極的に周知し，相互理解を十分に深める役割が期待される[15]．改正個人情報保護法上の個人情報保護委員会が公的部門を含め一元的に個人情報全般を監督する制度設計も視野に，早急な議論が求められる（後記「Ⅴ1」参照）．

13　公的部門における個人情報の取扱いの監督のあり方を含め，行政機関個人情報保護法等の改正も総務省において検討が進められ（「行政機関等が保有するパーソナルデータに関する研究会」参照），2016年（平成28年）3月8日，行政機関個人情報保護法および独立行政法人等個人情報保護法の改正法案が国会に提出されて，同年5月20日に成立した（同年5月27日公布）．同法案の正式名称は，「行政機関等の保有する個人情報の適正かつ効果的な活用による新たな産業の創出並びに活力ある経済社会及び豊かな国民生活の実現に資するための関係法律の整備に関する法律案」である．同法案では，行政機関等の個人情報の取扱全般に対する個人情報保護委員会の監督規定は設けられておらず，基本的に，行政機関非識別加工情報および独立行政法人等非識別加工情報に係る限定的な監視・監督権限が設けられている．

14　個人番号や特定個人情報等の取扱いは，個人情報保護委員会の監督下にある．なお，注(13)参照．

15　行政機関個人情報保護法等の改正法案・参議院総務委員会附帯決議第5項（2016（平成28）年5月19日）等を参照．

（1）国の行政機関

国の行政機関における個人情報の取扱いは行政機関個人情報保護法により規律されており，以下の制度がある[16]．

① 資料提出要求，説明要求

総務大臣は，法の目的を達成するために必要があると認めるときは，行政機関の長に対し，行政機関における個人情報の取扱いに関する事務の実施状況について，資料の提出および説明を求めることができる（行個50条）．

② 意見陳述権

総務大臣は，法の目的を達成するために必要があると認めるときは，行政機関の長に対し，行政機関における個人情報の取扱いに関し意見を述べることができる（行個51条）．

③ 情報公開・個人情報保護審査会

開示決定等，訂正決定等，利用停止決定等又は開示・訂正・利用停止請求に係る不作為についての審査請求に対する裁決を行う行政機関の長は，原則として，情報公開・個人情報保護審査会（会計検査院長は別の法律で定める審査会）に諮問しなければならない（行個43条1項）[17]．

④ その他

総務大臣に対する個人情報ファイルに係る事項の通知（行個10条），総務大臣による総合的な案内所の整備（行個47条2項），総務大臣による施行状況報告要求および公表（行個49条）がある．なお，総合的な案内所は，総務省本省のほか，総務省地方支分部局，行政評価事務所等に設置することとしている[18]．

（2）独立行政法人等

独立行政法人等における個人情報の取扱いは独立行政法人等個人情報保護

---

16 行政機関個人情報保護法等の改正法（注（13）参照）の施行前のものである．
17 2016（平成28）年4月の改正行政不服審査法の施行に伴い，審査請求手続に一元化された．この点は，次の独立行政法人等及び地方公共団体等も同じである．
18 行個法の解説193頁．

法により規律されており，以下の制度がある。[19]
① 情報公開・個人情報保護審査会
　開示決定等，訂正決定等，利用停止決定等又は開示・訂正・利用停止請求に係る不作為について審査請求を受けた独立行政法人等は，原則として，情報公開・個人情報保護審査会に諮問しなければならない（独個43条1項）。
② その他
　総務大臣による総合的な案内所の整備（独個46条2項），総務大臣による施行状況報告要求および公表（独個48条）がある。

(3) 地方公共団体等

　地方公共団体等における個人情報の取扱いは各地方公共団体が定めている個人情報の保護に関する条例により規律されており，例えば東京都では以下の制度がある。
① 個人情報保護審査会
　開示決定等，訂正決定等，利用停止決定等又は開示・訂正・利用停止請求に係る不作為についての審査請求に対する裁決を行う審査庁は，原則として，東京都個人情報保護審査会（東京都個人情報保護条例25条）に諮問して裁決を行うものとする（東京都個人情報保護条例24条の2第1項）。
② 情報公開・個人情報保護審議会
　東京都情報公開・個人情報保護審議会（東京都情報公開条例39条1項）は，個人情報保護制度に関する重要な事項について，実施機関の諮問を受けて審議し，または制度運営について実施機関に意見を述べることができる（東京都個人情報保護条例26条）。

19　行政機関個人情報保護法等の改正法（注(13)参照）の施行前のものである。

Ⅱ　個人情報保護法に基づく執行事案等

1　総論

　前節で，改正前個人情報保護法の執行制度や執行状況について概要を説明した．本節では，同個人情報保護法に基づく執行事案等について具体的に解説する．具体的には，①2011（平成23）年4月に発覚した，株式会社ソニー・コンピュータエンタテインメントにおける「プレイステーションネットワーク」および「キュリオシティ」ネットワークに係る個人情報漏えい事案，②2014（平成26）年7月に発覚した，株式会社ベネッセコーポレーションにおける，顧客等データベースからの個人情報漏えい事案，③2010（平成22）年11月版以降のカルチュア・コンビニエンスクラブ株式会社の「T会員規約」における共同利用の定め方に関する事案および，④2013（平成25）年6月に公表された，東日本旅客鉄道株式会社から株式会社日立製作所へのSuicaに関するデータの提供事案を取り上げる．このうち，①および②は，個人情報保護法における主務大臣の権限行使（報告の徴収，助言および勧告）が行われた事案である．他方，③および④は，主務大臣の権限行使は確認されていないが，別の方法で問題が収束した事案である．これらの事案はいずれも，改正法の議論に影響を与えており，それらの点についても併せて解説する．

2　具体的な執行事案等

(1) 株式会社ソニー・コンピュータエンタテインメント（2011（平成23）年4月）

(A) 事案の概要

問題となったのは株式会社ソニー・コンピュータエンタテインメント（以下「SCE」という）における「プレイステーションネットワーク」および「キュリオシティ」ネットワーク（以下，双方のネットワークを併せて「PSN」という）である。[20]

SCEから公表があったのは2011（平成23）年4月27日であり，2011（平成23）年4月17日から19日にかけての不正アクセス（いわゆる標的型攻撃の結果であるとされる）により，PSNに登録した，氏名，住所，Eメールアドレス，生年月日，パスワードおよびPSNのIDが漏えいし，購入履歴，請求先住所およびパスワード再設定用の質問への回答等のプロフィールデータ並びにサブアカウントに関する上記情報についても漏えいの可能性があり，登録されているクレジットカード番号（セキュリティコードを除く）および有効期限に関する情報についても不正アクセス者に入手された可能性を完全に否定することはできないが，2011（平成23）年4月27日現在はそのことを示す形跡はみつかっていない，とされた。その件数は国内分で約740万件であり，[21]北米，欧州，アジアのサービス利用者を併せると約7,700万件に上るとされ，[22]さらにその後発覚したパソコン向けオンラインゲームサービスでの[23]

---

[20]　PSNはSCEのコンシューマ向けゲーム機であるプレイステーション3向けのゲーム配信プラットフォーム，キュリオシティは映像配信プラットフォームであり，2011（平成23）年4月当時，同じネットワークを利用していた（その後両サービスは統合され，改名されている）。

[21]　株式会社ソニー・コンピュータエンタテインメント「PlayStation®Network/Qriocity™ をご利用の皆様へのお詫びとお願い」（平成23年4月27日）〈http://cdn.jp.playstation.com/msg/sp_20110427_psn.html〉（2015（平成27）年8月3日閲覧）。

[22]　経済産業省「株式会社ソニー・コンピュータエンタテインメントに対する個人情報保護法に基づく報告の徴収について」（平成23年5月1日）

漏えい約2,460万件とあわせると1億件規模の漏えいになる可能性があると指摘されている[24].

PSNはグループ会社であるソニー・ネットワークエンタテインメントインターナショナル（米国法人．以下「SNEI」という）が，パソコン向けオンラインゲームサービスはソニー・オンラインエンタテインメント（米国法人．以下「SOE」という）がSCEから委託を受け，管理していた[25]．漏えいが起こったのも，米カリフォルニア州サンディエゴのデータセンターであるとされる[26]．

図表5-5　SCEおよび米国関連会社の関係図

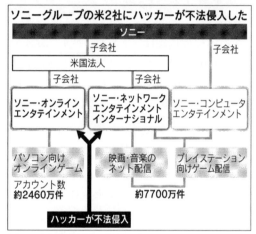

出典：日本経済新聞平成23年5月4日朝刊

(B) 執行等の経過

　(a) 経済産業大臣による報告の徴収

SCEは，事案公表の前日である2011（平成23）年4月26日に，経済産業省に連絡を行っている．経済産業省における担当課は「商務情報政策局文化

23　「ソニー，FBIに捜査依頼」読売新聞平成23年5月2日朝刊1頁．
24　「ソニー2460万件また流出か」読売新聞平成23年5月4日朝刊1頁．
25　「ソニー，別の米子会社も被害」日本経済新聞平成23年5月4日朝刊13頁．
26　「サーバー欠陥認識せず」読売新聞平成23年5月2日朝刊3頁．

情報関連産業課」である[27]。主務大臣制は，その構造上，すべての事業所管部局に個人情報保護法の監督・執行を求めるものであるが，ここでも，その実務が現れている。

経済産業大臣（経済産業省）による報告の徴収（旧個32条）が行われたのは2011（平成23）年5月1日であるが，それ以前に，経済産業省は3回の「任意の事情聴取及び指導」を行ってきたことを明らかにしている[28]。5月1日という大型連休中の報告の徴収は異例であり，それまでにもかなりの密度で任意の事情聴取が行われていることがわかる。報告の徴収の前提となっているのは国内分の約740万件の漏えいであるが，全世界で約7,700万件ないし1億件規模が漏えいした，すなわちわが国の事業者が世界中の利用者に対して被害をもたらした，という事情が迅速な権限行使の背後にあろう。

報告事項は，
① 漏洩の事実関係について
② 安全管理措置について
③ 委託先の監督について
④ 消費者保護等の事後の対応状況の進捗について
⑤ 今後の再発防止策として講じる措置
とされている[29]。

(b) 経済産業大臣による「指導」

さらに，経済産業大臣（経済産業省）は，2011（平成23）年5月27日に「個人情報保護法33条に基づく指導」を行っている[30]。なお，改正前個人情報保護法33条で定められているのは「助言」であり，その性質は行政指導に該当するとはいわれているが[31]，改正個人情報保護法が「助言」とは別に「指導」を個人情報保護委員会の権限に含めたことからは（新個41条），改正前

---

27 経済産業省・前掲注（22）。
28 経済産業省・前掲注（22）。
29 経済産業省・前掲注（22）。
30 経済産業省「株式会社ソニー・コンピュータエンタテインメントに対する個人情報保護法に基づく指導について」（平成23年5月27日）。
31 個保法の解説199頁。

個人情報保護法33条に基づいて「指導」を行ったことには疑義がある[32].

　経済産業省は，SCE からの報告徴収の結果，SCE から SNEI への個人情報の管理委託において，改正前個人情報保護法22条に定める「委託を受けた者に対する必要かつ適切な監督」が行われていなかったと判断したとし，その背景として，

① 　委託先の SNEI には CIO などの情報セキュリティに関する専門的な責任者がおらず，また，異常発生時における報告連絡体制に係る規程等の整備がされていないなど，組織的安全管理体制に不備があったこと．

② 　SNEI においては，ネットワークの利用をビジネスの中心とし，かつ，7,700万件もの個人情報を保持していながら，公知の脆弱性について自社で確認する体制が整えられておらず，技術的安全管理体制に不備があったこと．

③ 　SCE と SNEI との間には，安全管理措置を遵守させるために必要な委託契約が締結されていないなど，個人情報の取扱状況を直接かつ適切に監督する体制が整えられていなかったこと．

が，挙げられた．他方，事後の対応として，

（ⅰ）記者会見の開催やクレジットカード会社に対する協力要請など，被害の拡大防止に随時努めたこと

（ⅱ）前記①〜③の安全管理措置および委託先の監督に係る不備を解消し，技術面および組織面から，安全管理の確保に必要な再発防止策をすでに実施しつつあること

等，改善に向けた自主的な取組が行われつつあることを認定し，前述のとおり，「個人情報保護法第33条に基づき指導を行」うとした．

　そして，指導の内容は，

① 　個人情報管理に関し，委託先における安全管理措置および委託先に対する必要かつ適切な監督について，次の措置を講じ，報告のあった再発防止策を確実に実施すること．

　32 　行政指導は処分性がなく，法律上の根拠は不要であるとされるが（最判昭和60・7・16民集39巻5号989頁），「助言」の根拠条文をわざわざ挙げ，これと異なる「指導」であるとしている経済産業省の運用にはやはり問題があったといわざるをえない．

ⓐ 委託先における組織的安全管理体制の整備
ⓑ 委託先における技術的安全管理体制の整備
ⓒ 委託先における個人情報の取扱状況を直接かつ適切に監督する体制の整備
② クレジットカード決済を利用しないサービスの再開にあたっては，クレジットカード情報に関する現時点の状況について消費者に周知すること．また，クレジットカード決済を利用するサービスの再開にあたっては，調査会社からの最終報告を踏まえ，消費者の安心および安心確保のために必要とされる措置を講ずること．
③ ソニーグループ内他社においても，個人情報の漏えいおよび漏えいにつながりえる事故が相次いでいる状況を踏まえ，グループ内他社との情報共有および連携強化を図ることで，グループ内全体における個人情報の安全管理体制の向上に資すること．
と，された．

(c) 利用者への対応

SCE は，本件を受けて，日本の利用者に対して，「感謝とおわびのパッケージ」として，短期間，ゲームコンテンツ等の無料提供を行った[33]（ゲームは30日の間にダウンロード，ビデオは3日間のレンタル）．ただし，この内容は，後述する米国クラス・アクションにおける和解内容に比すると著しく簡素なものである．

(d) 諸外国等における調査・執行等

本件で特徴的であるのは，全世界で約7,700万件ないし1億件規模が漏えいしたために，各国で調査・執行等が行われたことである．

英国では，ICO（情報コミッショナー事務局）により，ソニー・コンピュータエンタテインメントヨーロッパ（以下「SCEE」という）に対して，25

---

33 株式会社ソニー・コンピュータエンタテインメント「感謝とおわびのパッケージ」〈http://cdn.jp.playstation.com/psnmsg/package.html〉（2015（平成27）年8月3日閲覧）．

万ポンド(約4,800万円)の課徴金が課せられている(2013(平成25)年1月24日公表).ここでは,SCEE は,ソフトウェアを更新し,パスワードを安全に保っていれば攻撃は防げたことが認定されているほか,ID とパスワードがセットで漏えいし,なりすまし(identity theft)のおそれがあることが述べられている.[34]

豪州では,豪州プライバシーコミッショナーにより,2011(平成23)年4月27日より,ソニー・コンピュータエンタテインメントオーストラリア(以下「SCEA」という.SCEE の子会社であり,豪州の利用者のデータは SCEE の完全子会社であるソニー・ネットワークエンタテインメントヨーロッパの運用の下にあった)に対する Own motion investigation(自己判断調査)が開始され,2011(平成23)年11月29日に調査報告書が公表されたが,その結果は,NPP(国家プライバシー原則)2.1(第三者提供禁止条項に相当)にも,NPP4.1(安全管理措置義務条項に相当)にも反せず,また,管轄権の問題からも,適用は困難であるとされた.[35]

米国では,データ保護機関(FTC 等)による調査・執行等は確認できていないが,クラス・アクションにおいて,4.5ドル分の SOE オンラインマネー,ゲーム3本の無料ダウンロード,3か月間のプレイステーションプラスの利用または1か月間のキュリオシティの音楽聴き放題に加え,なりすましによって損害を受けた場合の,2,500ドルの保証が認められている.[36] SCE 側は最大,15億円の賠償を行うこととなる.

(C) 改正法の議論への影響

本件以前にも,各国で調査・執行等がなされたケースは存在した.例えば,各国でサービスが展開されているグーグルストリートビューをめぐっては,

---

34 ICO, *Sony fined £250,000 after millions of UK gamers' details compromised*, 24 Jun. 2013.

35 Office of the Australian Information Commissioner, *Sony PlayStation Network/Qriocity: Own motion investigation report*, 29 Sep. 2011.

36 *In re Sony Gaming Networks and Consumer Data Security Breach Litigation* (U.S. District Court for The Southern District of California, CASE No. 11-MD-2258 AJB (MDD)).

サービス自体のプライバシー侵害性をめぐって2007（平成19）年〜2009（平成21）年頃にかけて，各国で調査・執行がなされたほか[37]，ストリートビューカーが Wi-Fi のペイロードデータを取得していた問題で，2010（平成22）年以降，再度，各国で調査・執行がなされるに至った[38]．これらのいずれにおいても，主務大臣（当時）は，報告の徴収も，それ以外の権限行使も，行っていない．Google Inc. が米国法人であるということも関係していよう．しかし，本件においては，日本法人である SCE がサービスの主体であったために，日本のデータ保護機関に相当する各主務大臣が権限行使をせざるをえなかったのである．

　経済産業大臣（経済産業省）が権限行使を行うにあたり，各国のデータ保護機関とやり取りをしたのか，どの程度の情報を提供しまたは受領したのかについては明らかにされていない．しかし，個人情報保護法に越境執行協力の条文が存在しなかった以上，国家公務員法上の秘密保持義務（国家公務員法100条1項）の範囲内でしか情報の融通はできなかったはずである．

　このような，越境執行協力上の困難をも踏まえて，改正法では，国家公務員法上の秘密保持義務を解除して，外国執行当局への情報提供を行うことが可能とされた（新個78条）．今後は，各国のデータ保護機関と，秘密保持義務を超えて必要な情報がやり取りできるとともに，域外適用（新個75条）により，外国において個人情報を取り扱う個人情報取扱事業者への法適用も可能となるため，越境事案についても個人情報保護委員会の積極的な関与が期待される．

（2）株式会社ベネッセコーポレーション（2014（平成26）年7月）

（A）事案の概要

　株式会社ベネッセコーポレーション（以下「BC」という）は通信教育等

37　第二東京弁護士会編『ソーシャルメディア時代の個人情報保護 Q & A』105〜110頁〔寺田光邦〕（日本評論社，2012年）．

38　Mark Burdon and Alissa McKillop, *The Google Street View Wi-Fi Scandal and Its Repercussions for Privacy Regulation*, Monash University Law Review Vol39, No.3, pp.702-738.

を大規模に営む企業であり，本件は，BC の顧客または契約によらずに個人情報を取得していたデータベース（以下「BC データベース」という）から，延べ約2億1,639万件，名寄せにより重複を解消して約4,858万件が不正に持ちだされ，いわゆる名簿屋（以下，単に「名簿屋」という）[39]に転売された事案である．BC の親会社である株式会社ベネッセホールディングスが設置した事故調査委員会の報告[40]によると，事案の概要は以下のとおり．

2014（平成26）年6月27日，BC は，顧客からの問い合わせにより，BC の顧客の情報が社外に漏えいしている可能性を認識した．そして，調査により，BC のシステム開発・運用を行っているグループ会社・株式会社シンフォーム（以下「シンフォーム」という）の業務委託先の従業員（当時）であったMは，シンフォームにおいて，BC データベース内に保管されていたBC の顧客等の個人情報を抽出の上，M が業務において使用していたクライアントPC に保存し，M 所有のスマートフォンに転送することで，BC の顧客等の個人情報を不正に取得したこと，その後，M は個人情報の全部または一部をいわゆる名簿屋三社に売却し，名簿屋三社はさらに他の名簿屋[41]，BC の競合他社等に個人情報を転売したことが判明した．

(B) 執行等の経過

 (a) BC への執行等

2014（平成26）年7月10日，経済産業大臣（経済産業省）は，BC に対して報告の徴収を行い，同月17日までに書面で報告をするよう要請した．経済産業省における担当課は「商務情報政策局サービス政策課」である[42]．

同年9月26日には，報告の徴収の結果，安全管理措置義務（旧個20条）違

---

[39] 高度情報通信ネットワーク社会推進戦略本部「パーソナルデータの利活用に関する制度改正大綱」（平成26年6月24日）では「個人情報を販売することを業としている事業者」とされている（Ⅶ・4）．
[40] 株式会社ベネッセホールディングス「個人情報漏えい事故調査委員会による調査報告について」（平成26年9月25日）．
[41] 「流出したデータは少なくとも3つのルートで名簿業者など約10社に拡散していた」とされている．日本経済新聞平成26年7月17日朝刊35頁．
[42] 経済産業省「(株)ベネッセコーポレーションに対して個人情報保護法に基づく報告徴収を要請しました」（平成26年7月10日）．

反および委託先の監督義務（旧個22条）違反があったとして，BCに対して，「個人情報の漏えいの再発防止に向けて，委託先を含めた個人情報の保護に関する実施体制の明確化，及び情報セキュリティ対策の具体化を行うよう」勧告を行った[43]．

具体的な勧告事項は，

① 個人情報の漏えいの再発防止のため，委託先も含めた個人情報の保護に関する実施体制の明確化，および情報システムのセキュリティ対策の具体化を行い，旧個20条に基づく安全管理措置および旧個22条に基づく委託先の監督を徹底すること．

② 上記①の措置を2014（平成26）年10月24日までに実施し，具体的な内容を報告すること．

というものであり，勧告の基礎となった事実認定は，

（ⅰ）経済産業大臣がBCに対して2014（平成26）年7月10日付けで行った旧個32条の規定に基づく報告の徴収に対する報告およびこれに貴社が添付した書面によれば，BCの個人情報のシステム開発・運用に関する委託先（株式会社シンフォーム）において，今回の不正持ち出しの対象となったデータベースが，個人情報のダウンロードを監視する情報システムの対象として設定されていなかったところ，BCは，同委託先に対して行う定期的な監査において，当該情報システムの対象範囲を監査の対象としていなかった等，委託先に対する必要かつ適切な監督を怠っていた．これは，旧個22条の規定に違反するものである．

（ⅱ）BCは，BCの業務の全過程においてBCが保有する個人情報の利用・管理に責任をもつ部門を設置せず，その安全管理のために必要かつ適切な措置を講じることを怠っていた．これは，旧個20条の規定に違反するものである．

とされている[44]．

---

43 経済産業省「（株）ベネッセコーポレーションに対して個人情報保護法に基づく勧告を行いました」（平成26年9月26日）．

44 経済産業省「個人情報の保護に関する法律第34条第1項の規定に基づく勧告について」平成26年9月26日（20140924情第1号）．

SCEの事案に比して，報告の徴収および勧告のいずれにおいても，簡素な概要しか公表されていないが，これは，Mおよび名簿屋に対する刑事捜査が平行して進んでいたためではないかと推測される。BCは，2014（平成26）年7月15日には警視庁に対して刑事告訴を行っており，これを受けて，Mは2014（平成26）年7月17日には，不正競争防止法違反の被疑事実で逮捕され2016（平成28）年3月29日に東京地裁立川支部で懲役3年6月，罰金300万円の有罪判決を受けている[45][46]。また，名簿屋についても，2015（平成27）年3月30日，BCの「顧客情報の保守管理を担当していたMから営業秘密である顧客情報約897万件を購入し，2014（平成26）年7月1日と2日の2回にわけ，うち約1万6300件を熊本県の教育関連会社に電子メールで送信し転売した」疑いで書類送検されたとの報道がある[47]。

(b) 名簿屋への執行等

BCに対する執行は経済産業省商務情報政策局サービス政策課（所掌事務は経済産業省組織令85条，5号に「生涯学習の振興のための施策の推進体制等の整備に関する法律の施行に関すること．」が含まれる）が担当したわけであるが，名簿屋についてはこれを担当する「主務大臣が直ちに明らかでない」か，「行政が関与する必要性が生じており，主務大臣を定めることが求められる」[48]場合であったようであり，改正前個人情報保護法36条1項ただし書の指定に基づく主務大臣の指定が行われた[49]。具体的には，内閣総理大臣が，経済産業大臣を，「個人情報取扱事業者が行う個人情報の取扱いのうち，平成26年7月10日に株式会社ベネッセコーポレーションに対し同法第32条の規定に基づき報告徴収をした個人情報の漏えいにおいて，株式会社ベネッセコーポレーションから漏えいした個人情報を取得し，第三者に提供することに

---

45 株式会社ベネッセホールディングス・前掲注（40）．
46 「ベネッセ情報漏洩，実刑　地裁支部，元SEに判決」日本経済新聞平成28年3月30日朝刊．
47 「ベネッセHD：顧客情報漏えい　名簿業者を書類送検　不正競争防止法違反の疑い」毎日新聞2015（平成27）年3月30日東京夕刊10頁（社会面）．
48 個保法の解説215頁．
49 「個人情報の保護に関する法律第36条第1項ただし書の指定に基づく主務大臣の指定について（通知）」平成26年9月12日（消制度第164号）．

について」主務大臣に指定した.

　改正前個人情報保護法36条1項ただし書に基づく主務大臣の指定が行われたのはこれが初めてであり,「伝家の宝刀」が抜かれたといえる.ただし,その範囲は名簿屋すべてではなく,本件においてBCから漏えいした情報を取得または第三者提供する事業者に限られている.主務大臣制は,「その構造上,すべての事業所管部局に個人情報保護法の監督・執行を求めるものである」ことは前述したが,「事業所幹部局」が存在しない場合の取扱いが現れたといえる.

　なお,主務大臣指定後の執行等については本稿執筆時点では確認されていない.

（C）改正法の議論への影響

　高度情報通信ネットワーク社会推進戦略本部「パーソナルデータの利活用に関する制度改正大綱」（平成26年6月24日）では「いわゆる名簿屋」については「継続的な検討課題」（Ⅶ）と位置付けられているにすぎなかったが,史上最大の流出事件である本件において名簿屋が漏えいした個人情報の拡散に重大な役割を果たしていたことが明らかになったことから,改正法では名簿屋対策が正面から取り入れられた.具体的には,①改正個人情報保護法25条および26条の記録作成義務および第三者提供を受ける際の確認義務,②オプトアウトによる第三者提供の厳格化（新個23条2項）,③不正な利益を図る目的での個人情報データベース等提供罪（新個83条）がそれである.もっとも,名簿屋の外延を画すことは困難であることから,これらの規制は名簿屋に限らず,あらゆる個人情報取扱事業者に適用される.個人情報保護委員会は③について運用等で限りなく名簿屋に限って運用することを示唆しているが,規制の方法としては歪であろう.個人情報データベース等提供罪は,間接罰を原則とする個人情報保護法において直罰を導入したものである.本件の刑事捜査は不正競争防止法違反（営業秘密侵害）を根拠に行われている

50　第4回個人情報保護委員会（平成28年3月29日）資料2-3「改正個人情報保護法第25条・第26条の確認・記録義務の方向性について」

が，必ずしも顧客情報等の個人情報が営業秘密として管理されているとは限らないことから，別途刑事罰を設けるものである．[51]

　また，個人情報保護委員会への監督・執行の一元化は，名簿屋のような事業所管部局が存在しない場合にも例外なく監督・執行を可能とする．奇しくも，主務大臣制の末期に至って，内閣総理大臣による主務大臣の指定が行われ，主務大臣制の限界が露呈したといえる．さらに，消費者庁は，2016（平成28）年3月25日，「名簿販売業者における個人情報の提供等に関する実態調査報告書」を公表している．これは，消費者委員会が2014（平成26）年9月9日に公表した「いわゆる名簿屋等に関する今後検討すべき課題についての意見」にも対応したものと思われるが，報告書を元に同意見にもある名簿屋規制の議論が行われることも期待される．

（3）カルチュア・コンビニエンスクラブ株式会社
　　（2012（平成24）年11月以降）

（A）事案の概要

　カルチュア・コンビニエンスクラブ株式会社（以下「CCC」という）の事案は，前記（1）や（2）のような漏えいと異なり，利用規約――CCCが運営している「Tポイントカード」の名称から「T会員規約」と題されているもの――における個人情報の取扱いについての定めが問題視された点に特徴がある．

　いうまでもなく，TポイントカードおよびTポイントはわが国において最も普及した共通ポイントカードおよび共通ポイントである．Tポイント会員は平成28年7月はじめの段階で5,854万人とされ（CCC発表），[52]CCCの運営するレンタルビデオショップ「TSUTAYA」，コンビニエンスストアである「ファミリーマート」等，Tポイントプログラム参加企業で広く用いられている．T会員規約は，このTポイントに係る個人情報の取扱いを含んだ，

　51　日置巴美＝板倉陽一郎『平成27年改正個人情報保護法のしくみ』84，147頁（商事法務，2015年）．
　52　「5,854万人の会員基盤」〈http://www.ccc.co.jp/showcase/sc_004051.html?cat=plat〉（2015（平成28）年7月11日閲覧）．

Tポイントカードおよび Tポイント利用者と CCC との間の利用規約である.

後述するように，適格消費者団体（消費者契約法 2 条 4 項）である特定非営利活動法人消費者支援ネット北海道（以下「ホクネット」という）が問題としたのは2012（平成24）年10月1日版の T 会員規約であったが，少なくとも2010（平成22）年10月4日版の T 会員規約第 4 条には以下の規定があり，[53] 2013（平成25）年 7 月 1 日版まで変更がない（下線および丸数字筆者）．

T 会員規約（平成22年10月4日版）
第 4 条（個人情報について）
1. 個人情報のお取扱い
　当社は，本条第 2 項記載の会員の個人情報を必要な保護措置を講じた上で取得し，本条第 3 項記載の各利用目的のために利用させていただきます．また，本条第 4 項記載の共同利用者と本条第 3 項記載の各利用目的のために本条第 2 項記載の個人情報項目を共同して利用させていただきます（①）．
　なお，インターネット等当社が別途定める方式にてすべての項目にご登録いただくこと及び本項の記載内容にご同意いただけない場合は，会員登録をお断りすることや，会員登録完了後に退会の手続きをとらせていただくことがあります．但し，本条第 3 項④記載の利用目的にご同意いただけない場合でもこれを理由に入会をお断りすることや退会の手続きをとることはございません．この場合，会員は，当社に対して本条第 3 項④記載の利用目的に基づく会員の個人情報の利用停止を申し出ることができます．利用停止を申し出る場合には，本条第 8 項記載の「届出書」の所定欄に必要事項をご記入の上，当社指定の方法にてご提出ください．
2. 当社が取得する会員の個人情報の項目
（略）
3. 利用目的
（略）
4. 共同利用者の範囲及び管理責任者

当社の連結対象会社及び持分法適用会社
ポイントプログラム参加企業（TSUTAYA 加盟店を含みます）（②）

本条第 3 項の利用目的のための共同利用に関し，個人データの管理について責任を有する事業者は当社とします．
5. 会員がポイントサービスの利用のためにポイントプログラム参加企業においてTログインIDを入力又はTカードを提示した場合，当社とポイントプ

---

[53] 〈https://web.archive.org/web/20101104062018/http://www.ccc.co.jp/member/agreement/?〉2015（平成27）年11月12日閲覧．

> ログラム参加企業との間において当該会員の個人情報が相互に提供されることについて，当該会員は同意したとみなされることとさせていただきます（③）．
> かかる個人情報の提供にご同意いただけない場合には，ポイントプログラム参加企業におけるポイントサービス（ポイントの付与及び使用を含みます）をご利用いただくことはできません．
>
> 6.～9.（略）

　ここで問題とされたのは，一つは個人情報保護法上の共同利用（旧個23条4項3号）の問題である．「本条第4項記載の共同利用者と本条第3項記載の各利用目的のために本条第2項記載の個人情報項目を共同して利用させていただきます」（①）との規定で，個人情報保護法上の「共同利用」（旧個23条4項3号）に該当するのかどうか，「共同利用者の範囲」につき，「ポイントプログラム参加企業（TSUTAYA加盟店を含みます）」（②）と記載し，CCCのウェブページ等で「ポイントプログラム参加企業」を随時更新するのみで，参加企業間の共同利用を認めてよいのかということである．

　もう一つは，個人情報保護法上の「同意」を利用規約の規定で認めてよいのかということである．「会員がポイントサービスの利用のためにポイントプログラム参加企業においてTログインIDを入力又はTカードを提示した場合，当社とポイントプログラム参加企業との間において当該会員の個人情報が相互に提供されることについて，当該会員は同意したとみなされることとさせていただきます」（③）としており，CCCは共同利用について，T会員規約上の方法で「同意」を得ていると主張していた．このようなことが有効であるかどうかである．[54,55]

（B）執行等の経過
　（a）適格消費者団体からの質問および申入れ
　CCCの事案は，主務大臣による権限行使ではない方法で改善が行われた点に特徴がある．2012（平成24）年11月30日，ホクネットは，CCCに対し，「質問書」という形で，前述①ないし③の内容を実質的に含む質問を行った．これはあくまで適格消費者団体による任意の質問という形であるが，背景には消費者契約法12条に定められた差止請求権が存在する．[56] いざとなればT

会員規約に対して差止請求権の行使も可能であったということである.

　2013（平成25）年１月11日付でCCCは「「質問書」に対する回答書」を送付し，①②については，「上記…に係る項目（注：法23条４項３号で通知等が求められる項目）は，T会員規約４条４項において全て規定されているところ，当社は，T会員登録時において，T会員入会申込者に対して，かかるT会員規約を書面の形で交付し，又はインターネット上の画面を通じて提供しており，また，共同利用者の具体的範囲についても，当社の運営するホームページ上で一般に公開しております.」として，問題がないとの見解を示した（その他，ホクネットの質問に対する詳細な回答がある）.

　これらの「質問書」および「回答書」に続き，2013（平成25）年４月１日付でホクネットから「……Tカードを提示して取引をした場合にはその取引履歴が共同利用されることを明確かつ平易に説明し，その同意を得るように，貴社自身が行うとともに，受託者にもその旨を実行するよう通知等を行う.」等の申入れを含む「申入書」が送付され，同年５月７日付でCCCから「「申

54　改正前個人情報保護法23条４項３号は共同利用（による個人データの提供）の要件を「個人データを特定の者との間で共同して利用する場合であって，その旨並びに共同して利用される個人データの項目，共同して利用する者の範囲，利用する者の利用目的及び当該個人データの管理について責任を有する者の氏名又は名称について，あらかじめ，本人に通知し，又は本人が容易に知り得る状態に置いているとき.」としており，「同意」は要件ではないが，共同利用を利用目的とすることについて，取得の前にこれが行われている必要がある．そして，「相当の関連性を有すると合理的に認められる範囲」（旧第15条２項）を超えた利用目的の変更には本人の同意が必要であるところ，共同利用を行うという利用目的への変更には明らかに同意が必要であり，T会員規約上の方法で「同意」を得られれば，共同利用することについて目的外利用であるとされるリスクが除去されるという点で意義がある．また，後述のとおりCCCは，共同利用として有効でないとしても，改正前個人情報保護法23条１項柱書の同意として第三者提供は有効であるとの見解を主張していた．

55　以上の問題意識につき，鈴木正朝＝高木浩光＝山本一郎『ニッポンの個人情報』36〜45頁（翔泳社，2015年）．

56　「適格消費者団体は，事業者，受託者等又は事業者の代理人若しくは受託者等の代理人（以下「事業者等」と総称する．）が，消費者契約の締結について勧誘をするに際し，不特定かつ多数の消費者に対して第四条第一項から第三項までに規定する行為（同条第二項に規定する行為にあっては，同項ただし書の場合に該当するものを除く．次項において同じ．）を現に行い又は行うおそれがあるときは，その事業者等に対し，当該行為の停止若しくは予防又は当該行為に供した物の廃棄若しくは除去その他の当該行為の停止若しくは予防に必要な措置をとることを請求することができる．ただし，民法及び商法以外の他の法律の規定によれば当該行為を理由として当該消費者契約を取り消すことができないときは，この限りでない．」（消費者契約法12条１項）．

入書」に対する回答書」において「T会員様がT-IDを入力し,又はTカードを提示して取引をされる場合には,その取引履歴が共同利用されることについてT会員様に一層分かりやすくご認識いただけるよう取り組んで参りたいと存じます.」との内容を含む回答が行われた.さらに,ホクネットから同年9月6日付「申入書」,CCCから同年10月9日付「「申入書」に対する回答書」,ホクネットから2014（平成26）年1月31日付「質問書」,同年4月30日付「回答伺書」,が送付された.

(b) 経済産業分野ガイドラインの改正

この間,CCCの主たる主務官庁である経済産業省において,個人情報の保護に関する法律についての経済産業分野を対象とするガイドライン（以下「経済産業分野ガイドライン」という）の改正が行われた.ここでは,上記②,つまり,CCCのウェブページ等で「ポイントプログラム参加企業」を随時更新するのみで,共同利用する主体の追加を認めてよいか,ということが問題となったようである（改正の議論等は公開されていない).具体的には,「共同して利用する者の範囲」（旧個23条4項3号）の解釈について,以下のような改正が行われた.

この改正は,2014（平成26）年5月16日から6月16日までパブリックコメントに付され[57],同年12月12日に厚生労働省・経済産業省告示第4号として定められたものである.

旧
②共同利用者の範囲（本人からみてその範囲が明確であることを要するが,範囲が明確である限りは,必ずしも個別列挙が必要ない場合もある.）
事例）最新の共同利用者のリストを本人が容易に知り得る状態に置いているとき

新
②共同して利用する者の範囲

---

57 〈http://search.e-gov.go.jp/servlet/Public?CLASSNAME=PCMMSTDETAIL&id=595114047&Mode=0〉2015（平成27）年11月12日閲覧.

> 「共同利用の趣旨」は，本人から見て，当該個人データを提供する事業者と一体のものとして取り扱われることに合理性がある範囲で当該個人データを共同して利用することである．
> したがって，共同利用者の範囲については，本人がどの事業者まで将来利用されるか判断できる程度に明確にする必要がある．
> なお，当該範囲が明確である限りにおいては，事業者の名称等を個別にすべて列挙する必要がない場合もある．
>
> 事例）本人がどの事業者まで利用されるか判断できる程度に明確な形で示された「提携基準」及び「最新の共同利用者のリスト」等を，共同利用者の全員が，本人が容易に知り得る状態に置いているとき

「共同利用者の範囲については，本人がどの事業者まで将来利用されるか判断できる程度に明確にする必要がある」ことが明らかにされ，「本人がどの事業者まで利用されるか判断できる程度に明確な形で示された「提携基準」」が，「本人が容易に知り得る状態」にあることが求められるようになったことになる．Tポイント規約における「ポイントプログラム参加企業」は，CCCが何らかの基準で参加を認めているものであると推測されるものの，その基準については公表されてこなかった．改正後の経済産業分野ガイドラインに従うとすれば，CCCとすれば，「ポイントプログラム参加企業」に参加するための基準を，個人データの本人が，「本人がどの事業者まで将来利用されるか判断できる程度に明確にする」べく明らかにするか，共同利用という形式を取りやめるほかなかった．

　（c）CCCの対応

　CCCは，共同利用という形式を取りやめることを選択した．T会員規約の改訂が行われたのは経済産業分野ガイドラインがパブリックコメントに付されてから成立するまでの期間に当たる，2014（平成26）年11月1日である．

> T会員規約（平成26年11月1日版）
> 第4条　（個人情報について）
> 1．個人情報のお取り扱い
> 当社は，会員に関する情報をプライバシー保護の観点から広く「個人情報」として位置づけ，当社の定める個人情報保護方針に従い，適切に管理・保管

> いたします．
>
> 当社では，会員の個人情報を，特定の個人を識別することができない状態に加工し，且つ，
> 特定の個人を識別することができる他の情報と容易に照合することができないようにすることにより，個人情報にはあたらないデータとして，当社の連結対象会社もしくは持分法適用会社，または提携先等の第三者に提供することがあります．また，当社内で分析する場合や，本条第5項に基づき，第三者に対して個人情報を提供する場合には，分析または提供する個人情報の内容を，本条第3項に記載する利用目的の達成に必要な範囲といたします．会員は，当社に対して，本条第5項（4）に記載する手続きに従って，個人情報の提供を停止することを求めることができます．
>
> 2．～11．（略）

　これにより，CCCは，T会員規約上の個人情報の第三者への提供について，オプトアウト手続（旧個23条2項）を採用することとなった．共同利用という形式自体を取りやめたので，上記①ないし③の問題点は解消されることとなった．

　ホクネットからの質問等についても，ホクネットの2014（平成26）年11月5日付「申入れ経過報告」において「その後のCCCのT会員カード利用履歴をめぐる取扱いは大きく変わり，少なくとも共同利用という建前はとらず，また会員のオプトアウトを可能とするなど大きな変更が加えられました」として，検討と申入れを一旦終了することが公表された．

　主務大臣の監督権限の行使ではなく，適格消費者団体による質問等と，ガイドラインそのものの改訂によって問題が解消された事案である．

(D) 改正法の議論への影響

　改正法の議論においては，共同利用の規律は変更されていないが，利用目的をオプトアウトで変更できる，という規律を導入しようとする試みがなされた．利用目的の制限の緩和は，「検討会の終盤になって突如として導入が議論された項目[58]」であるが，前掲「パーソナルデータの利活用に関する制度改正大綱」の内容に含まれ，内閣官房IT総合戦略室パーソナルデータ関連制度担当室「個人情報の保護に関する法律の一部を改正する法律案（仮称）

の骨子（案）」（2014年12月19日）ではほぼ留保なしのオプトアウトによる利用目的変更が認められるような内容が存在した．これに対しては検討会の委員等からも徹底的な批判が噴出し，最終的に改正法では15条2項の「個人情報取扱事業者は，利用目的を変更する場合には，変更前の利用目的と相当の関連性を有すると合理的に認められる範囲を超えて行ってはならない．」から，「相当の」を削除することで収束をみた．

仮に，留保なしのオプトアウトによる利用目的変更が認められていたら，利用目的を第三者提供や共同利用を含むものへと変更することも極めて容易になっていた可能性があったが，改正法による利用目的制限の緩和は，変更できる利用目的の範囲を「本人が予期しうる限度で拡大」するものであるから，当然に，第三者提供や共同利用を含まない利用目的からこれらを含む利用目的への変更は不可能である．

CCCの事案は，解釈（経済産業分野ガイドライン）の変更をもってしなければ，事業者による，個人情報保護法の趣旨に基づかない運用が止められなかった例を示しており，オプトアウトによる利用目的変更が可能となった場合，同様に個人情報保護法の趣旨を勘案しない運用，ひいては国際的な個人データ保護の水準からの脱落が予測されたが，CCCの事案も教訓となり，これを水際で食い止められたものといえよう．

（4）東日本旅客鉄道株式会社（2013（平成25）年6月）

(A) 事案の概要

2013（平成25）年6月27日，株式会社日立製作所（以下「日立」という）からのプレスリリースにおいて，「東日本旅客鉄道株式会社……から個人情報を含まない交通系ICカード「Suica」の履歴情報の提供を受け，日立のビ

---

58 板倉陽一郎「パーソナルデータ法制の行方──「パーソナルデータの利活用に関する制度改正大綱」から「個人情報の保護に関する法律の一部を改正する法律案（仮称）の骨子（案）」に至る時期のスナップショット」『社会情報学』3巻3号108頁．
59 鈴木ほか・前掲注（55）160〜172頁，349〜352頁．
60 日置・板倉・前掲注（51）122頁．
61 日立製作所「交通系ICカードのビッグデータ利活用による駅エリアマーケティング情報提供サービスを開始」（平成25年6月27日）．

図表5-6　日立製作所へのデータ提供の流れ

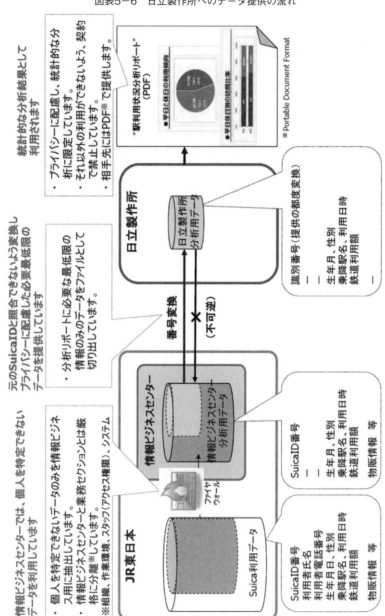

出典：東日本旅客鉄道株式会社「Suicaに関するデータの社外への提供について」（2013年7月25日）

ッグデータ解析技術により分析し，首都圏における駅エリアの利用目的や利用者構成などをレポートとして提供する」ことが公表された．東日本旅客鉄道株式会社（以下「JR 東日本」という）が運営する交通系 IC カード「Suica」（以下，単に「Suica」という）は，2015（平成27）年3月現在で，発行枚数約5,070万枚（電子マネー対応約4,849万枚），月間利用件数約1億1,657万件，利用可能店舗数（同端末数）約29万店舗（約52万6,860箇所）を数える，日本最大の電子マネーカード（および電子マネーネットワーク）の一つである．[62]

JR 東日本は当初，「利用者や日経コンピュータを含む報道関係者の問い合わせに対し，データの項目や精度，仮名 ID の有効期間などについて十分に回答していなかった」[63]とされている．

後れて1か月弱，2013（平成25）年7月25日の JR 東日本のプレスリリースでは，「今般，日立製作所に提供している Suica に関するデータは，Suica での乗降駅，利用日時，鉄道利用額，生年月，性別および SuicaID 番号を他の形式に変換した識別番号からなる，Suica ご利用に関するデータです．※ SuicaID 番号とは，当社が発行する Suica に割り振られた固有の番号です．」とされたが，ここでも詳細は明らかにされなかった．後述するように，提供されたデータがどのようなもの（どの程度の詳細なものであるか等）であったかが，本件においては最も重要であるが，2014（平成26）年2月の JR 東日本による有識者会議の中間とりまとめ，2015（平成27）年10月の同とりまとめにおいてもこの点は述べられていない．[64]報道において，「同社は，当初は過去の履歴を2年半にわたって同一の ID で追跡可能にしていたほか，改札通過時刻は秒単位のデータを渡していた．」[65]とされているのみである．

最初のプレスリリースが日立からであったことからもわかるように，JR

---

62 東日本旅客鉄道株式会社「2015年3月期 決算説明会」31頁．〈https://www.jreast.co.jp/investor/guide/pdf/201503guide1.pdf〉
63 大豆生田崇志＝浅川直輝『プライバシー大論争 あなたのデータ，「お金」に換えてもいいですか？』65頁（日経BP，2015年）．
64 Suica に関するデータの社外への提供についての有識者会議「Suica に関するデータの社外への提供について 中間とりまとめ」（平成26年2月）．「Suica に関するデータの社外への提供について とりまとめ」（平成27年10月）．両報告書は事実認定が不十分な上に適法性についての言及もなく，第三者委員会の報告書としてはまったく機能していない．
65 大豆生田＝浅川・前掲注（63）67頁．

Ⅱ 個人情報保護法に基づく執行事案等 307

東日本から利用者（Suica に関するデータの本人）への事前の告知等は存在せず，利用者からは多くの非難の声が上がった．結果的に JR 東日本は「現在は，データ提供を停止しており，かつ，すでに提供した『7月提供の Suica 分析用データ』についても，日立製作所において，これを抹消している．」との対応を行った．[66] JR 東日本は事後的にオプトアウトの窓口を周知したが，利用者のオプトアウトは1週間で8,800件，2014（平成26）年10月初頭までに5万5,000件に及んだ．[67]

（B）執行等の経過

JR 東日本の，個人情報保護法における主務大臣は国土交通大臣であるが，本稿執筆時点で，国土交通大臣から何らかの権限行使がなされたという情報は公表されていない．この点に関し，2015（平成27）年6月10日の第189回国会参議院地方・消費者問題に関する特別委員会（第5号）では以下のようなやり取りがなされている（肩書はすべて当時）．

> ○福島みずほ・参議院議員　消費者の立場からすれば，自分のデータをビッグデータにしてそれを売買するということは予想していないと思うんですよ．そんなこと頼んでいないし，そんなこと同意していないよというのが消費者の立場ではないでしょうか．
> 　JR 東日本と日立製作所の連携による四千三百万枚の Suica 情報売買問題に関して，国土交通省はどのような注意，指導を行っているでしょうか．
> ○政府参考人（篠原康弘・国土交通省鉄道局次長）　お答え申し上げます．
> 　御指摘の平成二十五年六月の JR 東日本の事案でございますが，JR 東日本によりますと，Suica の旅客流動に関するデータの中で，氏名，連絡先，Suica 番号等を削除して，個人が特定できないような加工をした上で日立製作所に提供したということでございましたが，<u>国土交通省といたしましては，利用者の不安を惹起するおそれのあるデータの提供につきましては個人のプライバシーに配慮して慎重かつ丁寧な対応を行うことが望ましい旨の指摘を行って</u>ございます．
> ○福島みずほ・参議院議員　この Suica 情報売買は，現行法において，適法なんでしょうか違法なんでしょうか．

66　Suica に関するデータの社外への提供についての有識者会議・前掲注（64）7頁．
67　鈴木ほか・前掲注（55）69頁．

○政府参考人（二宮清治・内閣官房情報通信技術（IT）総合戦略室次長）　お答え申し上げます．
　事案の発生当時，Suica に関するデータにつきましては，氏名，連絡先，Suica 番号等を除くことなどによりまして，個人が特定できないよう加工した上で日立製作所の方に提供されたものだというふうに承知をしているところでございます．
　個人情報保護法上，個人情報とは，特定の個人を識別することができるものをいい，他の情報と容易に照合することができ，それにより特定の個人を識別することができることとなるものを含むというふうに規定をしているところでございます．
　他の情報と容易に照合できるかどうかにつきましては，当該情報にアクセスできる者の範囲，アクセス制限の技術的な措置等を踏まえて総合判断をする必要がございまして，御指摘の事案につきましては直ちに違法性があるとまでは言えないということで，このような事案につきまして，JR 東日本を始め，グレーゾーンとして対応が困難という意見があるところでございます．
　したがいまして，現在，匿名加工情報という新たな類型を設けることといたしまして，法改正案を国会で御審議をいただいているところでございます．

　ここで明らかにされているのは，国土交通省が行ったのは「利用者の不安を惹起するおそれのあるデータの提供につきましては個人のプライバシーに配慮して慎重かつ丁寧な対応を行うことが望ましい旨の指摘」であり，個人情報保護法における権限行使ではないということと，本件の違法性について，政府は，「事案の発生当時，Suica に関するデータにつきましては，氏名，連絡先，Suica 番号等を除くことなどによりまして，個人が特定できないよう加工した上で日立製作所の方に提供されたものだ」ということを前提にすれば，「直ちに違法性があるとまでは言えない」と判断していたということである．
　しかし，この判断は，「氏名，連絡先，Suica 番号等を除くことなどによりまして，個人が特定できないよう加工した」ということが前提であることに注意しなければならない．「過去の履歴を 2 年半にわたって同一の ID で追跡可能にしていたほか，改札通過時刻は秒単位のデータを渡していた」ということであると，第三者提供が違法である構成が少なくとも二つあり得る．
　まず，①「改札通過時刻が秒単位」であるとすると，図表 5 - 6 でいうところの「乗降駅名，利用日時，鉄道利用順」は明らかに「Suica 利用データ」

と「情報ビジネスセンター」のデータにおいて一対一に対応し，かつ，「情報ビジネスセンター」のデータはそのまま日立に渡っている．つまり，「SuicaID 番号」を不可逆に「識別番号」に置き換えたとしてもほとんど意味がない．「乗降駅名，利用日時，鉄道利用順」において，「利用者氏名」や生年月日，性別を有する「Suica 利用データ」と日立に渡るデータは照合できるからである．図表5－6では「ファイアウォール」があるとするが，もともと「Suica 利用データ」から「情報ビジネスセンター」のデータを作成しているのに，これらの間に容易照合性が存在しないという解釈は，困難なのではないか，との主張が成り立ちうる．[68]

さらに，②「乗降駅名，利用日時，鉄道利用順」のうち，利用日時（改札通過時刻）が秒単位であり，しかも複数の乗降駅名が含まれているとすれば，その乗降履歴自体を持って個人情報といえるのではないか，という主張も成り立ちうる．利用日時が秒単位であって，かつ，「乗降駅名」も実際には「改札のゲートの番号もついている」[69]のであれば，これは詳細な位置情報そのものであり，このようなものが複数集積された乗降履歴は，それのみをもっても「当該情報に含まれる氏名，生年月日その他の記述等により特定の個人を識別することができるもの」といえるのではないか，ということである．

そして，①②のいずれかでも成り立つのであれば，個人データの第三者提供に関する提供元規準を前提とすれば[70]，本件は違法であって，そのために後述するような匿名加工情報を導入する必要があった，と理解できることになる．[71] 本件が「直ちに違法ではない」といえるとすれば，法解釈の問題ではな

---

68 鈴木ほか・前掲注（55）73頁以下．この点，行動ターゲティング広告のためにCookieを用いて取得する情報と，会員登録している情報が隔離されているような状況とは異なる．
69 鈴木ほか・前掲注（55）79頁．
70 日置＝板倉・前掲注（51）108頁（コラム13）．
71 内閣法制局とのやりとりの資料を参照した上で，「JR東日本事件のような事例において，氏名等と乗降履歴を安全管理措置の一環として別々に管理する体制をとった上で，匿名化措置のアルゴリズム及び匿名化措置前後の対応表を破棄していたとしても，匿名化措置前後のデータセットの項目を突き合わせるだけで事業者は特定の個人を識別することが可能であるから，このような場合には容易照合性が認められ，「個人情報」の定義に該当します」とするものとして，第二東京弁護士会情報公開・個人情報保護委員会編『Q&A 改正個人情報保護法――パーソナルデータ保護法制の最前線――』96～100頁〔大島義則〕（新日本法規，2015年）．

く，事実（主務大臣が報告の徴収等を通じて確定した事実）が明らかにされていないことによるのであって，多分にその結論は政策判断的なものである．

　(C) 改正法の議論への影響

　本件は，改正個人情報保護法における匿名加工情報の議論につながっている．注意しなければならないのは，本件が先にあったのではなく，すでに「パーソナルデータに関する検討会」の開始時（2013（平成25）年6月）には，そのミッションとして，匿名化された情報の取扱いを検討することが含まれていたということである．

　内閣府行政刷新会議（民主党政権時）の議論を踏まえた『日本再生加速プログラム』（2012（平成24）年11月30日閣議決定）ではすでに，「〇個人を特定できない状態にした情報の利用の自由化」との項目が存在し，「どの程度の加工等を実施すれば『個人情報』に該当しなくなるのか等いわゆる『匿名化』に関して検討を行い，必要に応じ，事業等分野ごとのガイドライン等に示す．」とされた．

　自公政権に入ってからの内閣府規制改革会議の議論を踏まえた『規制改革実施計画』（2013（平成25）年6月14日閣議決定）ではさらに，「5　創業等分野」の個別措置事項（③国民の利便性の確保や事業の効率化・低コスト化による最適なビジネス環境の整備）の中で，3項目にわたって「匿名化情報の取扱い」についての規制改革が求められた[72]（図表5-7）．

　これらをみるとわかるように，当初は，Q&Aや事業等分野ごとのガイドラインでの明確化で，匿名化された情報の取扱いを何とかしようとしていたことが読み取れる．「パーソナルデータに関する検討会」の設置根拠となった「世界最先端IT国家創造宣言」（2013（平成25）年6月14日閣議決定）でも，「オープンデータやビッグデータの利活用を推進するためのデータ利

---

[72] 第1回パーソナルデータに関する検討会（2013（平成25）年9月2日）の冒頭でも，山本一太IT制作担当大臣（当時）が，「……さらに言うと，平成25年6月14日に閣議決定されている規制改革会議が取りまとめた規制改革実施計画がある．ここでは，平成26年度上期に，内閣官房と消費者庁が個人情報の合理的な匿名化措置のガイドラインを策定するということになっている．」として検討の対象であることを明確にしている．

図表5-7　規制改革計画（平成25年6月14日）のうち匿名化情報の取扱いに関する項目

No.	事項名	規制改革の内容	実施時期	所管省庁
17	ビッグデータ・ビジネスの普及（匿名化情報の取扱い）①	個人情報の保護を確保しつつ，ビッグデータ・ビジネスの普及を図る観点から，規制改革会議・創業等ワーキング・グループ報告書（平成25年6月5日公表）に記載された，ビッグデータの利用に関する「問題意識」（3頁）も踏まえつつ，ビッグデータの利用に資する例を含む形で，「個人情報保護法に関するよくある疑問と回答」の改訂を行う．	平成25年度上期措置	消費者庁
18	ビッグデータ・ビジネスの普及（匿名化情報の取扱い）②	個人情報の保護を確保しつつ，ビッグデータ・ビジネスの普及を図る観点から，各省庁が策定している事業等分野ごとのガイドライン（※）で活用できるよう，どの程度データの加工等を行えば「氏名，生年月日その他の記述等により特定の個人を識別することができるもの（他の情報と容易に照合することができ，それにより特定の個人を識別することができることとなるものを含む．）」には当たらない情報となるのか等，合理的な匿名化措置の内容を明確化し（※）27分野40ガイドライン	平成26年上期措置	内閣官房消費者庁
19	ビッグデータ・ビジネスの普及（匿名化情報の取扱い）③	個人情報の保護を確保しつつ，ビッグデータ・ビジネスの普及を図る観点から，各事業等分野において，どの程度データの加工等を行えば「氏名，生年月日その他の記述等により特定の個人を識別することができるもの（他の情報と容易に照合することができ，それにより特定の個人を識別することができることとなるものを含む．）」には当たらない情報となるのか等，合理的な匿名化措置の内容について，事業等分野ごとのガイドライン等において明確化する．	平成26年措置	事業等分野ごとのガイドライン等所管省庁

出典：規制改革実施計画（平成25年6月14日）より

活用環境整備を行うため，IT総合戦略本部の下に，新たな検討組織を速やかに設置し，データの活用と個人情報及びプライバシーの保護との両立に配慮したデータ利活用ルールの策定等を年内できるだけ早期に進めるとともに，監視・監督，苦情・紛争処理機能を有する第三者機関の設置を含む，新たな法的措置も視野に入れた制度見直し方針を年内に策定する．」（傍線筆者）とされていたのであって，法的措置は決定事項であったわけではない．

ところが，2013（平成25）年6月27日に発生した本件は，匿名化された情報の取扱いについて，乗降履歴等の履歴情報（購買履歴，位置情報等）での

容易照合可能性という論点を提示し，また，匿名化技術を実際に用いた場合，どの程度加工すればよいのかという検討の格好の素材ともなった．[73] Q&A やガイドラインによる明確化では問題は解決しないことが認識された後，「パーソナルデータに関する検討会」は，匿名化技術の専門家を構成員とする「技術検討ワーキンググループ」を設置し，匿名化された情報の取扱いについて検討を重ねた．その結果，改正法では，「匿名加工情報」という個人情報ではない新たな類型を定め，[74]作成にあたっては，個人情報保護委員会が定める規準を遵守すること，作成の元となった個人情報に係る本人を識別するための行為を禁止するなどの，個人情報とは別の規律をもって，本人同意なしでの目的外利用・第三者提供を認めるという枠組みを導入したのである（匿名加工情報の定義につき新個2条9項，作成等に係る義務等につき新個36条～39条）．匿名加工情報の基準は個人情報保護委員会規則で定めることとなっており，具体的に事業者がどの程度活用可能かは規則の内容に委ねられている点があるが，引き続き本件は議論の際に参照されている．

---

73 もっとも，後述する行政機関個人情報保護法等改正法における非識別加工情報は個人情報ではないとはされておらず，概念整理についてはなお議論が必要である．

74 鈴木正朝教授（新潟大学）による第2回パーソナルデータに関する検討会（平成25年10月2日）【資料1-2】「パーソナルデータの取扱いルール整備に向けて検討すべき論点」について（私案）（鈴木委員提出資料），菊池浩明教授（明治大学）によるパーソナルデータに関する検討会第2回技術検討ワーキンググループ（平成25年10月17日）【資料2】匿名化レベルの分類について（菊池構成員提出資料）などは，明らかに本件を意識した問題提起である．

Ⅲ　改正個人情報保護法の執行制度

　ここでは，2015年9月3日に成立した改正個人情報保護法の執行制度について説明するところ，まず「1」（法制度の全体像）において，改正個人情報保護法の義務対象や義務内容等を簡潔に概観した上で，「2」（執行制度）において，執行制度の内容を詳述する．

1　法制度の全体像[75]

（1）法改正の趣旨

　多種多様な個人に関する情報を含む大量の情報（ビッグデータ）を集積し，それを分析することでマーケティング等にも活用するなど，情報の利活用ニーズが高まってきている．家電製品をインターネットに接続し稼働状況を逐次把握することで節電技術の開発につなげ，また，脈拍等の健康に係る情報をインターネット上で管理するなど，あらゆるモノがインターネットと接続し，情報という形で管理される社会へと発展してきている（Internet of Things（IoT））．技術の進化に伴い，今後，さらなる発展が予想・期待される．

　ところが，①「個人情報」の範囲が不明確で，法の義務対象情報か否かの判断がつかないなどのグレーゾーンが存在すること，②主務大臣制では執行制度として十分な機能を果たせていないこと，③グローバル化への対応，国際的整合性が不十分であることなどの問題点が指摘されるとともに，十分な

---

[75] 改正内容や検討経緯の詳細，改正個人情報保護法全体の解説は，辻畑泰喬『Q＆Aでわかりやすく学ぶ 平成27年改正 個人情報保護法』（第一法規，2016年），日置＝板倉・前掲注（51），第二東京弁護士会情報公開・個人情報保護委員会編『Q＆A 改正個人情報保護法』（新日本法規，2015年），関啓一郎『ポイント解説　平成27年改正　個人情報保護法』（ぎょうせい，2015年），瓜生和久編著『一問一答　平成27年改正個人情報保護法』（商事法務，2015年）等を参照．

保護制度を備えていないために，個人情報の越境移転の阻害という問題点も生じている．

そこで，ビッグデータ社会における個人情報の有用性を高めるとともに，ビジネス上の障壁とならないようなバランスのとれた個人情報保護制度の構築を目的として，保護と利活用の両側面から今般法改正が行われた．

（２）法改正の検討経緯

改正前個人情報保護法は，法成立後，内閣府が所管し，2009（平成21）年9月に消費者庁および消費者委員会が設立されて以降は，消費者庁が所管してきた．そのため，個人情報保護法に係る制度や運用面の検討は，従前は国民生活審議会，2009年秋以降は消費者委員会が担ってきた．また，総務省や経済産業省においても個人情報保護法に係る検討会等が設置され，各種検討が行われてきた．

2013（平成25）年6月14日に，「世界最先端IT国家創造宣言」および「日本再興戦略‐JAPAN is BACK」が閣議決定され，データ利活用ルールの策定や新たな執行体制である第三者機関の設置等含めた制度的検討が政府に求められた．また，同日，「規制改革実施計画」も閣議決定され，匿名加工技術の導入による個人情報の利活用ルールの明確化等が求められた．この実施計画を受け，消費者庁は，「個人情報保護に関するよくある疑問と回答Q＆A」の改訂を行ったものの，2013（平成25）年12月10日にパーソナルデータに関する検討会に提出された「技術検討ワーキンググループ報告書」において，どの程度の技術的加工等を施せば「個人情報」でない状態になるのか非常に難しい判断を伴い，汎用的な匿名加工技術というものは存在しない旨の見解が示されるなど，改正前個人情報保護法下における匿名化ガイドラインの策定には限界があると考えられていた．それゆえ，以後は匿名化ガイドラインの策定という形ではなく，個人情報保護法の改正という方向で議論が集約されていった．

2013（平成25）年9月2日より「パーソナルデータに関する検討会」での議論が開始され，以後13回にわたって議論が積み重ねられた．2014（平成26）年6月24日には「パーソナルデータの利活用に関する制度改正大綱」が

IT総合戦略本部で決定されるとともに，第13回会合において，同大綱後に発覚したベネッセ漏えい事件を受けて政府内部でさらに検討が加えられて示された「パーソナルデータの利活用に関する制度改正に係る法律案の骨子（案）」について議論が行われた．

○国民生活審議会　「個人情報保護に関する取りまとめ（意見）」（2007年6月）
○消費者委員会　「個人情報保護専門調査会報告書」（2011年7月）
○経済産業省　「IT融合フォーラムパーソナルデータワーキンググループ報告書」（2013年5月）
○総務省　「パーソナルデータの利用・流通に関する研究会報告書 ～パーソナルデータの適正な利用・流通の促進に向けた方策～」（2013年6月）
○規制改革会議〔行政刷新会議〕（2012年末~2013年）
○消費者庁　「個人情報保護に関するよくある疑問と回答Q&A」改訂（2013年12月）
○内閣官房　「パーソナルデータに関する検討会」
　◇2013年9月2日：第1回会合
　◇2013年12月10日：「技術検討ワーキンググループ報告書」を検討会に提出（同月16日に修正版を公表）
　◇2013年12月20日：「パーソナルデータの利活用に関する制度見直し方針」（IT総合戦略本部決定）
　◇2014年5月29日：「技術検討ワーキンググループ報告書～『（仮称）準個人情報』及び『（仮称）個人特定性低減データ』に関する技術的観点からの考察について～」を検討会に提出
　◇2014年6月24日：「パーソナルデータの利活用に関する制度改正大綱」が高度情報通信ネットワーク社会推進本部で決定
　◇2014年12月19日：第13回会合で，「パーソナルデータの利活用に関する制度改正に係る法律案の骨子（案）」について議論

（3）改正個人情報保護法の成立

2015（平成27）年3月10日，「個人情報の保護に関する法律及び行政手続における特定の個人を識別するための番号の利用等に関する法律の一部を改正する法律」（「個人情報保護法等の一部を改正する法律」）が政府より第189回国会（常会）に提出された．前者が個人情報保護法の改正で，後者が番号利用法の改正である．両改正法案とも情報の有用性を図ることを趣旨とし，

改正前番号利用法上の特定個人情報保護委員会を改正個人情報保護法において位置付ける個人情報保護委員会に改組する等の条項に関連性が認められ，いずれも内閣委員会で審議される法律でもあることから，一括法として提出・審議された．

衆議院は2015（平成27）年5月21日に通過したが，参議院内閣委員会での審議途中の同年6月1日に日本年金機構による個人情報漏えい問題が発覚したため，以後審議がストップしたものの，同会期中の同年8月27日に審議が再開され，参議院の修正議決を経て，同年9月3日に衆議院の同意により成立，同月9日に公布された．

（4）法の義務対象の拡大

前記Ⅰのとおり，改正前個人情報保護法では，個人情報データベース等を事業の用に供し，その中に5,000件を超える個人情報が含まれている「個人情報取扱事業者」のみを，法的義務の対象としていた（旧個2条3項，旧個令2条）．しかし，個々の本人の権利利益保護の必要性は保有主体の規模によって違いはなく，国際的整合性の観点からも個人情報の取扱数が少ない小規模事業者を一律除外することは望ましくないと考えられるため，改正個人情報保護法は前記5,000要件を撤廃し，新たに当該小規模事業者も「個人情報取扱事業者」として法の義務対象に加えた（新個2条5項）．

（5）「個人情報」の概念[76]

従前の「個人情報」の定義を実質的に維持したまま（新個2条1項1号），新たに「個人識別符号」の概念を導入し，個人識別符号が含まれる情報を「個人情報」とした（新個2条1項2号）．個人識別符号は，身体的特徴に係る符号（1号符号）およびその他の符号（2号符号）があり，政令で具体的

---

[76] 「明確化」といわれるものの，運用面において事実上の「拡張」であることは，辻畑・前掲注（75）31頁以下参照．もっとも，ここでいう「明確化」か「拡張」かという説明方法の違いが，政令以下で定める議論に論理的に影響するものとは解されず，結局のところ重要なのは，政令以下において「個人情報」の範囲を具体化する際の議論や具体化された内容である．

に定められる（新個2条2項各号）．仮に「個人識別符号」に該当しなくても，他の情報と容易に照合等することで特定個人を識別できるのであれば，それは「個人情報」となる（新個2条1項1号）．

> 【個人情報】
> ① 改正個人情報保護法2条1項1号 ←従前と実質的に同じ
> 「当該情報に含まれる氏名，生年月日その他の記述等……により特定の個人を識別することができるもの（他の情報と容易に照合することができ，それにより特定の個人を識別することができることとなるものを含む．）」
> 　Ex）氏名，住所，電話番号等をまとめて掲載している従業員名簿に係る各情報
> ② 改正個人情報保護法2条1項2号 ←新たに導入
> ○ 1号符号（新個2条2項1号）
> 「特定の個人の身体の一部の特徴を電子計算機の用に供するために変換した文字，番号，記号その他の符号であって，当該特定の個人を識別することができるもの」
> 　Ex）指紋データ，顔認識データ等含め政令以下で検討
> ○ 2号符号（新個2条2項2号）
> 「個人に提供される役務の利用若しくは個人に販売される商品の購入に関し割り当てられ，又は個人に発行されるカードその他の書類に記載され，若しくは電磁的方式により記録された文字，番号，記号その他の符号であって，その利用者若しくは購入者又は発行を受ける者ごとに異なるものとなるように割り当てられ，又は記載され，若しくは記録されることにより，特定の利用者若しくは購入者又は発行を受ける者を識別することができるもの」
> 　Ex）個人番号（マイナンバー），運転免許証番号，旅券番号，基礎年金番号，保険証番号等含め政令以下で検討

（6）個人情報取扱事業者等の義務

（A）個人情報取扱事業者の義務（匿名加工情報に係る義務を除く）

　個人情報取扱事業者は，改正個人情報保護法第4章第1節（新個15条〜35条）に規定する「個人情報取扱事業者の義務」を負う．図表5−8は新旧条文を対照する形で同義務の一覧をまとめた表であり，本改正で実質的改正が行われた義務には，一番右の欄に「改正あり」と記載している．

図表5-8　個人情報取扱事業者の義務一覧（新旧条文対照）

個人情報取扱事業者の義務	改正前個人情報保護法（旧）	改正個人情報保護法（新）	実質的改正事項の有無
利用目的の特定	15条1項	15条1項	―
利用目的の変更	15条2項	15条2項	改正あり
利用目的による制限	16条	16条	―
適正な取得	17条	17条1項	―
要配慮個人情報の取得	―	17条2項	改正あり
取得時の利用目的の通知等	18条	18条	―
内容の正確性確保等（努力義務）	19条	19条	改正あり
安全管理措置	20条	20条	―
従業者の監督	21条	21条	―
委託先の監督	22条	22条	―
第三者提供の原則本人同意	23条1項	23条1項	―
オプトアウト提供，要配慮個人情報のオプトアウト提供の禁止	23条2項，3項	23条2項～4項	改正あり
「第三者」に該当しない場合（委託，合併，共同利用）	23条4項，5項	23条5項，6項	―
外国にある第三者への提供	―	24条	改正あり
第三者提供者に係る記録の作成等	―	25条	改正あり
第三者提供を受ける際の取得経緯等の確認等	―	26条	改正あり
保有個人データに関する事項の公表等	24条	27条	―
開示への対応	25条	28条	改正あり
訂正，追加，削除への対応	26条	29条	改正あり
利用停止，消去，第三者提供の停止への対応	27条	30条	改正あり
開示等に応じない場合の理由の説明（努力義務）	28条	31条	―
開示等に応じる手続	29条	32条	―
開示等手数料の合理的算定	30条	33条	―
開示等請求訴訟提起前の被告となるべき者への請求	―	34条	改正あり
適切迅速な苦情処理及び苦情処理体制の整備（努力義務）	31条	35条	―

図表5-9 ①「個人情報取扱事業者」の義務

条文	義務の概要
新個36条1項	匿名加工情報の作成に際し、個人情報保護委員会規則に従う
同条2項	加工方法等情報の安全管理措置
同条3項	匿名加工情報に含まれる個人に関する情報の項目の公表
同条4項	第三者提供時における提供方法等の公表及び匿名加工情報の旨の明示
同条5項	匿名加工情報と他情報との本人識別目的での照合禁止
同条6項	匿名加工情報の安全管理措置、苦情処置等（努力義務）

図表5-10 ②「匿名加工情報取扱事業者」の義務

条文	義務の概要
新個37条	第三者提供時における提供方法等の公表及び匿名加工情報の旨の明示
新個38条	本人識別目的での加工方法等情報の取得及び他情報との照合禁止
新個39条	匿名加工情報の安全管理措置、苦情処置等（努力義務）

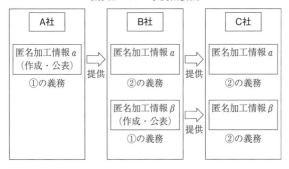

図表5-11 事例概要図

(B) 匿名加工情報に係る個人情報取扱事業者等の義務

　個人情報取扱事業者および匿名加工情報取扱事業者は、改正個人情報保護法第4章第2節（新個36条～39条）に規定する「匿名加工情報取扱事業者等の義務」を負う。これらの義務は改正法によっていずれも新設された義務であり、図表5-9、5-10はその一覧表である。

　例えば、図表5-11の事例でみると、個人情報取扱事業者A社が、自社保有の個人情報を加工等して匿名加工情報αを作成・公表等してB社に提供し、B社は匿名加工情報αをC社に提供したとする。この場合、A社は

①の「個人情報取扱事業者の義務」を負い，B社およびC社は，当該αの取扱いにつき②の「匿名加工情報取扱事業者の義務」を負う．なお，個人情報取扱事業者であるB社が，別途，自社保有の個人情報を加工等して匿名加工情報βを作成・公表等してC社に提供した場合は，B社は当該βにつき①の「個人情報取扱事業者の義務」を負い，C社は当該βにつき②の「匿名加工情報取扱事業者の義務」を負う．

（7）認定個人情報保護団体制度

民間団体による自主的な個人情報保護の推進を図ることを目的とした制度で，監督機関である個人情報保護委員会（後記2参照）の認定を受けた業界や地域ごとに設立されている民間団体が，対象事業者に関する苦情処理や個人情報保護指針の作成等を行う（新個47条以下）．

以下は認定個人情報保護団体の認定を受けた場合に課される義務の一覧であり，本改正で実質的改正が行われた義務には，一番右の欄に「改正あり」と記載している．

図表5-12　認定個人情報保護団体の義務

条文	義務の概要	実質的改正事項の有無
新個50条	認定業務を廃止する際の個人情報保護委員会への届出	―
新個51条	対象事業者の範囲に係る義務及び対象事業者の公表	―
新個52条	苦情の迅速な解決等	―
新個53条1項	安全管理措置，匿名加工情報の作成方法等に係る指針（個人情報保護指針）を，消費者の意見代表者その他の関係者の意見を聴いて作成（努力義務）	改正あり
新個53条2項	個人情報保護委員会への指針の届出（同委員会による公表〔同条3項〕）	改正あり
新個53条4項	対象事業者に指針を遵守させるために必要な措置をとる義務（改正前の努力義務から高められた）	改正あり
新個54条	目的外利用の禁止	―

※なお，認定個人情報保護団体でない者は，認定個人情報保護団体の名称またはこれに紛らわしい名称を使用することが禁止される（新個55条）．

図表5-13　域外適用される規定

域外適用される規定	
新個15条	利用目的の特定，変更制限
新個16条	利用目的による制限
新個18条（2項除く）	取得時の利用目的の通知等
新個19条	内容の正確性確保等
新個20条	安全管理措置
新個21条	従業者の監督
新個22条	委託先の監督
新個23条	第三者提供の制限
新個24条	外国にある第三者への提供制限
新個25条	第三者提供者に係る記録の作成等
新個27条	保有個人データに関する事項の公表等
新個28条	開示への対応
新個29条	訂正，追加，削除への対応
新個30条	利用停止，消去への対応
新個31条	開示等に応じない場合の理由の説明
新個32条	開示等に応じる手続
新個33条	開示等手数料の合理的算定
新個34条	開示等請求訴訟提起前の被告となるべき者への請求
新個35条	適切迅速な苦情処理，苦情処理体制の整備
新個36条	匿名加工情報の作成，公表，照合禁止等
新個41条	個人情報保護委員会による指導・助言
新個42条1項	個人情報保護委員会による勧告
新個43条	個人情報保護委員会の権限行使の制限
新個76条	適用除外

（8）法の適用範囲

　インターネットの普及や事業のグローバル化に伴い，外国に個人情報の管理拠点を設けながら，日本国内の者にサービス等の提供を行うことが容易となった．しかし，外国での個人情報の管理行為に対しては，特段の規定のない限り日本法の適用はなく，改正前個人情報保護法ではグローバル化した社

会実態に適合しないとの指摘もあった.

そこで, 改正個人情報保護法は, 国内にある者に対する物品または役務の提供に関連して, その者を本人とする個人情報を取得した個人情報取扱事業者が, 外国において当該個人情報または当該個人情報を用いて作成した匿名加工情報を取り扱う場合についても, 図表5－13の規定を適用する旨の域外適用規定を新設した（新個75条）.

なお, 対象はあくまで「個人情報取扱事業者」であるため, 日本大使館や独立行政法人等の海外事務所への適用はない（新個2条5項）.

2 執行制度

（1）個人情報保護委員会の体制整備

（A）監督対象

改正個人情報保護法は, 前記Ⅰ3のとおり, 改正前の主務大臣制を廃し, 新たに個人情報保護委員会による一元的な執行体制を構築した.

2014（平成24）年1月1日に,「行政手続における特定の個人を識別するための番号の利用等に関する法律」（番号利用法）に基づき, 個人番号（マイナンバー）および特定個人情報（個人番号付個人情報）の取扱いに係る執行権限をもつ監督機関（特定個人情報保護委員会）が設立された. 改正個人情報保護法は, 当該特定個人情報保護委員会を改組して新たに「個人情報保護委員会」（2016（平成28）年1月1日設立・堀部政男委員長）として体制を整備することで, これまでの個人番号等に係る権限を維持することを前提に, 同委員会に新たに個人情報全般の取扱いに係る執行権限を付与した. もっとも, 個人情報全般とはいっても, あくまで個人情報保護法の範疇にある民間部門のみを対象としており, 行政機関や独立行政法人等の公的部門が保有する一般の個人情報の取扱いについては, 今回の個人情報保護法の改正に

---

[77] 個人情報保護法等の一部を改正する法律に基づく個人情報保護法や番号利用法等の改正（2015（平成27）年9月3日成立）.

よっても，個人情報保護委員会が監督する制度とはなっていない[78].

図表5-14　個人情報保護委員会の監督対象

①個人番号や特定個人情報の監督
　┗▷ 公的部門，民間部門全体の監督

②その他の個人情報全般の監督
　┗▷ 民間部門全体の監督〈改正点〉
　　・公的部門への監督については，行政機関個人情報保護法等の改正法案（前掲注（13）参照）において，一部，委員会の監督権限が拡大されているものの，依然として課題が残されているものといえる．

(B) 三条委員会

個人情報保護委員会は，高度の独立性を有する行政機関たる，いわゆる「三条委員会」である．これは，国家行政組織法3条または内閣府設置法49条に基づき，府省の外局としておかれる委員会であり，公害等調整委員会，公正取引委員会等のほか，改正前番号利用法上の特定個人情報保護委員会も三条委員会として設置されたものであった．

個人情報保護委員会は，業務内容において共通性がある三条委員会である特定個人情報保護委員会を改組し，内閣府設置法49条を根拠とすることで（新個59条1項），同じく三条委員会として体制整備された．これは，国際的にプライバシー保護機関として認められる（EUから十分性認証を取得する）ために必要な「独立性」という観点からも一定の意義を有するが，「独立性」は事務局職員の構成等含め多角的に判断されるものと考えられ，三条委員会であるとの一事をもって，必ずしも「独立性」が充足されるとはいえない．

欧州司法裁判所は，「監督機関が政府から一切の指揮監督の影響を受けないほかに，監督機関のスタッフや建物からの独立」も要求しており，同裁判所の判例を整理すると，EUデータ保護指令28条のいう[79]「完全な独立（complete independence）」とは，「監督対象の機関によって行使されるあら

---

[78] なお，2016（平成28）年5月20日に成立した行政機関個人情報保護法等の改正法案では，個人情報保護委員会の行政機関等に対する権限が一部拡大されている（前掲注（13）参照）．

ゆる影響のみならず，直接または間接を問わず，私的な生活への権利の保護と個人データの自由な流通の公正な衡量を測るという監督機関による任務の遂行に疑義が生じうるあらゆる外部的影響を排除すること」を意味するとされる。[80] 韓国では，独立性との関係で，他省庁からの出向者で固められないような人事的構成への配慮も検討されているなど[81]，多様な観点からの取組が求められるものと考えられる．

なお，個人情報保護委員会は「内閣総理大臣の所轄に属する」ことになるが（新個59条2項），これは行政機構の配分図として一応内閣総理大臣の下に属するというにすぎず，実質的な指揮命令を受ける関係にはない．

(C) 所掌事務

改正個人情報保護法の全面施行時における個人情報保護委員会の所掌事務[82]は，以下の①〜⑨である（新個61条）．なお，2016（平成28）年1月1日の設立以降，改正個人情報保護法の全面施行までの期間の所掌事務は，①，④〜⑨である．

① 「基本方針の策定及び推進」（1号）
② 以下のⓐ〜ⓒのすべて（2号）[83]
  ⓐ 「個人情報取扱事業者における個人情報の取扱い並びに個人情報取扱事業者及び匿名加工情報取扱事業者における匿名加工情報の取扱いに関する監督，…苦情の申出についての必要なあっせん及びその処理を行う

---

79 2016（平成28）年4月14日にEUはGeneral Data Protection Regulation（GDPR，一般データ保護規則）を採択し，2018（平成30）年5月25日以降はEU一般データ保護規則の適用を受けることとなる（EU一般データ保護規則99条2項）．EU一般データ保護規則52条は，監督機関（supervisory authority）の独立性（independence）について規定しており，同1項は，業務遂行と権限行使における完全な独立性（complete independence in performing its tasks and exercising its powers）を求めている．
80 宮下紘『プライバシー権の復権－自由と尊厳の衝突－』（中央大学出版部，2015年）122頁．
81 辻畑泰喬「ビッグデータの利活用の法的問題 - パーソナルデータ大綱の主要論点」『自由と正義』2014年12月号14頁注28．
82 前掲注（4）参照．
83 ⓐは個人情報保護法，ⓑは行政機関個人情報保護法，ⓒは独立行政法人等個人情報保護法の改正・施行に伴い（ⓑⓒについては前掲注（13）参照），新たに個人情報保護委員会の所掌事務となるものである．

事業者への協力に関すること」
  ⓑ 「行政機関における…行政機関非識別加工情報（…行政機関非識別加工情報ファイルを構成するものに限る．）の取扱いに関する監視」
  ⓒ 「独立行政法人等における…独立行政法人等非識別加工情報（…独立行政法人等非識別加工情報ファイルを構成するものに限る．）の取扱いに関する監督」
③ 「認定個人情報保護団体に関すること」（3号）
④ 「特定個人情報の取扱いに関する監視，監督並びに苦情の申出について必要なあっせん及びその処理を行う事業者への協力に関すること」（4号）
⑤ 「特定個人情報保護評価に関すること」（5号）
⑥ 「個人情報の保護及び適正かつ効果的な活用についての広報・啓発に関すること」（6号）
⑦ 上記①〜⑥に必要な調査・研究に関すること（7号）
⑧ 「所掌事務に係る国際協力に関すること」（8号）
⑨ 上記のほか，法律（命令を含む）に基づき委員会に属せられた事務（9号）

(D) 組織等[84]

　個人情報保護委員会は，委員長および委員8人をもって組織し，委員のうち4人は非常勤であり，いずれの者も両議院の同意を得て，内閣総理大臣が任命する（新個63条1項〜3項）．委員会の会議は委員長が招集し，開催には委員長および4人以上の委員の出席を要する．議事は原則として出席者の過半数で決し，可否同数のときは，委員長の決するところによる（新個68条1項〜3項）．

　個人情報保護委員会の委員長および委員は，①個人情報の保護および適正

---

84 「個人情報保護委員会の組織理念〜個人情報の利活用と保護のために〜」（2016年2月15日公表）において，①個人情報の利活用と保護のバランスを考慮したルールの策定，②特定個人情報の適正な取扱いを確保するための監視・監督，③多様な観点からの検討と分かりやすい情報発信を通じた広報・啓発，④国際協力関係の構築を視野に入れた取組，⑤幅広い専門性を確保するための多様な人材の活用と育成が，理念として掲げられた．なお，全面施行に伴い，②の監視・監督対象は拡張される．

かつ効果的な活用に関する学識経験のある者，②消費者の保護に関して十分な知識と経験を有する者，③情報処理技術に関する学識経験のある者，④民間企業の実務に関して十分な知識と経験を有する者，⑤地方自治法上の連合組織が推薦する者が含まれなければならない（新個63条4項）.

改正前番号利用法上の特定個人情報保護委員会では②は求められていなかったが，民間企業の実務に関して十分な知識を有する者（④）が求められることとの均衡から改正個人情報保護法では新たに②を要求し，もって，執行機関の構成面においても保護と利活用のバランス（新個1条）を図ることとした.

なお，個人情報保護委員会には事務局が置かれ（新個70条1項），事務局長のほかに（新個70条2項），総務課および参事官2名が置かれている（個人情報保護委員会事務局組織令1条）. また，数十名規模の総務課職員とともに，複数の企画官および調査官1名も置かれている[85,86]（個人情報保護委員会事務局組織規則）.

(E) 任期等

個人情報保護委員会の委員長および委員の任期は原則5年であり，再任されることができる（新個64条1項，2項）.

委員長および委員は前記のとおり国会同意人事とされており，任期満了時において直ちに欠員が埋まらない事態も想定されるため，委員会業務への支障を防止する観点から，委員長および委員は，任期満了時において，後任者が任命されるまで引き続きその職務を行うこととしている（新個64条3項）.

なお，国会の閉会や衆議院の解散のために両議院の同意を得ることができないときは，内閣総理大臣は，国会の承認を得ずに委員長および委員を任命することができ，この場合，任命後最初の国会において両議院の事後承認を得なければならない. もし，事後承認が得られないときは，内閣総理大臣は，直ちに，当該委員長または委員を罷免しなければならない（新個64条4項，

---

85 組織体制については，いずれも2016（平成28）年6月6日時点のもの.
86 今後の組織体制の在り方については，後記Ⅲ2 (11) 参照.

5項).

(F) 専門委員

個人情報保護委員会は，専門事項の調査をさせるため専門委員をおくことができ，同委員会の申出に基づいて内閣総理大臣が任命する．専門委員は非常勤とし，当該専門の事項に関する調査が終了したときは，解任される（新個69条）．

個人情報保護委員会の委員長および委員は，前記Ⅲ2(1)(D)①〜⑤の知見を有する者により9名で構成されるが，必ずしもすべての専門分野を網羅しているとはいえない．特に，改正個人情報保護法では，これまでの主務大臣制と異なり，個人情報保護委員会が分野横断的に監督することになる上，匿名加工情報の加工方法や，同等水準の保護制度国の認定（新個24条）に際しての諸外国の制度調査等，より専門的知見を要する場面が想定され，専門委員の役割が重要となる．

(G) 政治運動等の禁止

個人情報保護委員会の委員長および委員は，在任中，政党その他の政治団体の役員となり，または積極的に政治運動をしてはならない．委員長および常勤の委員は，在任中，内閣総理大臣の許可のある場合を除くほか，報酬を得て他の職務に従事し，または営利事業を営み，その他金銭上の利益を目的とする業務を行ってはならない（新個71条）．

職権行使の独立性（後記「Ⅲ2(2)(A)」参照）が認められるとともに，政治的・事業的にも独立して職務遂行しないと，執行権限の行使に疑義が生じるおそれがあるためである．

(H) 秘密保持義務

個人情報保護委員会の委員長，委員，専門委員および事務局職員は，退職後も含め，職務上知ることができた秘密を漏らし，または盗用してはならない（新個72条）．当該義務に違反した場合は，2年以下の懲役または100万円以下の罰金に処せられる（新個82条）．

国家公務員法上の守秘義務や罰則（国家公務員法100条1項，109条12号）とは別に，秘密保持義務や罰則が規定されている例の一つとして改正前番号利用法があり（改正前番号利用法48条，72条），改組後の個人情報保護委員会において，守秘義務・罰則の観点から，マイナンバーに係る個人情報（個人番号，特定個人情報等）とその他個人情報とを区別する理由はないため，本条が設けられている．なお，個人情報保護法に個人情報保護委員会に係る秘密保持義務・罰則規定が整備されたことを受け，番号利用法上の上記規定は削除された．

(I) 給与

個人情報保護委員会の委員長および委員の給与は，別の法律で定める（新個73条）．国会同意人事を経て就任する委員長および委員は，特別職の国家公務員であるため（国家公務員法2条3項9号），「特別職の職員の給与に関する法律」に基づき規律される[87]．

(J) 規則の制定

個人情報保護委員会は，その所掌事務について，法律もしくは政令を実施するため，または法律もしくは政令の特別の委任に基づいて，個人情報保護委員会規則を制定することができる（新個74条）．

これは，内閣府設置法58条4項に基づく規則制定権を定めたもので，改正個人情報保護法においては，同等水準の保護制度国の認定（新個24条），第三者提供時の記録・確認等義務に係る事項（新個25条，26条），匿名加工情報の加工方法（新個36条1項）など，重要な事項について個人情報保護委員会規則に委任している[88]．

---

[87] 個人情報保護法等の一部を改正する法律附則13条により，特別職の職員の給与に関する法律も改正．
[88] 委任の一覧は，辻畑・前掲注（75）188頁以下を参照．

（2）職権行使の独立性，身分保障

（A）職権行使の独立性

個人情報保護委員会の委員長および委員は，独立してその職権を行う（新個62条）．前記Ⅲ2(1)(B)のとおり，組織面では三条委員会としての独立性を確保しているが，権限面における独立性も明確に規定することで，監督機関としての機能の実効性を担保している．

個人情報保護委員会は内閣総理大臣の所轄に属するとされるが，その指揮命令に服することなく権限行使することができるとともに，その他あらゆる組織からの指揮命令にも服さないことを，本条は明らかにしている．個人情報保護委員会の委員長および委員の中には，民間の企業や団体，地方公共団体等から選任される場合もあるが，そのような場合において，当該企業等からの指揮命令にも服することなく，独立した立場で職務遂行することになる．

（B）身分保障

個人情報保護委員会の委員長および委員は，下記①～④のいずれかに該当する場合を除いては，在任中，その意に反して罷免されることがない（新個65条）．

① 破産手続開始の決定の受けたとき
② 個人情報保護法または番号利用法の規定に違反して刑に処せられたとき
③ 禁錮以上の刑に処せられたとき
④ 委員会により，心身の故障のため職務を執行することができないと認められたとき，または職務上の義務違反その他委員長もしくは委員たるに適しない非行があると認められたとき

この④の認定をするには，委員長および委員のうち，当該認定を受ける者を除く全員の一致に基づいて決しなければならない（新個68条4項）．これら①～④いずれかの事由が認められる場合は，内閣総理大臣は罷免しなければならない（新個66条）．

(3) 個人情報保護委員会の執行権限

改正前においては，主務大臣の個人情報取扱事業者に対する権限として，「報告の徴収」「助言」「勧告」「命令」が条文上認められていたところ（旧個32条～34条），改正個人情報保護法は，これらに加え，「資料提出要求」「立入調査」「指導」を規定している（新個40条～41条）．改正前においても任意に同意を得て実施することは可能であったが，より実効的に法執行を行えるよう，条文上，権限として明記された．

(A) 報告の徴収，資料提出要求，立入検査（新個40条）
　(a) 権限内容

個人情報保護委員会は，①個人情報取扱事業者の義務（新個15条～35条），②匿名加工情報取扱事業者等の義務（新個36条～39条），③監督（新個40条～46条）に係る規定の施行に必要な限度において，個人情報取扱事業者または匿名加工情報取扱事業者（「個人情報取扱事業者等」）に対し，個人情報または匿名加工情報（「個人情報等」）の取扱いに関し，以下のⓐ～ⓒの権限を行使することができる（新個40条）．

ⓐ　必要な報告を求める（報告の徴収）
ⓑ　必要な資料の提出を求める（資料提出要求）
ⓒ　職員に，当該個人情報取扱事業者等の事務所その他必要な場所に立ち入らせ，個人情報等の取扱いに関し質問させ，もしくは帳簿書類その他の物件を検査させる（立入検査）

改正前番号利用法上の特定個人情報保護委員会の権限として，報告の徴収，資料提出要求，立入検査を定めていたところ，マイナンバーに係る個人情報（個人番号および特定個人情報等）とその他個人情報を区別する理由はないため，同委員会を改組して体制整備される個人情報保護委員会においても，個人情報全般に対し同様の権限を認めたものである．立入検査については，個人情報取扱事業者等からの任意での聞き取り調査や報告徴収のみでは正確な事実関係の把握や必要な資料の収集が困難な場合や，報告を求めてその提出を待つことなく，即座に必要な調査を実施することが有用な場合などに行

うことが想定される[89]．

　なお，特定個人情報等のマイナンバーに係る個人情報に係る執行権限は，改正法下においても番号利用法に規定されている．

図表5-15　「報告の徴収」「資料提出要求」「立入検査」の対象規定

「報告の徴収」「資料提出要求」「立入検査」の対象規定
①　個人情報取扱事業者の義務（新個15条〜35条）
②　匿名加工情報取扱事業者等の義務（新個36条〜39条）
③　監督（新個40条〜46条）

※「勧告」「命令」において権限行使の対象規定が限定列挙されているのとは異なり，個人情報取扱事業者等の義務全般に及ぶ．

　(b) 具体例

　例えば，A社からの個人情報の漏えいが発覚した場合，安全管理措置義務（新個20条）や従業者の監督義務（新個21条）等の違反が疑われ，個人情報保護委員会としては，指導や勧告等の措置（新個41条，42条）をとることも視野に事実関係等の調査を実施する必要が生まれる．そのため，個人情報保護委員会は，当該規定の施行に必要な限度において，A社に対し，漏えいの経緯や情報管理体制等についての報告を求め，A社内部の個人情報管理規程等の資料の提出を要求し，さらには，A社に直接赴いて書類調査や関係者からのヒアリング等を実施するなど，適正・妥当な措置に向けた調査を実施することになる．

　(c) 立入検査に係る規定

　立入検査を行う職員は，その身分を示す証明書を携帯し，関係人の請求があったときは，これを提示しなければならない（新個40条2項）．また，立入検査権限は，犯罪捜査のために認められたものと解釈してはならない（新個40条3項）．

　これは，改正前番号利用法52条2項および3項をそのまま引き継いだ規定である．事務所への立入りという強制手段を用いる場面であるため，その適

　89　瓜生・前掲注（75）124頁．

正手続を確保するために身分証明書の携帯等を要求するとともに，令状主義（憲法35条）の観点から，犯罪捜査ではなく，指導や行政取締り等のために立入りを認める旨を明らかにしている．

(d) 罰則

改正個人情報保護法40条1項の規定による報告もしくは資料の提出をせず，もしくは虚偽の報告をし，もしくは虚偽の資料を提出し，または当該職員の質問に対して答弁をせず，もしくは虚偽の答弁をし，もしくは検査を拒み，妨げ，もしくは忌避した者は，30万円以下の罰金に処せられる（新個85条1号）．そして，これは両罰規定の対象ともなる（新個87条）．

(B) 指導，助言（新個41条）
　(a) 権限内容

個人情報保護委員会は，①個人情報取扱事業者の義務（新個15条～35条），②匿名加工情報取扱事業者等の義務（新個36条～39条）に係る規定の施行に必要な限度において，個人情報取扱事業者等に対し，個人情報等の取扱いに関し必要な指導および助言をすることができる（新個41条）．

「指導」とは，個人情報取扱事業者等を一定の方向に誘導することをいい，「助言」とは個人情報取扱事業者等による自主的な問題解決のために進言することをいい，いずれも法的拘束力はない．

改正前番号利用法上の特定個人情報保護委員会の権限として，指導，助言を定めていたところ，マイナンバーに係る個人情報（個人番号および特定個人情報等）とその他個人情報を区別する理由はないため，同委員会を改組して体制整備される個人情報保護委員会においても，個人情報全般に対し同様の権限を認めたものである．

なお，指導や助言をするには，通常，報告の徴収等（新個40条）の事実調査プロセスを経ることになるが，法律上，当然に前置が義務付けられているわけではない．

図表5-16 「指導」「助言」の対象規定

「指導」「助言」の対象規定
① 個人情報取扱事業者の義務（新個15条～35条）
② 匿名加工情報取扱事業者等の義務（新個36条～39条）

※「勧告」「命令」において権限行使の対象規定が限定列挙されているのとは異なり，個人情報取扱事業者等の義務全般に及ぶ．

(b) 具体例

例えば，A社の委託先であるグループ会社B社から個人情報の漏えいが発覚した場合，A社における安全管理措置義務（新個20条）や委託先の監督義務（新個22条）等の違反が疑われるため，個人情報保護委員会としては，前記報告の徴収等を通じて適宜事実調査を行った上で，A社に対し，委託先における安全管理体制を整備すること，委託先における個人情報の取扱いを直接かつ適切に監督する体制を構築すること，グループ全体の安全管理体制を向上することなどの助言を行うことが考えられる．

また，勧告や命令と異なり，個人情報取扱事業者等の努力義務規定や改正個人情報保護法15条も対象であるため，例えば，A社が利用目的の変更の範囲（新個15条2項）を逸脱して変更している場合，個人情報保護委員会は前記報告の徴収等の事実調査を適宜行った上で，A社に対し，違法な利用目的の変更を取り消し，元の利用目的に戻すことなどの指導を行うことも考えられる．[90]

---

[90] 改正個人情報保護法は，改正前の「相当の」の文言を削除し，「関連性を有すると合理的に認められる範囲」内において利用目的の変更を本人同意なくして行えるとしたが（新個15条2項），同条の趣旨等については辻畑・前掲注（75）51頁以下参照．必ずしも同一事業内のものであることを要するわけではないと解されるが，通常人の合理的期待を逸脱するものとなってはならず，また，他の義務規定と異なり改正個人情報保護法15条2項に対する個人情報保護委員会の執行が制限されている制度下においては，ある程度謙抑的解釈とならざるを得ないものといえる．なお，経済産業省は，「平成27年度我が国経済社会の情報化・サービス化に係る基盤整備（経済産業分野を対象とする個人情報保護に係る制度整備等調査研究）」において，検討会を設置して経済産業分野のガイドラインの見直し等の検討を行い，2016（平成28）年3月に同研究の報告書を策定・公表した．その中で，改正個人情報保護法15条2項の解釈を含めた同法に係る検討が行われている．

(c) 処分性

指導，助言には法的拘束力がなく，行政処分とはいえないため[91]，これに対する不服申立てや取消訴訟の提起をすることはできない．

(C) 勧告（新個42条1項）

(a) 権限内容

個人情報保護委員会は，個人情報取扱事業者等が図表5-17記載の規定（「勧告」の対象規定）に違反した場合において，個人の権利利益を保護するため必要があると認めるときは，当該個人情報取扱事業者等に対し，当該違反行為の中止その他違反を是正するために必要な措置をとるべき旨を勧告することができる（新個42条1項）．

「勧告」とは，助言等と同様に法的拘束力はないが，自主的な解決を図るための進言にとどまらず，個人情報保護委員会の明確な意思として，個人情報取扱事業者等に対して講ずべき措置を示し，これを実施するように進めまたは促すことをいう[92]．

勧告は，所定の法令違反行為の認定を前提としている点で，これまでの報告の徴収や助言等と異なる．

なお，勧告をするには，通常，報告の徴収等（新個40条）の事実調査プロセスを経ることになるが，法律上，当然に前置が義務付けられているわけではない点は，指導や助言の場合と同様である．

(b) 具体例

例えば，A社が，中国国内に拠点を置くB社に個人データを委託提供していた場合において，中国が同等水準の保護制度国としての認定（新個24条）を受けていないときは，個人情報保護委員会は，新個24条の例外等の該当性につき報告の徴収等を通じて適宜事実調査を行った上で[93]，新個24条違反が認められ，その他の勧告要件を満たすのであれば，A社に対し，B社への

---

91 個保法の解説200頁参照．
92 個保法の解説203頁参照．

図表5-17 「勧告」の対象規定

「勧告」の対象規定	
「個人情報取扱事業者」の義務	
新個16条	利用目的による制限
新個17条	適正な取得
新個18条	取得時の利用目的の通知等
新個20条	安全管理措置
新個21条	従業者の監督
新個22条	委託先の監督
新個23条（4項除く）	第三者提供の制限 ※4項は，個人情報保護委員会による公表規定
新個24条	外国にある第三者への提供
新個25条	第三者提供者に係る記録の作成等
新個26条（2項除く）	第三者提供を受ける際の取得経緯等の確認等 ※2項は，確認を受けた者による偽り禁止規定
新個27条	保有個人データに関する事項の公表等
新個28条（1項除く）	開示への対応 ※1項は，本人による開示請求権規定
新個29条2項，3項	訂正，追加，削除への対応 ※1項は，本人による訂正等請求権規定
新個30条2項，4項，5項	利用停止，消去，第三者提供の停止への対応 ※1項，3項は，本人による利用停止等・第三者提供の停止請求権規定
新個33条2項	開示等手数料の合理的算定
新個36条（6項除く）	匿名加工情報の作成，加工方法等の安全管理，照合禁止等 ※6項は努力義務
「匿名加工情報取扱事業者」の義務	
新個37条	匿名加工情報の提供
新個38条	識別行為の禁止

※改正個人情報保護法19条（内容の正確性確保等），35条（適正な苦情処理），36条6項・39条（匿名加工情報の適正な取扱い確保等）の規定はいずれも努力義務であるため，勧告の対象外とされている。同法15条（利用目的の特定，変更）も勧告の対象外とされている。

提供行為を停止すること，提供するには外国にある第三者への提供に係る同意を取得するなどの新個24条の要件を充足する措置をとること，違法状態にある原因を究明し改善措置策について個人情報保護委員会に報告すること等について勧告を行うことが考えられる．

　(c) 処分性

　勧告には法的拘束力がなく，個人情報保護法上の勧告は行政処分とはいえないため[94]，これに対する不服申立てや取消訴訟の提起をすることはできない．

(D) 命令（新個42条2項，3項[95]）
　(a) 権限内容

　個人情報保護委員会は，勧告を受けた個人情報取扱事業者等が，正当な理由なくその勧告に係る措置をとらなかった場合において，個人の重大な権利利益の侵害が切迫していると認めるときは，当該個人情報取扱事業者等に対し，その勧告に係る措置をとるべきことを命ずることができる（新個42条2項）．つまり，この命令の対象規定は，前記「勧告の対象規定」と同じである．

　さらに，個人情報保護委員会は，個人情報取扱事業者等が図表5－18記載の規定（「緊急命令」の対象規定）に違反した場合において，個人の重大な権利利益を害する事実があるため緊急に措置をとる必要があると認めるときは，勧告のプロセスを経ることなく，当該個人情報取扱事業者等に対し，当該違反行為の中止その他違反を是正するために必要な措置をとるべきことを命ずることができる（新個42条3項・緊急命令）．

93　仮に，中国国内の提供先事業者が委員会基準に適合する体制（新個24条）を整備していたら，改正法23条の問題となり（新個24条後段参照），改正個人情報保護法23条5項1号の委託として本人同意を得ていなくても適法となりうる．
94　個保法の解説202頁．
95　改正前個人情報保護法下で，主務大臣がこの「命令」（緊急命令を含む）の措置を講じたことは一度もない（2016（平成28）年6月6日時点）．

図表5-18 「緊急命令」の対象規定

「緊急命令」の対象規定	
「個人情報取扱事業者」の義務	
新個16条	利用目的による制限
新個17条	適正な取得
新個20条	安全管理措置
新個21条	従業者の監督
新個22条	委託先の監督
新個23条1項	第三者提供の原則本人同意
新個24条	外国にある第三者への提供
新個36条1項,2項,5項	匿名加工情報の作成,加工方法等の安全管理,照合禁止
「匿名加工情報取扱事業者」の義務	
新個38条	識別行為の禁止

図表5-19 個人情報保護委員会による執行の流れ

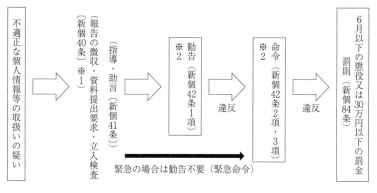

※1 罰則あり(新個85条1号)
※2 勧告及び命令は所定の義務規定違反の認定が必要

(b) 具体例

　例えば、前記勧告における具体例(前記「Ⅲ2(3)(C)(b)」)において、A社が個人情報保護委員会の勧告に係る措置(B社への提供行為を停止すること、提供するには外国にある第三者への提供に係る同意を取得するなどの新個24条の要件を充足する措置をとること、違法状態にある原因を究明し改善措置策について個人情報保護委員会に報告すること等)をとらなかった場

合において，その他の命令要件を満たすときは，個人情報保護委員会は，A社に対し，当該措置をとるべき旨の命令を行うことが考えられる．

また，新個24条は緊急命令の対象でもあるため，緊急命令の要件を満たせば，勧告を経ずして命令を行うことも可能である．

(c) 罰則

新個42条2項，3項の命令に違反した者は，6月以下の懲役または30万円以下の罰金に処せられる（新個84条）．命令の対象となる規定については，いずれも命令違反があって初めて罰則が科される間接罰である点，および，法定刑については，改正の前後で変更はない．なお，これは両罰規定の対象ともなる（新個87条）．

(d) 処分性

命令は行政処分であるため[96]，行政不服審査法に基づく不服申立ておよび行政事件訴訟法上の取消訴訟の対象となる．

(4) **執行権限行使に対する企業対応**

(A) 調査協力等

個人情報保護委員会の企業に対する報告徴収，資料提出要求，立入調査，指導，助言，勧告，命令の各権限行使に対し，当該企業は適正・迅速な対応をとっていかなければならない．

報告徴収，資料提出要求，立入調査，命令に対する違反行為については，いずれも両罰規定をもつ刑事罰の対象となるということを認識の上で（新個84条，85条1号，87条），決して，資料の廃棄，隠匿，内容虚偽の資料作成，虚偽報告，ネグレクト，意図的遅滞，その他の調査妨害となるような行為があってはならず，組織全体として適切に対応していくことが求められる．対応する役員や従業員による不誠実な態度，ひいては刑事罰を受けたという事実は，企業のレピュテーションを大きく毀損することにも繋がりうる．

---

96 個保法の解説204頁．

(B) 社内調査と報告

　個人情報保護委員会の権限行使は，①報告徴収等の事実調査を経て，②指導・助言，③勧告，④命令と進んでいく．このすべての過程を法律上の権限行使という形で進む場合もあれば，②の指導・助言の手続を経ずに①から③へと進む場合もある．このような例は決してまれではなく，例えばベネッセ漏えい事件も②の指導・助言の手続は経ていない．ただ，その場合でも，①の事実調査の過程で，事実上，②の指導・助言に近いことが行われることもある．また，①の事実調査については，法律上の権限行使という形式ではなく，事実上の調査にとどまる場合もある．

　もっとも，企業としては，ただ受け身で調査を実施するのではなく，①の事実調査を受ける前のより早い段階から，主体的に個人情報保護委員会や，場合によっては警視庁等の捜査機関に自ら相談をしつつ，可能な限り早期に具体的事実状況を調査・把握していくことが肝要である．

　③の勧告を受けるか否かは，①の事実調査や，②（①における事実上の②を含む）の指導・助言に対する企業対応が重要な意味をもつことになる．③の勧告以降は，当該企業における個人情報保護法上の違法行為の存在を前提とした行政上の措置であり，万一漏えい事故等が発生してしまった場合でも，個人情報保護委員会のガイドライン等で求められている措置は講じており，再発防止のための更なる措置を講ずるとして，行政上の措置については，①ないしは最低限②までに止めたいという率直な企業心理が働く．個人情報保護委員会から勧告を受けた事実がメディア報道されるのも避けたいところである．

　そのためにも，企業は，まずは最低限，法令，規則，ガイドライン，QA等を踏まえた社内措置を適切に講じて取組実績を形に残しておくとともに，万一事故事案が発生した場合には，①の事実調査の段階から，当該措置を個人情報保護委員会に対して根拠資料とともに適切に説明し，同時に，事案に即した原因究明と再発防止策について，個人情報保護委員会とよく意思疎通を図りながら，具体性を持った納得のできる報告書をできるだけ早期に（期限を定められた場合は期限までに）まとめることが求められる．

　万一，③の勧告を受けてしまった場合は，企業としては，当該勧告内容へ

の具体的な対応策を期限までに報告書にまとめることが求められる．ここでの対応を誤ると④の命令に至ることとなるが，命令違反には刑事罰を伴うリスクがある．また，改正前個人情報保護法下ではこれまで命令権限が行使されたことは一度もなく，我が国初の事例[97]，またはその後別途命令権限が行使されたとしても，極めてまれな事例という点で，メディア報道を含め，レピュテーションへの悪影響が懸念されるので注意を要する．

　なお，企業が調査を実施・報告するに際し，漏えい規模・社会的影響等に鑑みて，外部有識者を構成員とする事故調査委員会を設置するケースがあり，ベネッセ漏えい事件や日本年金機構漏えい事件などがその例である．これは事実調査をより客観的かつ適正に実施し，報告内容を精緻なものにする上で有益な方法と考えられるが，そもそも漏えい事案の発生自体を防止する観点から，外部有識者の協力を得た恒常的な監視・監督体制の構築も検討すべきといえる．実際，ベネッセ漏えい事件における「個人情報漏えい事故調査委員会による調査報告について」（2014（平成26）年9月25日）は，社外の専門家（法律，コンプライアンス，情報セキュリティ，監査・監督）等の第三者を構成員とする第三者機関の設置等を指摘し，これを受けて株式会社ベネッセホールディングスは同年10月15日に情報セキュリティ監視委員会を設置しており，また，日本年金機構漏えい事件における「検証報告書」（2015（平成27）年8月21日）においても，専門機関等とも連携したセキュリティ対策本部の設立や独立した専門家による情報セキュリティ監査の実施を指摘している．

（C）消費者対応

　漏えい事故を起こした企業は，早期に調査・事実整理を行った上で，消費者に対しても早期に十分な説明をすることを忘れてはならない．消費者においては，ⓐ自らの個人情報が漏えいしたのか，ⓑどの個人情報が漏えいしたのか（クレジットカード番号情報など悪用の危険性の高い個人情報が含まれているのか），ⓒどの範囲に個人情報が漏えいしたのか，ⓓ新たな個人情報

97　前掲注（95）参照．

の流出は生じないのか（当該企業内でどの様な具体的措置が講じられたのか），ⓔすでに流出した個人情報は悪用されないのか（流出先に対してどの様な具体的措置が講じられたのか），ⓕ当該流出を原因とした消費者被害の発生状況，ⓖ補償関係，ⓗ相談先窓口等を，早期に，具体的に知るニーズが生まれる．相談先窓口については，漏えい規模に鑑みた十分な体制であることを要し，電話をしても回線不足から繋がらないという事態は避けなければならない．また，漏えい被害にあった消費者から寄せられた相談には真摯に対応しなければならず，例えば，これまで付き合いのない業者から急に勧誘が来るようになったという趣旨の相談に対しては，漏えい事故を起こした企業から直接当該業者に働きかけて，削除や利用停止措置を講じてもらうようにすべきである．加えて消費者からの声は，漏えい情報の拡散状況などを把握する意味でも有益である．小さな声にも真摯に対応して素早い対応をとることは，拡散を食い止めるきっかけともなる．

　仮にこれらの対応が遅れ，または不十分なものになってしまうと，消費者の不満がさらに高まってレピュテーションが大きく毀損するリスクが生じるとともに，漏えい範囲が拡散し，さらには十分な情報が消費者に伝わらないことで，流出情報を悪用した金銭的被害が発生・拡散してしまうリスクも高まることになる．万が一，流出情報が広く悪用される社会問題へと発展してしまうと，企業としては信用を回復するに困難な道が待ち受けることとなる．具体的な金銭的被害の増幅については，補償額の問題も軽視できない．株価にも大きく影響し，企業価値の甚大な毀損にも繋がりかねず，併せて役員の責任問題にも発展しかねないので注意を要する．

（5）権限行使の制限

　個人情報保護委員会は，執行権限（報告の徴収，資料提出要求，立入検査，指導，助言，勧告，命令）の行使に際しては，表現の自由，学問の自由，信教の自由，政治活動の自由を妨げてはならない（新個43条1項）．これは，憲法の規定に違反してはならないという当然のことを確認的に規定するものである．

　また，個人情報保護委員会は，個人情報取扱事業者等が適用除外を受ける

図表5-20 適用除外を受ける事業者

新個76条1項	適用除外を受ける者	個人情報の取扱目的（一部でも可能）
1号	放送機関，新聞社，通信社その他の報道機関（報道を業として行う個人を含む.） ※「報道」とは，「不特定かつ多数の者に対して客観的事実を事実として知らせること（これに基づいて意見又は見解を述べることを含む.）」（新個76条2項）	報道の用に供する目的
2号	著述を業として行う者	著述の用に供する目的
3号	大学その他の学術研究を目的とする機関若しくは団体又はそれらに属する者	学術研究の用に供する目的
4号	宗教団体	宗教活動（これに付随する活動を含む.）の用に供する目的
5号	政治団体	政治活動（これに付随する活動を含む.）の用に供する目的

事業者（新個76条1項各号）に対して個人情報等を提供する行為については，その権限を行使しないものとする（新個43条2項）．例えば，A社が日本国内にある報道機関B社に個人データを提供し，B社において報道目的のために当該個人データを用いる場合，当該A社の提供行為について改正個人情報保護法23条の手続を履践していないとしても，個人情報保護委員会は，当該違法行為に対して執行権限を行使しない．これは，A社における提供行為を取り締まることにより，間接的にB社の憲法上の権利（本事例では報道の自由）を侵害することを防止するためである．

図表5-20の「適用除外を受ける者」が同右欄の「個人情報の取扱目的」で個人情報を取り扱う場合，第4章（新個15条～58条）の規定は適用されず（新個76条1項），安全管理措置等は自主規制に委ねられることになる（新個76条3項）．

(6) 事業所管大臣等への権限の委任

個人情報保護委員会が一元的に全事業分野の執行権限を行使するとしても，施行後直ちに十分な組織体制を構築できるとは考え難く，また，各事業分野を所管する者のノウハウや経験を活かしたほうが効果的な執行に資する．

そのため，個人情報保護委員会は，緊急かつ重点的に個人情報等の適正な取扱いの確保を図る必要があること，その他の政令で定める事情があるため，勧告または命令を効果的に行う上で必要があると認めるときは，政令で定めるところにより，報告の徴収，資料提出要求，立入検査権限を事業所管大臣に委任することができる（新個44条1項）。この場合，事業所管大臣は，政令で定めるところにより，権限行使の結果を個人情報保護委員会に報告する（新個44条2項）。さらに，事業所管大臣は，政令で定めるところにより，権限の全部または一部を地方支分部局，その他の政令で定める部局や機関の長に委任することができる（新個44条3項）。

なお，金融庁所掌分野においては，個人情報保護委員会から前記1項に基づいて委任を受けた内閣総理大臣は金融庁長官に権限を委任でき（新個44条4項），金融庁長官は，さらにその権限の一部を証券取引等監視委員会，財務局長，財務支局長に委任できる（新個44条5項，6項）。また，当該委任を受けた証券取引等監視委員会は，その権限の一部を財務局長，財務支局長に委任でき（新個44条7項），この場合，証券取引等監視委員会が財務局長，財務支局長を指揮監督する。前記5項の場合において，証券取引等監視委員会が行う報告の徴収，資料提出要求（7項の規定により財務局長，財務支局長が行う場合を含む）についての審査請求は，証券取引等監視委員会に対してのみ行うことができる（新個44条8項）。

以上の委任は，あくまで，報告の徴収，資料提出要求，立入検査のみであり，指導，助言，勧告，命令権限は，個人情報保護委員会が一元的に掌握している。これは，報告徴収等の事実調査は各事業分野についての専門的知見をもつ事業所管大臣等を活用するほうがより実効的な執行に資する一方，事実調査を超えた執行権限については，個人情報保護委員会が一元的に掌握して判断していくことが，主務大臣制から制度移行した法改正の趣旨に合致するためである。なお，報告徴収等の事実調査権限が委任された場合でも，個人情報保護委員会が当該権限を行使することは可能であり，また，共管の場合等は，複数の事業所管大臣に委任されることもある。[98]

したがって，企業は，指導，助言，勧告，命令の各権限を行使される主体は個人情報保護委員会であるものの，その前提としての事実調査プロセスに

おいては，個人情報保護委員会のほか，従前の主務大臣と同様の事業所管大臣や地方支分部局等からも，報告徴収等を受けることがある．

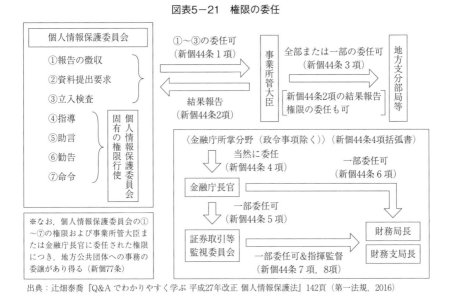

図表5-21　権限の委任

出典：辻畑泰喬『Q&Aでわかりやすく学ぶ 平成27年改正 個人情報保護法』142頁（第一法規，2016）

（7）地方公共団体への権限の委任

　個人情報保護委員会の権限および事業所管大臣または金融庁長官に委任された権限（新個44条1項，4項）に属する事務は，政令で定めるところにより，地方公共団体の長，その他の執行機関が行うこととすることができる（新個77条）．各種業法等に基づき，都道府県知事等地方公共団体の長等が事業者の許認可や監督権限をもっている場合，当該権限をもつ地方公共団体の長等に個人情報保護法上の権限に属する事務を行わせたほうが，適時・的確に対応できると考えられるためである．

　これと同様の規定（旧個51条）を受け，改正前個人情報保護法施行令11条

---

98 「権限の委任に関する政令の方向性について」（平成28年4月12日開催・第5回個人情報保護委員会配布資料）．

は，他の法令により当該事業分野における各種監督権限の全部または一部が地方公共団体の長等が行うこととされているときは，主務大臣の個人情報保護法上の報告の徴収，助言，勧告，命令権限に属する事務は，当該地方公共団地の長等が行うとしていた．実際当該規定に基づき，多くの場面において地方公共団体の長等に権限が委譲されており，例えば，古物営業法における古物商に対する執行権限に属する事務は，主務大臣である国家公安委員会ではなく都道府県公安委員会等に委譲されていた．

改正個人情報保護法においても，同様の政令が整備されれば[99]，個人情報保護委員会の執行権限に属する事務が委譲されることになる．

（8）事業所管大臣の請求

（A）事業所管大臣

「事業所管大臣」は以下①②の分類に基づく（新個46条）．各省庁設置法に基づき行政実務において分担管理されている事務分担と同じであり，個人情報保護の観点から特別の事務分担を施したものではない．

① 雇用関係に関するもの

厚生労働大臣（船員の雇用管理に関するものについては，国土交通大臣）および当該個人情報取扱事業者等が行う事業を所管する大臣または国家公安委員会

② 上記①以外のもの

当該個人情報取扱事業者等が行う事業を所管する大臣または国家公安委員会

（B）事業所管大臣の請求

事業所管大臣は，業法等に基づく監督その他日常的な接触の過程で，個人情報の取扱いに係る問題を探知する機会があり，事業を直接所管していない個人情報保護委員会に対する措置請求権限を認めることが，同委員会の執行

---

99 「権限の委任に関する政令の方向性について」（前掲注（98）参照）によると，改正後の施行令において，改正前施行令11条，12条の規定を参考にした所要の規定が整備されることになる．

権限の実効化に資する.

　そのため，事業所管大臣は，個人情報取扱事業者等に義務（新個15条～39条）違反行為があると認めるとき，その他個人情報取扱事業者等による個人情報等の適正な取扱いを確保するために必要があると認めるときは，個人情報保護委員会に対し，改正個人情報保護法の規定に従い適当な措置をとるべきことを求めることができることとした（新個45条）．

　事業所管大臣より請求を受けた個人情報保護委員会は，本条の趣旨を踏まえ，適当な措置に向けた検討を行うことになる．具体的措置の実施についてはあくまで個人情報保護委員会の判断に委ねられており，措置請求が同委員会の判断を拘束するものではないが，当該分野の専門的知見を有する事業所管大臣からの請求である点に鑑み，個人情報保護委員会としては十分な検討を行うこととなる．

　したがって，企業は，各種業法に基づく調査，その他の接触の過程で，事業所管大臣に個人情報に係る取扱い上の問題を探知された場合，個人情報保護委員会に対する前記措置請求がなされる場合があることを認識しておく必要がある．

(9) 外国執行当局への情報提供

　事業活動のグローバル化やIT技術の進展に伴い，海外に個人情報の管理拠点を置きつつ日本国内にサービス等の提供を行う事業者が増えてきている．前記のとおり，改正個人情報保護法75条は域外適用規定を設けているが，個人情報保護委員会が，日本法違反に伴う外国所在事業者に対する立入検査を実施することは，当該外国の主権侵害となりかねず，執行管轄外の行為であって困難である．また，外国所在の事業者に対する効果的な調査を実施するには，当該外国の執行機関に委ねたほうがスムーズでもある．国際的にも執行協力の議論がさかんに行われ，さまざまな枠組みも構築されてきている（後記「Ⅳ2」参照）．

　それゆえ，改正個人情報保護法は，外国執行当局との情報連携を円滑に行えるようにするべく，以下（A）～（C）の規定を設けている．

(A) 情報提供

個人情報保護委員会は，外国執行当局に対し，当該外国執行当局の職務（個人情報保護委員会の職務に相当するものに限る）の遂行に資すると認める情報の提供を行うことができる（新個78条1項）．当該情報提供については，次の①および②に係る適切な措置が講じられなければならない（新個78条2項）．

① 当該外国執行当局の職務遂行以外に使用されないこと
② 個人情報保護委員会の同意がなければ外国の刑事事件の捜査または審判（「捜査等」）に使用されないこと

改正前の主務大臣が外国執行当局に個人情報（正確には行個法上の「保有個人情報」）の提供を行う際は行政機関個人情報保護法が適用されるため，本人同意の取得等の例外事由が存在することを要し（行個8条1項，2項），執行協力の妨げになっているといわれていた．改正個人情報保護法78条1項は情報提供の根拠規定を置き，当該規定に基づく提供行為は「法令に基づく場合」（行個8条1項）に該当することで，その他の本人同意等の例外事由への該当が不要となるため，外国執行当局との円滑な情報連携に資することとなる．さらに，国家公務員法上の守秘義務（100条）との関係においても，適法性が担保される．

(B) 個人情報保護委員会の同意

個人情報保護委員会は，外国執行当局からの要請があったときは，次の①～③のいずれかに該当する場合を除き，当該要請に係る外国の刑事事件の捜査等に使用することについて同意することができる（新個78条3項各号）．

① 当該要請に係る刑事事件の捜査等の対象とされている犯罪が政治犯罪であるとき，または当該要請が政治犯罪について捜査等を行う目的で行われたものと認められるとき
② 当該要請に係る刑事事件の捜査等の対象とされている犯罪に係る行為が日本国内において行われたとした場合において，その行為が日本国の法令によれば罪に当たるものでないとき
③ 日本国が行う同種の要請に応ずる旨の要請国の保証がないとき

国際捜査共助等に関する法律2条が，共助（外国の要請により当該外国の刑事事件の捜査に必要な証拠の提供を行うこと）を制限した趣旨に鑑み，刑事事件の捜査等に使用することの同意が認められない三つの事由を挙げている．

(C) 法務大臣等の確認

個人情報保護委員会がこの同意をする場合，あらかじめ，前記（B）①②に該当しないことについて法務大臣の確認を，前記（B）③に該当しないことについて外務大臣の確認を，それぞれ受けなければならない（新個78条4項）．

(10) 認定個人情報保護団体に対する執行権限

個人情報保護委員会は，個人情報取扱事業者等に対しては，報告の徴収，資料提出要求，立入検査，指導，助言，勧告，命令の権限を有していたところ（前記Ⅲ2(3)），認定個人情報保護団体に係る規定（新個47条〜58条）の施行に必要な執行権限としては，以下の報告の徴収および命令の権限を有している．

(A) 報告の徴収

個人情報保護委員会は，認定個人情報保護団体に係る規定（新個47条〜58条）の施行に必要な限度において，認定個人情報保護団体に対し，認定業務に関し報告をさせることができる（新個56条）．これに対して報告をせず，または虚偽の報告をした者は，30万円以下の罰金に処せられる（新個85条2号）．そして，これは両罰規定の対象となる（新個87条）．

(B) 命令

個人情報保護委員会は，認定個人情報保護団体に係る規定（新個47条〜58条）の施行に必要な限度において，認定個人情報保護団体に対し，認定業務の実施方法の改善，個人情報保護指針の変更，その他の必要な措置をとるべき旨を命ずることができる（新個57条）．個人情報取扱事業者等の場合と異

なり，本命令違反に対する罰則はないが，認定取消事由となる（新個58条1項4号）．

改正個人情報保護法下では，個人情報保護指針が匿名加工情報の加工基準等重要な役割を担うことが想定されるため，①同指針の個人情報保護委員会への届出，公表（新個53条2項，3項），②認定個人情報保護団体による対象事業者への指針遵守等のための措置義務（新個53条4項）が設けられ，さらに当該義務違反に対する上記命令・認定取消があることで，同指針の実効性を担保している．

なお，認定個人情報保護団体は，同時に，個人情報取扱事業者等であるのが通常であるため，個人情報取扱事業者等としての個人情報等の取扱い場面に対しては，個人情報保護委員会は，前記Ⅲ2(3)の各種執行権限を行使することとなる．

(11) 検討条項

政府は，改正個人情報保護法の施行後3年を目途として，個人情報の保護に関する基本方針の策定および推進その他の個人情報保護委員会の所掌事務について，これを実効的に行うために必要な人的体制の整備，財源の確保その他の措置の状況を勘案し，その改善について検討を加え，必要があると認めるときは，その結果に基づいて所要の措置を講ずるものとする（個人情報保護法等の一部を改正する法律附則12条2項）．

前記Ⅲ2(1)(C)のように個人情報保護委員会の所掌事務が拡大するに伴い，人的・予算的に充実し，適時・的確な執行権限の行使を実現できる組織体制を構築することが必須となる．この点は，施行後3年を目途に検証されることとなり[101]，欧米先進諸国の個人情報保護を担当する監督機関の体制も参考にしつつ，その人的体制の強化に努めることとなる[102]．

100　改正前は努力義務にとどめていた．
101　なお，同附則12条3項は，国際的動向や情報通信技術の進展等を勘案し，施行後3年ごとに個人情報保護法の施行状況について検討を加え，必要があると認めるときは，その結果に基づいて所要の措置を講ずるとしており，定期的な法改正の検討を念頭に置いている．
102　瓜生・前掲注（75）132頁．

Ⅳ 諸外国の執行制度

1 諸外国における執行制度

(1) EU

(A) 概要
 (a) EUデータ保護指令下の現在の体制
 EUにおける個人情報保護法制は，EUデータ保護指令[103]の下，各国で指令に沿った形で法律が制定されている．公的部門と民間部門の双方を規律する，いわゆるオムニバス形式がとられており，政府から独立した執行機関として各国に設置されたコミッショナーが，公的部門，民間部門双方について執行権限を有する．

 EUデータ保護指令の下，EU各国の監督機関が執行を行っている．

 EUデータ保護指令に基づいて制定された各国データ保護法（以下「データ保護法」という）に違反があった場合に執行できる制裁には，下記のものが挙げられる．

◇罰則：重要なデータ保護法違反が認められるケースでは，国によって，直接罰則が課せられる場合と，まず命令を下し，その命令に従わなかった場合に初めて罰則が課せられる場合とで異なっている．前者の例としては，ドイツ，イギリス，フランス，オランダ等，後者の例としてスウェーデン，アイルランド等の国が挙げられる[104]．

◇制裁金：罰則とは別に，監督機関による制裁金を課すことができる場合が

---

[103] データ保護規則案の議論経過および内容については，消費者庁「個人情報保護における国際的枠組みの改正動向調査報告書」（平成26年3月28日）．
[104] 石井夏生利・牧山嘉道「海外の個人情報・プライバシー保護に関する法制度～最新の国際的動向（4）～」国際商事法務42巻11号．

ある．イギリスでは，データ保護監督機関であるICO（Information Commissioner Office）が金銭的制裁を違反事業者に対して課すことができる．また，ドイツ，フランスでも制裁金を課すことが認められている．
◇命令：データ保護法違反があった事業者に対し，その状態の解消を命じるものである．

違反があった場合の執行は各国で行っているものの，EU各国のデータ保護機関間で協力しつつ執行を行う場合が少なくない．以下，代表的な執行事例について紹介する．

(b) EU一般データ保護規則下の体制[105]

上述のように，2016（平成28）年現在，EUデータ保護指令の下，各EU加盟国がそれぞれデータ保護法を置いて監督を行っており，その中で法律上の要件や執行制度について若干のばらつきがある．また，複数の国にわたって事業を行う企業にとっては，複数の加盟国の承認（例えば，BCRの承認等）を得なければならず，手続の煩雑さが批判されていた．

このような各国間の差が問題視されたことも背景事情の一つとなって，EUデータ保護指令を改正して，各国に直接適用される規則を制定する旨の提案が2012（平成24）年になされ，改正の議論が始まった．EUにおいて規則が成立するためには，欧州委員会，欧州議会，欧州理事会の三者間での合意（trilogue）が必要であるところ，同年1月に欧州委員会案，同年3月に欧州議会案，2015（平成27）年6月に欧州理事会案を経て，同年12月に三者合意により最終案がまとまり，2016（平成28）年4月にEU一般データ保護規則（General Data Protection Regulation）が採択された．EU一般データ保護規則は，同年5月4日に官報（Official Journal of the European Union）で公表され，20日後から効力を有することとなった後（EU一般データ保護規則99条1項），2018（平成30）年5月25日に事業者等に対し適用されることとなる（EU一般データ保護規則99条2項）．

EU一般データ保護規則の成立により，EU加盟国間の法律のばらつきは

---

105 藤原靜雄「個人情報保護体制の国際的動向―2016年3月」法律のひろば2016年5月号．

なくなり，同規則の直接適用に基づき統一的なルールが適用されることになる．

　EU 一般データ保護規則違反のあった事業者に対し，各国データ保護機関 (EU 一般データ保護規則では Supervisory Authority と規定されている) は，警告 (warnings)（58条2項a），戒告 (reprimand)（58条2項b），命令 (order)（58条2項c〜e,g,h,j）および制裁金 (administrative fine)（58条2項i，87条）を課すことができる．これら執行方法のうち，最も注目すべき点は制裁金の高さである．違反行為の類型により上限は異なるものの，最高で2000万ユーロまたは前会計年度の世界総売上の4％のいずれか高いほうを上限として制裁金が課すことができることとなり，そのインパクトは大きい．

　執行は各 EU 加盟国のデータ保護機関が行うものの，各加盟国間の執行のばらつきや対応すべきデータ保護機関の重複による手続きの煩雑化を防ぐため，いわゆる one stop shop という制度が新たに導入される．すなわち，複数の加盟国にわたって事業を行う事業者であっても，すべての加盟国のデータ保護機関に個別に対応する必要はなく，拠点を置くデータ保護機関を主要当局 (Lead Authority) として対応することで足りる．これにより執行の画一化および手続の簡素化が図られる．

　執行の画一化のためのその他の方策として，一貫性のための制度 (Consistency system) が設けられている．具体的には，各国データ保護機関の長で構成される欧州データ保護局 (European Data Protection Board) が各データ保護機関間の調整や EU 一般データ保護規則の解釈に関する意見書を出すことなどを通して，EU 一般データ保護規則の統一的な適用，執行が図られる．現在の EU データ保護指令の下においても類似の機関として欧州委員会に29条作業部会 (Working Party 29) が機能しているところ，この29条作業部会の役割を引き継ぐものと考えられる．

(B) 執行例
　(a) ソニー・コンピュータエンタテインメント個人情報漏えい事件[106]
　2011（平成23）年に起きたソニー・コンピュータエンタテインメント社プレイステーション利用顧客個人情報の漏洩事件に関し，イギリスのデータ保

Ⅳ　諸外国の執行制度　　353

護機関であるICO (Information Commissioner Office) が2013年1月に課徴金25万ポンドを命じている．同事件は，不正アクセスにより，顧客の名前，パスワード等のほか，クレジットカード番号情報の流出も疑われた事案であったところ，ICOは，同社がソフトウェアをアップデートせず，十分なセキュリティ対策を取っていなかったことに対し課徴金を課したものである．

この点，ICOがSCEEに課徴金を課した理由には，流出したと疑われたクレジットカード情報等を悪用して個人に財産的被害が生じたことについての言及はなく，実際に個人に財産的損害が生じたことをもって課徴金が課されたわけではない．

(b) グーグル社プライバシーポリシー事件

2012（平成24）年1月，グーグル社がターゲティング広告のためのユーザ情報を使いやすくするため，既存のプライバシーポリシーを統合する改訂を行うことを発表した．これに対し，同年10月，29条作業部会は，当該プライバシーポリシーのEUデータ保護指令からみた不足点を指摘するとともに，プライバシー保護のための提案を行った．[107]

2013（平成25）年2月には，フランスのデータ保護機関であるCNILによる主導でフランス，ドイツ，イタリア，オランダ，スペイン，イギリス6か国のデータ保護機関で構成されるタスクフォースが結成され，同年3月グーグル社の代表者との間で話し合いがもたれた．

その後，2013（平成25）年7月にイギリスICOがグーグル社に対し，同国のデータ保護法の義務を満たしていない旨を通知するとともに，同年12月には，スペインのデータ保護機関であるAEPDが同国のデータ保護法の三つの違反について，それぞれ30万ユーロの制裁金を課した．2014（平成26）年1月，フランスCNILが15万ユーロの罰金を宣告し，同年7月にはイタリ

---

106 詳しくは，Ⅱ2（1）を参照．
107 29条作業部会は，EUデータ保護指令29条に基づいて設置されるデータ保護およびプライバシーに関する独立の助言機関である．EU各加盟国のデータ保護機関，欧州データ保護局（European Data Protection Supervisor. EDPS），欧州委員会それぞれの代表者により構成される．

アのデータ保護機関がユーザに対する効果的な通知等の対応を求めた．さらには，同年9月，ドイツ・ハンブルグ州のデータ保護機関は，グーグル社に対し改善命令を出し，同年12月には，オランダのデータ保護機関が，2013（平成25）年11月に行われたグーグル社に対する調査を受けて，同社に対し改善命令を出し，プライバシーポリシーを統一するにあたりユーザから明確な同意を得ることを求め，命令に従わない場合には最大1,500万ユーロの罰金を課すとした．[108]

これら各国データ保護機関による執行に対して，2013（平成25）年12月，グーグル社は，解決策としてプライバシーポリシーの改訂，内部書類の整備等を段階的に行うことを29条作業部会に提案した．29条作業部会が2014（平成26）年9月にグーグル社に勧告（recommendation）を行ったのに対し，同年12月，同社はいくつかの改善を行ったと発表されている．

(C) 越境移転と法執行
(a) EUにおける越境移転制限

EUにおけるデータ移転に関する特徴的な制度として，十分性認定の制度がある．これは，EU域外の第三国へのデータ移転について，原則としてデータ保護のレベルがEUから見て十分であると認めた場合にしか認めない，という制度である[109]（EUデータ保護指令25条）．

十分性認定を受けている国・地域は，2016（平成28）年3月時点で，スイス，カナダ，アルゼンチン，ガーンジー島，マン島，フェロー諸島，アンドラ公国，ジャージ島，イスラエル，ウルグアイ，ニュージーランドであり，日本は十分性認定を受けていない．

---

108 オランダデータ保護機関による命令に対し，グーグル社は，YouTubeがグーグルのサービスである旨をプライバシーポリシーの中で明らかにするなどの修正を行った．そのため，残る侵害部分以外の支払命令は取り消された上で期限が延長され，2015（平成27）年12月末までに全ユーザから明確な同意を取ることが求められることとなった．
109 個保法の解説303頁．

(b) 十分性認定における第三国の法執行状況

EU が十分性認定をするにあたっての基準の一つとして，監督機関による執行措置が規定されている[110]．個人情報保護のための当該措置の規定は，EU が監督機関による執行がデータ保護を確保するために，いかに重要であると考えているのかを示している．

2008（平成22）年にウルグアイが十分性認定を受ける際には，個人情報保護担当機関である URCDP の活動結果もデータ保護機関の独立性を判断するにあたっての考慮要素としている[111]．

(c) BCR（拘束的企業準則）と執行

前記十分性認定の例外として，標準約款条項（Standard Contractual Clause,SCC），および拘束的企業準則（Binding Corporate Rules,BCR）がある[112]．

このうち BCR は，多国籍企業等が EU 域内のデータ保護機関から拘束力ある企業ルールの承認を受ければ，多国籍企業間で EU データ保護指令26条2項に基づくデータの移転が認められる方法である．EU データ保護指令で明文上認められた制度ではないものの，画一的なルールを策定する多国籍企業にとっては越境移転を可能にする有効な方法である．

BCR は多国籍企業の本社が EU 域内にある場合だけでなく，EU 域外に本社がある場合にも利用が可能である．EU 域外に本社がある企業について個人情報保護法違反があった場合，EU の監督機関は，本社に対して執行ができない場合がある．BCR では，執行ができないことの担保として，BCR 許可の要件として，企業グループが BCR 違反をした場合に生じた損害を賠償

---

110 Working Document Transfers of personal data to countries: Applying Articles 25 and 26 of the EU data protection directive（WP12）EUROPEAN COMMISSION 7頁．
111 消費者庁「個人情報保護制度における国際的水準に関する検討委員会・報告書」（平成24年3月28日）139頁．
112 標準契約条項（SCC）とは，EU 市民の個人データを管理するデータ管理者が，欧州委員会が定めた契約条項を含んだ契約を移転先との間で締結することにより，十分性認定を得ていない国にある企業にも個人データを移転することを可能にするもので，EU データ保護指令26条2項に規定された制度をいう．

することを同意すること，BCR違反を補償するための十分な資産を有する証拠を許可申請の資料として添付することを求めている。[113]

（2）アメリカ

(A) 概要

EUと異なり，アメリカにおいては包括的な個人情報保護法が存在せず，民間部門については，医療，信用，子どものオンラインプライバシー等個別分野について法律が設けられる，いわゆるセクトラル方式がとられている。問題となる事業分野の規制当局，主には消費者保護を担当するFTC（連邦取引委員会）が消費者のプライバシー保護を担うべく，執行を行っている。[114]

FTC法5条には，「商業活動に関わる不公正な競争手段と商業活動に関わる不公正または欺まん的な行為または慣行は，違法であることがここに宣言される」と規定されており，同条がFTCにおいてプライバシー侵害行為について執行権限が付与されていることの根拠となっている。例えば，事業者が自己の設定したプライバシーポリシーに違反してプライバシー侵害があった場合には，FTC法5条違反があったとして命令等の対象となる。FTC法のほか，FTCはCOPPA（子どものオンラインプライバシーに関する法律），FCRA（公正信用報告法）といった個別法についても執行権限を有する。

(B) FTCによる法執行手続[115]

(a) 執行手続の概要

FTCによる法執行手続には，大きく以下の方法がある。

まず，行政的措置として審決（Adjudication）の手続がある。これは，個

---

113 消費者庁「国際移転における企業の個人データ保護措置調査報告書」（平成22年3月）76頁。
114 例えば，医療分野についてはHIPPA（医療保険の相互運用性と説明責任法）の執行をHHS（保険社会福祉省），電気通信分野についてFCC（連邦通信委員会）が執行を行うなどの例が挙げられる。
115 小向太郎「米国FTCにおける消費者プライバシー政策の動向」情報通信政策レビュー4号100〜108頁，"A Brief Overview of the Federal Trade Commission's Investigative and Law Enforcement Authority"(Federal Trade Commission, July 2008) 参照。

Ⅳ 諸外国の執行制度　357

別の事業者に対してなされるものであり，FTCは，事業者に法違反があると信じるに足る理由があった場合，申立てを行い，対象者がこれを受け入れる場合には，同意審決（Consent Agreement）をFTCとの間で行った上で，同意命令（Consent Order）を下すものである．この場合，対象者は，司法上の審査を受ける権利を放棄することになる．同意命令違反があった場合，違反1件ごとに1万6,000ドルを上限とする民事制裁（civil penalty）の対象となる．一方，対象者が異議を唱える場合には，審判手続（Administrative Trials）に入り，審判官（Administrative Law Judge）による判断を仰ぐことになる．審判官によるこの判断について，対象者およびFTC側の訴訟担当者（complaint counsel）の双方が裁判所に控訴することができる．控訴裁判所は審理を行う際，FTCが実質的な証拠に基づいて行った事実認定に拘束され，FTC法等に関するFTCの解釈に拘束される．

次に，業界レベルで生じた不公正または欺まん的な行為に対しては，FTC法18条に基づき，規則制定（Rulemaking）を行うことができる．規則制定手続においては，関係者からの聴聞の機会が提供される．規則が制定され，発布された後に違反があった場合，違反1件ごとに1万6,000ドルを上限とする民事制裁の対象となる．

さらに，FTCは差止めを求める場合に直接裁判所に訴えを起こすことができる．FTCによって下される命令の発布後，その効力発生までに60日を要する行政上の措置とは異なり，司法上の措置については即時の効力発生をもたせることができるというメリットがある．一方，行政上の措置はFTCの事実認定や解釈に裁判所が拘束される点にメリットがあり，新しい種類の法解釈や事実を含む場合については，この方法が好まれる．

(b) セーフハーバー違反の執行

アメリカは，データの越境移転について十分性の要件を設けるEUとの間で円滑なデータ越境移転を可能にするべく，2000年にEUとの間でセーフハーバー合意に至っている．[116] ここでいうセーフハーバー合意とは，EUからアメリカに流通する個人情報について，アメリカの商務省が作成するPrivacy Principlesを産業界が遵守していれば，十分なレベルの保護を確保している

図表5-22 米国のパーソナルデータ保護に関する制度

分野横断的なパーソナルデータ保護の法律は存在しない

政府部門
- プライバシー法 (Privacy Act of 1974)

民間部門
- 健康情報等：医療保険の相互運用性及び説明責任に関する法律 (HIPPA)
- 信用情報：公正信用報告法 (FCRA)
- 通信分野：電子通信プライバシー法 (ECPA)
- 金融部門：金融サービス近代化法 (Gramm-Leach-Bliley Act)
- 児童のプライバシー：児童オンラインプライバシー保護法 (COPPA)

自主規制

商務省 → セーフハーバー原則
① 告知：利用目的等の告知
② 選択：オプトイン、オプトアウトの機会の提供
③ 第三者への提供：原則の適用等
④ セキュリティ
⑤ データの完全性
⑥ アクセス：開示、訂正、変更、削除請求
⑦ 執行

（参考）EU・米国間のセーフハーバー枠組み（2000年7月）

企業
- セーフハーバー原則遵守の宣言
- プライバシーポリシーを公表
- セーフハーバー原則の遵守
- 確約書を商務省に提出
- 商務省は当該企業名等をウェブサイトに掲載

FTC
【違反行為が発覚した場合】
- 「不公正又は欺瞞的な行為又は慣行 (unfair or deceptive acts or practices)」（FTC法第5条）として、排除措置・課徴金等の対象
- 民事責任も問われる。

出典：総務省平成25年情報通信白書

---

116 2008年には越境移転に関しEU同様の法制をとるスイスとの間でもセーフハーバーの合意が成立し、翌年2009年に発効している。

場合のみ第三国に個人データの移転を認める原則を規定するEUデータ保護指令25条に違反しない，という枠組みである．注意すべきは，セーフハーバーの動きが欧州委員会とアメリカ商務省の間で決めたものである点，FTCと運輸省の所管企業にのみ関係し，銀行や電気通信分野は除外される点である．

　セーフハーバーを利用しようとする企業は，商務省に対しPrivacy Principles（通知，選択，さらなる移転，セキュリティ，データの完全性，アクセス，執行）を遵守することについて自己認証（Self-Certification）を行った旨を通知して，参加リストに掲載される．2015（平成27）年10月時点での参加企業は，約4,700社である．

　セーフハーバー違反についてはFTCが執行権限を有する．2000（平成12）年にセーフハーバー枠組みが構築されて以来，2013（平成25）年まで10件の違反が処分され[117]，2014（平成26）年1月には，12社に対する処分が公表されている．

　(c) EU-US セーフハーバーに関するEU司法裁判所の判断

　上述のように，EU-US，およびスイス－US間のセーフハーバーの枠組みは，データの越境移転において重要な役割を示していた．だが，2013年にアメリカ国家安全保障局（National Security Agency. NSA）がPRISMというプログラムにより民間事業者から外国人のメールの履歴，通話記録等の情報を収集していたことが，同局員であったエドワード・スノーデン氏により明らかとなった．そして，このことを契機にセーフハーバーに対するEUの批判が高まった．

　このような流れを受けて，2015（平成27）年10月6日，欧州司法裁判所（Court of Justice of the European Union. CJEU）がEU-USセーフハーバーが無効（invalid）であるとの判断を下した．このEU司法裁判所の判決の事実概要は以下のとおりである．すなわち，オーストリアのFacebook利用者

117　Privacy Enforcement and Safe Harbor: Comments of FTC Staff to European Commission Review of the U.S.-EU Safe Harbor Framework（November 12, 2013).

Maximillian Schrems 氏が，アメリカに本社を置く Facebook への自己の個人情報移転に反対し，2013（平成25）年，Facebook 社の EU 拠点があるアイルランドのデータ保護機関に調査等を依頼したところ，同機関がこれを拒否したため，Schrems 氏がアイルランドの裁判所に訴訟を提起し，セーフハーバーの適法性を判断すべく欧州司法裁判所に判断が仰がれたところ，上記のとおり無効と判断された．その理由として，セーフハーバーが，アメリカの国防，公益，法執行の必要性等の広範な理由から，個人情報に関する基本的な権利をアメリカ政府が侵害することを可能にしていること，セーフハーバーの下の救済措置が，アメリカ政府が行う行為がもたらす個人の権利の侵害に関する紛争に適用されないこと，などが挙げられている．

　この欧州司法裁判所の判決を受けて，欧州委員会29条作業部会は声明を公表し，欧州司法裁判所判決後の現在のセーフハーバーに基づく移転は違法であること，新たなセーフハーバー枠組みに向けた交渉に期待すること，標準契約条項（Standard Contractual Clauses）および拘束的企業準則（Binding Corporate Rules）がいまだ有効であることなどを明らかにした．同声明では，2016（平成28）年1月末までにアメリカとの間の解決策がみられず，29条作業部会による移転ツールの評価結果によっては，各国で協調して執行を行う可能性がある，とも述べていた．

　(d) EU-US プライバシー・シールド

　上記判決を含めた状況を踏まえ，2016（平成28）年2月，無効と判断されたセーフハーバーに変わるものとして，「EU-US プライバシー・シールド」と称される新たな枠組みの構築に向けた合意が欧州委員会とアメリカ商務省の間でなされた．[118]

　EU-US プライバシー・シールドと EU-US セーフハーバーの間の主に相違点として下記四つの事項が挙げられている．

　第1に，企業に対する効果的な監督措置を設け，企業が義務を遵守しなかった場合の制裁または同枠組みからの除外を可能にすることである．プライ

118　EU-U.S. Privacy Shield（IP/16/216）

バシー・シールドの枠組みに参加する企業からそれ以外の者へのデータ移転（onward transfer）についても厳格な条件を設けるとされている．

　第2に，アメリカの公的機関による国家安全目的の個人情報へのアクセスについて，明確な条件や安全措置が設けられる．アメリカの諜報機関から独立したオンブズマンが公的機関へのデータ移転に関する個人からの苦情等に対応する．

　第3に，EU市民に対し，複数の救済措置が設けられる．具体的には，個人からの苦情が企業によって45日以内に解決されなければならないこと，無償の代替紛争解決（Alternative Dispute Resolution）措置が利用できること，EU市民が管轄内のデータ保護機関に苦情申立をすればアメリカ商務省および連邦取引委員会（FTC）の協力による解決が図られることである．さらに，これらの方法によっても解決されない場合には，執行力ある仲裁が最終手段となるとされている．

　第4に，毎年欧州委員会とアメリカ商務省が共同して，EU-USプライバシー・シールドが機能しているかについて報告書を作成する．

　欧州委員会は，EU-USプライバシー・シールドの枠組みに沿ったEU-US間のデータ移転が十分なレベルの保護が確保されていることを認めている．

2　越境執行協力

（1）越境執行協力枠組みの背景

　上記1でも述べたように，個人情報保護法制は各国によって異なり，一つの国で個人情報保護法違反となるとしても，他国において個人情報保護法違反になるとは限らない．また，管轄の問題もあり，他国に所在する事業者について個人情報保護法違反があるとしても，他国にある事業者に対し執行は[119]

---

[119] EUデータ保護規則では，域外適用に関する条文があり，たとえ管理者がEU域内に設置されていなくても，①当該管理者が連合域内の当該データ主体への商品またはサービスの提供，②当該主体の行動の監視を行っている場合，適用対象となる旨が規定されている（前記2）．

できない．しかし，情報通信技術の発展や事業のグローバル化を背景としたデータの越境移転の加速化は，個人情報保護が一国の問題として捉えることの困難さを生み，各国が協力して対応することの必要性が増してきている．

そこで，以下，多国間越境執行協力，二国間執行協力，執行当局間の情報共有の大きく三つに分けて説明する．

（2）多国間越境執行協力枠組み

（A）CPEA（越境プライバシー執行協定）

CPEAとは，Cross border Privacy Enforcement Arrangementの略称であり，APEC（アジア太平洋経済協力）内での各国プライバシー執行機関を通じたプライバシー法令越境執行協力のための取決めで，2010年7月に発効したものである．APECでは，2004年にAPECプライバシー・フレームワーク（同フレームワークにおける「情報プライバシー原則」：被害の防止，通知，収集制限，個人情報の利用，選択，個人情報の完全性，安全保護，アクセスと修正，説明責任）を定め，これに基づく国内個人情報保護制度の策定を各エコノミーに推奨している[120]．ビジネスのグローバル化に伴い，個人情報が国境を越えて移動する状況下において，越境個人情報の保護を図る必要性が認識された．そこで，APECの電子商取引運営グループであるECSG（Electronic Commerce Steering Group）およびその傘下のデータ・プライバシー・サブグループ（DPS）でAPECプライバシー・フレームワークに基づき保護されるための制度として，CPEAおよび後述するCBPR（越境プライバシールールシステム）が構築された．

CPEAの目的は，APECエコノミーのプライバシー執行機関の情報共有の促進，プライバシー法の執行における執行機関間の効果的な越境協力の仕組みの提供，APEC域外のプライバシー執行機関における調査，執行に関する情報共有および協力の3点とされている．

2016（平成28）年現在，オーストラリア，カナダ，香港，ニュージーラン

---

[120] APECは多種多様な国と地域が参加しているため，APECメンバーの国・地域については国（country）ではなく，エコノミーと呼んでいる．

ド，アメリカ，日本，メキシコ，韓国，シンガポールが参加している．日本は2011（平成23）年10月，個人情報保護関係省庁連絡会議参加全15省庁[121]がCPEAに加盟しており，消費者庁がセントラルコンタクトポイントとして参加省庁の取りまとめ，および，他エコノミーのプライバシー執行機関からの窓口を務めている[122]．また，CPEAの運営管理を担う運営管理者（Co-Administrator）には，ニュージーランドプライバシーコミッショナー，アメリカFTCに加えて，2014（平成26）年からオーストラリアコミッショナーに代わって消費者庁が務めている[123]．

　CPEAに参加していることの具体的な効果として以下の場合が想定できる．例えば，日本の事業者が他国の事業者に個人情報を委託により移転している場合において，外国にある委託先の事業者で個人情報漏えい等が起きたとき，委託元である日本の事業者は委託先の監督義務違反（新個・旧個22条）に問われる可能性がある．かかる違反につき，日本が法執行をしようとする場合において，委託先のある外国のプライバシー執行機関に援助要請を行い，当該外国における執行状況，調査等により得られた情報等を得ることが可能となる．一方，外国にある事業者が日本の事業者に個人情報の委託等により個人情報を移転している場合において，日本の事業者から当該個人情報の漏えいが生じたときにも，前述の例とは逆に外国の事業者は現地におけるプライバシー法違反を問われる可能性があるところ，かかる違反について外国の執行機関が法執行を行う際は，日本の執行機関に援助要請を行い，漏えいを起こした日本の事業者に係る情報を得ることができる．

　なお，各国の個人情報保護に関する法制は異なり，一国でプライバシー法違反があったからといって，他国でも同様に違反になるとは限らない．そこで，CPEAでは，APEC越境プライバシー・フレームワークの執行の協力が最優先とされるべきであることが規定されている（CPEA協定9.3条）．ま

　121　その後，復興庁が加わり，現在，16省庁が参加．
　122　なお，個人情報保護法が改正に伴い，民間部門を一元的に監督する個人情報保護委員会が新設されて主務大臣制が廃止されるため，今後はCPEA加盟16省庁に代えて，個人情報保護委員会一つに集約されることが予想される．
　123　なお，個人情報保護委員会の新設に伴い，消費者庁がCPEAにおいて担っていた役割は個人情報保護委員会に移管されることになる．

図表5-23　APEC・CPEA の仕組み

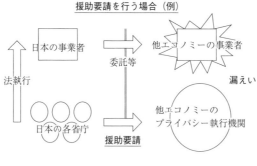

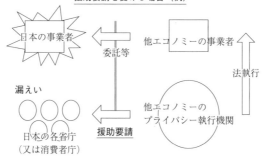

出典：個人情報保護関係省庁連絡会議第6回本会議

た，CPEA 協定には，執行協力のための具体策として，援助要請のほか，執行に関する世論調査，法改正等に関する経験の共有，執行に関する慣行，方針等についての文書の共有，スタッフ交流等の方法による協力についても規定が設けられている．個人情報漏えい等の問題があった場合に各国の執行協力を円滑に行うためには，問題発生後の協力体制について決めるだけでなく，普段から執行の経験等について情報共有しておくことも重要であるという認識の表れといえる．

(B) CBPR (Cross border Privacy Rules)

APEC プライバシー・フレームワークに基づく個人情報保護のためのもう一つの制度として，CBPR (Cross border Privacy Rules) がある．企業等の越境個人情報保護に係る取組みに関し，APEC プライバシー・フレー

ムワークへの適合性を認証する制度で，2012（平成24）年に設立されたものである．同制度の申請企業等は自社の越境個人情報に関するルール，体制等に関し自己審査を行い，その内容について予め認定された中立的な認証機関（Accountability Agent（AA）民間団体または政府機関）から認証審査を受ける．

　2016（平成28）年3月時点において，アメリカ，メキシコ，日本，カナダが参加しており，アメリカのTrust-eという民間団体がAccountability Agentとして企業等の認証を行うことが認められている．日本は2014（平成26）年4月に参加が認められ，2016年（平成28）年1月に一般財団法人日本情報経済社会推進協会（JIPDEC）がAccountability AgentとしてAPECから認定された．これにより，日本においても企業等がAccountability Agentを通してCBPR認証を受けることが可能となる．

(C) GPEN（グローバルプライバシー執行ネットワーク）[124]

　GPENは，Global Privacy Enforcement Networkの略称であり，プライバシー保護法の執行に係る越境協力に関するOECD勧告（2007（平成19）年6月12日採択）[125]を受け，プライバシー保護法の越境執行の協力を支援・促進するために設置された枠組みである．世界のプライバシー保護の執行機関が連携することを目的に，2008（平成20）年に設立されたデータ保護執行機関によるプライバシーに関する執行協力を実践するための組織である．現在，オーストラリア，カナダ，中国（マカオ，香港），フランス，ドイツ，イス

---

[124] なお，消費者行政の法執行当局をメンバーとする非公式会合として，OECD関係国により1992年に設立されたICPEN（International Consumer Protection and Enforcement Network）がある（「ハンドブック消費者2014」293頁（消費者庁2014年））．

[125] OECD Recommendation on Cross-border Co-operation in the Enforcement of Laws Protecting Privacy（2007）．同勧告の主な内容は，①他国の執行機関と協力できるようにするため，プライバシー保護法を執行するための国内の枠組みを改善すること，②国境を越えたプライバシー保護法の執行協力を容易にするために有効な国際的な仕組みを開発すること，③通知，苦情付託，調査支援および情報共有を通して行うことを含む相互支援を提供すること，④プライバシー保護法の執行協力の促進を目的とした議論および活動に関連する利害関係者を参加させることとされている．※プライバシー保護法とは，国内法または規則のことであって，その執行が，個人データを保護する効果をもち，OECDプライバシーガイドラインに準拠したもの．

ラエル,イタリア,韓国,メキシコ,オランダ,ニュージーランド,スペイン,英国,アメリカ等40か国およびEUのデータ保護当局等が参加しており,参加機関の範囲は広範囲に及ぶ(なお,日本は2016(平成28)年6月3日の個人情報保護委員会で正式参加決定した旨が示されている).GPENでは執行に関する問題,動向や経験について議論が行われ,具体的な方法として,2013(平成25)年からGPENの定期的会合としてInternet privacy sweepを開催し,モバイルアプリの扱い等重要な課題について議論している.また,電話会議の定期的開催も行われており,2013(平成25)年11月から2014(平成26)年11月までに11回の電話会議が行われている.近年GPENの活動が活発化しており,その重要性が増している.

現時点における他の執行協力枠組みとの違いについては,個別案件における越境執行協力の仕組みはまだ備わっていない点でAPECのCPEAと異なり,プライバシー政策に関する意見や勧告を出すことを目的としていない点で後述のデータ保護プライバシーコミッショナー国際会議と異なる点が挙げられる.

(D) データ保護プライバシーコミッショナー国際会議における
　　執行協力合意

毎年,EUを中心とした各国のコミッショナーが集うデータ保護プライバシーコミッショナー国際会議(ICDPPC.概要については後述(3)参照)が開かれているが,2014(平成26)年の会合において,同コミッショナー会議をベースとして執行協力の枠組みを設けることについて決議された.その目的としては,執行機関間で情報を安全に共有できる国際的な情報共有プラットフォームの構築,組織的な執行の促進,他の国際的執行協力枠組みの補足等が掲げられている.

具体的な参加国や活動内容については今後の課題であるが,データの越境移転が多くなり,国境を越えたプライバシー違反の脅威に対し,世界最大規模のプライバシー執行当局が集まる同会議において,メンバー国が協力する姿勢を示した意義は小さいとはいえず,今後もその動向に注視する必要がある.

（3）二国間執行協力

(A) 諸外国における二国間執行協力のあり方

　前記の多国間における執行協力枠組みの他，二国間で執行協力が行われている場合がある．例えば，カナダの連邦プライバシーコミッショナーは，オランダ，アメリカ，ドイツ，ポーランド等との間で執行協力協定を締結している．また，アメリカの FTC は，カナダ，オランダ等との間で二国間執行協力協定を締結している．

　二国間執行協力の具体例として，オランダとカナダの WhatsApp 社に対する共同調査の事例がある．2013（平成25）年，アメリカのモバイルアプリ会社 WhatsApp 社がアプリを利用する者の電話帳から，当該アプリを利用していない者の情報も含めて収集していたことに関し，オランダ国内の人的・技術的手段（スマートフォンにインストールされたソフトウェア）を利用していること，オランダ人にも向けられたサービスであること（オランダ語の設定画面表示および FAQ）等を根拠にオランダの国内法が適用されるとされ，その上でオランダ・カナダのデータ保護機関による共同調査が行われている．[126]

　二国間執行協力協定を締結するメリットとしては，調査等によって得られた秘密情報についても，円滑な執行を可能にするために当局同士で共有できるようにする点があると考えられる．多国間の執行協力枠組みでは，秘密情報の共有まではできない場合があり，二国間で秘密情報等の共有も可能にすることで，より円滑な執行協力を行うことが可能となる．

(B) 日本の個人情報保護法改正（外国執行当局への情報提供）

　改正個人情報保護法では，域外適用規定を新たに設けるとともに，外国執行当局との執行協力を円滑に進めるため，越境執行協力に関する規定が置かれている．改正個人情報保護法では，日本国内向けサービスを提供している事業者について，国外に拠点を置いている場合であっても国内法の適用対象

126　内閣官房第 8 回パーソナルデータに関する検討会事務局案参照．

となるが，外国事業者の行為が国内法の規定に違反したとしても，国外に拠点を置く事業者に対し執行を行うことは，執行管轄との関係で難しい．

そこで，実効性ある執行の確保のため，執行協力協定等を外国執行当局と締結することが有用である．外国執行当局と執行協力協定等の締結を促進するにあたり，日本側の情報提供ができないのであれば，相互主義との関係で締結が難しくなることがありうる．そのため，日本における個人情報保護法の執行当局に当たる個人情報保護委員会について，一定の条件の下，職務の遂行に資する範囲で外国執行当局に情報提供することを可能とするのが，改正個人情報保護法78条の規定である．

なお，独占禁止法43条の2，関税法108条の2，特定電子メール法30条に同様の規定があり，独占禁止法の同規定に基づき，公正取引委員会がアメリカ等と二国間執行協力協定を締結している．

(4) 執行機関間の情報共有

(A) ICDPPC（データ保護プライバシーコミッショナー国際会議）

ICDPPC（以下「コミッショナー会議」という）とは，International Conference of Data Protection and Privacy Commissionersの略称であり，各国・地域のデータ保護機関で構成される最大規模のデータ保護およびプライバシーに関する国際会議である．1979年以来毎年1回開催されており，2016（平成28）年で第38回を迎える．コミッショナー会議は，公開セッションおよび非公開セッションの二つで構成され，公開セッションはデータ保護機関，政府機関関係者，学者，民間専門家等毎年500人以上が参加している．非公開セッションは，上述のデータ保護機関のうち，許可を受けた機関の関係者のみ出席が認められ，日本は2008（平成20）年（当初は内閣府が，消費者庁設立後は消費者庁（法移管後は不参加）．2014（平成26）年以降は当時の特定個人情報保護委員会（現・個人情報保護委員会））からオブザーバー参加している．

コミッショナー会議では，毎年会議のテーマに沿った宣言・決議が可決・公表されており，プライバシー・バイ・デザイン（2010（平成22）年），プロファイリング（2013（平成25）年），クラウド・コンピューティング（2012

（平成24）年），アプリの扱い（2013（平成25）年），IoT（Internet of Things．モノのインターネット）（2014（平成26）年），遺伝および医療情報（2015（平成27）年），セキュリティおよびインテリジェンス（2015（平成27）年）等，多岐にわたる重要なテーマが扱われている．[127]

コミッショナー会議の特徴としては，EUを中心とした世界各国の執行当局であるデータ保護機関が一堂に集い情報交換を行うことに加え，プライバシーに関する政策方針を決議や宣言の形で公表する点が挙げられる．これには法的拘束力はないものの，国際的に議論されているプライバシー上の問題について，各国の執行権限を有するプライバシーコミッショナーによる問題意識が示される点でその意義は大きい．

コミッショナー会議でいう，データ保護プライバシーコミッショナーとは，法令に基づく公的機関で，自主性・独立性が保障され，調査権限を有する監督機関を指し，特に独立性については，コミッショナーの一定期間の任期，職務遂行不可能・任務懈怠・重大な不正等のみによる辞任，行政府の長への直接の報告権限，調査権限等により保障されていることが必要とされている．政府によるプライバシー侵害等からの保護という目的から政府の監視機関としての側面が強いEUのデータ保護プライバシーコミッショナーの性質に鑑みれば，EUを発端とするコミッショナー会議で政府からの独立を求めるのは自然であると思われる．現在，日本はオブザーバー参加しているが，個人情報保護法の改正に伴い個人情報保護委員会が新設されたため，今後正式メンバーとして参加することが期待される．

(B) APPA（アジア太平洋プライバシー執行機関）

APPAは，Asia Pacific Privacy Authoritiesの略称で，アジア太平洋地域における国や地域のプライバシー執行機関が集まり，同地域におけるプライバシーの諸問題について情報共有，意見交換を行うフォーラムである．2016（平成28）年3月現在，香港，オーストラリア，ニュー・サウス・ウェールズ州（オーストラリア），ビクトリア州（オーストラリア），北部準州（オー

---

127 一部の宣言および決議については，消費者庁のウェブサイトで和訳を公表している．

ストラリア），韓国，ニュージーランド，カナダ，ブリティッシュ・コロンビア州（カナダ），マカオ，シンガポール，アメリカ，コロンビア，チリ，メキシコ等が加盟している（日本はオブザーバー参加であったところ，2016（平成28）年6月3日の個人情報保護委員会で正式参加した旨が示された）．

年2回の会合で執行や法制に関する情報共有・意見交換が行われるほか，メンバー国および地域が同じ時期（例年5月上旬）に自ら所管する地域の消費者・企業に対し，プライバシー啓蒙活動を行うPAW（Privacy Awareness Week）の開催等の活動が行われている．

アジア太平洋地域の執行機関の集まり（コミッショナー系会議）なので，基本的に政府機関の集まりであるAPEC（政府系会議）との関係でみた場合，OECDや欧州評議会（政府系会議）とコミッショナー会議（コミッショナー系会議）の関係に類似する．

V　今後の課題

　ここでは，個人情報の執行制度に係る課題を取り上げることとする．いずれも各執筆者（1〔行政機関等への監督・執行権限〕は板倉，2〔課徴金制度〕は前田）の個人的見解に基づく論考である．

1　行政機関等への監督・執行権限

（1）問題意識
　個人情報保護制度において，個人情報の取扱いを誰が監督・執行するのかという点については，主に，①分野横断的な取扱いにおける監督・執行の不統一という国内的事情と，②欧州委員会十分性認定への対応，という国際的事情，両面から問題となっている．特に，行政機関，独立行政法人等および地方公共団体への監督・執行権限をどのようにするのかというのが，改正個人情報保護法後も，大きな課題として残存している．
　ここでは，今後の課題として，特に行政機関等への監督・執行権限の問題を概説する．

（2）現行法における個人情報の取扱いの監督・執行権限

（A）個人情報保護法における主務大臣制
　個人情報保護法は主務大臣制を採用し，「当該個人情報取扱事業者が行う事業を所管する大臣等」等が個人情報取扱事業者（民間事業者）に対して監督・執行権限を行使する（旧個36条）．これは，「各個人情報取扱事業者の行う事業を所管する大臣等が，当該所管事業に関する行政の蓄積や経験を活かし，当該事業の適正な運営を確保する一環としてその事業の用に供されている個人情報の取扱いについても責任を有することとするのが最も適切と考えられるためである．」と説明される[128]．

(B) 行政機関個人情報保護法と独立行政法人等個人情報保護法

行政機関個人情報保護法では，「基本的に各行政機関の長が個人情報の取扱いに責任を負う」[129]が，政府全体として行政機関個人情報保護法の運用を統一的に行い，法適合性を確保する責任があることから，総務大臣が資料の提出および説明を求める権限を有している（行個50条）[130]他，総務大臣から他の行政機関の長に対して意見を述べることができる（行個51条）．

このように，行政機関の保有する個人情報について，行政機関個人情報保護法では外部からの監督・執行が行われるようにはなっていないが，行政機関による開示決定等，訂正決定等または利用停止決定等について行政不服審査法による審査請求があったときは，当該行政機関の長は情報公開・個人情報保護審査会に諮問するという仕組みが設けられている（行個43条以下）．

また，独立行政法人等個人情報保護法においては，「独立行政法人等の自律性に配慮して」[131]総務大臣から資料の提出や説明の要求を行うことはできないが，審査請求については行政機関同様，情報公開・個人情報保護審査会への諮問の仕組みが存在する（独個43条以下）．

(C) 各自治体の個人情報保護条例

各自治体の保有する個人情報については，各自治体で個別に個人情報保護条例が制定され，規律されている．ここでも，行政機関個人情報保護法と同じく，基本的に各自治体の長が個人情報の取扱いに責任を負い，外部からの監督・執行が行われる仕組みはとられていないが，行政機関個人情報保護法や独立行政法人等個人情報保護法と同様に，開示決定等に対する審査請求において，審査会等（個人情報保護審査会，情報公開・個人情報保護審査会，個人情報保護審議会等，名称はさまざま）への諮問の仕組みが存在する自治体が多い．

---

128 個保法の解説213頁．
129 宇賀克也『個人情報保護法の逐条解説〔第4版〕』399頁（有斐閣，2013年）．
130 宇賀・前掲（注129）399頁．
131 宇賀・前掲（注129）422頁．

(3) 実務上の不都合

(A) 分野横断的な取扱いにおける監督・執行の不統一

このように，個人情報保護法では主務大臣が各事業分野で別々に監督・執行を行い，行政機関個人情報保護法，独立行政法人等個人情報保護法および各自治体の個人情報保護条例においては外部からの監督・執行を行う機関が存在しない現状においては，事前に監督・執行機関と個人情報の取扱いについて協議することが困難である．民間事業者に限って分野横断的な取扱いをする場合であっても複数の主務大臣との調整が必要であり，さらに独立行政法人等や地方自治体が関連する場合，大きな事前の調整にコストを要する．例えば，病院における個人情報（個人データ）について，私立病院，国立大学附属病院，地方自治体の独立行政法人が運営する病院が連携しようとした場合，監督・執行機関は私立病院が主務大臣としての厚生労働大臣（厚生労働省）（さらに具体的な執行は地方自治体に権限が移譲されていることがある）が担い，国立大学病院は独立行政法人等個人情報保護法に従うので原則として当該国立大学病院が属する国立大学法人が責任をもつところ，この時点で複数の機関との調整が必要となるほか，地方自治体の独立行政法人については，条例の定めにより事前に審査会等への諮問が必要，などという事態が想定される．これは，分野横断的な個人情報の利活用にとっては極めて大きな障害である．

(B) 欧州委員会十分性認定への対応

また，このように監督対象ごとに適用法もバラバラ，監督・執行機関もさまざま（場合によっては存在しない），という制度設計は国際的には極めて例外的である．EUデータ保護指令28条は加盟国に「完全な独立性」を有する第三者機関の設置を求め（EU一般データ保護規則52条も同様），EU各国はこれに応じてプライバシーコミッショナーという監督機関を置いているのが通常である．米国は消費者プライバシーの観点からであるが，主としてFTC（連邦取引委員会）が民間部門の監督・執行を行っており，プライバシーコミッショナーはカナダ，オーストラリア，香港等でも設置されている．[132]

特にEUはデータ保護指令25条により，「十分な保護レベル」を講じていない第三国・地域への越境データ移転を禁じており（EU一般データ保護規則45条も同様），これを満たすとの認定（十分性認定）を得るためには，独立した第三者機関の設置がほぼ必須であることが明らかにされている．EUのみならず，EUから十分性認定を得た国・地域からの移転についても，EUからの十分性認定を経ていることが重要となってくるため，EUおよびEUから十分性認定を受けた国・地域から個人データを集積し，事業等に用いようとするのであれば，我が国が十分性認定を受けることが極めて有用ということになる．

　この際，「独立した第三者機関」は，原則として，すべての個人情報（個人データ）について，あらゆる対象について監督・執行権限をもっていることが求められると考えられ，[133]民間事業者については政府から独立していない（政府そのものである）主務大臣が監督し，行政機関および独立行政法人，自治体については監督・執行権限を有する外部の機関が存在しないという我が国の制度は，極めてEU十分性認定から遠いところにあった．

（4）番号利用法による特定個人情報の監督・執行権限

　2013（平成25）年5月に成立した行政手続における特定の個人を識別するための番号の利用等に関する法律（以下「番号利用法」という．いわゆるマイナンバー法）では，悉皆性・唯一無二性・視認性を有し，半永続的に特定個人を識別する番号である個人番号を導入することとなったが，個人番号の導入は本人のプライバシー等権利利益に与える影響が大きいことから，EUのプライバシーコミッショナー制度を模範とし，特定個人情報（個人番号を含む個人情報）についての監督・執行権限を有する特定個人情報保護委員会が置かれることとなった．特定個人情報保護委員会はいわゆる三条委員会で

132　石井夏生利『個人情報保護法の現在と未来――世界的潮流と日本の将来像』428頁（勁草書房，2014年）参照．
133　EU十分性審査の過程でこれらが検討されていることにつき，消費者庁・前掲注（111）．ただし，民間部門に限って十分性が認められることがないではない（カナダ，欧米セーフハーバー協定（のちに無効），欧米プライバシー・シールド）．

あり，相当程度政府から独立して職権行使を行う権限を有する．

特定個人情報保護委員会は，特定個人情報に関しては，民間事業者，行政機関，独立行政法人等および地方自治体を問わず監督・執行する権限を有する．のみならず，裁判所や国会に対してすら，監督・執行権限を有しており，例外がない．

（5）改正個人情報保護法による民間事業者に対する監督・執行権限

（A）主務大臣制から個人情報保護委員会への監督・執行権限の移譲

改正個人情報保護法は，主務大臣制を廃止し，特定個人情報保護委員会を個人情報保護委員会に改組した上で，民間事業者（個人情報取扱事業者）について一元的に監督・執行させることとした（新個40条〜42条，59条〜74条．ただし，事業所管大臣への権限の委任は可能である．新個44条）．

改正個人情報保護法の対象は民間事業者だけであったが，「パーソナルデータに関する検討会」のとりまとめ文書である「パーソナルデータの利活用に関する制度改正大綱」（平成26年6月24日）において，「行政機関および独立行政法人等が保有するパーソナルデータについては，その特質を踏まえ，当該データの所管府省等との協議や関係方面からの意見聴取を幅広く行うなど，利活用可能となり得るデータの範囲，類型化及び取扱いの在り方に関し調査・検討を行う．今回の制度改正に合わせ，国から地方公共団体に対し，必要な情報提供を行うことを検討する．」（第3・Ⅱ・2），「なお，行政機関及び独立行政法人等が保有するパーソナルデータに関する調査・検討等を踏まえ，総務大臣の権限・機能等と第三者機関の関係について検討する．」（第3・Ⅳ・1（2））「行政機関及び独立行政法人等が保有するパーソナルデータについては，その特質を踏まえ，当該データの所管府省等との協議や関係方面からの意見聴取を幅広く行うなど，保護対象の明確化及び取扱いの在り方に関し調査・検討を行う．また，今回の制度改正に合わせ，国から地方公共団体に対し，必要な情報提供を行うことを検討する．」（第3・Ⅳ・2）とされ，「行政機関及び独立行政法人等が保有するパーソナルデータ」についての検討は，「総務大臣の権限・機能等と第三者機関の関係」も含めて先送りとされた．

(B) 改正法附則における検討事項

「パーソナルデータの利活用に関する制度改正大綱」の記述を踏まえてか，個人情報保護法の改正法附則12条1項は「政府は，施行日までに，新個人情報保護法の規定の趣旨を踏まえ，行政機関の保有する個人情報の保護に関する法律第2条第1項に規定する行政機関が保有する同条第2項に規定する個人情報及び独立行政法人等の保有する個人情報の保護に関する法律（平成15年法律第59号）第2条第1項に規定する独立行政法人等が保有する同条第二項に規定する個人情報（以下この条において「行政機関等保有個人情報」と総称する．）の取扱いに関する規制の在り方について，匿名加工情報（新個人情報保護法第2条第9項に規定する匿名加工情報をいい，行政機関等匿名加工情報（行政機関等保有個人情報を加工して得られる匿名加工情報をいう．以下この項において同じ．）を含む．）の円滑かつ迅速な利用を促進する観点から，行政機関等匿名加工情報の取扱いに対する指導，助言等を統一的かつ横断的に個人情報保護委員会に行わせることを含めて検討を加え，その結果に基づいて所要の措置を講ずるものとする．」と定めた．これは，「行政機関等匿名加工情報」についてのみ「取扱いに対する指導，助言等を統一的かつ横断的に個人情報保護委員会に行わせることを含めて検討を加え，その結果に基づいて所要の措置を講ずる」ことを政府に義務付けるものである．

(C) 総務省・行政機関等が保有するパーソナルデータに関する研究会

総務省は「行政機関等が保有するパーソナルデータに関する研究会」を開催し（2014（平成26）年7月31日），行政機関および独立行政法人等が保有する匿名加工情報である「行政機関等匿名加工情報」の取扱い等を含め，2016（平成28）年3月4日まで，16回にわたり検討を重ねて，「行政機関個人情報保護法・独法等個人情報保護法の改正に向けた考え方」を公表している（2016（平成28）年3月7日）．

(D) 行政機関個人情報保護法等改正法案

行政機関等が保有するパーソナルデータに関する研究会の議論を踏まえ，政府は，第190回国会（常会）に，「行政機関等の保有する個人情報の適正か

つ効果的な活用による新たな産業の創出並びに活力ある経済社会及び豊かな国民生活の実現に資するための関係法律の整備に関する法律案」（以下，「行政機関法等改正法案」という）を提出した（閣法第48号）．「行政機関等匿名加工情報」は法案では「非識別加工情報」の名称となったが，非識別加工情報に限って個人情報保護委員会の監督権限が及ぶことは研究会での議論どおりである．なお，行政機関法改正法案附則4条1項は，「政府は，この法律の公布後二年以内に，個人情報の保護に関する法律（平成十五年法律第五十七号）第二条第五項に規定する個人情報取扱事業者，同項第一号に規定する国の機関，同項第二号に規定する地方公共団体，同項第三号に規定する独立行政法人等及び同項第四号に規定する地方独立行政法人が保有する同条第一項に規定する個人情報が一体的に利用されることが公共の利益の増進及び豊かな国民生活の実現に特に資すると考えられる分野における個人情報の一体的な利用の促進のための措置を講ずる．」と定め，同法案の衆議院附帯決議11項は「附則第四条に規定する『個人情報の一体的な利用の促進のための措置』を講ずるに際しては，『法制上の措置』も含めて検討するなど，以上の諸点を踏まえ，必要な見直しを行うこと．」とし，地方公共団体まで含めた法制の一体化について注文を加えた．その後，行政機関法等改正法案は2016（平成28）年5月20日に可決成立し，同27日に公布された．

図表5-24　行政機関等個人情報保護法改正後の個人情報保護委員会の監督・執行権限（想定）

	個人情報取扱事業者	行政機関	独立行政法人等	地方自治体	国会	裁判所
個人情報	○	—	—	—	—	—
匿名加工情報	○	○	○	制度なし	制度なし	制度なし
特定個人情報	○	○	○	○	○	○

（6）今後の課題

（A）分野横断的な取扱いにおける監督・執行の不統一との関係

分野横断的な取扱いにおいて，非識別加工情報にのみ，個人情報保護委員

会が監督・執行権限を有するだけでは，明らかに不十分である．それというのも，匿名加工情報を用いてサービスを設計するか，個人情報（同意取得）を用いてサービスを設計するかは，民間事業者の立場からすれば並列的なものであって，分野横断的なサービスの設計において独立行政法人等が含まれる場合に常に匿名加工情報を用いなければ，なお複数の機関との調整が必要であるとすれば，まったく不合理であるからである．今次の個人情報保護法改正・行政機関等個人情報保護法改正を貫く目標の一つがパーソナルデータの利活用のための障壁を取り除こうとすることにあるのであれば，同意を取得した上での個人情報の利活用という選択肢は当然に残されるべきであって，複数機関との調整コストを残存させた上で匿名加工情報の利用を強制するような制度設計は改正の趣旨を履き違えているといわざるをえないのではないか．

(B) 欧州委員会十分性認定への対応との関係

欧州委員会十分性認定を得るためには，「独立した第三者機関」が，原則として，すべての個人情報（個人データ）について，あらゆる対象について監督・執行権限をもっていることが求められることは前述したが，匿名加工情報についてしか個人情報保護委員会が監督・執行権限を有しないとすれば，欧州委員会からの十分性認定が得られないことは明らかである．民間部門に限った十分性認定については，欧米セーフハーバー協定に対する十分性認定が欧州連合基本権憲章7条，8条および47条に反するため無効である旨の欧州人権裁判所の判決がなされており[134]，本判決の中で民間事業者への国家安全保障部門からの介入が問題となっていることに鑑みれば，これを現実的な選択肢と考えるのは楽観的にすぎるであろうし，何より，民間部門に限って十分性認定を得ることの利点は何ら存在しない．EUとの間で，官民協調によるパーソナルデータの利活用はできない，という道をわざわざ選ぶことになる．

日本弁護士連合会は，意見書の中で「（今次の個人情報保護法改正は）EU[135]

---

134 Maximillian Schrems v. Data Protection Commissioner（Case C-362/14）．

における「十分性取得を念頭に置いた法改正」であり，「独立した第三者機関」の存在が必要であることが明確に述べられている（第189回国会衆議院内閣委員会第7号，山口俊一内閣府特命担当大臣答弁（2015年5月20日））．公的機関を監督する「独立した第三者機関」が存在しなければ，EUから公的部門についての十分性を取得できないことは明らかであり，EUから十分性を取得し，十分な保護措置を備えた国として世界からデータを集積すべきであるという個人情報保護改正法の趣旨にも反する」として，個人情報保護委員会に行政機関等への監督・執行権限を与えることを提言しているが，同旨であろう．

(C) 結語

以上要するに，個人情報保護委員会について，行政機関等への監督・執行権限を与えない理由はなく，非識別加工情報についてのみ監督・執行権限を与えることの利点は存在しない．さらに，地方自治体に対する監督・執行権限については，公式に議論すら開始されておらず，まったく手付かずである．「分野」を限定しつつも法制の一元化についての検討を義務付ける改正法附則12条5項・行政機関法等改正法案附則4条1項および行政機関法等改正法案衆議院附帯決議11項の検討と併せて，再考が必要であろう．適切な得失分析の上で，議論が正しい方向に及ぶことを期待したい．

2 課徴金制度

（1）課徴金制度の概要

課徴金制度とは，違反行為を防止するという行政目的を達成するために行政庁が違反事業者等に対して金銭的不利益を課す行政上の措置をいう．課徴金の額は，違反行為類型ごとに定められる算定基礎に，一定の算定率を乗じ

---

135 日本弁護士連合会「行政機関及び独立行政法人等が保有するパーソナルデータの利活用に係る制度改正に関する意見書」（2015年（平成27年）10月19日）．

ることにより決められる[136].

　課徴金制度の趣旨については，違反行為によって得た不当利得の剝奪にあるとする見解もあるが（不当利得剝奪論），違反があれば原則として必ず課され，違反行為の抑止を目的としているとする立場が最高裁によって示されている[137]（最判平成17・9・13民集59巻7号1950頁）．

　課徴金制度の特徴として，①非裁量的であり，所定の違反類型に該当する行為が行われた場合，執行機関が裁量によって課徴金を課したり課さなかったりすることができない点（非裁量性），②課徴金額の計算基準が明確であって，運用が容易であるように設計されている点（明確性，簡易性）がある．

（2）個人情報保護法違反に対する課徴金制度導入の必要性

（A）間接罰方式の限界

　課徴金制度は，独占禁止法，金融商品取引法，景品表示法に導入されているものの，現時点において個人情報保護法には課徴金制度は設けられていない．

　改正前個人情報保護法は，いわゆる間接罰方式を原則としてとっており，個人情報保護法違反があった場合，まずは主務大臣による報告徴収，勧告，命令等が出され，報告徴収，命令に違反して初めて処罰の対象となる（旧個56条，57条．なお，改正個人情報保護法でも同様に間接罰を原則とする法制をとっている）．この場合，罰則の対象となったとしても，罰則の上限は命令に違反した場合で6月以下の懲役または30万円以下の罰金，主務大臣の報告の求めに違反した場合で30万円以下の罰金である．

　前記のように個人情報保護法が間接罰を原則とする法制をとっている理由は，個人情報保護法違反があった場合，基本的には事業者が自主的に問題を解決していくべきであり，当事者間の自主的な対応では解決困難な場合に行政機関の関与として命令を下すとしている点にある[138]．しかし，個人情報保護法制定から十余年経ち，ビッグデータの時代が到来した現在，パーソナルデ

136　菅久修一編著『独占禁止法〔第2版〕』206頁（商事法務, 2015）．
137　白石忠志『独占禁止法〔第2版〕』499頁（有斐閣, 2009年）．
138　個保法の解説201頁．

ータの利活用に力点をおく企業として大企業がプレーヤーとなっていることが少なくない．このような状況において，限られた額を上限額とする罰金が間接的に課せられる間接罰方式が個人情報保護法上の違反行為の抑止力として十分かどうか検討する必要があると考える．

　なお，個人情報保護法制定以来，主務大臣による命令も罰則も下されたことはない[139]．しかし，これは個人情報保護法上，命令の要件が「個人の重大な権利利益の侵害が切迫している」場合（旧個34条2項），「個人の重大な権利利益を害する事実があるため緊急に措置をとる必要がある」場合（旧個34条3項）と限定的な場合に規定されており，罰則も命令に違反した場合に限定されているからである．ソニー・コンピュータエンタテインメントやベネッセコーポレーション等の企業による大規模漏えいの事件等，数千万人規模の個人情報漏えい事件があることからすると，深刻な違反が今までなかったから命令や罰則が適用されなかったというわけではない．したがって，命令や罰則が今まで適用されなかった事実をもって，課徴金制度導入が不要であるということにはならない．

　(B) 国際的整合性

　ビジネスのグローバル化に伴い，海外に本社を置く多国籍企業が日本においてビッグデータビジネスを行うことが珍しくない中，レピュテーションリスクを考慮し，主務大臣による報告徴収，勧告等に従うことを今までと同じように期待できるとは限らない．これらの大規模事業者，多国籍企業にとって間接罰を原則とする個人情報保護法の制度で抑止力があるといえるのか，今後慎重に考えなければならない．

　また，後述するように，海外では課徴金またはそれに類似する制裁金の制度を導入している国が多いことに鑑みると，国際的整合性の観点からも，課徴金導入の必要性は検討に値する．

　139　消費者庁「平成25年度　個人情報の保護に関する法律施行状況の概要」（平成26年10月）．

(C) 消費者保護の観点からの必要性（景品表示法との類似性）[140,141]

「不当景品類及び不当表示防止法上の不当表示規制の実効性を確保するための課徴金制度の導入等の違反行為に対する措置のあり方について（答申）」（以下「答申」という）によれば，景品表示法に課徴金制度を導入することの必要性に関して，「そもそも何をもって損害と考えるべきかが必ずしも明らかでないことから，個々の消費者が被った損害額の算定が困難であったり，算定できたとしてもその金額が僅少であったりして，その特性上，民事訴訟になじまない場合も多い」，「いったん被害が生じてしまうと，消費者がその被害を事後的に回復することの困難なケースが多く，」「事前に抑止することの必要性が高い」と説明されている．

この点は，個人情報保護法違反についても同様のことが指摘できる．すなわち，個人情報保護法違反があっても何をもって損害と捉えるべきか明らかではなく，個人情報の漏えいがあったとしてもすぐに金銭的な被害が生じるわけではない．またそのため，個人情報漏えい事案に対する補償金額や訴訟に至った場合に認められる損害賠償金は，今までの裁判例からすると，1人あたり，5,000円〜3万円と僅少である[142]．さらに，複製が容易でコストをかけず瞬時にできてしまう電子データの性質に鑑みると，いったん情報が転々流通してしまえば，これを完全に消去することは不可能に近く，また一度出てしまった個人情報を消したところですでに複製されてしまっている可能性がある．したがって，「いったん被害が生じてしまうと，消費者がその被害を事後的に回復することの困難なケースが多」いといえる．

以上からすると，景品表示法上の措置命令が，将来に向けて違反行為者の不当表示を中止させ，被害の拡大と再発を防止するものであって，事前防止

---

140 2013（平成25）年12月に景品表示法における不当表示に係る課徴金制度等に関する専門調査会が設置され（座長：小早川光郎成蹊大学法科大学院教授），課徴金制度導入に関する検討がなされ，2014（平成26）年10月に消費者委員会より「不当景品類及び不当表示防止法上の不当表示規制の実効性を確保するための課徴金制度の導入等の違反行為に対する措置の在り方について（答申）」が取りまとめられた．

141 黒田岳士＝加納克利＝松本博明編著『逐条解説平成26年11月改正景品表示法』145頁（商事法務，2015年）．

142 静岡県弁護士会編『新版情報化時代の名誉毀損・プライバシー侵害をめぐる法律と実務』75頁（ぎょうせい，2010年）．

のインセンティブとして十分とはいいにくく，事前防止策としての現行の措置命令に加えて，違反行為者に経済的不利益を賦課し違反行為に対するインセンティブを削ぐ課徴金制度を導入する必要性が高い，という景品表示法の課徴金導入の理屈は，個人情報保護法についても当てはまるといえる．

（3）諸外国の制度

個人情報保護法の違反行為に対する金銭的不利益処分の制度を採用している国は少なくない．以下，主な国の例を参考として挙げる．

（A）フランス

フランスでは，法律に定める義務違反があった場合，情報処理および自由に関する国家委員会（CNIL）が，委員会の定める期間内に違法な取扱いを中止するよう指示することができ，指示に従わない者に対し，行政上の金銭的不利益処分（sanction pecuniaire）を課すことができる．その額は，15万ユーロまたは30万ユーロ以下，または30万ユーロを上限とした総売上額の最大5％である．[143]

（B）イギリス

イギリスでは，情報コミッショナーが金銭的不利益処分（monetary penalty）を課すことができ，データ管理者のデータ保護原則の遵守義務に係る重大な違反があった場合，または違反行為が実質的な財産的損害もしくは精神的損害を引き起こす可能性が高い場合に要件が限定されている．[144] 故意による場合だけでなく，過失でも課される場合がある．

（C）EU

EUデータ保護指令には金銭的不利益処分について具体的な規定はなく，

---

[143] 消費者庁「諸外国等における個人情報保護制度の運用実態に関する検討委員会・報告書」（平成19年1月）70頁．
[144] 消費者庁「諸外国等における個人情報保護制度の監督機関に関する検討委員会・報告書」（平成23年3月）28頁．

各加盟国で定められる法律の規定に委ねられている．しかし，2018（平成30）年5月から事業者等に適用されるEUデータ保護規則案は，直接EU加盟国内の事業者に適用され，同規則により制裁金（最高2,000万ユーロまたは前会計年度の全世界総売上の4％のいずれか高いほう）を課すことが可能となる．

（4）課徴金制度導入にあたっての課題

個人情報保護法に課徴金制度を導入するにあたって，要件面，手続き面でいくつかの検討課題があると考えられるところ，要件面に関する検討課題について以下述べることとする．

（A）課徴金賦課の対象行為

パーソナルデータに関する検討会の事務局案では，「課徴金制度が設けられている他の法律と異なり，違反事実の軽重に幅があることから，導入する場合でも，故意による違反であり，かつ違反の程度や社会的影響が大きいものなど一定の場合に限定する必要はないか」と指摘されている．

例えば，個人情報取扱事業者の従業員がUSBを落とした場合も形式的には個人情報保護法違反となるものの，このような場合にまで課徴金を課すのは不適切であるので，一定の要件を設けるべきである．景品表示法においては，過去の措置命令事案の案件数，違反行為の悪質性等を考慮しつつ，事業者に無用の萎縮効果を与えないように配慮すべきということが指摘されている．[145] これを個人情報保護法に引き直して考えると，命令自体は前述のように法律の構造上適用されにくいため下されたことはないものの，消費者からの相談内容の多くを占めるのは，不適正な取得，漏えい・紛失，同意のない提供である．

また，事業者の無用の萎縮効果回避のため，重要な違反があった場合等に限定する旨の要件を規定するのが適切であると考えられる．

---

145 黒田ほか・前掲（注141）149頁．

(B) 主観的要件

　故意による場合のみに限定すると，不正アクセスによる大量の個人情報漏えいの場合に課徴金を課せないことになる．しかし，事業者の規模に応じた注意義務を果たさなかった結果，過失により個人情報が大量に漏えいした場合等を考えると，対象行為を限定した上で，過失による場合も含めるとするのが，違反行為の抑止という趣旨にも適う．

(C) 算定式

　課徴金を導入する目的が違反行為者に経済的不利益を課すことにより，事業者が違反行為を行う動機を失わせ，抑止力を高めることによって違反行為を防止することにあるので，課徴金額の算定率は，違反行為を防止するのに必要な水準であるかという観点から設定するのが適切である[146]．

146　黒田ほか・前掲（注141）39頁．

判例索引

最判昭和39・10・29民集18巻8号1809頁　　26, 71, 79, 100
最大判昭和43・11・27刑集22巻12号1402頁　　101
最判昭和53・3・14民集32巻2号211頁　　29
東京高判昭和56・4・2行裁例集32巻8号1379頁　　185
最判昭和60・7・16民集39巻5号989頁　　292
最判平成元・4・13集民156号499頁　　29
東京地判平成4・3・24判タ784号187頁　　153, 155
最判平成5・2・18判時1506号106頁　　156
東京地判平成13・5・30判時1762号6頁　　17, 109
大阪地判平成14・3・15判時1783号97頁　　17, 109
東京高判平成14・6・7判タ1099号88頁　　171
東京高判平成15・5・21判時1835号77頁　　17, 109
大阪高判平成16・2・19訟月53巻2号541頁　　17, 156
最判平成17・7・15民集59巻6号1661頁　　25
最判平成17・9・13民集59巻7号1950頁　　216, 383
最大判平成17・12・7民集59巻10号2645頁　　29
名古屋地判平成18・9・25判例秘書登載　　137
名古屋高判平成19・11・19判タ1270号433頁　　161
東京高判平成20・5・23審決集55巻842頁　　207, 231
東京高判平成22・11・26審決集57巻第2分冊181頁　　209, 232
さいたま地判平成23・2・2判タ1357号87頁　　155
さいたま地判平成25・7・10判時2204号86頁　　135

編者・執筆者一覧

編集・執筆

大島　義則（おおしま　よしのり）　第1章編集，執筆

弁護士（長谷川法律事務所），慶應義塾大学大学院法務研究科講師（非常勤，公共政策法務フォーラム・プログラム担当）．元消費者庁総務課課長補佐（情報公開・個人情報保護・公益通報担当，2012年2月～2014年1月）．主な著書として，『Q&A改正個人情報保護法』（新日本法規，2015年，共著），『憲法の地図』（法律文化社，2016年）等．

森　　大樹（もり　おおき）　第2章編集，Ⅲ執筆

弁護士（長島・大野・常松法律事務所），上智大学法科大学院非常勤講師（国際仲裁・ADR，要件事実と法曹実務担当）．元内閣府国民生活局総務課課長補佐，元内閣官房消費者行政一元化準備室参事官補佐，元消費者庁消費者安全課課長補佐（法規担当）（2007年8月～2009年10月）．主な著書として，『消費者庁－消費者目線で新時代の経営を創る』（商事法務，2009年，共著），『逐条解説　消費者安全法』（商事法務，2010年，共著），『不祥事対応ベストプラクティス－実例から読み解く最新実務』（商事法務，2015年，共著）等．

杉田　育子（すぎた　いくこ）　第3章編集，Ⅱ～Ⅴ・Ⅷ・Ⅸ執筆

旧63期最高裁判所司法修習修了後，第二東京弁護士会登録，消費者庁取引対策課課長補佐（2014年2月～2016年7月），消費者庁制度課課長補佐（2016年8月～）．主な著書として，『ソーシャルメディア時代の個人情報保護Q&A』（日本評論社，2012年，共著）等．

関口　岳史（せきぐち　たけふみ）　第4章編集，Ⅰ1・3・4(1)(3)(4)・Ⅱ・Ⅳ執筆

弁護士，消費者庁取引対策課消費者取引対策官（2016年7月～），前消費者庁表示対策課景品・表示調査官（2011年9月～2014年6月まで違反事件調査担当．同年7月～2016年6月まで景品表示法改正に伴う政令等の策定担当）．主な著書論文として，『景品表示法（第4版）』（商事法務，2015年，共著），

「株式会社秋田書店に対する措置命令について」公正取引762号65頁),「株式会社KDDIに対する措置命令について」公正取引761号55頁)等.

辻畑　泰喬（つじはた　やすたか）　第5章編集, Ⅰ・Ⅲ執筆

弁護士（中島成総合法律事務所）. 元消費者庁消費者制度課課長補佐（主に個人情報保護法に係る企画立案業務, 2012年3月～2014年12月）, 元内閣官房IT総合戦略室参事官補佐（併任）. 公職は第一東京弁護士会CSR研究部会副部会長等. 近時の主な著書として, 『Q＆Aでわかりやすく学ぶ平成27年改正個人情報保護法』（第一法規, 2016年）, 『公務員弁護士のすべて』（レクシスネクシス・ジャパン, 2016年, 共編著）等.

執筆（執筆順）

黒木　理恵（くろき　りえ）　第2章Ⅰ

弁護士. 元消費者庁消費者安全課課長補佐（2009年11月～2012年4月）, 内閣府消費者委員会事務局長（2014年4月～）. 主な著書として, 『逐条解説消費者安全法』（商事法務, 2010年, 共著）, 『基本講義　消費者法』（日本評論社, 2013年, 共著）等.

佐藤　沙織（さとう　さおり）　第2章Ⅰ

新62期最高裁判所司法修習修了後, 千葉県弁護士会登録, 消費者庁消費者政策課企画第一係長（2013年11月～2015年3月）, 表示対策課家庭用品品質表示担当係長（2015年4月～）.

白石裕美子（しらいし　ゆみこ）　第2章Ⅱ

弁護士（東京市民法律事務所）. 元消費者庁消費者安全課事故調査室課長補佐（2011年8月～2013年11月）. 主な著書として, 『逐条解説　消費者安全法〔第2版〕』（商事法務, 2013年, 共著）.

河﨑　渉（かわさき　わたる）　第3章Ⅰ・Ⅶ

弁護士. 消費者庁総務課課長補佐（情報公開・個人情報保護・公益通報担当, 2014年2月～）. 主な著書として, 『同族会社実務大全』（清文社, 2015年, 共著）.

放上　鳩子（ほうじょう　はとこ）　第3章Ⅵ

新65期最高裁判所司法修習終了後、札幌弁護士会登録. 消費者庁取引対策

課課長補佐（法令担当，2014年9月～）．

木村　智博（きむら　ともひろ）　第4章Ⅰ2

弁護士（木村・東谷法律事務所）．埼玉県弁護士会消費者問題対策委員会所属．元消費者庁表示対策課課長補佐（2012年3月～2013年3月），元東京法務局訟務部付（2013年4月～2015年3月）．主な論文として，「インターネット上の表示及び景品類の提供に関する景品表示法上の考え方について－『口コミサイト』と『カード合わせ』」公正取引744号36頁（共著）等．

染谷　隆明（そめや　たかあき）　第4章Ⅰ4（2）

弁護士（のぞみ総合法律事務所）．元消費者庁表示対策課課長補佐（景品表示法に課徴金制度を導入する改正法政府令，ガイドラインの立案担当．主な著書論文として，『逐条解説　平成26年11月改正景品表示法　課徴金制度の解説』（商事法務，2015年，共著），『詳説　景品表示法の課徴金制度』（商事法務，2016年，共著），「銀行取引と景品表示法における表示規制――銀行に対する措置事案を踏まえた表示の留意点」金融法務事情2045号14頁，『インターネットの法的論点と実務対応〔第2版〕』（ぎょうせい，2014年，共著）等．

蓮見　友香（はすみ　ゆか）　第4章Ⅲ

弁護士．消費者庁食品表示課法令係長（2011年12月～2015年3月），消費者庁食品表示企画課課長補佐（指導担当，2015年4月～）．

板倉陽一郎（いたくら　よういちろう）　第5章Ⅱ・Ⅵ

弁護士（ひかり総合法律事務所）．立正大学法学部非常勤講師（消費者法），元消費者庁消費者制度課個人情報保護推進室政策企画専門官（国際業務担当，2010年4月～2012年12月）．主な著書として，『平成27年改正個人情報保護のしくみ』（商事法務，2015年，共著），『自治体の個人情報保護と共有の実務』（ぎょうせい，2013年，共編著）．

前田　恵美（まえだ　えみ）　第5章Ⅳ・Ⅴ2

弁護士．元消費者庁消費者制度課個人情報保護推進室政策企画専門官（2013年9月～2015年12月）．主な論文として，「個人情報保護法の改正の経緯と概要」自由と正義2015年9月号11頁，「消費者の観点からみるパーソナルデータ利活用の問題点」法律のひろば平成28年5月号46頁等．

消費者行政法
──安全・取引・表示・個人情報保護分野における執行の実務

2016年8月20日　第1版第1刷発行

|編者|大島義則
大森　大
杉田育子
関口岳史
辻畑泰喬|

発行者　井村寿人

発行所　株式会社　勁草書房

112-0005　東京都文京区水道2-1-1　振替 00150-2-175253
（編集）電話 03-3815-5277／FAX 03-3814-6968
（営業）電話 03-3814-6861／FAX 03-3814-6854

三秀舎・中永製本所

© OSHIMA Yoshinori, MORI Oki, SUGITA Ikuko,
SEKIGUCHI Takefumi, TSUJIHATA Yasutaka　2016

ISBN978-4-326-40321-9　Printed in Japan

JCOPY ＜(社)出版者著作権管理機構 委託出版物＞
本書の無断複写は著作権法上での例外を除き禁じられています。
複写される場合は、そのつど事前に、(社)出版者著作権管理機構
（電話 03-3513-6969, FAX 03-3513-6979, e-mail: info@jcopy.or.jp）
の許諾を得てください。

＊落丁本・乱丁本はお取替いたします。
http://www.keisoshobo.co.jp

松原正明＝道垣内弘人 編
家事事件の理論と実務
（全3巻）

A5判／2,800～3,200円
ISBN978-4-326-40310-3
40311-0
40312-7

大塚正之 著
臨床実務家のための家族法コンメンタール（民法親族編）

A5判／3,700円
ISBN978-4-326-40313-4

松尾剛行 著
最新判例にみるインターネット上の名誉毀損の理論と実務

A5判／4,200円
ISBN978-4-326-40314-1

喜多村勝德 著
契約の法務

A5判／3,300円
ISBN978-4-326-40308-0

中川裕志 著
プライバシー保護入門

A5判／2,800円
ISBN978-4-326-40315-8

髙橋寿一 著
再生可能エネルギーと国土利用

A5判／4,800円
ISBN978-4-326-40322-6

第一東京弁護士会災害対策本部 編
実務 原子力損害賠償

A5判／4,000円
ISBN978-4-326-40316-5

勁草書房刊

表示価格は、2016年8月現在。消費税は含まれておりません。